和谐与梦想齐飞

"国茂集团减速机、电机研发制造基地"项目全貌效果鸟瞰图

中国机械工业年鉴系列

中国通用机械工业年鉴

2011

中国机械工业年鉴编辑委员会
中国通用机械工业协会 编

机械工业出版社
China Machine Press

《中国通用机械工业年鉴》2011年刊设置综述、行业概况、产品进出口、企业概况、统计资料、产品与项目、大事记和附录栏目，集中反映2010年通用机械行业的发展情况，详细记载了泵、风机、阀门、压缩机、干燥设备及减变速机等分行业的发展情况，全面系统地提供了通用机械行业企业的经济指标。另外，本年鉴设置的“核电产品之窗”着重介绍企业在核电产品研发方面取得的成果；“风机精选专栏”重点介绍风机骨干企业的产品研发情况；“人物访谈”全方位展示了企业的成功之道和先进的管理理念。

《中国通用机械工业年鉴》主要发行对象为政府决策机构、机械工业相关企业决策者和从事市场分析、企业规划的中高层管理人员以及国内外投资机构、贸易公司、银行、证券、咨询服务部门和科研单位的机电项目管理人员等。

图书在版编目（CIP）数据

中国通用机械工业年鉴. 2011/中国机械工业年鉴编辑委员会，中国通用机械工业协会编. —北京：机械工业出版社，2011.11

（中国机械工业年鉴系列）

ISBN 978-7-111-36350-7

Ⅰ. ①中… Ⅱ. ①中… ②中… Ⅲ. ①机械工业—中国—2011—年鉴 Ⅳ. ①F426.4-54

中国版本图书馆CIP数据核字（2011）第225011号

机械工业出版社（北京市西城区百万庄大街22号　邮政编码 100037）

责任编辑：魏素芳　王军莉

北京画中画印刷有限公司印制

2011年11月第1版第1次印刷

210mm × 285mm · 19印张 · 40插页 · 495千字

定价：250.00元

凡购买此书，如有缺页、倒页、脱页，由本社发行部调换

购书热线电话（010）88379823、88379829

封面无机械工业出版社专用防伪标均为盗版

中国机械工业年鉴系列

作为『工业发展报告』

记录企业成长的每一阶段

中国机械工业年鉴

编辑委员会

中国通用机械工业年鉴

优化产品结构
发展自主品牌

中国通用机械工业年鉴
执行编辑委员会

中国通用机械工业年鉴

优化产品结构
发展自主品牌

中国通用机械工业年鉴
编辑出版工作人员

总 编 辑 郭 锐

主　　编 李卫玲

副 主 编 刘世博 肖新军

执行主编 朱彩绵

责任编辑 魏素芳 王军莉

市场编辑 陈美萍 贾宝振 蒋 斌

图文设计 张慕原

地　　址 北京市西城区百万庄大街22号（邮编100037）

编 辑 部 电话（010）88379829　传真（010）68997966

发 行 部 电话（010）68326643　传真（010）68326017

E-mail:cmiy@vip.163.com

http://www.cmiy.com　www.mepfair.com

中国通用机械工业年鉴

优化产品结构

发展自主品牌

中国通用机械工业年鉴
特约顾问单位特约顾问

特约顾问单位	特约顾问
沈阳鼓风机集团股份有限公司	苏永强
上海鼓风机厂有限公司	蔡精毅
四平鼓风机股份有限公司	施云蛟
宁波风机有限公司	寿志龙
江苏金通灵流体机械科技股份有限公司	季维东
长沙鼓风机厂有限责任公司	刘润山
国茂减速机集团有限公司	周华伟
杭州制氧机集团有限公司	蒋　明
上海瑞气气体设备有限公司	陈孝通
浙江真空设备集团有限公司	王西龙
大连大高阀门股份有限公司	于传奇
苏州纽威阀门股份有限公司	王保庆
上海开维喜阀门集团有限公司	卓育成
上海耐莱斯·詹姆斯伯雷阀门有限公司	李仲光
中核苏阀科技实业股份有限公司	张宗列
浙东高中压阀门有限公司	潘秀仁
江苏神通阀门股份有限公司	吴建新
上海阀门厂有限公司	王建克
大连海密梯克泵业有限公司	殷　平
上海凯士比泵有限公司	钱　俊
上海阿波罗机械股份有限公司	陈　侃
大连深蓝泵业有限公司	张　雷
上海凯泉泵业（集团）有限公司	林凯文
上海电力修造总厂有限公司	周新福
石家庄强大泵业集团有限责任公司	郭庆白
昆明嘉和科技股份有限公司	洪文灿
湖北三峡泵业有限公司	郑科荣
中国通用机械工程总公司	黄　劲
江苏泰隆减速机股份有限公司	殷爱国

中国
通用
机械
工业
年鉴

优化产品结构
发展自主品牌

中国通用机械工业年鉴
特约顾问单位特约编辑

特约顾问单位	特约编辑
沈阳鼓风机集团股份有限公司	王铁夫
上海鼓风机厂有限公司	吕群力
四平鼓风机股份有限公司	李振勇
宁波风机有限公司	胡建华
江苏金通灵流体机械科技股份有限公司	季小霞
长沙鼓风机厂有限责任公司	周忠业
国茂减速机集团有限公司	路晓明
杭州制氧机集团有限公司	席文君
上海瑞气气体设备有限公司	吴天瑞
浙江真空设备集团有限公司	杨华飞
大连大高阀门股份有限公司	胡云金
苏州纽威阀门股份有限公司	王兴亮
上海开维喜阀门集团有限公司	李冬冬
上海耐莱斯·詹姆斯伯雷阀门有限公司	周玉虹
中核苏阀科技实业股份有限公司	冯莉莉
浙东高中压阀门有限公司	虞秋华
江苏神通阀门股份有限公司	张逸芳
上海阀门厂有限公司	潘培发
大连海密梯克泵业有限公司	曹香山
上海凯士比泵有限公司	潘再兵
上海阿波罗机械股份有限公司	时媛媛
大连深蓝泵业有限公司	安凤济
上海凯泉泵业（集团）有限公司	胡国炜
上海电力修造总厂有限公司	陈彦洲
石家庄强大泵业集团有限责任公司	贾存坡
昆明嘉和科技股份有限公司	陈永松
湖北三峡泵业有限公司	郑　镇
中国通用机械工程总公司	陈　静
江苏泰隆减速机股份有限公司	蔡建永

前　　言

2010年是巩固应对国际金融危机成果、全面完成“十一五”规划目标任务的收官之年，也是我国经济最为复杂的一年。为继续应对国际金融危机的影响、保持经济平稳较快发展，中央出台了一系列政策措施，防通胀、扩内需、调结构成为宏观调控政策的主题。通用机械行业积极应对国内外复杂多变的经济环境和不确定因素，坚持稳步发展，取得了显著业绩：企业的创新意识增强，创新能力提高，生产稳步增长，效益明显改善，出口加快恢复，产业结构逐步优化，产品结构调整加快，中高端产品的占比逐步提高，各项指标均创历史新高，全面完成了“十一五”规划确定的目标任务，为“十二五”规划开好头、起好步奠定了坚实基础。

“十一五”时期，通用机械行业产能规模快速扩大，结构日益优化，经济效益大幅提升。2010年，行业龙头企业实现了跨越式发展，一批企业成功上市；重大技术装备成套能力和产品技术水平明显提高，取得了丰硕的成果。

截至2010年年底，通用机械行业规模以上企业7 402家，是2005年的1.95倍，“十一五”期间平均增速14.61%；从业人员98万人，是2005年的1.54倍，“十一五”期间平均增速9.45%；拥有总资产4 870.14亿元，是2005年的2.85倍，“十一五”期间平均增速23.55%。完成工业总产值6 075.83亿元，是2005年的3.31倍，“十一五”期间平均增速26.96%；实现销售收入5 917.99亿元，是2005年的3.34倍，“十一五”期间平均增速27.00%；利税总额708.7亿元，是2005年的3.71倍，“十一五”期间平均增速32.09%。

“十二五”时期，通用机械行业将以国家产业政策为导向，瞄准国际、国内两个市场，紧紧围绕石化、电力、冶金等国民经济主要部门和城市基础设施建设对通用机械装备的需求，加强重大新产品和节能产品的开发，不断提升企业的自主创新能力；通过联合重组，组建大型企业集团，在全国形成若干个通用机械产业集群，提高行业集成成套能力和国际竞争力；实现大型石油化工、大型火电、大型核电、大型煤化工以及石油天然气集输等重大技术装备国产化。

中国通用机械工业协会与中国机械工业年鉴编辑委员会希望通过《中国通用机械工业年鉴》，系统、广泛宣传通用机械行业在经济发展、深化改革、新产品新技术开发以及推进重大技术装备国产化等方面取得的成绩，展望发展前景，进一步促进行业的技术进步和经济可持续发展。

《中国通用机械工业年鉴》2011年版在编撰过程中，得到了通用机械行业各有关企事业单位和相关用户的大力支持，中国通用机械工业协会与中国机械工业年鉴编辑委员会在此表示衷心的感谢，并将一如既往地为各界朋友和广大用户提供真诚的服务。

中国通用机械工业协会会长：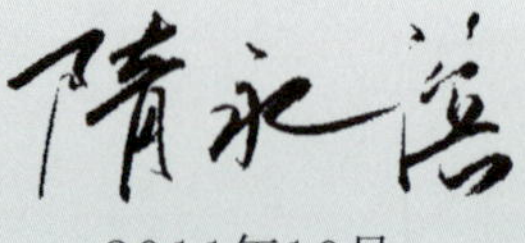

2011年10月

广告索引

专题索引

人物访谈

索引

目　　录

综述

行业概况

产品进出口

企业概况

统计资料

APOLLO
上海阿波罗机械股份有限公司
SHANGHAI APOLLO MACHINERY CO.,LTD.
核三级汽动辅助给水泵
核三级安全厂用水泵
核三级电动辅助给水泵
混凝土蜗壳海水循环泵
核三级硼酸输送泵
核三级乏燃料水池冷却泵
核三级化学添加剂混合泵
凝结水泵
核三级循环水过滤系统反冲洗泵
核三级设备冷却水泵
上海阿波罗机械股份有限公司是一家致力于开拓高端泵产品的高新技术企业。在"创建卓越精英团队，打造百年盛世品牌"的长期愿景下，通过不懈的努力，公司获得了国家民用核安全设备设计/制造许可证，并取得了"上海市质量金奖"、"上海市企业技术中心"、"上海市名牌产品"等众多荣誉称号。
公司成立于2001年，现占地面积5.3万m²，拥有各类数控机加工设备百余台(套)。公司三期扩建用地新增3万m²，计划建造试验厂房及研发和生产的扩容性设施。公司现有专业的水泵开发、设计、制造团队360余人，本科以上学历的人员占职工总数的65%以上。在核电设备国产化目标的指引下，公司与国内多家大学和科研院校成立产学研合作模式，建立了长期的技术合作关系。国内一大批核泵设计、生产制造行业的精英纷纷加盟到公司研发团队中来。
公司目前已拥有混凝土蜗壳海水循环泵、核三级电动辅助给水泵、核三级汽动辅助给水泵、核三级安全厂用水泵、核三级设备冷却水泵等世界级高端产品的设计开发能力和核心制造管理能力，同时也成为世界上少数有能力生产这几类产品的企业之一。福清核电厂一期工程1号机组海水循环泵已于2011年顺利发货。
为加强企业管理，提高工作效率与工作质量，实现管理流程的提升，公司与国内知名企业信息化管理软件公司签订了关于上海阿波罗机械股份有限公司企业信息化平台建设的长期战略合作协议。这标志着公司的信息化建设迈上了新的征程。
升华自我
共享未来
地址：上海市奉贤区南桥镇亿松路555号 邮编：201401
电话：021-67159999 传真：021-67158001
http://www.apollopump.com E-mail:ljq@apollopump.com

产品与项目

大事记

附录

Contents

Overview

A Survey of Industry

Import & Export of Products

A Survey of Enterprises

Statistical Data

Products & Items

Chronicle of Events

Appendix

企业风采

KSB

中德合资 上海凯士比泵有限公司
KSB Shanghai Pump Co., Ltd.JV

上海凯士比泵有限公司是由上海电气(集团)总公司和德国KSB公司合资建立的泵专业公司，公司注册资本为2 700万美元，总投资3 980万美元，公司位于上海市闵行经济技术开发区，占地面积13.7万m²，现有职工800余名。

公司的德国投资方——德国 KSB 公司为世界著名的现代化的制造泵和阀门的公司，是世界泵业三大知名公司之一。在全球有38家独资或合资的工厂、100多家销售公司，共有雇员12 200多人。产品技术为世界一流，产品种类广泛，卓越的全面质量管理使其在全球占有强有力的竞争地位。

公司的中国投资方——上海电气(集团)总公司是中国大型发电设备和大型机械设备设计、制造、销售并能承担工程总承包和设备总成套的企业集团，隶属于上海电气(集团)总公司、创建于1930年的上海水泵厂，以其全部生产设施和工程技术投入到合资公司。

上海凯士比泵有限公司综合了合资双方的技术优势，在KSB总部的持续不断支持下，积极参与KSB的国际销售网络，主要生产高端泵产品，已成为中国境内产品范围广、技术水平领先的泵制造公司。公司在城市排水和污水处理、电站、石油、化工、炼油、船用及大型水利建设等领域享有很高的盛誉，公司生产的各类产品广泛应用于能源、工业、水与污水工程、楼宇等各个领域。

KSB集团的准则:

我们的工作标准是满足客户的需求

KSB

上海凯士比泵有限公司 上海市闵行区江川路1400号 P.C.: 200245 Tel: 0086-21-64302888
KSB SHANGHAI PUMP CO., LTD. 1400 Jiang Chuan Rord, Minhang Shanghai, China Fax: 0086-21-64301504

KSB

热油 / 热水泵

应用：
传热系统（DIN 4754, VDI 3033）
热水循环（DIN 4752）

卧式、多级高压筒式泵

应用：
· 输送电厂和工业设施的锅炉给水和凝结水
· 为除氧化皮设备提供压力水

KSB SHANGHAI PUMP CO.,LTD. 1400Jiang Chuan Road, Minghang Shanghai,China Fax:0086-21-64301504

股份有限公司

JHB系列高温浓硫酸液下泵

JLF系列立式耐腐蚀耐磨蚀泵

JLZ系列立式渣浆泵

JLHZ系列立式化工轴流泵

JW系列化工混流泵

JFZ系列耐腐蚀耐磨蚀泵

JZJ系列卧式渣浆泵

JHZ系列卧式化工轴流泵

JHC系列标准化工泵

JHG系列超高温浓硫酸液下泵

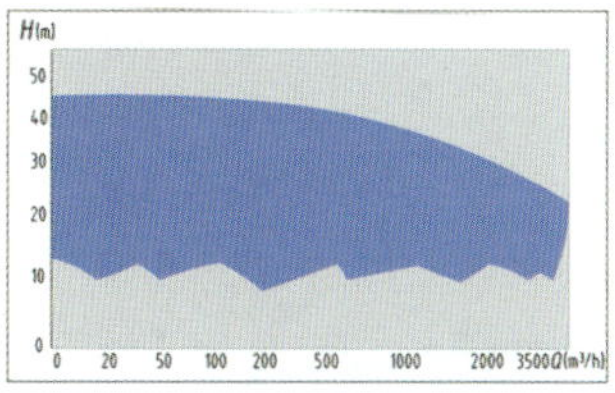

■**JHG系列超高温浓硫酸液下泵**是专为低温位热能回收系统吸收塔输送温度≤250℃的98.6%～100%的H_2SO_4而研发的新型循环酸泵。

■性能范围：流量：10～3 000m^3/h，扬程：10～32m。

■通过吸收国外的先进技术，自主研发适合低温位热能回收系统的JSB高铬镍奥氏体特种合金。

JSB–25合金：该材料以奥氏体为基体，通过微合金化处理，具有较强的抗磨蚀、抗腐蚀和耐高温性能，经特殊热处理后，其硬度可达到50HRC，有较好的抗热膨胀特性。

JSB–26合金：是我公司全新研发适合HRS装置的高铬镍奥氏体特殊合金材料，通过加入微量元素，增加其耐氧化性，通过降低含碳量和加入稀有元素，增加其耐晶间腐蚀能力，经特殊热处理后，具有良好的强度、耐高温和耐腐蚀性，其在220℃静态99%～100%的H_2SO_4中年腐蚀率小于0.05mm。

■采用PHCAD水力设计软件及CFD分析软件，实现装置扬程与泵扬程匹配，泵在高效区运行，效率达82%。

■轴用JSB–26锻坯制造，具有良好的吸振性，避免因共振带来的泵体损坏。

■轴承体水冷却设计，延长轴承使用寿命。

■滑动轴承采用“硬对硬”设计，提高滑动轴承承载和抗热膨胀能力，延长其使用寿命。

■采用双滑动轴承支撑，液下深度可达3.5m，满足大型循环槽工艺要求。

■采用新型组合式密封，确保运行、停车零泄漏；液下配合部位使用全氟O形密封圈，密封性好。

JHG1840–20超高温循环酸泵
应用于云天化国际化工红磷分公司

http：//www.jhpumps.com　中文域名：嘉和泵业.cn　E–mail：jhjt@jhpumps.com

强大 KINGDA 石家庄强大泵业集团有限责任公司

SHIJIAZHUANG KINGDA PUMP INDUSTRY GROUP CO., LTD.

石家庄强大泵业集团有限责任公司（原石家庄水泵厂）是集科研、设计、制造于一体的渣浆泵、污水泵、清水泵、石油化工用泵生产基地。集团下设12个子(分)公司，年生产能力13 000台(套)，主要为环境保护工程、污水处理、城市工厂给排水、水利工程、农田排溉、冶金、矿山、电力、煤炭、疏浚、石油化工、建材和火电烟气脱硫等企事业单位提供各种配套泵类产品与系统，同时提供阀门、旋流器和控制柜等系列产品。产品以国产精品的形象畅销全国各地，先后为国家重大工程项目提供了数万台各种配套用泵，几十种产品填补了国内空白，有效地替代了进口产品，实现了我国渣浆泵、污水泵和清水泵老产品的更新换代。国际市场的占有份额不断提升，产品已出口北美、南美、欧洲、非洲、东南亚、中亚、北亚、东亚、中东等50多个国家和地区。

集团设有研发中心和面向全行业服务的石家庄杂质泵研究所，拥有CFD、CAE等先进的设计手段，专门从事杂质泵、污水泵和潜水泵的设计理论、水泵性能、磨损机理、耐磨材料和新产品开发的实验研究工作。集团建有全国较大的测试精度达到国际标准的渣浆泵、潜水高压试泵站和河北省工业泵实验、测试检验中心。曾荣获全国“五一”劳动奖状、全国管理基础达标示范企业、全国机械企业管理优秀企业、国家“CAD”示范企业、国家“863”计划CIMS工程示范企业、河北省“质量效益型先进企业”、河北省“科技先导示范业”和石家庄十大明星企业等荣誉称号。1997年通过华信技术检验有限公司、美国FMRC公司的ISO9001质量体系认证以及中国船级社船用泵产品型式认证，并荣获河北省“质量管理奖”企业、国家二级计量单位和河北省“用户满意产品”企业等称号。

KWPK污水泵

ZGB系列渣浆泵

挖泥泵(1M)

里茨系列潜水泵

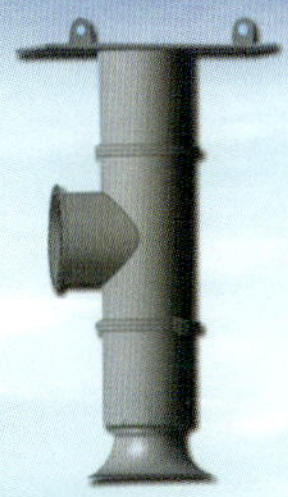

VXL立式斜流泵

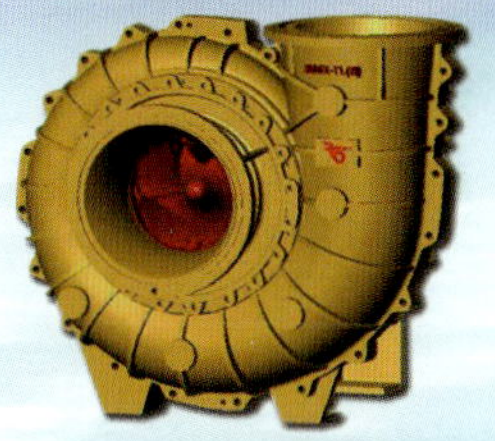

TL(R)脱硫泵

ZHEZHEN JITUAN

浙真集团

浙江真空设备集团有限公司创建于1952年，是中国通用机械工业协会常务理事单位、中国真空学会副理事长单位、中国真空设备行业协会副理事长单位，浙江省"名牌产品"企业，省工商部门认定的企业信用AAA级"守合同重信用"单位。"ZZ"牌商标被认定为浙江省著名商标。公司于1997年通过ISO9001质量体系认证，现总资产1.83亿元。公司技术中心先后被认定为省级企业技术中心和浙江省高新技术研究开发中心。

公司以顾客为中心，积极引进、消化国际先进真空技术，并不断创新，先后开发制造了50多种具有国内领先水平的产品：滑阀式真空泵、罗茨式真空泵、水环（液环）式真空泵、气冷式真空泵、往复式真空泵、旋片式真空泵和各类真空机组等。产品广泛应用于航空航天、化工、医药、电子、食品、建材、镀膜、石油和国防科研等部门，并为国家重点工程提供配套设备。

公司以"追求卓越超群、提升品牌价值、增进顾客满意"为质量方针，坚持"立足真空、发展应用"的发展战略，致力于真空技术的开发和应用。公司热忱欢迎国内外用户前来建立技术和商务关系，竭诚为新老客户提供一流的服务。

● JZQW3750—322 气冷式罗茨泵机组

● JZQW10000—4222
气冷式直排大气罗茨机组

- 大抽速，高使用压力，高效节能
- 广泛应用于航天航空及需大抽气速率且高效节能的场合
- 国内大型的气冷罗茨泵机组

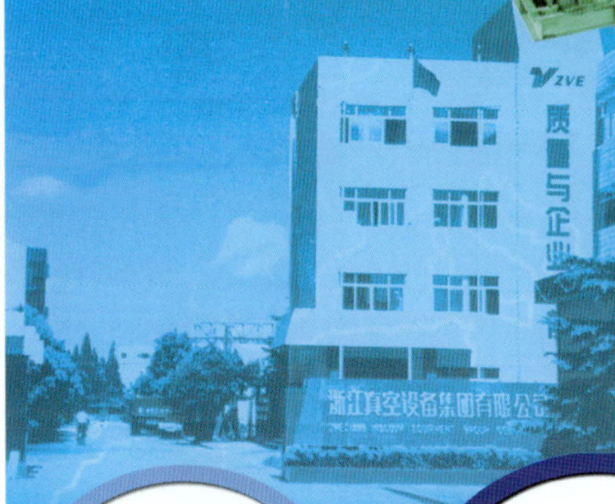

● H—150M 型滑阀真空泵（国家银质奖产品）

● ZJP1200B 罗茨真空泵

● ZHS150—6 真空蒸汽处理系统

浙江真空设备集团有限公司
Zhejiang Vacuum Equipment Group Co., Ltd.

地址：浙江省台州市椒江区轮渡路 389 号　邮编：318000　电话：0576-88223511
传真：0576-88224056　E-mail：zvew@mail.tzptt.zj.cn　http://www.zvew.com

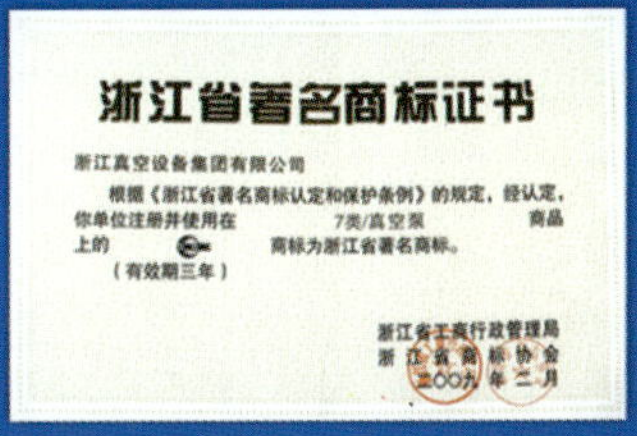

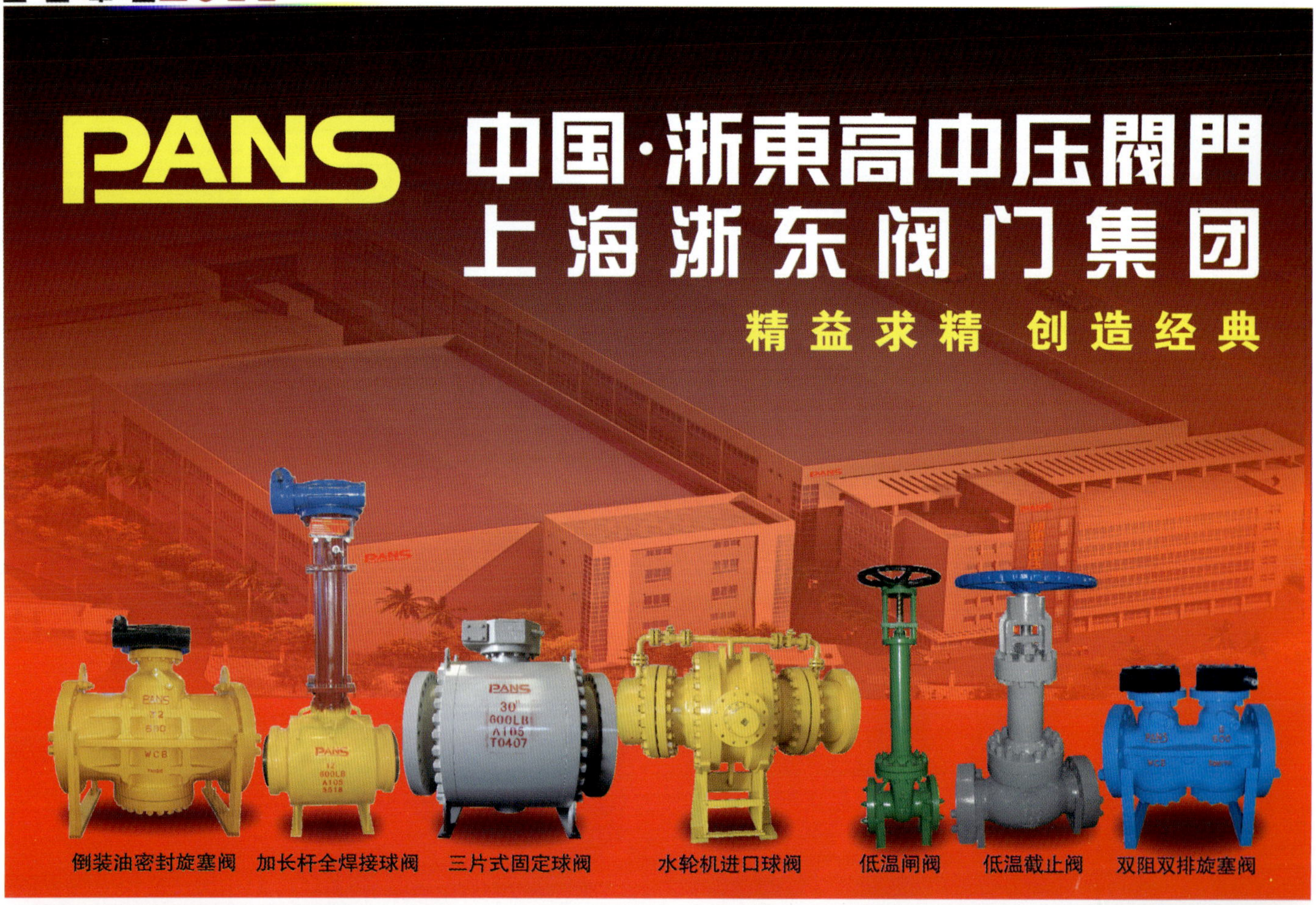

企业简介 Corporate Profile

中国•浙东高中压阀门有限公司是集科研开发、生产制造、销售和技术服务为一体的科技型、外向型的阀门生产企业。公司创办于 1985 年，总部坐落于浙江省永嘉县瓯北镇东瓯工业区。占地总面积 6 万㎡，建筑面积 4.8 万㎡。注册商标"PANS"、"ZDV"和"PANS"。其中"PANS"商标在国际注册 9 个国家，是"温州知名商标"。注册总资本 13 080 万元，下设 5 家分公司，在上海创办了上海浙东阀门集团有限公司（注册资本 5 000 万元，占地面积 3.5 万㎡，建筑面积 2.8 万㎡）。

公司现有员工 678 名，科技人员 210 名，其中高级工程师（含教授级）9 名，工程师、助理工程师等 68 名；公司拥有"浙江省省级高新技术企业研究开发中心"、"浙江省省级企业技术中心"和"温州市市级企业技术研发中心"，拥有各类数控加工中心等主要精良装备 437 台（套），现代化检验、检测设备 263 台（套）。

公司拥有国家发明等授权专利 20 项，2008 年被认定为国家高新技术企业、国家出口产品绿色通道企业、浙江省具有投资价值成长型企业、中国通用机械工业协会常务理事、浙江省泵阀工业协会常务副会长单位、中国化工装备总公司泵阀定点生产企业、中石油一级供应网络成员、中石化优秀供应商、国家电力电站配件供应网络成员、商务部门"AAA 诚信企业"。产品畅销全国各地，并远销美国、加拿大及欧盟、中东、东南亚等 30 多个国家和地区，受到用户的广泛青睐和赞誉。年出口额在同行业中名列前茅，在国内外赢得了良好的口碑，市场前景十分看好。

我们向国内外新老客户郑重承诺：提供质量上乘、货真价实、百分之百合格的产品，目标是创建一流的国际阀门品牌，以优良的服务，合理的价格，提供有价值的产品。热忱欢迎国内外新老客户莅临惠顾，一起实现双赢！

中国·浙东高中压阀门有限公司
地址：浙江温州瓯北东瓯工业区　销售热线：0577-67996117
电话：0577-67996666　67353521
传真：0577-67353078
E-mail：pans@zhedong-valve.com
Http://www.zhedong-valve.com

上海浙东阀门集团有限公司
地址：上海金山工业区通业路88号
电话：021-57276777　57277388
传真：021-57275522
E-mail：pans@zhedong-valve.com
Http://www.zhedong-valve.com

国机集团 | GME 中通公司

中国通用机械工程总公司

China National General Machinery Engineering Corporation

中国通用机械工程总公司成立于 1979 年，是集工程承包、设备集成、技术服务、进出口贸易为一体的专业工程公司。公司具有对外工程承包经营，进出口贸易，甲级机械工程设计、甲级设备监理、压力容器和环境工程专项设计等资质，是中国机电产品进出口商会、中国对外工程承包商会和中国通用机械工业协会的会员单位。

公司成立 30 多年来，坚持广泛服务于经济建设各个领域，坚持技术创新，传承和弘扬"诚实守信、优质服务"的经营理念，业务领域不断拓展，企业文化建设不断深入，核心竞争力不断增强，实现了持续健康发展，已成为管理科学、资产优良、特色鲜明，在国内外具有广泛影响力的专业工程公司。目前，公司正向着国内一流、国际著名的专业工程公司迈进。

http://www.cgme.com.cn

江苏兴达钢帘线厂电镀废水处理工程

广州东濠涌水质净化工程

广东岭澳核电站气体贮存工程

重庆轻轨环控通风工程

重庆鸡冠石污水处理厂工程

西安第三污水处理厂工程

上海青草沙水源地原水工程

安徽芜湖朱家桥污水处理厂工程

吉林松原热力工程

地址：北京市西城区太平街甲2号
邮编：100050
电话：010-83132008
传真：010-83132001

《泵产品供应目录》是由中国通用机械工业协会泵业分会和机械工业信息研究院共同编纂，机械工业出版社出版。旨在方便用户选型订货，帮助企业提升国内外知名度和市场竞争力的权威性信息工具书。该书自2000年以来，已连续出版了5版，收录了国内300余家泵产品生产企业的20 000多条产品信息，并包含了1 000多家泵生产企业名录，全面、系统、及时、准确地反映了泵行业的新产品和技术动向以及泵行业的发展情况。得到了行业专家、生产企业和读者的一致好评。

联系电话：010-68997961
传　　真：010-68997968

综合索引

优化产品结构

发展自主品牌

中国工业年鉴出版基地

编辑说明

一、《中国机械工业年鉴》是由中国机械工业联合会主管、机械工业信息研究院主办、机械工业出版社出版的大型资料性、工具性年刊，创刊于1984年。

二、根据行业需要，中国机械工业年鉴编辑委员会于1998年开始出版分行业年鉴，逐步形成了中国机械工业年鉴系列。该系列现已出版了《中国电器工业年鉴》、《中国工程机械工业年鉴》、《中国机床工具工业年鉴》、《中国通用机械工业年鉴》、《中国机械通用零部件工业年鉴》、《中国模具工业年鉴》、《中国液压气动密封工业年鉴》、《中国重型机械工业年鉴》、《中国农业机械工业年鉴》、《中国石油石化设备工业年鉴》、《中国塑料机械工业年鉴》、《中国齿轮工业年鉴》、《中国磨料磨具工业年鉴》和《中国机电产品市场年鉴》。

三、《中国通用机械工业年鉴》由中国通用机械工业协会和中国机械工业年鉴编辑委员会共同编撰，自2002年开始出版以来，已经出版了2004版、2006版、2007版、2008版、2009版和2010版。2011版设置综述、行业概况、产品进出口、企业概况、统计资料、产品与项目、大事记和附录栏目，集中反映2010年通用机械行业的发展情况，详细记载了泵、风机、阀门、压缩机、干燥设备及减变速机等分行业的发展情况，全面系统地提供了通用机械行业企业的经济指标。

四、统计资料中的数据由中国通用机械工业协会及其分会提供，数据截至2010年12月30日。

五、《中国通用机械工业年鉴》主要发行对象为政府决策机构、机械工业相关企业决策者和从事市场分析、企业规划的中高层管理人员以及国内外投资机构、贸易公司、银行、证券、咨询服务部门和科研单位的机电项目管理人员等。

六、在年鉴编撰过程中得到了中国通用机械工业协会及各分会、行业专家和企业的大力支持和帮助，在此深表感谢。

七、未经中国机械工业年鉴编辑部的书面许可，本书内容不允许以任何形式转载。

八、由于水平有限，难免出现错误及疏漏，敬请批评指正。

中国机械工业年鉴编辑部

2011年10月

综述

阐述通用机械行业“十二五”发展目标与重点任务，分析2010年通用机械行业发展情况

Expounding the development target and main tasks of general machinery industry in the 12th Five-Year Plan period; analyzing the development situation of general machinery industry in 2010

综述

通用机械行业“十二五”发展目标与重点任务

通用机械行业是装备制造业的重要组成部分，在国民经济中占据十分重要的地位，担负着为石油、化工、石化以及电力、冶金、船舶、军工、轻工、纺织、医药等行业提供成套技术装备和辅机的艰巨任务。通用机械涉及泵、风机、压缩机、阀门、空分装置、分离机械、干燥设备、气体分离设备、气体净化设备、真空设备、减变速机以及各种专用设备，其产品技术水平决定着石油、化工、石化、电力、冶金、船舶、军工、轻工、纺织和医药等行业生产装备的运行水平。

一、“十一五”回顾

（一）行业各主要经济指标均以两位数增长

“十一五”时期，党中央、国务院提出加快振兴装备制造业，国家加大了对装备制造业的支持力度，依托国家重点工程，支持企业技术改造和科技攻关，大力推进重大技术装备自主化，为我国通用机械行业提供了良好的发展机遇和市场空间。

“十一五”时期，通用机械行业工业总产值年均增速26.96%，资产总额年均增速23.55%，利润年均增速32.09%，出口交货值年均增速16.44%。

2006～2010年通用机械行业主要经济指标完成情况见表1。2006～2010年通用机械行业主要产品产量见表2。

表1　2006～2010年通用机械行业主要经济指标完成情况

年份	企业数（家）	工业总产值（亿元）	比上年增长（%）	工业销售产值（亿元）	比上年增长（%）	出口交货值（亿元）	比上年增长（%）
2006	4 290	2 338.77	27.46	2 279.11	28.09	407.70	39.70
2007	5 006	3 215.44	37.48	3 108.94	36.41	561.07	37.62
2008	6 828	4 311.22	34.08	4 145.08	33.33	697.80	24.37
2009	6 975	4 788.38	11.07	4 658.85	12.39	622.38	-10.81
2010	7 402	6 075.83	26.89	5 868.73	25.97	749.35	20.40

注：表中数据为年报数据。

表2　2006～2010年通用机械行业主要产品产量

产品名称	单位	2006年	2007年	2008年	2009年	2010年
泵	万台	3 752.47	5 946.93	6 211.78	6 931.29	8 096.26
其中：真空泵	万台				397.63	634.18
风机	万台	263.97	432.30	452.78	930.49	1 376.88
其中：鼓风机	万台				143.09	21.35
气体压缩机	万台	1 841.05	3 093.30	3 087.14	10 164.02	15 933.30
其中：制冷用气体压缩机	万台				8 898.81	13 967.81
阀门	万t	205.75	260.32	326.78	458.39	539.04
气体分离及液化设备	万台				3.62	0.95
减速机	万台	229.18	351.44	396.41	370.30	531.37
分离机械	万台	3.14	3.29	2.02		

（二）重大技术装备成套能力和产品技术水平明显提高

1. 重大技术装备成套能力

“十一五”时期，通用机械行业产品结构根据市场需求不断优化，中高端产品的占比逐年提高，产品品种、规格、数量基本满足了国民经济各领域的需求；通过引进消化吸收、自主创新和集成创新，取得了一系列重大技术装备研究成果，部分满足了大型石化、煤化工、电力和冶金等领域重大技术装备的成套需求。部分产品的设计制造技术已接近或达到国际同类产品先进水平。国产通用机械产品价值量国内市场占有率已达到80%以上。以石化、西气东输、电力、化肥等重大工程项目为依托的主导产品国产化的比例不断提高。其中，年产1 000万t炼油装备的国产化率已达到90%以上（包括1 000万t/a常减压蒸馏装置、350万t/a催化裂化装置、300万t/a加氢精制和加氢裂化装置、200万t/a渣油加氢脱硫装置、100万t/a延迟焦化装置和100万t/a连续重整装置等）；100万t/a乙烯装置、60万~100万t/a PTA（精对苯二甲酸）装置国产化率达到75%~80%；30万t/a合成氨、52万t/a尿素装置国产化率达到90%；60万kW超临界发电机组中的通用机械辅机的国产化率达65%；冶金、环保等重点工程中的通用机械国产化率均达到85%；百万千瓦超超临界机组、百万千瓦核电机组配套的通用机械辅机、煤制油装置中的通用机械成套设备国产化比例也在不断提高，这都在很大程度上减少了我国对国外装备的依存度，改变了我国成套技术装备长期引进的局面。

2. 产品技术水平

以加氢反应器、高压换热器、高压空冷器为代表的静设备，从钢液熔炼、大型锻件、焊接、不锈钢堆焊，到现场组装等技术，都已达到国际先进水平。其中，中国第一重型机械集团公司制造的世界上最大吨位的2 020t加氢反应器，达到国际领先水平。但一些与流程密切相关的反应设备，由于反应器内件受国外工艺专利技术的限制，尚需与国外合作制造。在动设备方面：离心式压缩机、轴流式压缩机及80~125吨级的往复式活塞压缩机设计制造技术已接近或达到国际同类产品先进水平。石油化工用泵30%的产品处于20世纪80年代国际水平，50%的产品达到和接近90年代国际水平，20%的产品已达到国际先进水平。一般工艺流程泵、耐腐蚀泵都能满足要求，但石化装置中的大型激冷水泵、激冷油泵、输油管线泵、小流量高扬程化工泵及耐强腐蚀和固体颗粒冲刷的料浆泵等与国际先进水平还有较大差距，仍需进口。石化装置中应用的一般阀门，与国外水平相当，其品种规格基本可满足需求。但高精度调节阀、安全阀和一些特殊材料、特殊结构的阀门国内当前设计、制造还有困难。常用的过滤机、离心机与国外相比，大型立式、卧式螺旋卸料离心机品种规格少，还不能完全满足石油化工生产的需求。

我国生产的烟气（石化尾气）回收透平机组的使用寿命、振动、噪声等关键性能指标均与国外机组相当，达到国际先进水平。

乙烯及深加工装置中的大型挤压造粒机长期依靠进口，国产20万t大型混炼挤压造粒机组已研制成功，打破了国外对我国大型造粒机组的技术和市场的垄断局面，为进一步研制30万t及以上烯烃装置用大型混炼挤压造粒机组打下了基础。

3. 取得的成就

（1）15万t规模裂解炉已实现国产化，并批量生产。

（2）沈阳鼓风机集团股份有限公司分别为镇海石化、天津石化和抚顺石化百万吨乙烯装置研制的裂解气压缩机、丙烯压缩机和乙烯压缩机已交付用户，实现了国产化。

（3）上海电气压缩机泵业公司自行研制的816mm螺杆压缩机已在中石化南化公司和青海昆仑碱业有限公司投入运行。

（4）沈鼓集团压缩机公司研制的世界最大活塞推力的1 250kN往复式压缩机已成功应用于加氢装置。

(5)无锡压缩机股份有限公司为中石化天津100万t/a乙烯装置成功研制了4列迷宫密封工艺压缩机。

(6)百万吨乙烯装置用的多股流低温冷箱由杭州杭氧股份有限公司研制成功，并批量供货。

(7)由中国第一重型机械集团公司制造的世界最大的2 000t加氢反应器已在神华煤制油项目中投产。

(8)国产首台20万t/a挤压造粒机已经过工业运行考核，为大型挤压造粒机全面实现国产化、打破国外公司长期垄断打下了基础。

(9)天然气长输管线40in(1 000mm)、46in(1 500mm)大口径全焊接球阀研制成功。

(10)2万kW电驱动管线压缩机组和3万kW燃气轮机驱动管线压缩机已在研制中。

(11)为5 000m^3高炉配套的轴流压缩机研制成功并出口国外。

(12)具有国际先进水平的6万m^3/h大型空分设备已批量生产。

(13)开发的20万t/a聚乙烯气相反应器、20万t/a高压聚乙烯超高压管式反应器、30万t/a聚丙烯环管反应器已投入正常运行，完全符合工艺流程的要求，改变了此类设备长期进口的局面。

(14)百万千瓦压水堆核电站上充泵、喷淋泵、余热排出泵、低压安注泵、水压试验泵等全部核二级泵和设备冷却泵、重要厂用水泵等全部核三级泵国产化取得重大进展，国产化率由岭澳核电的4%提高到70%。

(15)部分核一级、大部分核二级和全部核三级阀门实现国产化，国产化率由岭澳核电的6%提高到70%。

(三)行业发展存在的制约因素

1. 产业集中度低

我国通用机械制造业集中度低，大型骨干企业少，围绕大型骨干企业的中小企业群体也未形成。由于历史原因，形成了地区同构化和大而全、小而全的生产方式，低水平重复建设严重，缺乏规模经济和集群效应。横向面临严重的同业恶性竞争，国内同行不能一致对外；纵向面临产业链不健全，上下游企业不能协同“作战”，难以形成横向的产业规模。东北和中西部地区集中了一批大型、特大型装备制造企业，但总体来说产业集中度不高，即使中国第一重型机械集团公司、中国第二重型机械集团公司、沈阳鼓风机集团股份有限公司、陕西鼓风机(集团)有限公司这样的企业在企业规模、融资能力、研发能力及工程成套能力等各方面都无法与美国GE公司、德国西门子公司、日本三菱重工业株式会社等国际大公司相抗衡。我国通用机械制造业还没有进入世界工业500强的企业，在规模和技术水平方面都具有国际竞争力的大型企业还很少。

2. 成套能力弱

工程成套一直是我国的薄弱环节。受体制、资金和观念的限制，绝大多数企业的经营模式还停留在产品加工制造环节，依托技术引进和自主开发，发展成套设计、系统集成及工程总承包的能力普遍不够，很难提升供给档次和扩大市场空间。重大技术装备工程成套的内容主要包括工艺(软件)和设备(硬件)配套，主机、辅机及其他相关附属器材配套，为用户提供满足其整体需求的“交钥匙”工程。但是通用机械制造业缺少工程设计、成套设备制造、供货等综合性的大企业(工程公司)以及整体服务意识。在发展硬件时，往往忽视软件的发展；在发展主机时，往往忽视辅机的发展，不仅硬件与软件、主机与辅机不能协调发展，同时软件和辅机长期处于滞后发展状态，致使系统集成能力差，难以满足用户整体的需求。这也是国内通用机械制造企业难以在国内重大工程中中标，仅能在国外企业中标后分包部分硬件产品的主要原因。结果是国外公司中标后，利用国内企业的生产能力在国内生产硬件设备，国内企业成为名副其实的打工者。成套能力弱，也是制约行业、企业向高层次发展的重要因素之一。

3. 创新动力不足

企业是自主创新的主体，虽然我国企业研发经费的投入已超过政府的投入,但从功能上看,企业并没有成为自主创新的真正主体,究其原因,实质是创新动力不足。我国正处在经济转型时期,企业的产权制度尚不成熟、不稳定,特别是从事重大技术装备制造的企业多是国有或国有控股企业,企业高级管理人员采用任用制度,近期业绩往往是企业经营者和经营团队最迫切的追求,而自主创新投入周期长、风险大,难以取得近期业绩,从而失去了自主创新的欲望。其次,在追求速度、扩大投资、追求外延式扩大再生产的导向下,企业宁愿扩大低水平复制生产能力,却很少对技术和人力资源进行投入;宁愿在同类档次产品上进行低水平恶性竞争,也不愿意采取差异化战略,通过自主创新提高效益;宁愿引进、再引进,持续跟踪模仿,也不愿意走消化吸收、再创新之路,实现技术跨越式发展。

4. 共性技术创新体系缺位,科技投入作用不明显

产业部门科研院所改制后,首先考虑生存,急功近利,追求短期效益,失去了行业技术归口的作用,削弱了科研院所对行业共性技术和基础技术的研究,造成产业共性技术研究开发缺位。当前,有些企业虽然建立了工程研究中心,但大多形同虚设,只能应付企业生产中的工艺提高和产品改进。由于市场的不断扩大和通用机械装备制造业的良好发展趋势,人力资源的重要性已逐渐超过物质资源,人力资源管理面临着越来越严峻的挑战。但许多企业缺乏对自有技术人员、管理人员、技术工人的培养和重用,不能很好发挥他们的聪明才智;创新政策不到位,扼制了这部分人员的创新积极性,无意识进行超前技术开发和研究,企业难以担负起创新主体的功能。产学研的联盟、用户和制造商的联盟、同行企业间的联盟,由于缺乏有效的组织合作机制,对于那些需要多个组织、许多科技人员合作完成的创新项目,很难结成创新战略联盟。企业在引进技术后,自己无力开展消化吸收,又出于市场竞争的考虑,不愿意吸收科研单位和高校参加,难以形成产学研密切合作的联合消化吸收的体制。据对220家企业的调查,只有2%引进技术的企业与科研单位联合进行消化吸收。

5. 某些产品还不能满足国内需求

由于通用机械装备制造企业技术创新能力弱以及技术引进重硬件轻软件、轻吸收创新的客观现状,决定了我国重大技术装备难以达到国际先进水平、难以满足国民经济发展的需求。许多产品的机械特性等主要性能参数虽与国外相当,但加工工艺粗糙、质量管理落后,产品的可靠性与国外相比,还有较大差距。国内通用机械装备制造企业普遍缺乏在高温、高压、大流量等高参数以及低温、超低温、耐腐蚀等特殊环境和工况条件下提供可满足操作精度、自动控制、配套性、专用性水平较高的大规模产品的能力。

国内石化装备生产企业虽然经过几个五年计划的技术改造,引进和添置了部分国内外先进设备,使工艺装备水平得到了较大提高。但从总体上来看,通用设备多,专用设备少,缺乏高、精、尖关键设备,工艺制造水平不高;试验检测手段不完善,致使产品的加工精度和质量在硬件上难于保证;同时企业管理水平相对较低,质量保证体系不完善,缺乏全员质量意识,造成产品质量在软件上难以保证,从而致使一部分国产重大技术装备性能不稳定,可靠性差,故障率高,寿命期短,满足不了工况复杂、高参数、连续化生产和追求高效益的使用要求,缺乏令用户满意的名牌产品。

二、“十二五”市场需求分析

1. 电力领域

2010年,我国电力装机容量达到9.62亿kW。随着“建设小康社会”、“工业化、城镇化”建设步伐的加快,预计“十二五”期间我国的能源需求还将快速增长,2015年前,我国“以煤为主”的电力消费结构仍然很难改变,煤电的逐年需求还会增长。

“十二五”电力工业发展目标是:2015年发电装机容量将达到14.37亿kW,其中,水电装机容量2.84亿kW,抽水蓄能4 100万kW,煤电装机容量9.33亿kW,核电装机容量4 300万kW,风电装机

容量1亿kW。

“十二五”期间，电力投资将达53 000亿元，其中，电源投资27 500亿元，电网投资25 500亿元。

2020年全国发电装机容量将达18.85亿kW，年均增长5.6%左右。其中，水电装机容量3.3亿kW，抽水蓄能装机容量6 000万kW，煤电装机容量11.6亿kW，核电装机容量9 000万kW，风电装机容量1.8亿kW，气电装机容量4 000万kW，太阳能发电装机容量2 000万kW，生物质等发电装机容量500万kW。

“十三五”期间，电力投资将达58 000亿元，比“十二五”时期增长9.4%。其中，电源投资29 500亿元，电网投资28 500亿元。

“十二五”电力工业发展思路：优先开发水电，“十二五”期间新开工项目5 000万kW以上，加大抽水蓄能电站开发力度和规模；优化发展煤电，重点建设16个大型煤电基地，包括山西、陕北、宁东、准格尔、鄂尔多斯、锡盟、呼盟、霍林河、宝清、哈密、准东、伊犁、淮南、彬长、陇东及贵州煤电基地，可开发总规模超过6亿kW，正在开展的前期工作的装机规模约4亿kW；大力发展核电，采用成熟、先进的核电技术，在辽宁、山东、江苏、福建、广东、广西和海南等沿海省区加快发展核电，积极推进江西、湖南、湖北、安徽和吉林等中部省份内陆核电项目，建成“东中部核电带”；积极发展风电，重点是“三北”和沿海地区；促进发展太阳能发电，重点在经济发达地区和西北太阳能资源丰富地区；适度发展天然气集中发电，用于调峰和缺电地区。

常规火电设备，“十二五”、“十三五”将保持一个合理的发展速度。超(超)临界火电设备对机、泵、阀等通用设备的需求，不但不会下降，而且会带来新的发展机遇。

一座压水堆核电站有1 000多台各类泵和1万多种各类阀门，价值量占设备总投资的25%～30%，若“十二五”期间以新建50个机组计，则泵阀的需求量将达到80亿～100亿元。

核电、超超临界火电机组将是通用机械行业“十二五”期间的重要市场，主要产品有核一、二、三级泵，核一、二、三级阀门，常规岛泵、阀等，海水循环泵，给水泵，凝结水泵，循环水泵，高温高压阀门，安全阀，调节阀及减温减压阀等。

另外，水电以及风电和太阳能发电等新能源发电设备也离不开通用机械产品，如直径5～6m的引水渠阀门、减变速机、多晶硅生产中的膜式压缩机等。

2. 石油化工领域

“十一五”时期，我国石油石化产业飞速发展，我国已成为全球第二大石油和石化产品生产、消费大国。2010年，我国原油产量达4亿t，天然气产量达1 000亿m^3，乙烯产量达1 800万t。“十二五”乃至“十三五”时期将是我国石油和石化行业由大到强的转折期。

石油和石化行业包括石油、天然气等勘探、石油炼制、天然气化工以及煤化工、盐化工、生物化工等油气能源、基础化工原材料、合成材料、农用化学品、国防化工品、新型材料、专用化学品和精细化工品等领域的勘探、炼制和加工制造，有20多个细分行业，可生产6万个(种)产品。“十二五”时期，我国炼油、乙烯、合成材料等发展规划如下：

炼油。扩建和新建原油储备基地，在长三角、珠三角、环渤海和成渝地区建设成品油储备基地。扩大液化天然气(LNG)进口来源和渠道，在沿海地区适当建设液化天然气接收站。到2015年，形成若干个2 000万t/a级的炼油生产基地，长三角、珠三角和环渤海地区的炼油能力占比进一步提高，炼油企业平均规模达到700万t左右。到2015年，原油加工能力控制在6.5亿t/a以内，成品油产量达到3亿t左右；汽油质量标准达到国Ⅳ以上，柴油质量标准达到国Ⅲ以上，轻油收率达到78%；吨原油加工耗标油低于60kg。

乙烯。依托炼油企业改扩建及新增大炼油项目，综合平衡区域市场容量，适当安排大型乙烯项目建设，乙烯装置平均规模达到60万t，提高乙烯自给率。鼓励乙烯原料向多元化方向发展，推进炼油、乙烯、芳烃等一体化的综合大型石化基地建设。积极开展烯烃基础性、共性关键技术和装备的自主创新研发，统筹规划乙烯副产品等资源的综合利用。到2015年，全国乙烯产能达到2 600万t左右，当量乙烯自给率达到70%左右；丙烯产能2 200万t，自给率75%左右。

合成材料。合成橡胶：加快丁基橡胶（特别是卤化丁基橡胶）、乙丙橡胶和异戊橡胶工业化生产技术和设备的开发。加快特种橡胶的开发和生产。发展苯乙烯类嵌段共聚橡胶SIS和SEBS等产品，增加专用产品占比。发展有利于提高橡胶工业产品品质、档次的合成橡胶新产品，增加粉末橡胶、液体橡胶等专用品种和产量。合成纤维：提高通用型纤维的质量，重点发展高附加值的差别化纤维和多纤材料，提高功能性纤维的占比。大力发展特种合成纤维，加快已内酰胺、丙烯腈、乙二醇等装置的技术改造，增加碳纤聚丙烯腈原丝的供应，二甲苯（PX）的自给率力争达到85%左右。

有机化学原料。加快推进国内缺口较大、具有市场竞争力的基础有机化工原料和高端有机化工产品的规模化生产，鼓励发展重要农药、染料、医药中间体，鼓励发展丙烯直接氧化法制环氧丙烷、甘油法制环氧氯丙烷、丁二烯法制己二腈等先进生产工艺和裂解碳五的分离及深加工、煤焦油深加工等技术。

装备。大力提高千万吨级炼油、百万吨级乙烯、大型对苯二甲酸、大化肥、大型煤化工、大型天然气及液化天然气、化工气体液化和储运、页岩气压裂等成套设备的技术水平，大型离心压缩机组、大型容积式压缩机组、关键泵阀、反应热交换器、大型反应塔、大型干燥设备、挤压造粒机、特大型空分设备、低温泵等重点设备的自主化率力争达到90%以上，推进开发深水勘探重大装备、深水水下生产设施、深水工程施工作业重大装备及研制应急维修装备。争取到2015年，研制10～15套具有国际竞争优势的大型成套石油和化工装备，提升橡胶机械制造的竞争优势，其中，1 500万～2 000万t/a炼油和120万t/a乙烯列为示范工程项目。

3. 石油天然气集输及天然气液化

2015年，我国天然气消费量将达2 500亿m^3，2020年将达3 500亿～4 000亿m^3；未来5～10年将是我国继西气东输一线、二线，川气出川之后的大发展时期。

“十二五”期间，我国天然气集输及天然气液化产业按照“稳定东部、加快西部、开发海域、拓展海外”的思路，重点开拓海域及主要油气盆地和陆地油气新区；完善油气干线管网和配套设施建设；逐步形成以油田和大型原油码头为中心，覆盖主要炼化企业，东西衔接，南北贯通，国内原油、进口原油和成品油灵活调度的管道输送网络。

大型天然气液化也是“十二五”期间国家将要重点突破和发展的项目。我国在中东签订了开发两个2 500万t/a气田的意向协议，已经对260万t/a天然气液化工艺和关键设备的研发项目进行了两年的论证和前期准备。

天然气长输管线关键设备主要包括管线压缩机组和大口径全焊接球阀。天然气管线设备将在“十二五”期间保持较大的市场需求，仅“川气东送”阀门进口量就高达14亿元。

天然气液化装置（LNG）中的5万kW超低温离心压缩机、5万kW高速变频电动机、大功率高压变频系统、多股流低温冷箱、17万m^3大型低温储罐等关键设备是“十二五”的重点攻关任务。

“十二五”期间，我国将建设1万多公里的输油管线和2万多公里的输气管线。其中，包括西气东输二线东段、西气东输三线、西气东输四线以及中俄、中缅输油、输气管线。为此，管线压缩机组、管线输油泵、管线阀门将有数百亿元的市场需求。

4. 煤炭领域

2010年，煤炭生产总量规模达32亿t，到2015年，全国煤炭需求为38亿t。按照国家为应对气候变化提出的“到2020年非化石能源占一次能源需求15%左右和单位GDP二氧化碳排放降低40%～45%”的目标，“十二五”必然强化节能减排措施，须将能源消费总量控制在一定指标内。按照煤炭占一次能源消费总量65%左右的目标测算，煤炭需求总量为38亿t，占比比2010年减少5个百分点。

到2015年，全国煤炭生产企业要形成10个亿吨级和10个5 000万吨级大型企业集团，合计产量占全国煤炭总产量的65%以上，承担起稳定国内市场、保障煤炭供应和参与国际竞争的任务。全国煤矿采煤机械化程度达到75%以上，千万吨级煤矿达到60处。

“十二五”规划将考虑以下几个方面：一是布局结构，空间布局将进一步向西发展，步伐将越来越大；二是产业结构继续向多元化方向发展，重点是发电，尽管“十一五”时期煤矿发展了很多煤化工业务，但是占主导地位的还是发电；三是组织结构上，将继续向大型煤炭企业集团方向发展；四是技术结构，大力发展机械化，煤矿机械化是煤矿工业的基础；五是产品结构调整。

重点发展800万~1 000万t/a井下厚煤层综采成套设备、150万~200万t/a薄煤层自动化综采成套设备、1 000万~2 000万t大型露天煤矿采掘设备。通用机械作为煤矿开采的重要辅机，主要有大型矿山排水泵、空气压缩机、矿井通风机、煤层气回收压缩机、减变速机以及洗选煤用的真空泵、压滤机等。

5. 煤化工领域

“十二五”期间，将有序开展新型煤化工的研发示范，努力提高示范项目的技术、经济和环保水平。在全面总结示范工程经验、评价技术的先进性、可靠性、经济性和碳排放指标的基础上，稳步推进产业化发展。加大核心技术装备的开发和应用，重点包括：先进煤气化技术、大型空分技术、合成气变换与净化技术、煤基多联产关键技术、褐煤高效洁净综合利用技术、甲醇芳构化技术、甲醇蛋白产业化技术、煤层气开发利用关键技术和60万t/a以上规模甲醇合成技术等基础技术。推进煤的洁净利用，提高高灰、高硫、低值煤的综合利用水平。

“十二五”规划已明确5套煤化工项目作为示范工程。山西省已吸收5 000多亿元的资金，“十二五”期间投向煤化工产业，其中中国海洋石油总公司投资1 000多亿元，计划5年内建设年产100亿m^3/a煤制天然气项目；中煤能源集团有限公司“十二五”投资1 010亿元，在临汾建设能源化工循环经济绿色园区项目；中国大唐集团公司投资1 000亿元，计划在临汾浮山煤电循环产业园及朔州建设煤制天然气一体化项目等。

“十二五”期间将建设若干上下游一体化的大型煤化工基地。争取在“十二五”期间，形成若干以国有大型央企为代表的“煤—电—化”一体化的企业集团和大型煤化工生产基地，继续加大煤化工技术装备国产化力度。

煤化工成套装置中主要设备包括气化炉、气化塔、各种换热器、煤液化加氢反应器、5 000m^3及以上的大型储罐、8万m^3/h及以上的大型空分装置、大型离心式压缩机、大推力往复压缩机、各种离心泵、容积泵、特种阀门及大型油煤浆均化搅拌器等。

6. 冶金领域

未来五年，我国钢铁工业在新增产能和产业布局上，要由过去在内陆发展，向沿海和靠近原料、靠近用户的地区发展转变。在品种方面，重点发展方向是高速铁路、城市轨道交通、海洋工程和海上石油开采、大型和特殊性能船舶和舰艇、节能环保汽车、特高压电网等领域用的特种钢材。

“十二五”期间将完成广东湛江和广西防城港等沿海现代化钢厂建设。山东的日照港、福建的宁德港等沿海项目在“十二五”期间的布局也有望陆续展开。

在冶金领域，通用机械行业将重点发展重大产品和高效节能产品。主要有6万~8万m^3/h的大型空分设备、3 000~6 000m^3高炉鼓风机、为450m^2烧结机配套的烧结引风机和除尘设备、高炉余热回收装置等。此外还有大量各种气体压缩机、泵、阀门、真空设备及各种减速机等通用机械产品。

7. 环保领域

我国环保行业“十二五”发展规划指出，为适应全球环境保护和可持续发展的要求，以及围绕国家经济社会发展与生态环境保护的要求，优先安排制约区域或行业可持续发展的重大或共性技术的研发，逐步解决制约经济发展和群众反映强烈的环境问题，改善重点区域和流域的环境质量；基本建成基于环境污染和生态退化全防全控的环境科技创新体系和环境技术管理体系；围绕约束性指标攻克一批具有自主知识产权的控源减排共性和关键技术，围绕环境质量改善构建适合我国国情的环境管理技术体系，围绕风险防范构建风险管理和风险控制技术体系。

环保装备方面。以垃圾处理、脱硫脱硝、环境监测等为重点领域，研发焚烧烟气控制系统、渗滤液处理等垃圾处理技术，大型工业装置除尘、烟气脱硝等大气污染控制技术与装备。

水泥行业、火电行业、石油和化学工业、印染行业、农药行业、制革毛皮行业、酒精酿造行业、造纸行业等重点行业的清洁生产技术、污染防治共性技术与设备的研发。

城市污水(城镇污水处理及回用方面)，城市生活垃圾(城市垃圾回收处置与资源化、城市垃圾焚烧与资源化、城市垃圾填埋、餐厨垃圾资源化利用等方面)，机动车污染，船舶污染等的防治技术与设备的研发。

“十二五”期间，环保产业将继续保持较高的市场供求。通用机械制造企业在环保产业的市场主要是火电厂烟气脱硫、脱硝中的耐蚀杂质泵、除尘风机，工业污水和城市污水泵、压滤机、分离机械、风机、阀门等，造纸碱回收过程中的压滤机、大型压榨脱水机、平面阀等，城市垃圾焚烧及热能利用成套设备，大型海水淡化成套设备等。

8. 通用机械产品节能技术开发与应用

泵、风机、压缩机、阀门是应用最广泛的通用机械产品，据不完全统计，每年全国发电量的 40% ~ 45% 要消耗在这类产品上。泵、风机、压缩机年耗电量统计见表 3。

表 3　泵、风机、压缩机年耗电量统计

产品名称	台数(万台)	估计耗电量(10^4kW·h)	估计耗电量占全国用电量(%)
泵	2 700	18 000	20
风机	2 200	10 000	11
压缩机	1 100	8 100	9

在石化和石油行业的生产中，原料、半成品和成品大多是液体、气体，而将原料制成半成品和成品，需要经过复杂的工艺过程，泵、风机、压缩机、阀门在这些过程中肩负了输送气体、液体和提供化学反应的压力流量的作用。此外，在很多装置中还用泵、阀门来调节温度。

在石油、化工、化肥、石化工、制药等工业中，压缩机、风机、泵、阀门是关键设备，占整个装置设备的 50% 以上，是提高整体装置系统效率和安全运行的重要保障。

在矿业和冶金工业中，泵、风机、压缩机、阀门也是使用最多的设备。矿井需要用泵排水、风机排风，在选矿、冶炼和轧制过程中，需用泵来供水、压缩机供气等。

在电力部门，核电站需要核主泵、二级泵、三级泵、核级阀，热电厂需要大量的锅炉给水泵、冷凝水泵、循环水泵、灰渣泵、脱硫泵及各种阀门和脱硫风机等。

在国防建设中，飞机、军舰、坦克、潜艇等都需要用泵、风机、压缩机、阀门等。而且对这类产品有很多的特殊要求，如输送高温、高压和有放射性的气体、液体。

在船舶制造工业中，每艘远洋轮上所用的泵、风机、压缩机、阀门一般在百台以上，其类型也是各式各样的。

总之，无论是飞机、火箭、坦克、潜艇，还是钻井、采矿、火车、船舶，或者是日常的生活，到处都需要用泵、风机、压缩机、阀门，到处都有这类产品在运行。他们是经济建设中必不可少的设备，在国民经济各领域中得到广泛的应用。泵、风机、压缩机、阀门产品的发展速度已远远高于国民经济的发展速度，提高这类产品的效率是行业当前的首要任务。

当前，全国在运行的泵、风机、压缩机约有6 000多万台，总装机容量已超过3.5亿kW，全国泵、风机、压缩机每年用电量约占总发电量的40%～45%，节电潜力很大，平均每台产品按10%节电率、对现运行的泵、风机、压缩机按30%的改造率，则每年节电约500亿kW·h。因此，加大通用机械产品的节能技术开发与应用是通用机械行业“十二五”时期的重点任务。

三、行业发展思路及目标

1. 发展思路

以国家产业政策为导向，瞄准国际国内两个市场，紧紧围绕石化、电力、新能源、新材料等工业的需求，以及城市基础设施建设等国民经济发展的重点任务，加大重大通用机械装备新产品和节能产品的开发力度，不断提升企业的自主创新能力；通过联合重组，组建大型企业集团，在全国形成若干个区域性的通用机械产业集群，提高行业集成成套能力和国际竞争力；实现大型石油化工、大型火电、大型核电、大型煤化工以及石油天然气集输等重大技术装备的国产化。

2. 发展目标

(1)到“十二五”末，在石化、核电、超超临界火电、天然气集输、天然气液化、煤化工等重点领域通用机械装备国产化率分别比“十一五”时期提高5～10个百分点，价值量市场占有率达85%以上。

(2)加大高端和节能产品研发力度，到“十二五”末，开发50个高端和节能新产品并形成系列，完成重大技术攻关20项，使大型空分装置、离心压缩机、轴流压缩机、容积式压缩机、化工流程泵、石化和电力各种阀门等高端产品的设计、制造关键单元技术达到国际先进水平，部分产品处于国际领先水平。行业的产业结构和产品结构发生明显变化，中高端产品的占比由“十一五”时期的25%提高到40%。

(3)到“十二五”末，全行业产值超过1万亿元，形成产值超过100亿元的企业3～5家；产值50亿～100亿元的企业5～10家；产值10亿～50亿元的企业60～80家。

(4)“十二五”期间，在泵、风机、压缩机、阀门、空分设备5个重点行业分别建立工程研究中心和若干个企业战略同盟，组织高校、研究院所、企业共同参加产品联合设计。

(5)“十二五”期间，重点培育沈阳鼓风机集团股份有限公司、陕西鼓风机(集团)有限公司、杭州制氧机集团有限公司、四川空分设备(集团)有限公司、开封空分集团有限公司等大型骨干企业由纯制造业向工程成套和现代服务业转变。

四、重点任务

“十二五”期间，石化通用机械行业应紧紧围绕石化、核电、超超临界火电、天然气集输、天然气液化、煤化工等重点领域亟须的石化通用机械产品开展的研发与制造，开发节能减排产品，配合用户实现节能减排目标；开展共性技术研究，提高行业整体技术水平，努力实现“十二五”的发展目标。

1. 重大技术装备

(1)百万千瓦核电、超超临界火电、大型水电装备。①国内在建或筹建的三代核电站用泵。研发满足多工况及高汽蚀性能要求的余热排出泵、主给水泵机组、主循环泵、海水循环泵、常规岛凝结水泵，以及研发满足性能曲线约束的带多工况点运行要求的高效超低比转速、高压小流量的水力化容(化学成分与容积调剂)补水泵等。②二代改进型百万千瓦级核电站用泵。研发国内在建或筹建的二代改进型百万千万机组核电站用泵，包括上充泵、喷淋泵、安注泵、余热排出泵、常规岛主给水泵机组、常规岛凝结水泵等。这类泵应满足各种特定水力性能和多工况点运行的要求，具备耐辐射、抗地震、耐杂质磨损及抗冷热交变冲击等各种特定功能。③核电阀门铸件。研发满足百万千瓦核电阀门性能要求的阀门与铸件。④超超临界百万千瓦火电机组用泵。研发满足百万千瓦超超临界火电机组可靠运行要求的泵，包括高压锅炉给水泵，主循环泵、凝结水泵。⑤超超临界百万千瓦火电机组阀门。研发满足百万千瓦超超临界火电机组可靠运行要求的阀门，包括主蒸汽闸阀、抽气止回阀、气动疏水阀、高加三通阀、WB36 电动闸阀、大口径三偏心金属硬密封蝶阀。⑥水电阀门。研发抽水蓄能电站进水球阀、大口径水轮机进水双密封蝶阀，满足水电发展需要。

（2）百万吨乙烯、油气长输管线、大型化肥、煤化工、天然气液化装备。①泵。研发乙烯裂解装置的急冷油/水泵、低温乙烯泵以及千万吨级常减压装置中的高温油泵、油气混输泵；研发满足长距离输油管线的需求，降低原油输送能耗，具有完备可靠的就地与远程监控系统的长输管线油泵；研发 50 万 t/a 合成氨高压甲铵泵、液氨泵；研发满足煤化工要求，适于输送颗粒浓度大、易沉淀、磨砺性强、腐蚀性强介质，流量可达 $600m^3/h$、排出压力可达 25MPa 的隔膜泵等。②阀门。研发天然气长输管线全焊接球阀与抗高硫天然气集输工程用高压阀门，乙烯、天然气液化装置用低温球阀，煤化工用镍基合金氧气阀。③压缩机。研发 1 000 万 t 炼油、100 万 t 乙烯等石油化工装置需求的大推力（1 200 kN 及以上活塞推力）往复压缩机，乙烯制冷压缩机，大型多列（6 列及以上）迷宫压缩机，螺杆压缩机（螺杆直径 630mm 以上），长输管线压缩机组，50 万 t 以上合成氨四大压缩机组（合成气压缩机组、CO_2 压缩机组、采用水平剖分结构的氨制冷用氨压缩机组、低温甲醇洗用氨冰机组）以及 36 万～45 万 t/a 大型硝酸“四合一”透平机组（空气压缩机、氧化氮压缩机、尾气透平、汽轮机）等。④空分设备。研发煤化工装置用特大型（6 万 m^3/h 及以上）空分设备。空分流程的设计和计算以及空分装置的工艺系统成套集成、新型高效空分精馏塔的研制、特大型多层主冷凝蒸发器的研制、分馏塔系统超低温态下安全可靠性设计、计算机自动化控制技术深化应用、5 万 m^3/h 及以上的大型中高压氧气压缩机、低温泵、低温阀等的设计制造技术的研制。

2. 节能减排装备

（1）节能装备。①加油站、油库油气回收设备。油气回收系统的气液比 1.0～1.2，油气排放浓度 $\leqslant 25g/m^3$，油气处理效率 ≥95%。②冶金行业工业过程烧结余热、高炉煤气余热余压回收与热能的综合利用，高炉、转炉、焦炉等煤气发电以及利用蒸汽轮机驱动 30 000kW 以内的旋转设备（压缩机、泵等）成套技术的开发。③大型高炉用离心鼓风机、XG—75/3.82—Q 型蒸汽锅炉、高炉顶压与烧结余热能量回收联合发电装备（STRT）的研发。④煤层气回收用的螺杆压缩机（单、双螺杆）组，蒸汽再压缩技术（MVR）装备的研发。⑤石油、石化、煤炭等行业生产中排放的废气回收再利用的高性能大型压缩机成套设备的研发。⑥螺杆双循环低温热能回收技术及成套设备的开发。

（2）减排装备。①燃煤电站烟气 SCR 脱硝技术装备。②钢铁烧结机烟气脱硫技术装备。③高效环保节能污泥脱水厢式隔膜压滤机。④节能全智能高压离心风机开发与应用。

五、通用机械行业“十二五”重点产品发展任务

通用机械行业“十二五”紧紧围绕电力、石化、原油与天然气集输、天然气液化、煤化工、环保与资源综合利用等领域开展关键产品的研发与制造，实现国家重点工程装备国产化的目标，配合用户部门完成节能减排目标。“十二五”通用机械行业重点产品发展任务见表 4。

六、通用机械行业“十二五”关键技术攻关任务

通用机械行业“十二五”期间，在关键技术方面主要针对通用机械产品的寿命与可靠性、振动与噪声、新材料的应用、材料表面处理、安全运行监控、节能技术等方面进行重点攻关。“十二五”通用机械行业关键技术攻关任务见表 5。

表4 "十二五"通用机械行业重点产品发展任务

产品名称	主要技术性能指标	需突破的关键技术	立项理由
百万千瓦核电装备			
三代核电装备			
CAP1400屏蔽电动泵(核主泵)	结构型式为单级、单吸、无轴封、高转动惯量、离心式屏蔽电动泵,具有高效率、高可靠性、无泄漏、抗地震、耐辐照等特性	屏蔽电动泵高效水力模型设计;屏蔽电动泵设计、分析、验证,总体设计、结构分析强度校核、转子动特性分析、安全及可靠性分析、抗震分析;屏蔽电动泵的自主制造技术研究,材料研究、特殊工艺研究、装配研究;屏蔽电动泵全流量高温高压的试验研究	核主泵的国产化对于国家经济安全、装备制造业的振兴、核电关键设备的国产化、防止核电关键技术受制于国外和提高自主创新意义重大。只要研制成功,投资的回报和回收是完全有保证的,每套核电机组4台主泵价值近1亿美元,如能全部实现国产化,对我国装备制造业的发展起到重大拉动作用。当前国内筹建核电站23座,项目依托石岛湾核电站工程,通过开展CAP1400屏蔽电动泵研发,使我国具备自主研制百万千瓦核电机组的能力,确保研制的产品技术达到国际先进水平
余热排出泵	流量$364m^3/h$,扬程103.6~115.8m,转速1 480 r/min,汽蚀余量≤2.65m,设计温度204.4℃,设计压力6.205MPa,运行压力0.069~3.792MPa,运行温度10~177℃	同时满足多工况及高汽蚀性能要求的过流部件水力模型的研制;运行压力大范围波动及轴向力方向交替变化状况下,轴向力平衡及轴承支撑系统及整体结构满足抗震要求的设计;导叶流道机械加工工艺及口环内表面蜂窝的加工工艺的研发	国内在建或筹建的AP1000及CAP1400、1700等三代核电站,每台机组需配套两台正常余热排出泵,预计未来10年内每年将需要余热排出泵20~24台。当前三代核电AP1000配套的正常余热排出泵均从国外进口,国产化意义重大
主循环泵	额定工况:流量$21.67m^3/s$,扬程12.5m,效率88%	满足多工况运行条件及高效水力模型的研制;大型双相不锈钢结构件的焊接工艺及热处理工艺的开发;降低泵进口淹没深度,进水流道设计技术的研究;大型立式斜流泵全速性能测试技术的研发	国内在建或筹建的AP1000三代核电站,每台机组需配套3台主循环泵,预计未来10年内每年将需要AP1000主循环泵30~36台。当前三代核电AP1000配套的主循环泵均从国外进口,实现国产化意义重大
常规岛凝结水泵	流量2 $050m^3/h$,扬程300m,首级叶轮出口中心线处汽蚀余量≤5.2m,效率≥84.5%	可靠、先进、结构紧凑的总体结构的研究设计;高抗汽蚀性能、高效、性能曲线平坦无驼峰的水力模型的研究;泵轴向力自身平衡的平衡装置及止推轴承的研究设计	"十二五"期间年产10~12套机组,每套机组3台泵,年需求30~36台

（续）

产品名称	主要技术性能指标	需突破的关键技术	立项理由
三代核电 AP1000/CAP1400 关键阀门（包括爆破阀、主蒸汽隔离阀、稳压器比例喷雾阀和安全阀、主给水隔离阀和主给水调节阀等）	最高温度 360℃，最高压力 17.2MPa，最大通径 950mm，要求高可靠性，具有耐辐射、抗地震、无泄漏、抗冷热交变冲击及定时阻断等特定功能	阀门结构的设计及计算；阀门压力边界、密封性及整机安全性和可靠性技术的研究；特殊材料和特殊加工工艺的研究；高可靠性执行器（包括爆破单元、电动/电液联动执行器等）的研究；试验装置及试验技术的研究	积极发展核电是我国重要的能源战略，2010～2015 年核电建设高峰期要具备年产 10～12 套百万千瓦核电装备能力。其中，核级泵、阀、核级仪控系统是核电装备自主化的薄弱环节
二代加核电装备			
核一级泵、阀（包括主泵、稳压器比例喷雾阀和安全阀、大口径高压闸阀和止回阀等）	要求高可靠性，具有耐辐射、抗地震、无泄漏、抗冷热交变冲击及定时阻断等特定功能	主泵高效、多工况点水力模型的研制，无润滑启动，转子特定工况稳定性的计算；核一级阀门及主蒸汽隔离阀结构的设计计算，高可靠性密封的研制；通过结构设计、特殊材料研制及加工工艺满足核一级泵、阀各种特定功能要求；核一级泵、阀试验装置及试验技术的研究	积极发展核电是我国重要能源战略，2010～2015 年核电建设高峰期要具备年产 10～12 套百万千瓦核电装备能力。其中，核级泵、阀，核级仪控系统是核电装备自主化的薄弱环节
核二级泵、阀（包括上充泵、喷淋泵、安注泵、余热排出泵、水压试验泵等，二级主蒸汽隔膜阀等）	满足各种特定水力性能和多工况点运行要求，还需具备耐辐射、抗地震、耐杂质磨损及抗冷热交变冲击等各种特定功能	高效、低汽蚀、多工况点水力模型的研制；通过结构设计、特种材料研制及加工满足核二级泵各种特定功能要求；抗热冲击及杂质试验装置的设计及试验技术的研究；K1 电动机的研制	
常规岛主给水泵机组	介质温度 178.1℃，流量 3 194.532t/h，扬程 830m，效率 ≥85%	高效率的水力模型的研究；高温高压下的承压件的设计和制造；叶轮的五轴加工技术；机组振动的控制，转动部件的动力学的行为分析；高温高压全流量试验和热冲击试验技术的研究	2011 年起预计每年新建 10～12 个核电机组，需要主给水泵机组 30～36 套，国内还没有生产厂家
常规岛循环水泵驱动齿轮箱	功率 5 000～8 000kW，转速 900～1 000 r/min，速比 4.5～7.5	采用 ADAMS 动力学分析软件建立 5 000kW 以上大功率同轴立式齿轮箱的动力学模型，分析传动系统的动力学特性，获得动力学特性参数；采用有限元和边界元分析，结合先进的振动、噪声测试技术和手段，建立 5 000kW 以上大功率齿轮箱的振动和噪声的预测模型；采用的齿式挡板与输入轴花键错位一齿，并将齿式挡板固联在输入轴上，采用悬挂在齿式挡板上的齿套处于浮动状态进行的定位，解决了大功率立式齿轮箱浮动定位的难题，达到了理想的均载效果	到 2020 年我国将建至少 30 座百万千瓦级的核电站。保守估算每个核电站需 4 套齿轮箱机组，30 座核电站共需 120 套，加上亚洲其他国家 320 套的需求，至 2020 年，我国亚洲总需求量达 540 套

（续）

产品名称	主要技术性能指标	需突破的关键技术	立项理由
百万火电装备			
锅炉给水泵机组	转速 5 500 r/min左右，最佳效率点效率86%，流量2 000～2 400 m^3/h，扬程3 600～4 000m	水力模型研制；平衡装置设计；轴端密封设计；重要零件材料研究	全部进口，项目完成后，可打破国外供应商垄断的局面，按照市场的实际情况，2012～2015年间，预计泵组每年可实现销售额25 000万元，其中，国产化后可以节约外汇530万美元，同时在全国范围内，可以为诸多的电厂用户提供更好、更快捷的产品售后服务，保证电厂的安全可靠运行
主循环泵机组	额定工况：流量 $15m^3/s$，扬程20.6m，效率88%	满足多工况运行条件及高效水力模型的研制；大型双相不锈钢结构件的焊接工艺及热处理工艺的研发；降低泵进口淹没深度，进水流道的设计技术研究；大型立式斜流泵全速性能测试技术的研究	国内在建或筹建的超超临界百万千瓦火电机组，每台机组需配套3～4台主循环泵，为保证电力供给国内每年至少建成16～20台超超临界百万千瓦火电机组，需要大型主循环泵60～80台。当前，大型主循环泵全部进口，实现国产化意义重大
超临界、超超临界火电机组关键阀门［包括主蒸汽闸阀，高加三通阀，安全阀（过热器、再热器），电磁泄放阀（PCV），高排及抽汽逆止阀，小汽机排气蝶阀、疏水阀，控制阀（减温水、高加疏水、抽汽疏水、蒸汽减压站、储水罐、凝汽系统等）等］	最高工作温度610℃，最高工作压力35MPa，部分阀门动作时间1～5s	耐高温材料的铸造与锻造技术的研究；阀门零部件热应力、热变形分析技术的研究；阀门的控制技术、动作可靠性的研究；密封副结构与材料的研究；节流原理与调节特性的研究	预计“十二五”期间，每年新建600MW、660MW、1 000MW超（超）临界火电机组80余套，每套机组约需配置500多台此类关键阀门
百万吨乙烯装备			
急冷油/水泵	流量1 600～3 $600m^3/h$，扬程90～150m，急冷油中含有大量焦炭颗粒，温度达到205℃，蒸汽驱动+电动机驱动	承压过流部件的精密铸造与加工技术的研究；两相介质+热冲击条件下的轴封设计与整机设计	
低温乙烯泵	介质为低温乙烯、丙烯、甲烷、乙烷等，温度−160℃，流量1 $000m^3/h$，扬程1 000m	克服材料在低温下的特性变化；低温下机械密封系统的设计	

（续）

产品名称	主要技术性能指标	需突破的关键技术	立项理由
塔底泵	流量4 000m^3/h，扬程500m，温度450℃，压力7.5MPa，介质为油及工艺液体	高效的水力模型的研制，抗高温汽蚀性能和可靠的运行技术的研究	
大型混炼挤压造粒机	应用于14万t/a HDPP和30万t/a HDPE装置；主电动机功率为6 000kW和10 000kW；转子（螺杆）转速为360 r/min、270 r/min和210 r/min、160 r/min	齿轮啮合传动系统，专用减速器和推力轴承组，螺杆啮合机理和优化组合，机电一体化、智能化和网络化控制，模拟仿真等技术的研发	
20万t/a以上大型裂解炉	以石脑油为裂解原料时，单程乙烯收率达到29%以上，热效率达到93%以上，运行周期不低于70d	开发具有高选择性、运转周期长、热效率高的20万t/a大型裂解炉，并形成20万t/a大型裂解炉成套工艺技术	
聚乙烯装置用循环气压缩机	流量57 000m^3/h，功率3 000kW	机组性能调节、通流部分表面处理的研究、开发小轮毂比大流量系数的闭式叶轮模型级	
百万吨级乙烯工艺螺杆压缩机	转子直径816mm，气量1 000m^3/min，最大功率5 500kW	大型转子及机壳制造工艺技术的开发；大直径转子密封和大型机组试验验证技术的研究	
30万~40万t聚乙烯、聚丙烯等装置用挤压造粒机	主电动机功率为10 000~12 000kW，转子公称直径450mm，转子转速360 r/min、270 r/min（双速）	大型混炼挤压造粒机组包括粉体及辅料的计量、混合、挤压造粒、工艺水与聚合物颗粒分离，粒料的干燥贮存，以及工艺水循环等具有高技术含量的全套工艺装置	当前，国内乙烯工程用的大型挤压造粒机组全部进口，每年需求量6~8套
乙烯冷箱	介质为乙烯及其他烃类介质，压力≥6MPa，大型	高效板翅式换热器的冷箱总体设计技术、高效高压翅片的研制、高压大截面换热器钎焊技术、二相流体均匀分布技术的开发等	
千万吨炼油、百万吨PTA装备			
PTA装置用大型多轴工艺空气压缩机组（含压缩机、汽轮机、尾气透平、电动机及齿轮箱）	介质为空气，功率≥2万kW	大功率多轴离心压缩机及高精度高速齿轮箱设计制造技术，尾气回收透平设计制造技术，多股流、低品位蒸汽汽轮机设计制造技术，整机试验验证技术等的研究	当前国内已经核准的60~100万t PTA装置有30套以上，其中大型工艺空气压缩机、压力离心机、大型高速泵等关键设备基本进口
精制高速进料泵	介质为工艺液体，转速≥25 000 r/min，扬程≥120m	高效水力模型的研制，泵组集成技术的研究	
压力螺旋卸料离心机	转鼓直径≥1 200mm，带压操作	大型压力离心机设计制造技术及试验验证技术的研究	

（续）

产品名称	主要技术性能指标	需突破的关键技术	立项理由
百万吨以上 PTA 装置干燥机	介质为对苯二甲酸、水，PTA 干燥机，直径≥4 500mm，换热面积 4 000m^2，生产能力≥170t/h；介质为对苯二甲酸、醋酸、水，CTA 干燥机，直径≥4 200mm，换热面积 2 500m^2，生产能力≥170 t/h	干燥流程工艺计算技术的研究；干燥机整体应力分析设计；进、出料密封装置可靠性设计；冷凝液排放装置可靠性设计；螺旋进料机优化结构设计；干燥机筒体加工制造技术的研究	
PDF 系列连续加压过滤机	过滤面积 10～50m^2，主轴转速 2～4 r/min，主电动机功率 45～160kW，辅电动机功率 3～11kW，工作温度 200℃，工作压力 1.0MPa	分配头的密封及行星回转组合与过滤腔之间的密封的研发	替代压力卧式螺旋卸料沉降离心机，用于 PTA 行业，我国 PTA 年产量 1 400 万 t；危化品行业有毒有害悬浮液的分离
千万吨级常减压装置中的高温油泵	介质为减压渣油等，温度 370℃，流量 2 600m^3/h，扬程 400m	高效的水力模型的研制，抗高温汽蚀性能、可靠的高温条件下运行技术的研发	
油气多项混输泵	介质为石油、天然气、水等，流量 40～500m^3/h，扬程 30～500m	完成适应含气量从 0～100% 介质的变化，泵内气液两相流流动的三维数值分析和性能预测	陆地海上油田开采原油和天然气需要大量油气多项混输泵，当前主要依靠进口
石油化工节能干燥单元设备	带内置换热器的流态化干燥装置，能源利用效率达到 75%，干燥强度达到 500kg/m^2；蒸汽回转干燥装置能源利用率达到 80% 以上	开发稳定运行的先进燃烧干燥装置；研制大型动态间接换热干燥装备及高效节能换热设备；开发石油化工废弃物干燥、利用、减排技术与装置；研究干燥系统先进自控技术	当前已在盐、硝、碱、己二酸等国内大型化工生产企业进行了应用，推广 200 多台（套）。代替了进口装备，大大促进了化工行业干燥技术装备的更新换代和升级，提高了我国化工行业产品的竞争力，对化工和石化行业节能减排具有重要意义
大型石油及石化装置用加氢阀门（包括闸阀、截止阀和止回阀等）	介质为减压渣油等，温度 370℃，流量 2 600m^3/h，扬程 400m	材料选型原则及其使用和控制技术的研究；铸、锻、焊、热处理、密封检测等特殊工艺的研究；有限元设计计算分析技术的研究；阀门整体可靠性技术的研究	中国石油化工集团公司计划至 2013 年共投产建设 24 套加氢装置，每套加氢装置此类阀门需求量约上百台左右
大型撬装往复式天然气压缩机组	型式为对称平衡型，6 列 2 级有油润滑往复活塞式，容积流量 150 万 m^3/a（标准状态），压缩介质为天然气，吸气压力 1.0MPa，排气压力 6.1MPa，轴功率 3 995.7kW，转速 995 r/min，气缸直径 431.8mm、304.8mm，行程 152mm	准确及时的控制和通信技术的研究；贴合压缩机性能特性的计算机软件的开发；满足变工况的零部件的设计与开发	在油气田井口增压、天然气集输、注气、气举、天然气处理、燃气燃料气增压等重大工程领域中具有广泛的需求和应用

（续）

产品名称	主要技术性能指标	需突破的关键技术	立项理由
6列迷宫密封压缩机	流量11 000m^3/h，活塞力300kN（此为迷宫压缩机的最大规格），行程300mm、375mm两种，列数6列及以上，压力20MPa，转速370～500 r/min	迷宫压缩机的总体结构设计技术的研究；迷宫密封结构技术的研究；活塞杆的精确导向对中技术的研究；活塞杆刚性与结构耐磨性技术的研究；关键件（机身、曲轴、气缸、迷宫槽）机械加工工艺技术的研究；气缸与机身的同轴度、活塞杆的精确导向对中、各列活塞与相应气缸的径向间隙等装配工艺技术的研究	大型石化装置新建或扩建改造、中国石油天然气股份有限公司建设的大型聚烯烃装置、化工行业的大型甲醇装置、冶金行业的大型制氧装置等，国内相关行业对迷宫密封压缩机的需求量将以每年10%的速度递增，10年后的市场需求将达30亿～50亿元
2万t/a聚甲醛装置干燥机组	介质为聚甲醛、水，干燥机直径≥2 150mm，换热面积400m^2	干燥流程工艺计算技术的研究；干燥机整体应力分析的研究；进、出料密封装置可靠性设计；冷凝液排放装置可靠性设计的研究；螺旋进料机结构设计的研究	全部进口
工艺流程用大型对称平衡固定多列多级无油润滑往复式活塞压缩机	最大综合活塞力1 500kN，主轴颈400mm，行程360mm，转速300 r/min，连杆长度900mm，功率5 000～10 000kW	压缩机总体设计和布置的安全性技术的研究；压缩机可靠性分析与提高技术的研究；压缩机设计计算技术的研究；与工作介质匹配的零部件材料选用技术的研究；大功率驱动时压缩机关键节能技术的研究	依托炼化行业上千万吨炼油及扩至千万吨炼油规模的项目中对制氢装置原料气压缩机的需求，以及国内为提高汽、柴油的品质开展的60万t/a连续重整装置、80万t/a加氢改质装置中对50t和63t活塞压缩机的需求，为用户提供专业化定制的大型工艺流程用往复式活塞式压缩机将有广泛的市场前景
36万吨级硝酸装置四合一机组[含汽轮机、轴流压缩机、氧化氮（NO_x）压缩机、尾气透平及齿轮箱]	装置规模1 200t/d，介质为空气、NO_x、尾气	硝酸装置四合一机组与系统工艺匹配技术的研究；轴流压缩机与氧化氮压缩机、尾气透平的性能匹配技术的研究；氧化氮压缩机与尾气透平样机的开发；特殊介质材料选型的研究；工艺流程与配套设备的选型设计	2010年硝酸产量突破960万t，据行业测算，未来3年将达到1 500万t，按照36万t装机能力计算，需要15台（套）
石油、天然气长输管道装备			
天然气长输管道离心压缩机	介质为天然气；电驱机组流量1 000 000m^3/h，入口压力6～8MPa，出口压力10～12MPa，功率2万kW；燃驱机组流量1 800 000m^3/h，入口压力6～8MPa，出口压力10～12MPa，功率3万kW	管道离心压缩机设计制造技术的研究；增压站多机组负荷分配控制技术以及在线监测技术等的研究	“十二五”期间，我国将建设4万km的石油天然气长输管道，其中输气压缩机组、输油泵及阀门等主要场站设备当前仍依赖进口

（续）

产品名称	主要技术性能指标	需突破的关键技术	立项理由
变频驱动电动机	功率≥2万kW，转速3 120～5 040r/min	高速电动机转子设计制造技术的研究，无刷励磁技术、大功率变频技术与关键设备的研制	
驱动燃气轮机	转速≥5 000 r/min，30MW级及以上驱动燃气轮机	燃气轮机整机、压气机、动力涡轮，燃烧系统和控制系统等设计制造及集成技术以及整机试验验证技术的研究	
大口径全锻焊油气长输管道球阀	40in（1 000 mm）、48in（1 200mm）、Class600级及以上全锻焊油气管道球阀	焊缝无热处理工艺技术、高压密封技术、气液联动驱动装置、长输管道阀门特定性能试验验证技术等的研究	
管道油泵	流量1 300～3 100m^3/h，扬程350～1 200m	高效水力模型的研发；大型转子和泵壳制造工艺技术的研究；大功率无水冷轴承的研制；机组试验验证技术的研究	
大型天然气液化装备			
预冷压缩机	介质为丙烷或混合冷剂等，功率≥3万kW，多边效率≥85%	高效模型级的研发；大型转子及机壳制造工艺技术的研究；大型机组联动试车和验证技术的研究	是天然气液化的关键处理设备，国内尚无自主产品，中国石油天然气集团公司、中国海洋石油总公司液化项目有较大规模的市场需求
深冷混合冷剂离心压缩机	介质为丙烯、丙烷等，功率≥4万kW，多边效率≥85%	高效模型级的研发；大型转子及机壳制造工艺技术的研究；低温材料及关键工艺技术的研究；大型机组试验验证技术的研究	
大功率变频驱动电动机	42MW、62MW、96MW高速变频电动机	高速变频电动机、大功率变频器自主设计制造技术的研究	
工业燃气轮机	效率36%、功率30MW级驱动燃气轮机	燃气轮机的整机、压气机、动力涡轮，燃烧系统和控制系统等的设计制造及集成技术的研究	
大型高效冷箱	约40个铝制板翅式换热器4单元并联，夹点最小温差达1℃，压力≥6MPa	高效翅片设计计算及工艺技术、高压大截面冷箱钎焊技术的研究；冷箱总体设计计算软件的开发	
大型缠绕管换热器	单位容积换热面积≥100～170m^2/m^3，管程压力≥7MPa，换热面积约4万m^2	设计制造技术、螺旋形多层复迭铝管与不锈钢筒体的焊接工艺技术及试验验证技术的研究	
大型天然气液化储罐	20万m^3预应力混凝土全仓容地上贮罐，悬顶式内罐	结构设计、密封及保温技术的研究；低温材料及现场焊接组装技术的研究	

（续）

产品名称	主要技术性能指标	需突破的关键技术	立项理由
大型 LNG 成套装置自动化仪表控制系统	主控系统 IO 设计容量 > 2 万点；最小控制周期达到 50ms，时间同步精度 1ms；无故障运行 > 40 万 h	自动化装备集成与安全控制技术的研究；DCS 远程管理与诊断技术研究；现场总线数字化控制技术研究；APC 先控技术及 OTS 仿真系统技术的研究	
大型开架式 LNG 汽化器	第三代超级 LNG 汽化器，管内介质为 LNG，管外介质为海水，设计温度 -196℃，压力 8MPa	低温两相流高效传热管的设计制造技术和多支管并联的均匀分配技术的研究	
LNG 冷能回收空分设备	LNG 压力 8MPa，能力：液 O_2 + 液 N_2：10 000 ~ 20 000m^3/h	工艺技术的开发；高压两相流换热器的设计制造技术的开发	
大型煤化工装备			
高压油煤浆进料隔膜泵（含有色矿山固体颗粒输送）	出口压力 20MPa 以上，工作温度 290℃，固体含率 50%	多支点、大推力动力端的设计；特殊冲洗、密封结构液力端的设计；特殊介质工况下易损件寿命的提高；电气、检测和控制系统的设计	煤制油是解决我国油资源短缺的重要措施之一，由于煤制油工艺条件苛刻，关键设备主要依靠进口
液化反应器离心循环泵	出口压力 20MPa 以上，工作温度 480℃，固体含率 50%	耐磨结构、特殊密封结构和电气控制系统的设计	
长寿命高压差减压阀	压差 20MPa，高固含率，气、液、固三相流体用，寿命 2 000h 以上	材料、结构的设计，抗冲击与耐磨集成技术的研究	
煤制油合成反应器	介质为柴油、石脑油、LPG，设备直径 ≥ 8m，设计压力 ≥ 3.0MPa，设计温度 300 ~ 400℃	直径大，成形、焊接、组对，超大型压力容器耐热钢复合板的焊接，超大型设备的运输，超大型设备的吊装等技术的研究	煤制油合成反应器是煤制油的核心关键设备，列入国家“863”计划的尖端产品，工业化试验已经成功，当前正在进行大规模工业化生产，已有 3 家公司在新疆建设，内蒙古、山西等地产煤地区都在酝酿该项目，是解决我国富煤少油的大问题，每套装置反应器壳体产值近 20 亿元，市场前景非常广阔
煤化工用锁渣阀	阀门压力 600Lb、900Lb，阀门通径 6 ~ 16in（150 ~ 400mm），阀门介质为矿渣和高温渣水	阀门频繁开关密封面设计工艺技术的研究；耐高温、耐磨损材料制造工艺的研究；有限元设计计算分析技术的研究；阀门整体可靠性技术的研究	煤化工用锁渣阀用于煤气化后煤渣的排放，每套煤气化装置至少需要十多台锁渣阀，现基本依靠进口，价格较高，阀门寿命较短，1 ~ 3 年后需维修或更换。我国对该项目的开发研制具有较大的意义

（续）

产品名称	主要技术性能指标	需突破的关键技术	立项理由
煤化工高温硬密封蝶阀	最高温度750℃，压力600Lb，最大通径48in（1 200mm）	阀门750℃高温时为零泄漏设计制造技术的研究；攻克大口径加工工艺及材料热变形等技术难点；研制模块化互换阀座的三偏心蝶阀结构	系列化高压蝶阀产品应用于煤化工、合成氨等高压苛刻工况，以替代国外进口产品
煤化工氧气阀（包括切断阀和控制阀）	压力600Lb、900Lb，最大通径16in（400mm），介质为氧气	攻克高压差条件下同时要求其泄漏等级达到Ⅵ级技术；攻克高压氧气在阀内高速流动与零件发生摩擦，产生火花技术；阀门接触氧气的工艺技术的研究	由于高压氧气的易爆特性，氧气阀本身是一个易爆的危险装置；为确保安全，煤化工氧气类阀基本依靠进口，价格高昂，开发研制该项目以替代进口产品
1 200万m^3/d以上煤制天然气离心式压缩机	甲烷化循环气压缩机、氨气制冷压缩机、天然气加压机	叶轮内部二次流动分析与控制技术的研究；开展端齿加工工艺的研究；压缩机内部通流部分表面强化技术的研究；高强度高抗腐蚀叶轮材料及其特种加工工艺的研究；耐高温强抗腐蚀能力的密封结构及材料的研究；低温机组防喘振系统的开发与设计；输气站整站多机组控制系统的设计	煤制气设备是发展煤化工和煤清洁燃烧发电的关键设备之一，当前大型煤制气设备尚需解决许多关键问题，应用于煤化工、冶金、石油化工等领域，年需求量20套以上。项目依托辽宁大唐国际阜新煤制天然气及输气管线工程，完成机组的研制任务，并确保研制的产品的技术达到国际先进水平
45万t/a合成氨高压液氨泵 45万t/a合成氨高压甲铵泵	流量85～150m^3/h，扬程2 600m 流量60～150m^3/h，扬程1 200m	新型国产耐腐蚀材料的研究和试验；轴系湿转子动力学的研究分析；高压自平衡抗结晶和晶间腐蚀的结构技术的研究；高效水力模型的研究	当前45万t/a合成氨甲铵泵、液氨泵依赖进口
6万m^3/h及以上空分装置用压缩机组（单轴、多轴）	流量≥6万m^3/h	特大流量系数闭式基本级的研制开发；大型机壳结构优化设计及系列化设计；SVK/VK系列组装式压缩机系列化设计；半开式基本级系列开发；封严涂层阻燃性能的研究及应用	随着煤化工、冶金、石化等行业的持续稳定发展，给空分设备行业带来了难得的发展机遇。未来两年，我国将需要10套左右6万m^3/h到8万m^3/h等级的空分装置配套
空分系统和液化天然气系统超低温阀门（包括闸阀、截止阀、止回阀、蝶阀和球阀等）	最低温度－254℃，最高压力2 500Lb，最大通径800mm	阀门结构设计及计算；阀门压力边界、密封性和整机安全性和可靠性的技术研究；特殊材料和特殊加工工艺的研究；试验装置及试验技术的研究	

（续）

产品名称	主要技术性能指标	需突破的关键技术	立项理由
大型环保装备及资源综合利用设备			
5 000m³ 以上大型冶金能量利用装置	高炉炉容5 000m³ 以上，介质为高炉煤气，功率≥20 000kW，效率≥86%	高精度顶压控制技术的研究；新叶形的开发和阻尼叶根的研究；透平叶片强度可靠性的研究；机组控制软件开发及组态的研究；一键式操作智能控制系统的研发	
5 000～5 800m³ 高炉大型鼓风机组	介质为空气，流量9 000～14 000m³/min，排气压力0.55～0.68MPa，机组效率达到91%以上，驱动功率45 000～70 000kW	高效气动优化设计，开发高效新叶形；开发安全可靠低边齿叶片叶根，提高安全可靠性；防喘振控制技术、大型电动机和变频装置的开发	
大型高炉鼓风机组成套设备	流量8 000～12 500m³/min，鼓风机功率30 000～65 000kW，多变效率≥90%以上	高效叶形及其气动设计技术的研究；机壳焊接技术的研究；叶片安全可靠性技术的研究	在未来5年内3 000～5 800m³高炉鼓风机组的需求约有40套以上
4 000～5 800m³ 大型高炉能量回收透平发电装置（TRT）	高炉炉容4 000～5 800m³，介质为高炉煤气，功率≥2万kW，效率86%	4 000～5 800m³ 大型高炉3H—TRT系统的研究；4 000～5 800m³ 大型高炉新叶形的开发和阻尼叶根的研究；透平叶片强度振动可靠性的研究；4 000～5 800m³ 大型高炉透平机组控制软件的开发及组态研究；一键式操作智能控制系统的研发	主要依靠进口设备
大型高炉煤气余压透平回收利用装置（BPRT）	比单台套透平机组发电效率提高3%以上；降低产品成本约20%左右	轴系关键设备变速离合器需要进行全新的开发；对工艺系统进一步研究，对影响轴系的关键部分进行设计、计算	
污泥干燥焚烧一体化设备	该技术可实现污泥减量70%以上，干化热效率82%以上	重点研究污泥干燥焚烧一体化技术，将污泥干化和污泥燃烧两套设备联合起来，建立转筒干燥污泥循环流化床焚烧一体化系统，开发循环流化床干燥焚烧一体化设备，最大限度地实现污泥无害化、减量化和资源化处理	未来十年内，随着我国环保要求的提高，全国对市政污泥处置设备的新增需求量据估计在1 000套以上（价值300亿～500亿元）。市政污泥减量化技术作为核心技术有着广阔的应用前景
大型污泥脱水厢式隔膜压滤机	日处理量：污水30 000m³/d，泥饼6 000m³/d；工作压力1.6MPa，隔膜压榨压力3.0MPa；泥饼含水率50%以下，污泥回收率98%以上，泥饼可用率100%；隔膜滤板可压榨次数30 000次	开发与研制的为污泥脱水设备配套的、显著改善污泥固液分离特性的污泥预处理技术与设备，对预处理工艺和相关参数进行系统优化，采用隔膜滤板高压过滤压榨的工艺，提高了污泥脱水性能	

（续）

产品名称	主要技术性能指标	需突破的关键技术	立项理由
反渗透高压海水淡化泵	介质为海水，流量 500 ~ 5 000m^3/h，压力 7 ~ 9MPa	高效水力模型的研发；长期稳定运行结构的研究；适合输送海水的材料及关键工艺技术的研究	是海水淡化的关键设备，现大型海水淡化工厂设备全部进口
大型挖泥泵	流量 16 000 ~ 25 200m^3/h，扬程 24.5 ~ 80m，效率 80% ~ 85%，汽蚀余量≤3.5m，功率≥4 000kW	应用 CFD 技术，实现模型泵与实体泵性能相符（流量、扬程、效率及汽蚀余量等）；双泵壳结构，泵组重 150t，外形尺寸（mm）：4 850 × 6 500 × 5 000，耐压达到 3MPa，强度变形需控制在 3mm 以内；叶轮帽与叶轮本体采用液氮冷装工艺，保证叶轮帽在泥沙冲击磨损下不掉落；自主研制耐磨材料 KBTB，硬度保证在 58HRC 以上的前提下，仍有很高的冲击韧性 6 ~ 8J/cm^2	大型挖泥泵主要依赖进口
传动装备			
加工高精度高效率减速器的工业机器人	用于生产成套减速器系列产品的工业机器人，可完成 165kg 以上的点焊和 300kg 以上重载搬运，负载转矩 400 ~ 5 000N · m，平均无故障时间≥50 000h	动态特性测试技术、模拟实际工况的减速器加载方式及工作可靠性与使用寿命的测试方法	我国工业机器人及含工业机器人的自动化生产线相关产品的年产销额已突破 10 亿元。特别是“十五”以来，市场需求有了井喷式的发展，需求量每年以 15% ~ 20% 的速度增长。2007 年，我国工业机器人拥有量约 24 000 台，多功能机器人年需求量约 10 000 台（套）。据不完全统计，当前我国仅汽车行业、电子和家电行业、烟草行业、新能源电池行业等，年需求机器人自动化生产线就达 300 多条，产值约为 60 多亿元
TB9000 系列摆线针轮减速机	承载能力比普通摆线针轮减速机提高 50% 以上，体积和重量在相同功率条件下减轻 50% 以上，机械传动效率平均达 92% 以上，噪声：针齿中心圆直径 390mm 以下为 75dB 以下，针齿中心圆直径 420mm 以上为 80dB 以下	摆线齿形优化技术使摆线针轮减速机的承载能力大幅提高；采用针齿壳、针齿销孔挤压应力校核计算技术；对磨削用砂轮采用二硫化钼乙醇溶液浸润工艺	
磨机减速机	功率 120 ~ 7 600kW，输入转速 600 ~ 1 000 r/min，输出转矩 13 ~ 290kN · m	推力轴承高承载能力下可靠性技术的研究；润滑冷却系统、控制系统技术的研究；高可靠性的密封、防渗漏技术的研究；高功率、高密度、高承载能力下的轻量化技术的研究	我国的能源结构在相当长的时间段内主要还是依靠火电，燃煤机组仍有一定的市场空间

表5 “十二五”通用机械行业关键技术攻关任务

序号	技术名称	主要技术指标及攻关内容	当前水平及国外差距	市场需求预测
1	重介质高马赫数基本级系列开发	流量系数0.06～0.145,能头系数0.6～0.7,机器马赫数1.1	当前国内用于C_3H_6、CO_2等石化装置重介质压缩机的高马赫数闭式基本级属于空白。国内闭式基本级马赫数在0.95以下,美国GE公司等国外厂商已有1.0以上基本级。从而造成国产上述压缩机组级数增加、尺寸偏大	用于各种规模乙烯装置的丙烯压缩机,70万t/a以上乙烯装置10～15套左右;以及用于化肥装置的CO_2压缩机
2	研究并解决转子非线性振动问题	研究流体激振等自激振动机理,解决转子非线性振动失稳问题	前沿研究,国际先进	
3	大型叶轮疲劳寿命预测分析	研究大型离心叶轮的疲劳破坏机理、进行叶轮安全可靠性的分析手段的研究开发,保证离心叶轮的服役寿命	国外研究起步较国内早,相应分析技术的工程应用性更强	该项技术的研究和应用,对于保证离心压缩机的长期安全可靠运行,将起到重要的作用,产生的经济效益和社会效益显著
4	J75钢在LNG压缩机上应用的研究	掌握LNG压缩机用J75钢焊后在室温和－180℃下的拉伸、冲击性能以及对应的显微组织结构,明确这种低温材料,经不同的热处理后各自适用于制造LNG压缩机的哪些动载和静载部件	当前CRYOSTAR公司的LNG用压缩机的产量占全球该类产品总产量的50%,其低温材料的应用工作环境为－162℃,且极限工作温度还会达到更低	
5	叶轮流道内壁沉积类金刚石镀膜的研究	叶轮流道内壁沉积类金刚石薄膜(DLC)厚度在10～12μm与基体的结合性良好,耐磨性大幅提高,具有低表面能,可以抑制叶轮表面的沉积结垢;具有高硬度、低摩擦系数和优良化学惰性,可以承受复杂气流或粉尘的冲刷	与国外合作研究该项技术,当前处于国际领先地位	
6	深层离子氮化工艺的研究	心部力学性能:屈服强度≥850MPa,抗拉强度≥950MPa,断后伸长率≥12%,断面收缩率≥35%,冲击力≥40J(齿环切向),心部硬度290～330HBS;表层性能:表面硬度≥600 HV0.3,渗层深度可在0.20～1.1mm之间任意选定,渗层脆性≤2级,氮化物形态1～3级为合格	表面处理一直是国内外关注的焦点,随着制造业的发展,对材料表面性能的要求提高,该技术研究属于国内先进水平	
7	FV520(B)钢叶轮MiG焊接试验研究	MiG专用焊丝的研制;保护气体成分的控制	高效率、低成本的气体保护焊(MiG)是焊接技术发展方向	

（续）

序号	技术名称	主要技术指标及攻关内容	当前水平及国外差距	市场需求预测
8	叶轮整体加工技术的开发应用	材料费用节省一半，避免了焊接叶轮引发的变形、缺陷和应力不均现象，提高了叶轮强度和抗腐蚀能力，使压缩机工况范围大大增加，同时叶轮的制造效率和质量都有显著的提高	同行业厂家只有美国GE公司有这样的技术	
9	透平产品中低温材料应用及表面处理技术研究	工作温度-100℃，极限温度-150℃	当前国际该领域的低温材料的应用工作环境为-150℃，且极限工作温度还会达到更低	研究应用-150℃长期工作的高速旋转件的材料选择，保证优秀的低温性能、工艺性能和产品服役性能，而这种材料广泛应用于乙烯三机中，当前随着石化设备的大型化，乙烯三机的需求越来越多，估计每年大约市场需求量在20台左右
10	透平产品中高温材料应用技术研究	长期工作温度为600~700℃	当前国际该领域的高温材料的应用工作环境为600~700℃	研发和应用600~700℃长期工作的高速旋转件用材，保证材料高温状态的蠕变性能、高温持久强度等指标，应用先进的表面处理技术在保证产品的制造工艺性能以及优异产品服役性能和机组能效的同时提高产品面对恶劣工况时的抗高温冲蚀、汽蚀的能力
11	透平产品中耐腐蚀材料应用及表面处理技术研究	适应H_2S、HF、HCL、HAC等腐蚀环境及弱酸强腐蚀等介质要求	随着化工制造业的发展，介质环境条件日益苛刻，该技术研究属于国内先进水平	研发和应用在温度、应力、介质共同作用的复杂工况下的高速旋转关键零部件用材及先进表面防护技术
12	透平产品中材料抗疲劳失效性能研究	提高透平机组的平均使用寿命，控制机组发生低寿命疲劳失效几率在3%及以下	提高机组抵抗疲劳断裂的能力一直是国内外关注的焦点	采用喷丸、物理/化学气相沉积、激光强化、特殊热处理等方法提高材料抵抗疲劳裂纹萌生以及扩展的能力，应用先进的技术预估和在线监测产品的服役情况并为用户提出生产运行建议
13	高强度材料在旋转机械中的应用	屈服强度大于1 000MPa高强度材料在旋转机械中的应用	压力高、流量大、紧凑型机组发展的需要	随着机组效率、压力等要求的提高，需要开发应用强度高、工艺性能好的材料

（续）

序号	技术名称	主要技术指标及攻关内容	当前水平及国外差距	市场需求预测
14	透平叶片动频动应力分析技术	学习、掌握动频及动应力的计算方法，使理论计算与实际测量误差控制在5%以内	与国外合作研究该项技术，当前处于国际领先地位	风机、汽轮机的动叶片发生断裂破坏的最主要原因是由振动引起的疲劳破坏，通过动频、动应力的计算分析后，将会合理地避让叶片的动频活动区域、采取及时的补救措施，使动应力大大降低，并且使叶片发生断裂事故的几率大大减少。当前该项技术可应用在风机及汽轮机的产业中，市场前景非常巨大
15	风机变频调控节能应用技术	容量范围300～1 500kW及>1 500kW	国内比较多的是5～400kW容量范围的变频调控节电技术，而在大容量范围，这方面的技术尚不过关，缺乏可配套应用的技术产品	在市场接受的合理价格情况下，市场需求较大
16	用于特大型空分装置的主冷凝蒸发器新型结构	采用新型结构可以减少产品尺寸、减轻重量，提高效率	国外设计的蒸发器体积小，重量轻，效率高，国内已起步	有市场前景
17	空分装置自动变负荷控制技术（ALC）	自动变负载可提高空分装置的节能效果	国外此项技术很成熟，并广泛应用，国内刚起步，需加快开发推广应用	用户需求带自动变负荷的空分装置
18	泵和阀用钛、锆等特殊合金的冶炼工艺与加工技术	流量2～2 000m^3/h，扬程10～600m，适用于各种强腐蚀介质输送，最小流量控制阀流量2～500m^3/h，压力32MPa		
19	流体机械零件、部件及控制系统	研发风机、水泵叶轮、齿轮箱、轴承、密封、压缩机气阀、DCS数字化控制系统技术；研发高效叶轮模型及其气动、水力模型设计技术和叶轮安全可靠性技术；研发风机、压缩机、水泵成套设备优化设计及控制方案		
20	大型流体机械安全运行动态监测系统	通过监测系统对多产品、多场合机组的运行进行远程监测、故障诊断与预防性检修，提高机组的运行效率；升级工业服务支持中心，深化呼叫中心的应用，通过远程视频支持和人员定位等功能，实现远程支持集中管控，保证机组安全运行；建设企业数据中心、强化网络安全体系、实施虚拟化应用等，为整体系统提供安全有效的基础保障		

（续）

序号	技术名称	主要技术指标及攻关内容	当前水平及国外差距	市场需求预测
21	核级阀门共性技术及试验技术	编制各类阀门的抗震、应力分析、试验鉴定技术规范等文件；对各项相关试验研究进行分析，验证，归纳总结和评估论证；建立热冲击及部分性能测试系统	当前国内核级阀门的试验鉴定无自己的规范，主要是依据法国的 RCC—M 和美国 ASME，并缺少相应的测试台架	核电是我国能源发展战略的重要部分，市场广阔

七、通用机械行业"十二五"标准制定任务

"十二五"期间，通用机械行业要根据产品发展和技术发展的需要及其水平来制定通用机械产品的标准，使这些产品能反映"十二五"的生产技术水平。制定这类标准的工作量大，要求高，所用的时间多，是行业的重要任务之一。"十二五"通用机械行业标准制定任务见表 6。

表 6 "十二五"通用机械行业标准制定任务

序号	制修订标准名称	制修订内容
1	JB/T 7676 能量回收透平膨胀机（已作废，修订版已报批国家）	规定了轴流式能量回收透平膨胀机及其辅助设备设计的基本要求，检验与试验，标志、包装、运输及贮存等
2	防爆罗茨鼓风机	规定了特种用途罗茨鼓风机（以下简称鼓风机）产品防爆、防燃的设计、制造、试验、检验、标志、包装、运输、成套供应及保证期的特殊技术要求。适应于在最低闪点浓度以下、爆炸极限区域外爆炸环境中输送的气体与空气形成的易燃、易爆的气体混合物的鼓风机。其含尘量≤100mg/m^3，最大微粒尺寸不得超过风机气缸内相对运动部件最小工作间隙的一半
3	防爆屋顶通风机	规定了电站空冷风机的技术要求、检验方法、检验规则、标志、包装及运输、贮存及保养和质量保证。适用于输送的气体介质为温度低于80℃、相对湿度≤100%的电站空冷系统用的轴流风机，其他空冷系统用风机也可参照执行。国内尚无电站空冷风机标准，需要制定新的标准来满足电站空冷风机产品和技术发展的需要，维护和巩固国产风机的知识产权地位，进一步提高国内产品的国际竞争力
4	电站直接空冷风机	工作条件（运行环境温度、海拔、空气相对湿度、可燃气体、爆炸性气体环境等）；结构要求；材料选用要求；所配用的隔爆型电动机及附属电器部件要求；制造要求：机壳尺寸偏差及形位公差等；安全要求：接地标志和装置等
5	石油、化工和气体工业用离心压缩机	等同采用 ISO 10439：2002。适用于石油、化学和气体工业中用于输送空气或其他气体的离心压缩机，不适用于升压低于 34kPa 的通风机和鼓风机，也不适用于整体齿轮增速组装型离心式空气压缩机。规定了基本的设计内容和辅助设备及检验、试验、安装运行等
6	变压器专用低噪声冷却通风机	适用于变压器冷却系统用通风机。主要技术内容包括型式及基本参数、技术要求、试验方法、检验
7	三螺杆泵	三螺杆泵的型式与基本参数、技术要求、试验方法、检测规则等
8	隔膜泵	隔膜泵的基本参数、技术要求、试验方法与检测规则等
9	超高压泵	超高压泵的型式、基本参数、技术要求、试验方法与标志等

（续）

序号	制修订标准名称	制修订内容
10	一般用喷油单螺杆空气压缩机	该项目是国家科技支撑重大科技专项“关键技术标准推进工程”中的《主要节能产品和设备节能标准与能效标识研究》课题，单螺杆空压机作为主要节能设备产品列入，并要求制定国家标准，以推动该节能产品的开发和能效标识认证工作的开展。当前，国内单螺杆空气压缩机产量已居世界第二，且核心制造技术均为国内自主研发控制。标准制定时，主要研究其产品的能效指标（比功率），确定与国家节能要求相符的控制指标及达到节能要求相配套的制造要求、工艺要求和检测方法。通过标准的制定以达到控制和进一步降低该类压缩机的能耗、促进产品质量和可靠性的提高
11	机车、动车用全无油润滑往复式活塞空气压缩机	该产品是为满足我国动车飞速发展需求而开发的新型压缩机，结构紧凑技术先进，发展势头良好。当前已批量化生产，并在用户行业推广应用。而国内外均无该类产品的标准，给生产、检验及交付使用带来一定麻烦，因此该标准的制定已迫在眉睫。标准制定时主要研究：①与动车相适用的规格系列，便于以最少最优化的规格，满足各类动车的需求。②满足动车需求的最佳性能参数，使其产品能高效可靠地运行。③相应的设计制造要求及检测方法
12	压缩气体净化设备的方法标准	自1991年起，ISO制定了一系列关于压缩空气质量的国际标准——ISO 8573系列。该系列标准针对压缩空气中的主要污染物划分了质量等级并规定了污染物含量的测量方法。由于与之相应的国家标准迟迟没能制定，国内各压缩空气净化设备厂家的产品无统一的测试标准，造成所谓性能数据相近的产品在用于同一个压缩空气系统时，其过滤净化差别很大。为了方便用户选择和正确比较压缩空气过滤净化设备，急需建立一套统一的针对净化设备的试验标准。该方法标准包括压缩空气含湿、含尘、含油的测定，过滤器的性能测定标准等。具体将采用对应的5个国际标准，选择确定适合我国国情的测试技术和方法，并在研究制定标准的同时，建立起规范的权威级的试验台位
13	汽车加气站用天然气液压压缩机	世界各国正在广泛开展汽车替代燃料的研发工作，其中天然气汽车以其低排放、抑制温室效应和摆脱对石油的依赖这三大特性，在世界范围内得到普及和推广。天然气液压压缩机是天然气加气站使用的主要设备，具有节能降耗，污染减排的突出效果，因此成为压缩机行业中技术发展最快，市场增长速度极高的一个新类别产品。当前，国内液压压缩机的开发、生产已经形成产业化规模，因此非常有必要建立一个标准来规范该种产品的生产及检验。标准制定时主要对其材料及制造加工要求、产品的性能指标及测定方法予以规定
14	活塞螺杆串联压缩机	油气田的钻采、天然气输送管线的吹扫等需要大排量高压力的压缩机。活塞螺杆串联压缩机充分利用了螺杆压缩机适合在中大气量、中等压力下运行和活塞压缩机适合小排量、高压力下运行的特点，将两者优化组合成一个整体。当前，活塞螺杆串联压缩机已经越来越广泛地应用于石油开采和西气东输工程，改变了该设备长期以来依靠进口的状态

（续）

序号	制修订标准名称	制修订内容
15	涡旋式压缩机	涡旋式压缩机具有排量小、噪声低、节能的特点，市场需求越来越大，国内已有多家企业在研制或生产，产品质量和性能都得到用户较高的认可。行业需要制定相关标准以规范涡旋式压缩机的健康发展，以及有利于涡旋式压缩机在一些对技术性能指标要求较高的行业应用，对在小排量领域发展节能环保的空气压缩机产品有着长远而重要的意义
16	大型空分装置成套设备验收规范	
17	大型低温液体贮槽验收规范	
18	天然气液化分离装置成套设备验收规范	
19	核电阀门技术条件	核电阀门设计、制造、材料、试验、检验等
20	火电阀门技术条件	火电阀门设计、制造、材料、试验、检验等

八、"十二五"通用机械行业公共服务平台建设计划

通用机械行业建设公共服务平台是为了更好地服务于企业，面向通用机械的区域优势和特色产业，支持产业聚集区的中小企业和区域经济的发展。公共服务平台的服务范围包括产品研发、设计、试验、生产加工、产品检测、信息、咨询、培训、管理提升、市场开拓等，为中小企业提供全程"交钥匙"服务。"十二五"通用机械行业公共服务平台建设计划见表7。

表7 "十二五"通用机械行业公共服务平台建设计划

序号	平台名称	依托单位	技术方向	现有基础	服务领域
1	国家核电工程实验室	沈阳鼓风机集团核泵公司	针对60万~100万kW核电机组核安全一、二、三级泵实现国产化的需要：自主研发以上充泵、喷淋泵为代表的全部核二、三级泵，实现核二级泵设计、制造及成套技术的突破。消化吸收第三代主泵引进技术，掌握核一级主泵设计、制造技术，实现主泵国产化制造技术的突破	沈阳鼓风机集团核泵公司与奥地利安德列兹公司合作生产了30万kW压水堆核电主泵，填补了国内空白，使我国成为世界上少数几个有能力生产核主泵的国家之一。为巴基斯坦恰希玛核电站生产了9种27台核电站用泵，还先后为国内浙江秦山核电站、广东大亚湾核电站、中国原子能院生产了共27种139台各种核泵，其中核一级、核三级泵14种95台。2005年，沈阳鼓风机集团核泵公司又开始研制C2工程30万kW用核二级上充泵，与日本三菱重工业株式会社合作试生产秦山二期60万千瓦级上充泵，将填补我国生产核二级泵的空白。公司还为我国三代核潜艇提供了反应堆冷却剂泵（主泵）等9种设备。在此之前，我国海军在役核潜艇的核主泵、设备冷却泵及循环水泵等20余种设备均为公司提供。现在正研制新型核潜艇主泵、设备冷却泵等新一代产品。公司已经成为为我国海军装备配套的重要生产基地	核电站和核能

（续）

序号	平台名称	依托单位	技术方向	现有基础	服务领域
2	国家风机工程技术研究中心	沈阳鼓风机集团股份有限公司	围绕离心式压缩机、轴流式压缩机、往复式压缩机3种类型压缩机的关键技术，重点开展5个方面核心技术的原创性研究。一是围绕气体动力学和热力计算，开展高效压缩机基本级系列研究，提高压缩机设计点效率；二是围绕气体动力学和结构设计，完成压缩机调节性能的研究，扩大压缩机运行范围和提高非设计点的运行效率；三是围绕新材料及新工艺，开展大型叶轮整体铣制加工工艺研究，以及高效压缩机配套用密封、轴承和冷却器的研究，提高基础元件的技术水平；四是围绕大型压缩机产品稳定性，开展产品叶轮和转子等主要部件可靠性分析与寿命周期预测；五是围绕自动控制、气动和热力控制等方面，完成压缩机气动性能监测和诊断系统研究，实现优化运行的自动调节与诊断	沈阳鼓风机集团股份有限公司是压缩机行业的领军企业，国家级技术中心和国家创新型示范企业，机械工业风机行业质量监督检测中心、中国风机行业研究所、全国风机标准化技术委员会秘书处、机械工业风机制造联营公司、中国通用机械工业协会风机分会、机械工业离心压缩机工程技术研究中心、核泵工程研究中心等均设在沈阳鼓风机集团股份有限公司	石油、化工、冶金、环保、轻纺、电力、制药、国防行业
3	机械工业透平压缩机与膨胀机工程实验室	陕西鼓风机（集团）有限公司	对透平设备进行产品的热力性能试验	现有6个试车台位，并配备专职试验操作人员10余人，并多次成功完成机组试验测试	冶金、石化、能源等行业的机组试验
4	压滤机国家工程研究中心	景津压滤机集团有限公司	针对环保、煤矿、造纸等行业研究开发大型压滤机	现有压滤机试验台和各种检测设备	环保、煤炭、造纸
5	潜水电泵国家工程研发中心	上海凯泉泵业（集团）有限公司	大型潜水泵的开发应用	现有潜水泵实验台和潜水电动机测试台及检测设备	煤矿、冶金、抗洪抢险等

注：1. 公共平台是指国家工程实验室、国家工程研究中心、国家工程技术研究中心。

2. 现有基础指现在工作基础、主要技术研究项目等。

九、促进行业发展的政策措施建议

1. 提高企业的核心竞争力

企业发展战略的基本内涵是培育核心竞争力，即提高企业开发独特产品的能力，发明专有技术的能力，创造先进营销模式的能力。在行业中建立与国际接轨的标准化指标体系，完善行业准入体系，规范行业发展,抵制发达国家的各类反倾销和技术性贸易壁垒的限制。在通用机械产业集群地区,协会配合地方政府在产品研发、质量检测、人员培训、信息化、电子商务和现代物流方面,建立真正为企业服务的平台;帮助企业理性地分析其优、劣势,发现新的机遇,适时调整企业的整体谋划和部署,提高核心竞争力,增强市场竞争地位。

2. 注重品牌建设

品牌是企业的高端软实力。企业具有自主知识产权的产品和全球认同的品牌是参与市场竞争的关键。自主品牌是一种基于创新能力、自主知识产权和企业文化的市场创造力,是用户对同类产品和服务进行市场比较后对厂商及产品价值的一种社会评价。"十二五"期间,通用机械制造企业必须改变一门心思扩大生产规模的发展旧模式,加大"软实力"——品牌建设的发展方式,在市场竞争中立于不败之地。

3. 有效遏制恶性竞争

通用机械中一些产品的制造门槛比较低,中小企业众多,企业间长期处于同类、同档次产品的恶性竞争。"十二五"期间,将行业工作与生产许可证、产品标准制(修)定工作结合起来,对假冒伪劣产品进行严厉打击,对偷工减料、以次充好,违背市场价格的恶性竞争坚决制止,使企业间的恶性竞争得到有效遏制。

4. 重视技术引进后的学习与提高

以往,通用机械制造行业的许多企业引进国外先进技术,只注重引进后对技术本身的使用,而轻视引进后的学习与提高。主要表现在资金投入结构上,企业平均花 1 美元引进技术,平均只投入7 美分进行消化吸收和创新,而日本要投入 7 美元进行消化吸收和创新。从这 100 倍的差别中,得出两种不同结果。从 20 世纪 50 年代到 80 年代短短的 30 年,日本走过了从引进到创新的过程,进入了技术输出国的行列。而我国从改革开放至今已 30 年,对外技术依存度仍高达 50%,主要技术受制于人的状况没有根本转变。为改变这种状况,通用机械制造企业在"十二五"期间的技术引进过程中,要注重引进技术学习的过程,把主要的投入用到自我技术能力的培养上。

5. 加快通用机械制造业信息化建设

通用机械行业是传统产业,必须用信息化来促进其发展、提高,使企业走出一条科技含量高、经济效益好、资源消耗低、环境污染少、人力资源优势得到充分发挥的发展道路。借助信息化对通用机械制造业进行技术改造与优化升级,推动产业结构调整和优化,促进企业管理的现代化,大幅度提高通用机械制造业的技术和经营管理水平。

6. 建立激励机制、注重人才培养

高素质的专业技术人员和技术工人始终是装备制造业发展的重要条件,企业的竞争最终取决于人才的竞争。企业要重视在职员工的教育,不断提高员工的技术水平和技能。要建立激励机制,对在企业发展中做出重大贡献的员工给予重奖,充分调动员工的积极性。加快企业科技创新人才的培养,使之成为一项制度。扩大对外开放力度,采取各种措施,吸纳国内外人才"为我所用"。"十二五"期间,要注重培养工程技术人员的自主研发能力,使企业具备适应市场变化和需求的能力,真正成为技术创新的主体。企业的新产品开发经费平均应占销售额的 3% ~5%。中小民营企业要解决科技人员的职称评定、科技成果鉴定等问题。

7. 政府给予通用机械行业更多的关注与支持

通用机械产品虽然应用领域十分广泛,但在很多应用领域称之通用辅机,得不到足够的重视。多年来,重大技术装备主机得到国家的重视,其国产化率都比较高,而通用辅机的国产化率远低于主机的国产化率,如 60 万 ~100 万 kW 超临界和超超临界火电、100 万 kW 核电机组等。对于通用机械行业共性、战略性、关键的技术和装备的研发,依靠单个企业难以奏效,需要政府、协会出面,加强组织引导。协会要帮助会员企业积极申报科研和新产品开发项目,在企业无力单独投资进行重点研发的情况下,建议政府部门加大在这方面的投入,对企业研发给予一定的科研补贴，提高企业科技创新的积极性。一些有发展潜力的民营企业同样是科研资金投向应该关注的对象。如企业技改项目的国债支持、中小企业的融资支持、节能产品的研发支持、工程研究中心建设的资金支持等。

8. 发挥协会的作用

明确协会的法律地位，发挥协会在提高企业竞争力、规范行业竞争秩序、创造平等的竞争环境方面的作用。协会应发挥调查研究、政策建议、技术咨询、项目评估、跟踪管理、检查监督等服务职能，使协会真正成为企业的主心骨，引领行业健康有序发展。

〔撰稿人：中国通用机械工业协会钱家祥〕

2010 年通用机械行业发展综述

2010 年是巩固应对国际金融危机成果、全面完成“十一五”规划目标任务的收官之年，也是中国经济经历最为复杂的一年。为继续应对国际金融危机影响、保持经济平稳较快发展，中央出台了一系列政策措施，防通胀，扩内需，调结构成为宏观调控政策的主题。通用机械行业积极应对国内外复杂多变的经济环境和不确定因素，坚持稳步发展，取得了显著业绩：企业的创新意识增强，创新能力提高，生产增长较快，效益明显改善，出口加快恢复，产业结构逐步优化，产品结构调整加快，中高端产品的占比逐步提高，各项指标均创历史新高，全面完成了“十一五”规划确定的目标任务，为“十二五”时期开好头、起好步奠定了坚实基础。

一、“十一五”时期通用机械行业进入高效、高质、高速发展阶段

“十一五”时期，通用机械行业紧紧把握全球经济一体化、世界产业转移和升级的发展趋势，践行科学发展观，乘国家工业化进程加快的机遇，开拓进取、创新立业，励精图治、努力拼搏，已经构建了集产学研一体、产业规模和生产能力满足市场需求、产业结构和市场布局较为优化、经济运行良好的中国通用机械制造业。可以说，“十一五”时期是通用机械行业历史上发展最快，发展质量最好的时期。

1. 产能规模快速扩大，经济效益大幅提高

2010 年，通用机械行业规模以上企业 7 402 家，是 2005 年的 1.95 倍，“十一五”时期年均增速 14.61%；从业人员 98 万人，是 2005 年的 1.54 倍，“十一五”时期年均增速 9.45%；拥有总资产 4 870.14亿元，是 2005 年的 2.85 倍，“十一五”时期年均增速 23.55%；固定资产净值 917.26 亿元，是 2005 年的 2.29 倍，“十一五”时期年均增速 23.81%；2010 年工业总产值达 6 075.83 亿元，是 2005 年的 3.31 倍，“十一五”时期年均增速 26.96%；实现销售收入 5 917.99 亿元，是 2005 年的 3.34 倍，“十一五”时期年均增速 27.00%；利税总额 708.7 亿元，是 2005 年的 3.71 倍，“十一五”时期年均增速 32.09%。2005 ~ 2010 年通用机械行业工业总产值完成情况见图 1。

2. 良好的市场环境，吸引了大量民间投资

2010 年，通用机械行业国家控股企业 178 家，占全行业的 2.40%，比 2005 年减少 4.97 个百分点；拥有资产总额 913.15 亿元，是 2005 年的 2.21 倍。民营及其他企业 6 360 家，占全行业的 85.71%，是 2005 年的 2.18 倍；拥有资产总额2 919.75亿元，是 2005 年的 3.37 倍。三资企业 863 家，占全行业的 11.66%，比 2005 年

减少4.26个百分点，拥有资产总计1 037.47亿元，是2005年的2.40倍。

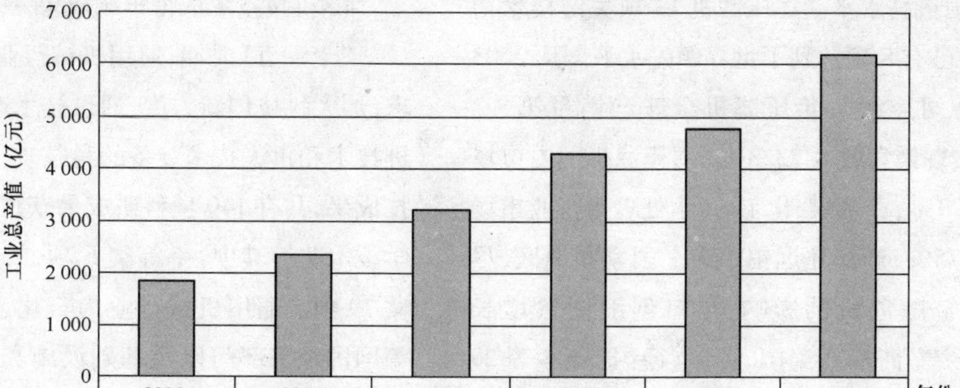

	2005	2006	2007	2008	2009	2010
■ 工业总产值	1 834.89	2 338.77	3 215.44	4 311.22	4 788.38	6 075.83

图1　2005～2010年通用机械行业工业总产值完成情况

注：图中数据为年报数据。

3. 行业龙头企业实现了跨越式发展

“十一五”时期，通用机械行业龙头企业加快推进结构调整和增长方式的转变，引领通用机械行业迈上新台阶。

沈阳鼓风机集团股份有限公司自2004年重组后进入快速发展阶段，2010年工业总产值突破100亿元，“十一五”时期，经济总量年均增速25.5%。百万吨乙烯装置国产化率已达80%以上，研制成功了100万t/a乙烯装置用裂解气压缩机和丙烯压缩机、5.2万m^3/h空分用离心压缩机、聚丙烯装置用单级循环气压缩机、天然气输送用长输管线压缩机、千万吨炼油装置用大型压缩机和2D125及4M125(50)大推力往复式压缩机。为核电领域百万千瓦级核电项目研制成功的余热排出泵、上充泵、安全壳喷淋泵、低压安注泵、电动辅助给水泵等5种核电用泵，达到世界级先进水平，推进了我国核电核心装备自主化进程。

陕西鼓风机(集团)有限公司充分利用和优化资源配置，重构企业价值链，通过提供优质服务和战略合作，大力发展装备制造服务业，实现了由单一制造向成套服务的转变，从产品经营向品牌经营、资本运作的转变。截至2010年，传统优势产品轴流压缩机订货量成功突破1 000台，TRT达到500余台，空分压缩机组突破100台，硝酸机组突破50台(套)，公司进入里程碑式的快速发展轨道，2010年，公司完成工业总产值55亿元，实现利润6亿元。

2010年，杭州制氧机集团有限公司完成工业总产值42.6亿元，实现利润8.2亿元，全年空分设备生产总量达103万m^3。2011年将完成订货130万m^3的任务。公司承接的伊朗12万m^3大型空分设备制造任务，16个月交货，容量将创造世界之最(林德公司、APCI公司最大容量为10万m^3)。同时投资建设11家气体制造公司，进一步延伸产业链，企业实现从卖奶牛到卖牛奶的转型。

上海凯泉泵业(集团)有限公司于1990年成立，经过20年的发展，已成为集设计生产销售为一体的国内泵产品销售额排名第一的企业。特别是在“十一五”时期，综合实力全面提高，实现了质的飞跃，2010年集团总计销售额达22亿元。公司在火电用主泵、核电用高压安注泵、南水北调用大型轴流泵和矿用潜水多级泵等产品上也取得了重大突破。

景津压滤机集团有限公司1988年进入压滤机行业，23年来一直专注于压滤机的研发、制造和推广应用。公司拥有自主知识产权的产品以及世界领先的制造装备和加工工艺。采用世界最先进的50 000kN注塑机，可保证隔膜滤片的厚薄均匀度误差小于0.5mm，是德国工艺标准的两倍，表面粗糙度达到德国最高水平。在压滤机13项关键技术指标中，公司已有8项达到了世界领先水平。从2003年开始，公司连续7年压滤机全球产销量第一。2010年，实现销售收入23.3亿元，压滤机国内市场占有率62.3%，在选煤、化工、污水处理等行业市场占有率达75%；产品还远销123个国家和地区，尽管受国际金融危机的影响，出口创汇依然增长12%。“景津”商标在美国、英国、德国、日本等29个国家申请了马德里国际注册保护。公司产品已经进入世界压滤机一线品牌的行列，与世界顶级产品同台竞技。

无锡压缩机股份有限公司是国内压缩机产品门类齐全，技术含量较高的压缩机行业领军企业。“十一五”时期，公司立足自主开发调整产品结构，产品研发向大容量、高参数、无油化方向发展，在产品性能上向多介质、高可靠性、节能环保方向发展；每年开发和改型的压缩机新产品达100多个；共有12项发明专利、20项实用新型专利已获授权，是国内压缩机行业中拥有发明专利最多的企业。这些自主知识产权不仅提升了企业技术创新及核心竞争能力，而且对行业技术发展具有引领和示范作用。产品在国际市场上与外国厂家同台竞技，实现了经济和社会效益同步发展，取得了企业与社会的双赢效应。

大连大高阀门有限公司研发成功核一级止回阀、核一级截止阀和核一级闸阀等产品，22项新产品通过了国家鉴定，实现了核一级阀门国产化，取得了良好的经济效益。

中核苏阀科技实业股份有限公司组建了江苏省特种阀门工程技术研究中心，与高校建立了长期的战略合作关系，研制成功核电用稳压器比例喷雾阀等核电站关键阀门，核一级快速启闭隔离阀、高*Cv*值止回阀在技术上也有较大突破。

江苏神通阀门股份有限公司研制开发了蝶阀、球阀、止回阀等20余项新产品，与中科华核电技术研究院合作开发的“百万千瓦级压水堆核电站地坑过滤器”实现了批量订货。

4. 科技技术取得丰硕成果

“十一五”时期，通用机械行业紧紧围绕市场需求，加大科技创新力度，通过技术改造、消化吸收引进技术和重大技术装备的科技攻关，取得了丰硕科技成果，共有140项科研成果获得中国机械工业科学技术奖。其中，一等奖6项，二等奖55项，三等奖79项。通用机械行业为石化、电力、冶金、交通等国民经济部门以及基础设施和国防建设提供了大量高端技术装备，为国民经济发展做出了重要的贡献。

5. 一批企业成功上市

国家金融市场的不断开放为通用机械行业企业的发展提供了新的融资平台。陕西鼓风机（集团）有限公司、杭州制氧机集团有限公司、江苏神通阀门有限公司、江苏金通灵风机股份有限公司、南方风机股份有限公司、浙江亿利达风机有限公司、南方泵业有限公司和浙江利欧股份有限公司等一批企业成功上市，为企业开通了新的融资渠道，推动了通用机械行业的快速发展，也将引领通用机械行业更多企业进入资本市场。

6. 通用机械行业的区域分布及发展

改革开放政策使大批民间资本投入通用机械行业，并在东部地区迅速崛起，东部地区已成为通用机械行业的主力军。通用机械行业80%以上的企业聚集在东部地区，“十一五”时期通用机械行业在中西部地区的发展提速。据月报数据，2010年，东部地区完成工业总产值5 074.41亿元，是2005年的3.5倍；占全行业的81.67%，比2005年减少2.2个百分点。其中，江浙地区2010年完成工业总产值2 432.91亿元，占比39.16%，比2005年减少11.17个百分点。2010年，中部地区完成工业总产值699亿元，是2005年的6.8倍；西部地区完成工业总产值438.72亿元，是2005年的4.1倍。

7. 行业重点联系企业工业总产值前10名企业的发展情况

2010年，通用机械行业重点联系企业工业总产值前10名企业合计完成工业总产值348.86亿元，是2005年140.66亿元的2.48倍，年均增速为21.47%，增速低于全行业5.49个百分点；前10名企业合计工业总产值在行业中的占比由2005年的7.66%下降到2010年5.74%，减少1.92个百分点。2010年前10名企业合计产值利润率8.13%，比2005年减少3.46个百分点。

2005年通用机械行业工业总产值前10名企业见表1。2010年通用机械行业工业总产值前10名企业见表2。

表1　2005年通用机械行业工业总产值前10名企业

序号	企业名称	工业总产值(万元)	利润总额(万元)	万元产值利润率(%)
	合计	1 406 610	162 996	11.59
1	沈阳鼓风机集团股份有限公司	302 972	1 810	0.60
2	陕西鼓风机(集团)有限公司	251 441	34 341	13.66
3	杭州制氧机集团有限公司	204 006	41 623	20.40
4	SEW—传动设备(天津)有限公司	131 634	26 424	20.07
5	四川空分设备(集团)有限责任公司	94 053	17 085	18.17
6	浙江上风实业股份有限公司	90 019	11 390	12.65
7	浙江丰球集团有限公司	85 250	8 125	9.53
8	江苏泰隆机械集团公司	85 052	9 835	11.56
9	上海电力修造总厂有限公司	82 593	7 565	9.16
10	重庆通用工业(集团)有限责任公司	79 590	4 798	6.03

表2　2010年通用机械行业工业总产值前10名企业

排序	企业名称	工业总产值(万元)	利润总额(万元)	万元产值利润率(%)
	合计	3 488 623	283 522	8.13
1	沈阳鼓风机集团股份有限公司	1 000 139	35 055	3.51
2	陕西鼓风机(集团)有限公司	555 638	70 885	12.76
3	杭州制氧机集团有限公司	420 000	68 000	16.19
4	开山集团	325 794	34 248	10.51
5	上海凯泉泵业(集团)有限公司	249 588	26 467	10.60
6	景津压滤机集团有限公司	231 862	9 240	3.99
7	国茂减速机集团有限公司	185 688	7 247	3.90
8	上海东方泵业(集团)有限公司	182 201	9 856	5.41
9	泰隆减速机股份有限公司	176 733	10 139	5.74
10	上海连成(集团)有限公司	160 980	12 385	7.69

近几年，由于良好的市场投资环境和旺盛的市场需求，吸引了大量的投资，进行中低产品重复建设，加剧了中低端产品的恶性竞争，企业利润大幅下降。2010年行业企业平均产值为8 686万元，是2005年的1.91倍，行业整体的产业集中度没有质的突破，因此，行业资源的整合和重组任重而道远。

总之，“十一五”时期，通用机械行业受益于良好的国家宏观经济政策和投资环境，取得了前所未有的业绩，也为今后的发展奠定了扎实的基础。

二、2010年通用机械行业面临的国家政策环境

1. 国家鼓励和引导民间投资健康发展的政策将给通用机械行业的发展提供更好的投资环境

2010年3月24日，国务院常务会议确定了进一步鼓励和引导民间投资健康发展的政策措施，明确要求拓宽民间投资的领域和范围，为民间投资创造良好环境。5月13日，国务院又颁布了《关于鼓

励和引导民间投资健康发展的若干意见》,即“非公36条”,鼓励和引导民间资本进入法律法规未明确禁止准入的行业和领域。7月26日,国务院再次公布《国务院办公厅关于鼓励和引导民间投资健康发展重点工作分工的通知》,要求国家发展和改革委员会等中央部委、地方政府研究提出具体实施办法,鼓励和引导民间投资。通用机械行业85%以上是民营企业,行业总产值的83%来自民营企业,随着国家政策的逐步落实和实施将给通用机械行业民营企业的发展提供更好的投资环境。

2. 国家淘汰落后产能的政策引导通用机械行业健康发展

2010年1月20日,国务院常务会议对电力、煤炭、焦炭、铁合金、电石、钢铁、有色金属、建材、轻工和纺织等重点行业近期淘汰落后产能提出了六大具体目标任务。4月6日,国务院下发《关于进一步加强淘汰落后产能工作的通知》,明确要求淘汰落后产能将实行问责制,纳入地方政府绩效考核体系。5月13日,国家发展和改革委员会等10部委又公布了《关于抑制部分行业产能过剩和重复建设引导产业健康发展的若干意见》。8月12日,工业和信息化部向社会公告了18个工业行业2010年淘汰落后产能的企业名单,共涉及企业2 087家。由于国家淘汰落后产能若干意见的颁布和实施,一方面将引导通用机械行业健康发展,重复建设将会得到抑制,恶性竞争或将会逐步缓解;另一方面,随着一些落后产能企业的关停并转,通用机械行业个别企业下半年订单减少,或终止合同。

3. 国家促进企业兼并重组的政策推动通用机械行业企业整合重组

2010年6月30日,国务院召开常务会议,研究部署促进企业兼并重组问题。会议要求,清理废止各种不利于企业兼并重组和妨碍公平竞争的规定,坚决取消地方自行出台的限制外地企业对本地企业实施兼并重组的规定。9月6日,《国务院关于促进企业兼并重组的意见》正式下发,提出了财税、金融、资本市场和土地等方面扶持企业兼并重组的具体措施,进一步消除了企业兼并重组中的多种障碍;将汽车、钢铁、水泥、机械制造、电解铝和稀土等行业作为兼并重组推进的重点。一直备受外界关注、酝酿多时的企业兼并重组在2010年取得实质性进展,但在执行过程中还会有许多的障碍和陈旧的观念需要破除。如陕西鼓风机(集团)有限公司与上海鼓风机厂有限公司的重组,在经历一年多的运作后停止。这种跨地区的重组可能还需要进一步的探索、开拓和改革观念。尤其是行业中一些量大面广,技术含量不高,同质性极高,容易复制的产品生产企业,如何充分利用国家的优惠政策,从各自为政的现状中走出来,实现重组共赢,也是今后行业发展中值得探索和实践的重要课题。

4. 国家发展战略性新兴产业的政策为通用机械行业带来新的发展机遇

2010年9月8日,《国务院关于加快培育和发展战略性新兴产业的决定》明确锁定了七大战略新兴产业,包括节能环保、新一代信息技术、生物、高端装备制造、新能源、新材料和新能源汽车。在圈定七大产业的同时,还确定了战略性新兴产业发展的重点方向、主要任务和扶持政策,并强调将加大对新兴产业的财税金融等政策扶持力度。这项政策将为通用机械行业的发展提供新的机遇,新兴产业的发展也将促使通用机械行业加快产业结构的调整和产品技术的更新换代,实现产品先进制造技术与信息技术的融合,以及推进通用机械行业从生产、提供产品向为用户提供工程成套解决方案的转变,最终实现产业的转型升级。

三、2010年通用机械行业经济运行特点

1. 生产、销售同比增速较上年大幅提升

据2010年月报数据,通用机械行业规模以上企业7 153家,其中,泵及真空设备制造企业1 735家,风机、风扇制造企业670家,气体压缩机制造企业531家,阀门和旋塞制造企业2 481家,气体、液体分离及纯净设备制造企业610家,其他通用设备制造企业1 126家。2010年,通用机械行业规模以上企业完成工业总产值6 213.21亿元,同比增长

31.02%，增幅同比增加 19.12 个百分点；完成工业销售产值 5 983.44 亿元，同比增长 29.98%，增幅同比增加 17.08 个百分点，行业经济运行保持高速平稳增长态势。2009～2010 年通用机械行业工业总产值各月同比增速走势见图 2。2009～2010 年通用机械行业及各分行业工业总产值同比增速见图 3。2010 年通用机械行业及各分行业主要经济指标完成情况见表 3。

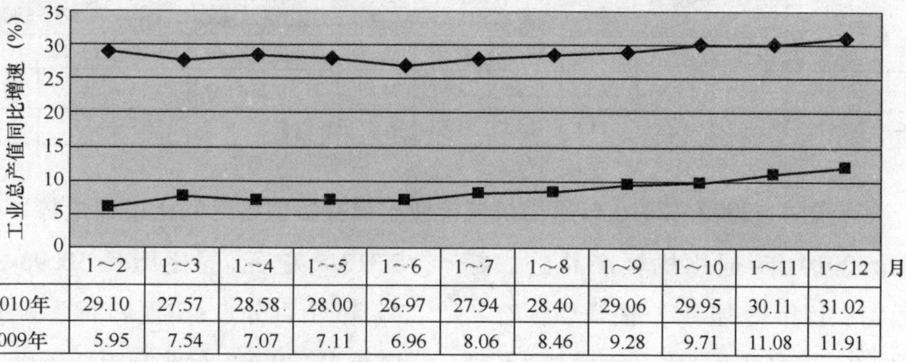

图 2　2009～2010 年通用机械行业工业总产值各月同比增速走势

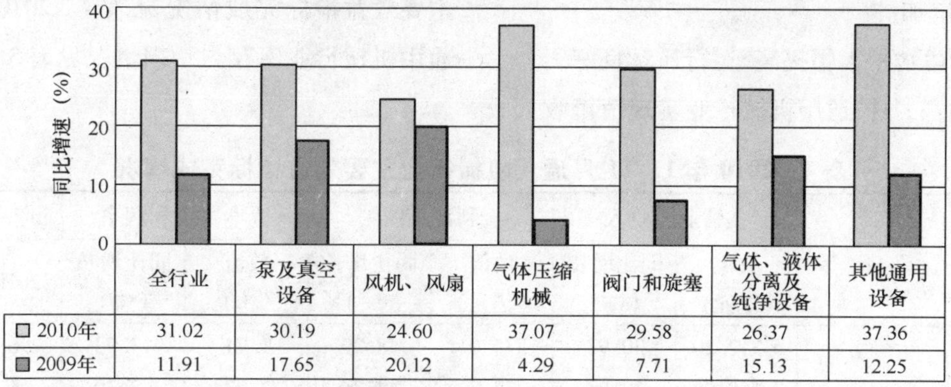

图 3　2009～2010 年通用机械行业及各分行业工业总产值同比增速

表 3　2010 年通用机械行业及各分行业主要经济指标完成情况

行业名称	工业总产值		新产品产值		工业销售产值		出口交货值		产品销售率（%）		
	数值（亿元）	同比增长（%）	数值（亿元）	同比增长（%）	数值（亿元）	同比增长（%）	数值（亿元）	同比增长（%）	2010 年	2009 年	同比增加百分点
全行业	6 213.21	31.02	793.40	38.23	5 983.44	29.98	767.93	30.42	96.30	97.07	-0.77
泵及真空设备	1 390.87	30.19	150.38	15.34	1 345.90	30.19	172.23	21.68	96.77	96.77	0.00
风机、风扇	675.81	24.60	97.59	18.06	628.73	20.05	60.09	10.28	93.03	96.56	-3.53
气体压缩机械	986.41	37.07	155.57	52.26	951.72	35.92	147.16	42.46	96.48	97.30	-0.82
阀门和旋塞	1 673.58	29.58	179.01	85.29	1 619.17	28.84	287.20	32.59	96.75	97.30	-0.55
气体、液体分离及纯净设备	601.22	26.37	99.07	19.06	586.64	26.99	42.02	13.98	97.58	97.10	0.48
其他通用设备	885.32	37.36	111.77	41.65	851.27	35.75	59.23	64.63	96.15	97.29	-1.14

2. 出口交货值增速逐月提高

据 2010 年月报数据，通用机械行业完成出口交货值 767.93 亿元，同比增长 30.42%，比上年提高 45.22 个百分点，增幅远超过年初预期，出口呈现快速恢复性增长态势。2009～2010 年通用机械行业出口交货值各月同比增速走势见图 4。

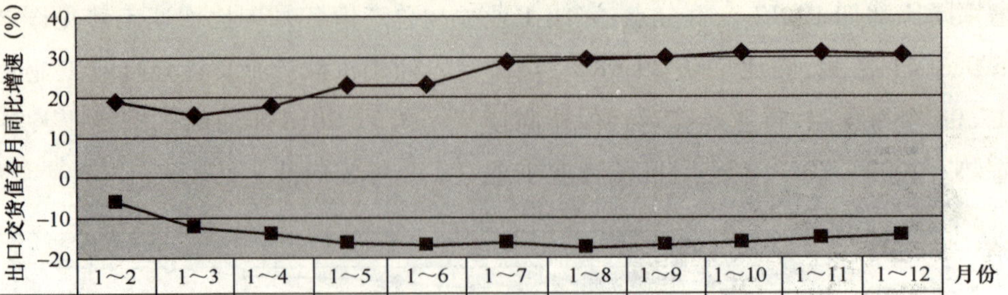

	1～2	1～3	1～4	1～5	1～6	1～7	1～8	1～9	1～10	1～11	1～12
2010年	18.58	15.32	17.82	22.85	22.60	28.63	29.31	29.81	30.92	30.80	30.42
2009年	−6.02	−12.8	−14.1	−16.5	−17.3	−16.4	−17.5	−17.0	−16.3	−15.2	−14.8

图4　2009～2010年通用机械行业出口交货值各月同比增速走势

据海关统计，2010年，通用机械产品出口额140.45亿美元，比上年增加4.7亿美元，增长3.46%；进口额136.21亿美元，比上年增加13.15亿美元，增长10.69%；进出口顺差4.24亿美元，贸易顺差也逐月增加。

3. 经济效益水平大幅提高，运行质量良好

2010年1～11月，通用机械行业实现销售收入5 312.2亿元，同比增长30.93%，增幅同比增加26.36个百分点；实现利润总额374.01亿元，同比增长48.29%。行业亏损面下降5个百分点，亏损额减少8.05亿元。2010年1～11月通用机械行业主要效益指标完成情况见表4。2010年1～11月通用机械行业库存与亏损情况见表5。

表4　2010年1～11月通用机械行业主要效益指标完成情况

行业名称	主营业务收入		利润总额		成本费用利润率		产品销售率（%）	
	数值（亿元）	同比增长（%）	数值（亿元）	同比增长（%）	数值（%）	同比增长（%）	2010年	2009年
合计	5 312.20	30.93	374.01	48.29	7.71	13.93	96.04	96.70
泵及真空设备	1 190.58	32.84	77.89	44.36	7.23	8.59	96.62	96.35
风机、风扇	520.04	14.15	39.58	38.46	8.44	23.06	90.66	95.40
气体压缩机	862.02	37.78	63.78	110.12	8.01	55.12	97.00	97.53
阀门和旋塞	1 450.48	28.60	97.28	31.54	7.28	2.87	96.67	97.21
气体、液体分离及纯净设备	511.86	28.08	40.72	39.25	8.80	8.58	97.37	97.22
其他通用设备	777.22	40.73	54.76	51.60	7.70	8.16	96.12	96.03

表5　2010年1～11月通用机械行业库存与亏损情况

行业名称	亏损企业数		亏损额		应收账款净值		产成品库存	
	数量（家）	同比增长（%）	数值（亿元）	同比增长（%）	数值（亿元）	同比增长（%）	数值（亿元）	同比增长（%）
合计	724	－19.20	11.00	－51.24	978.30	24.94	747.61	34.19
泵及真空设备	161	－16.58	1.95	－48.19	209.91	17.47	158.65	27.90
风机、风扇	67	－26.37	1.17	9.61	126.19	20.01	98.33	58.21
气体压缩机	68	－17.07	2.97	－72.54	163.07	27.33	125.65	33.64
阀门和旋塞	224	－16.42	2.70	－31.27	257.92	22.59	175.37	29.95
气体、液体分离及纯净设备	67	－16.25	0.86	－16.38	93.13	23.32	70.57	22.34
其他通用设备	137	－24.73	1.35	－31.18	128.08	50.37	119.04	41.24

4. 主要产品产量大幅提高

2010年,通用机械行业统计的6种主要产品中,5种产品产量呈高速增长,只有气体分离及液化设备产量下降。2010年,山东省气体分离及液化设备产量2 155台,同比下降36.14%;江苏省产量1 106台,同比下降30.13%,而山东、江苏两省的合计产量在行业中的占比达34%,致使全行业气体分离及液化设备产量同比下降12.60%。2009~2010年通用机械行业主要产品产量见表6。

表6 2009~2010年通用机械行业主要产品产量

产品名称	单位	企业数(家)	2010年	2009年	同比增长(%)
泵	万台	939	8 096.26	6 999.65	15.67
其中:真空泵	万台	97	634.18	471.42	34.53
风机	万台	303	1 376.88	1 026.54	34.13
其中:鼓风机	万台	49	21.35	17.21	24.08
气体压缩机	万台	195	15 933.30	11 754.28	35.55
其中:制冷设备用压缩机	万台	58	13 967.81	10 499.67	33.03
阀门	万t	1 192	539.04	470.18	14.65
气体分离及液化设备	万台	33	0.95	1.08	-12.60
减速机	万台	251	531.37	361.11	47.15

注:表中数据为2010年当年数。

四、2011年经济形势预测

2011年是"十二五"的开局之年,根据2010年行业的经济运行态势、订货情况和市场预测分析,2011年通用机械行业工业总产值增速将保持20%左右,达到7 200亿元;利润总额将达到480亿元,产品出口增速20%左右。

〔撰稿人:中国通用机械工业协会李多英〕

[illegible]

表 [illegible] 年 [illegible]

[illegible]	[illegible]	[illegible]	[illegible]	[illegible]	[illegible]

[illegible]

(3) 2011 年 [illegible]

2011 年 [illegible]

行业概况

从生产发展情况、市场及销售、科技成果及新产品、基本建设及技术改造、企业结构调整等方面报道我国通用机械行业各分行业的发展情况

Reporting the development situation of the branch industries of china general machinery industry in aspects of production development, market & sales, scientific/technical achievements & new products, capital construction and technical transformation, and structural adjustment of enterprises

综述
行业概况
产品进出口
企业概况
统计资料
产品与项目
大事记
附录

行业概况

2010 年泵行业概况

一、生产发展情况

2010 年，中国通用机械工业协会泵业分会有 260 家会员单位，其中企业会员 234 家（重点骨干企业 47 家）、科研院所和大专院校 23 家、团体会员 3 家（永嘉县泵阀工业协会、博山泵业商会、天津螺杆泵专业委员会）。

2010 年，上报统计资料的 138 家会员企业共完成工业总产值 355.1 亿元，同比增长 10%，增速同比增加 6.5 个百分点；完成工业销售产值 347.6 亿元，同比增长 11.8%，增速同比增加 8 个百分点；完成工业增加值 96.7 亿元，同比增长 10.1%，增速同比增加 4.4 个百分点。

2010 年，泵行业 47 家重点骨干企业完成工业总产值 240.2 亿元，占泵行业（138 家上报企业，下同）工业总产值的 67.6%。统计的 138 家企业当中，2010 年完成工业总产值超过亿元的企业有 70 家，总计实现工业总产值 327.7 亿元，约占泵行业工业总产值的 92.3%。2010 年泵行业工业总产值前 20 名企业见表 1。

表 1　2010 年泵行业工业总产值前 20 名企业

序号	企业名称	工业总产值（万元）	同比增长（%）
1	上海凯泉泵业（集团）有限公司	249 588	24.8
2	上海东方泵业（集团）有限公司	182 201	11.1
3	上海连成（集团）有限公司	160 980	1.1
4	丰球集团有限公司	124 550	-6.6
5	上海熊猫机械（集团）有限公司	122 969	29.5
6	山东博泵科技股份有限公司	108 755	1.1
7	上海电力修造总厂有限公司	102 780	-7.3
8	湖南湘电长沙水泵有限公司	85 284	23.4
9	安徽三联泵业股份有限公司	83 782	54.9
10	广东省佛山水泵厂有限公司	80 953	18.7
11	沈鼓集团核电泵业有限公司	73 131	-2.7
12	上海凯士比泵有限公司	73 114	-6.7
13	山东华成集团有限公司	67 510	39.4
14	南方泵业股份有限公司	66 919	59.0
15	山东长志泵业有限公司	55 988	10.0
16	石家庄工业泵厂有限公司	53 112	
17	广州市白云泵业集团有限公司	52 375	11.9
18	威乐（中国）水泵系统有限公司	49 351	37.6
19	浙江新界泵业股份有限公司	48 811	28.3
20	襄樊五二五泵业有限公司	48 434	30.0

2010 年，赣州水泵制造有限公司克服诸多不利影响，实现工业总产值（水泵）同比增长 5.24%。特别是完成了较大口径的混流泵、轴流泵、双吸泵等新产品的生产制造，如江西某农场轴流泵、混流泵配套项目，江西新余某电站 1600ZLB 轴流泵及配套同步电动机项目，福建漳州某电站 1400ZLB 轴流泵配套项目，江西赣州水务集团大口径双吸泵配套项目，福建某钢厂双吸泵配套项目，江西全南某水厂水泵和电站辅助设施配套项目及江西省某煤矿集团多级耐磨离心泵配套项目等，为确保公司全年生产经济指标的按期完成做出了积极的贡献。这些项目订单交货时间紧，设计要求高，公司从大局着眼，从细处着手，制定了专项的单列计划。首先抓好模具的制作、毛坯的生产安排以及跟踪服务，确保了模具制作及毛坯生产按计划完成；其次在组织生产过程中对关键零部件进行重点控制；三是组织设备管理人员对原有设备进行改造，挖掘设备潜

力，采用新工艺，解决了1600ZLB轴流泵叶片加工难度大的问题，节省了成本；四是突破了较大口径混流泵、轴流泵、双吸泵的生产制造瓶颈，为今后生产制作较大口径水泵积累了丰富经验。

上海上泵（集团）有限公司紧紧抓住经济形势日趋好转的大好时机，2010年前两个月，就一举拿下3个大型项目：秦皇岛发电有限公司循环水泵增容改造项目、徐矿集团新疆阿克苏热电有限公司供电机组工程和国电电力大连开发区热电厂热电联产新建工程。这标志着上海上泵（集团）有限公司的生产已走出国际金融危机的阴影，顺利实现了公司提出的“提前突围”的目标。秦皇岛发电有限公司是一家发电总容量达1 080MW的大型热电厂，上海上泵（集团）有限公司于2009年竞标拿下该公司增容改造工程一期项目后，以技术过硬、质量优异、服务周到而再次赢得该公司的青睐，顺利地拿到了该公司的二期工程项目。为2×300MW机组配套的1400HLCS6—25型循环水泵，是上海上泵（集团）有限公司根据客户的特殊要求，对公司的成熟产品进行技术改进制成的。该型水泵凭借技术领先、质量可靠、运行稳定、节能环保而成为同类产品中的佼佼者。徐矿集团新疆阿克苏热电有限公司2×200MW供热机组工程，是燃煤超高压湿冷供热式汽轮发电机组，上海上泵（集团）有限公司主要承担6台（套）200/360SBNL×7凝结水泵及配套产品的设计、制造、检验/试验、装配、安装、调试、试运、验收、运行和维修、保养等工作，是整个工程中的核心工作。该工程周期短，技术和质量要求高，水泵须长期连续、安全、稳定、可靠地运行，非一般产品所能胜任。国电电力大连开发区热电厂热电联产新建工程，为规划容量4×350MW等级的超临界燃煤湿冷机组。该工程所需的第一批6台（套）300/400SB NL×7凝结水泵及其他辅助设备，均由上海上泵（集团）有限公司负责设计、制造、安装和调试、指导运行及后续维护。上海上泵（集团）有限公司对水泵材质进行了科学的防污和耐磨处理，使水泵具有较长的使用寿命和长期稳定运行等特点，完全满足了用户的使用要求。

2010年，浙江新界泵业股份有限公司迅速从国际金融危机中走出来，并取得了辉煌业绩。公司在深圳证券交易所成功上市交易，成为中国上市公司的一员，为企业未来的发展构筑了强大的资本平台。为了适应市场经济的高速发展，公司对内部组织结构进行了全新的改革调整，全面实现了股份制企业事业部制的改革，设立了六大事业部：潜水泵事业部、污水泵事业部、陆上泵事业部、井用泵事业部、屏蔽泵事业部及不锈钢泵事业部。企业机制的改革有力地促进了产品结构的优化升级，公司产品的覆盖领域更加广泛，针对性更强，全年共完成生产任务150余万台（套）。为完成年初的西南抗旱任务，公司积极组织大批量生产抗旱用的大口径、大流量、大功率QY系列油浸泵、WQ系列污水污物泵、QS系列水浸泵，共计约20万台（套），为支援西南抗旱做出了贡献。2010年，公司全面引入精益生产管理，设立了精益化管理办公室，从产品的概念输入到市场调查研究，从产品的设计到生产制造全过程，全方位推进精细化管理及6S管理，并聘请专业团队监督督促公司内部推进精细化管理，提高了研发、生产、销售等各个环节的工作效率。2010年浙江新界泵业股份有限公司产品应用情况见表2。

表2　2010年浙江新界泵业股份有限公司产品应用情况

产品系列	年产量（万台）	应用领域
QDX/QD小型潜水泵	约70	农田补水、排水，旱地浇灌、喷灌，养殖增氧，生活取水，输送生活废水，污水污物处理，荷塘清淤，道路建设、基建，沼气清理，深井取水，水管增压、热水器增压，消防供水、水处理、水净化等
自吸泵系列	约25	
旋涡泵系列	约30	
污水泵系列	约5	
其他水泵系列	约20	

二、重大技术装备研制情况

为推动我国装备制造业国产化进程，进一步振兴装备制造业，2010年，泵行业企业不断加大自主创新和引进—消化—吸收—再创新力度,一系列重点产品的研制取得了重大成果,为我国石油、化工、电力、冶金、国防和军工等行业的发展做出了贡献。在我国重大装备国产化工作的推动下,泵行业已经形成一批开发能力强,加工手段齐全,制造技术水平较高的泵产品制造企业,如沈阳鼓风机集团核电泵业有限公司、石家庄强大泵业集团有限责任公司、湖南湘电长沙水泵有限公司、大耐泵业有限公司、山东博泵科技股份有限公司、重庆水泵厂有限责任公司、上海凯士比泵有限公司、上海电力修造总厂有限公司、上海凯泉泵业(集团)有限公司、嘉利特荏原泵业有限公司和广东省佛山水泵厂有限公司等企业。这些企业凭借其先进的创新理念、机制和核心技术,成为我国泵制造业自主创新和国产化的重要基石。例如,60 万 kW 超临界火电机组泵产品国产化率已达到 70%;30 万 t/a 合成氨、52 万 t/a尿素装置泵产品国产化率达到 90% 以上;年产千万吨级炼油装置泵产品国产化率达到 90%;百万千瓦级超超临界火电机组、百万千瓦级核电机组及煤炼油装置中泵产品国产化率也在不断提升。这些新产品在一定程度上减少了我国对进口泵产品的依赖性和依存度,有效地扭转了我国关键泵产品依靠进口的局面。

隔膜泵是煤化工成套装置中的核心设备之一,也是氧化铝溶出系统和长距离管道输送固液两相介质的关键设备。中国有色(沈阳)冶金机械有限公司开发出具有自主知识产权、国际先进水平的第三代双缸作用、三缸作用系列隔膜泵。该产品在国际最高水平的煤气化系统上工作运行,可完全满足“德士古”气化装置(最高运行压力 8.5MPa,最高产量日耗煤 1 500t)的运行要求,各项性能指标与代表国际水平的 GEHO 泵难分伯仲,部分性能指标优于 GEHO 泵,填补了国内空白。

辽宁恒星泵业有限公司依靠自身优势,借鉴国外同行业的成熟技术,研制出大功率、大流量、高转速输送泵。该产品在研发过程先后攻克了一系列关键技术问题,如大功率、大排量、高转速离心泵叶轮的三维抗汽蚀优化设计,过流表面的特殊硬化处理工艺,大于 1 000kW 离心泵的主轴承及平衡残余轴向力的轴承选用自润滑滚动轴承,泵机组端(非驱动端)轴和驱动端润滑油防爆电加热器的配套研发,高性能温度、振动和密封泄漏检测仪表的选型与安装改进,易拆装轻型泵体保温外壳的设计与加工配套开发等,实现了大功率、大流量、高转速管线输送泵国产化的目标,降低了建设运行和维护费用,确保了国家能源安全。

大耐泵业有限公司 2010 年开发的石化装置用大型立式管线泵 API610 OH3、OH4、OH5 的研制项目,被列为 2010 年度大连市引智重点项目;大流量高压水平中开多级泵项目,被列为 2010 年辽宁省科学技术计划项目,并获得省企业技术中心专项资金支持;大流量高温高压离心泵的研制项目,获大连市“十百千高端人才引进工程”项目的审核批复。

石化系统装置中的急冷油泵,小流量、高扬程化工流程泵,急冷水泵,高精度计量泵,屏蔽泵,加氢进料泵和低温泵等产品,不但技术难度大,而且要求产品耐腐蚀、抗磨损和耐高温高压等,许多国内用户一直依赖进口。近年来,泵行业企业通过产学研相结合的方式,自主创新研制出一批具有自主知识产权的石化泵产品,基本可以满足用户对百万吨级乙烯、千万吨级炼油及煤化工装置对泵产品的特殊要求。

针对核电站所需的核一、二、三级泵产品及为 60 万 kW 超超临界和百万千瓦超超临界火电机组配套的高压锅炉给水泵、凝结水泵、前置泵等关键产品,泵行业企业开展了专项研制和开发,并有相当一部分产品已投入运转。

上海电力修造总厂有限公司研制生产的我国首台 AP1000 核电站常规岛给水泵组的前置泵于 2010 年 11 月 3 日胜利完工,结束了该产品我国长期完全依赖国外进口的历史,为我国实现核电设备国产化做出了贡献。2008 年 12 月,公司承接了当今世界上最先进的第三代 AP1000 核电站山东海阳项目常规岛给水泵组的成套供货任务。作为该设备的国内首家总承包方，两年来，公司通过高效组织、精心设计、缜密制造并反复试验，日以继夜的技术攻关，在确保产品质量与用户满意的同时确保了成套供货的如期交付。产品技术性能指标全部符合设计要求，部分指标甚至超过了设计要求。该产品的研制成功为公司提升核电设备设计制造能力，拓展核电产品市场，缩短与国际著名给水泵制造商的差距奠定了坚实的基础。

上海阿波罗机械股份有限公司与杭州汽轮机股份有限公司、中国核电工程有限公司共同研制的“核电站汽动辅助给水泵”通过了国家级样机鉴定。当前，全世界仅英国一家企业具备“核电站汽动辅助给水泵”的供货能力，该泵实现国产化，具有重要的历史意义。公司已取得福清3、4号机组，田湾5、6号机组核电项目合同业绩，同时还参与其他核电项目招标活动。公司的凝结水泵、重要厂用水泵、设备冷却水泵、乏燃料水池冷却泵、循环水过滤系统反冲洗泵、硼酸输送泵、化学添加剂混合泵等7种核电站用泵通过了国家级样机鉴定。公司与浙江工业大学签订了“AP1000核级泵水力模型联合研制”合同，并与中国核电工程有限公司签订了“主给水泵联合研制协议”，与上海核电工业设计院签订了“AP1000化容补水泵”联合研制协议，与中广核工程有限公司签订了“核二级安全喷淋泵、低压安注泵的联合研制协议”，与中国原子能科学研究院签订了“中国试验快堆主循环泵联合研制协议”；启动了核二级上充泵的样机研制工作，并计划于2011年底完成样机国家级鉴定和核二级证扩证。公司同国家能源局、中国机械工业联合会联合组织召开了“输油管线主泵技术”项目评审会，会议通过了项目评审。

三、市场及销售

2010年，泵行业经济效益平稳增长，主营业务收入、利润、利税总额保持稳定增长势头。138家会员企业实现主营业务收入344.4亿元，同比增长10.6%，增速同比增加3.7个百分点。47家重点骨干企业完成主营业务收入227.6亿元，占泵行业主营业务总收入的66.1%。2010年泵行业主营业务收入前20名企业见表3。

表3　2010年泵行业主营业务收入前20名企业

序号	企业名称	主营业务收入（万元）	同比增长（%）
1	上海凯泉泵业(集团)有限公司	223 658	24.1
2	上海东方泵业(集团)有限公司	162 019	10.6
3	上海连成(集团)有限公司	158 278	5.4
4	丰球集团有限公司	120 289	-6.8
5	上海熊猫机械(集团)有限公司	119 123	3.0
6	山东博泵科技股份有限公司	110 331	3.6
7	上海电力修造总厂有限公司	106 413	-10.7
8	石家庄工业泵厂有限公司	87 336	
9	湖南湘电长沙水泵有限公司	84 493	20.0
10	安徽三联泵业股份有限公司	82 106	54.9
11	广东省佛山水泵厂有限公司	78 893	15.2
12	上海凯士比泵有限公司	77 296	-8.5
13	南方泵业股份有限公司	63 256	60.1
14	山东华成集团有限公司	59 067	46.6
15	威乐(中国)水泵系统有限公司	54 145	30.1
16	浙江新界泵业股份有限公司	49 314	27.9
17	沈鼓集团核电泵业有限公司	48 252	-8.2
18	襄樊五二五泵业有限公司	48 133	29.5
19	山东长志泵业有限公司	48 080	5.0
20	大耐泵业有限公司	47 357	25.7

2010年，泵行业实现出口交货值27.4亿元，同比下降3.9%。2010年下半年，随着国际经济环境的逐步回暖，泵行业企业出口市场呈现明显好转。如丰球集团有限公司实现出口交货值4.1亿元，同比增长521.1%；石家庄强大泵业集团有限责任公司实现出口交货值7 950万元，同比增长245.5%；湖南湘电长沙水泵有限公司实现出口交货值1.8亿元，同比增长100.0%；广东凌霄泵业有限公司实现出口交货值1.6亿元，同比增长72.4%。华北、华东、中南等地区的部分企业也加大了对国外市场的销售力度，出口交货值较上年也成倍增长。2010年泵行业出口交货值前20名企业见表4。

表 4　2010 年泵行业出口交货值前 20 名企业

序号	企业名称	出口交货值（万元）	同比增长（%）
1	丰球集团有限公司	40 978	521.1
2	湖南湘电长沙水泵有限公司	18 464	100.0
3	山东博泵科技股份有限公司	17 950	6.3
4	浙江新界泵业股份有限公司	17 650	31.7
5	浙江山河实业有限公司	16 714	-26.0
6	广东凌霄泵业股份有限公司	15 767	72.4
7	山东长志泵业有限公司	15 170	10.0
8	南方泵业股份有限公司	9 313	81.5
9	安徽莱恩电泵有限公司	9 029	-16.7
10	埃梯梯水与污水处理系统（沈阳）有限公司	8 319	47.3
11	石家庄强大泵业集团有限责任公司	7 950	245.5
12	广东省佛山水泵厂有限公司	7 282	-16.4
13	安徽三联泵业股份有限公司	6 716	54.9
14	上海凯泉泵业（集团）有限公司	6 502	314.7
15	上海连成（集团）有限公司	5 708	82.6
16	山东双轮股份有限公司	4 883	-39.7
17	江苏海狮制造有限公司	4 580	16.8
18	大连深蓝泵业有限公司	4 344	-55.7
19	沈阳启源工业泵制造有限公司	3 868	0.5
20	上海凯士比泵有限公司	3 123	-31.5

2010 年，泵行业企业产品销售率为 97.87%，同比增加 1.68 个百分点。其中，东北地区产销率为 100.52%，同比增加 10.14 个百分点；华北地区产销率为 103.58%，同比增加 3.47 个百分点；西北地区产销率为 99.28%，同比增加 1.35 个百分点；华东地区产销率为 98.13%，同比增加 1.61 个百分点；中南地区产销率为 93.27%，同比减少 3.22 个百分点；西南地区产销率为 94.86%，同比减少 1.48 个百分点。

2010 年，泵行业企业实现利润总额 26.0 亿元，同比增长 13.0%，增速同比回落 3.1 个百分点；实现利税总额 40.9 亿元，同比增长 5.1%，增速同比回落 13.9 个百分点。138 家会员企业中，盈利企业 129 家，亏损企业 8 家，持平企业 1 家，企业亏损面收窄。重点骨干企业实现利润总额 17.3 亿元，占泵行业利润总额的 66.5%。2010 年泵行业利润总额前 20 名企业见表 5。

表 5　2010 年泵行业利润总额前 20 名企业

序号	企业名称	利润总额（万元）	同比增长（%）
1	上海凯泉泵业（集团）有限公司	26 467	25.6
2	丰球集团有限公司	16 277	12.0
3	上海连成（集团）有限公司	12 385	9.6
4	上海熊猫机械（集团）有限公司	12 284	38.8
5	安徽三联泵业股份有限公司	10 012	102.1
6	上海东方泵业（集团）有限公司	9 856	12.1
7	广东省佛山水泵厂有限公司	6 924	43.0
8	南方泵业股份有限公司	6 633	44.1
9	浙江新界泵业股份有限公司	6 249	17.9
10	威乐（中国）水泵系统有限公司	6 212	32.5
11	山东博泵科技股份有限公司	6 077	3.2
12	襄樊五二五泵业有限公司	6 029	-1.6
13	山东长志泵业有限公司	5 248	3.4
14	江苏振华泵业制造有限公司	4 823	25.4
15	大连深蓝泵业有限公司	4 805	-25.6
16	大耐泵业有限公司	4 678	40.4
17	南京蓝深制泵集团股份有限公司	4 162	19.7
18	广州市白云泵业集团有限公司	3 810	58.3
19	嘉利特荏原泵业有限公司	3 794	3.8
20	上海上泵（集团）有限公司	3 782	36.5

2010 年，泵行业经济效益综合指数为 192.94%，同比增加 9.41 个百分点。从国家考核的单项指标来看，除总资产贡献率和流动资产周转率略有下降外，其他指标全面向好。评价和考核企业盈利能力的总资产贡献率为 12.74%，同比减少 0.63 个百分点，但仍高于国家标准值（10.7%）2.04 个百分点；反映企业净资产变动和发展能力的资本保值增值率为 121.26%，同比增加 3.71 个百分点，高于国家标准值（120%）1.26 个百分点；反映企业经营风险的资产负债率为 55.14%，同比减少 1.83 个百分点，低于国家标准值（60%）4.86 个百分点（这项指标是逆指标，率值低于 60%，说明

企业无风险经营)；反映企业经营状况、资金利用效果的流动资金周转率为 1.42 次，同比减少 0.04 次，低于国家标准值(1.52 次)0.1 次；反映企业投入的生产成本及费用经济效益的成本费用利润率为 8.15%，同比增加 0.19 个百分点，高于国家标准值(3.71%)4.44 个百分点；反映企业生产效率和劳动投入的全员劳动生产率为 136 770 元/人，同比增加 15 669 元/人；反映企业产品产、销衔接状况的产品销售率为 97.87%，同比增加 1.68 个百分点，高于国家标准值(96%)1.87 个百分点。2010 年泵行业经济效益综合指数前 20 名企业见表 6。2006～2010 年泵行业经济效益综合指数变化情况见图 1。

表 6　2010 年泵行业经济效益综合指数前 20 名企业

序号	企业名称	经济效益综合指数(%)
1	合肥华升泵阀有限责任公司	491.57
2	埃梯梯水与污水处理系统(沈阳)有限公司	472.48
3	丰球集团有限公司	415.57
4	江苏振华泵业制造有限公司	393.87
5	安徽三联泵业股份有限公司	391.12
6	威乐(中国)水泵系统有限公司	371.33
7	上海山川泵业制造有限公司	345.61
8	沈阳启源工业泵制造有限公司	342.20
9	上海电力修造总厂有限公司	324.32
10	南京蓝深制泵集团股份有限公司	318.02
11	嘉利特荏原泵业有限公司	311.70
12	广东省佛山水泵厂有限公司	306.86
13	襄樊五二五泵业有限公司	306.86
14	湖北神龙泵业有限公司	305.81
15	重庆明珠机电有限公司	301.19
16	昆明嘉和科技股份有限公司	297.76
17	长沙佳能通用泵业有限公司	295.54
18	山东博泵科技股份有限公司	294.63
19	上海华联泵业有限公司	278.10
20	上海东方泵业(集团)有限公司	265.79

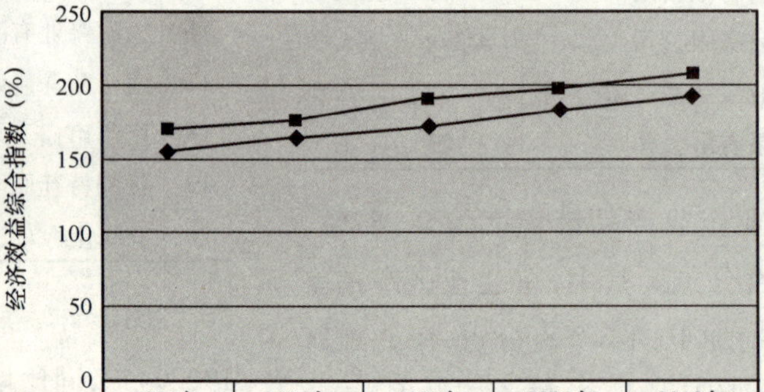

	2006年	2007年	2008年	2009年	2010年
经济效益综合指数	155.62	165.60	172.51	183.53	192.94
其中：重点骨干企业	169.34	174.75	191.48	197.03	207.35

图 1　2006～2010 年泵行业经济效益综合指数变化情况

大耐泵业有限公司抓住新一轮世界经济上升周期的机遇，积极稳妥地推进自身发展，全面推进产品升级，完善国际销售网络，扩大出口能力，实现了市场销售的更大突破。2010 年完成主营业务收入 47 357 万元，实现利润总额 4 678 万元，纳税 7 800万元。

赣州水泵制造有限公司完善组织架构和市场网络，大力实施项目运作，确保了经营业绩的稳步提升。2010 年，公司实施的主要销售举措有：①实施项目运作。重点针对煤矿企业、自来水企业、大型钢铁厂、大型排涝工程及石化企业等，开展项目运作，全面提升招投标管理、信息管理等企业基础管理水平。②建立销售与采购合并的组织管理架构。将采购部划入销售部门统一管理，缩短产购销协调渠道，形成了适应市场的快速反应机制。③积极拓宽市场准入空间。利用集团公司优势，实现水泵、电动机、电控设备和闸阀的成套配置；申报煤矿安全标志认证及开发煤矿用泵新产品，以期在短期内进入煤矿行业；申请消防产品鉴定认证和部分消防产品准入认证，以保持消防泵的市场占有率。

2010 年，南京蓝深制泵集团股份有限公司销售污水污物潜水电泵及水处理设备 18 348 台（套），销售额 38 113 万元。公司产品主要应用于我国水利工程、市政工程、石油化工、轨道交通、污水处理厂和自来水厂等国民经济领域。

2010 年，浙江新界泵业股份有限公司完成销售额约 5.6 亿元（不含税），其中国内贸易销售额占总销售额的 54% 左右，国际贸易销售额占 46% 左右。国内市场主要覆盖华东、西南、华南、华中等地区，约占产品销售总额的 80% 以上；国际市场主要以亚洲、非洲、拉丁美洲国家为主导市场，占外贸总额的 85%，欧美市场占外贸总额的 15% 左右。

湖南远通泵业有限责任公司为完成年初制定的各项经营预算指标，狠抓企业内部控制和管理，强化企业风险管理意识，开展规范经营，不断完善生产经营、采购销售、资产购置等重点环节的制度建设和监督检查，建立了有效的财务管理岗位责任制度和相关的规章制度，如《资金预算管理制度》、新《营销条例》、《员工绩效考核办法》及《部门及员工岗位职责》等。同时狠抓产品市场的拓展，始终把产品的营销工作放在第一位。2010 年主要做了以下几个方面的工作：①进一步完善营销政策，拓宽营销渠道和营销模式，整顿营销队伍。年初，结合公司实际情况出台了新的《营销条例》，规范和统一了产品的代理方式，有效地调动了代理商的积极性。新的《营销条例》简化了营销人员的业绩考核办法并适度放宽了考核条件，同时按照新《营销条例》对营销人员的管理要求，陆续清退了一批不称职的营销人员，对下一步营销业务的开展起到了一定的促进作用。②一切服务于生产，确保按质按量按时服务客户。公司的产品具有批量小、品种型号复杂、个性化强的特点，在生产安排上严格按照订单组织生产和采购，严格按各环节各流程的操作要求运作，确定合理的时间节点，在资金使用方面优先保障月度生产经营计划的完成，确保按销售合同执行；物资管理上规范采购流程和采购行为，货比三家，对大宗采购合同严格控制和把关。③强调风险管理，防微杜渐，积极有效地预防财务风险和内部管理风险。公司设立了专门的内部管理机构，组织人员对应收款项的清理和催收、价格审核和合同审批等方面进行控制和监督，取得了一定的效果。特别是在现金风险管控方面，新一届董事会制定了资金的预算管理制度，并把清理前期应收账款作为工作重点，强调货款回笼坚持“谁签订的销售合同，谁负责收回货款”的原则，并将货款回笼作为销售部门负责人业绩考核的重要指标，货款一律回笼到公司的指定账户。④严把成本费用控制关，节约每一分钱，以较少的资金创造出最大的效益。2010 年 1～11 月销售费用、管理费用、财务费用均比上年有较大幅度的减少。

四、科技成果及新产品

2010 年，泵行业继续加大科技投入力度，不断加快新产品开发步伐，研制出一大批高科技含量、高附加值的新产品，为振兴我国装备制造业，促进泵行业科技进步，推进国民经济建设做出了新的贡献。138 家会员企业完成新产品产值 118.9 亿元，同比增长 3%。2010 年泵行业新产品产值前 20 名企业见表 7。

表 7　2010 年泵行业新产品产值前 20 名企业

序号	企业名称	新产品产值（万元）	同比增长（%）
1	丰球集团有限公司	77 863	-11.5
2	上海熊猫机械（集团）有限公司	73 617	33.7
3	山东华成集团有限公司	52 940	58.4
4	湖南湘电长沙水泵有限公司	52 479	-0.1
5	南方泵业股份有限公司	49 384	54.6
6	上海凯泉泵业（集团）有限公司	48 585	14.2

（续）

序号	企业名称	新产品产值（万元）	同比增长（%）
7	上海凯士比泵有限公司	42 610	12.3
8	沈鼓集团核电泵业有限公司	41 487	27.1
9	广东省佛山水泵厂有限公司	37 536	10.5
10	上海东方泵业（集团）有限公司	36 895	9.4
11	山东博泵科技股份有限公司	34 027	1.1
12	重庆水泵厂有限责任公司	30 934	-13.3
13	南京蓝深制泵集团股份有限公司	27 813	0.3
14	山东长志泵业有限公司	24 972	10.8
15	安徽三联泵业股份有限公司	19 308	54.9
16	嘉利特荏原泵业有限公司	17 751	28.6
17	大耐泵业有限公司	17 721	13.2
18	浙江新界泵业股份有限公司	16 238	25.2
19	襄樊五二五泵业有限公司	15 130	35.3
20	山东同泰集团有限公司	13 281	10.6

泵行业新产品产值连续5年保持持续增长的态势。2006～2010年泵行业新产品产值见图2。

2010年，大耐泵业有限公司不断加大科技投入力度，先后完成了多项产品的科研任务。①ASDR重工位石油化工流程泵，即API610 BB2高温高压离心泵，产品技术达到了国际先进水平，可以替代进口，主要应用于重工位和较为苛刻的工况条件。②HB高压泵，即API610 BB5增速型高压注水泵，产品技术达到国际领先水平。产品的创新点有高压的背对背结构、抽芯式设计、锻造筒体及强制润滑系统。③YW大型液下泵，即双相钢海水泵。产品为混流式设计，技术达到了国际领先水平，主要应用于国内外海水淡化项目。④LHGG—M液下泵，API610 VS4型泵产品技术达到国际领先水平。⑤输送剧毒介质的泵产品——光气泵研制成功，现场运行稳定，具有广泛的市场前景。⑥VP400—7630是公司有史以来研制的最大的立式管线泵。⑦高压注水泵研制成功，当前正在现场试制。⑧大型供水泵，产品技术达到国内领先水平。

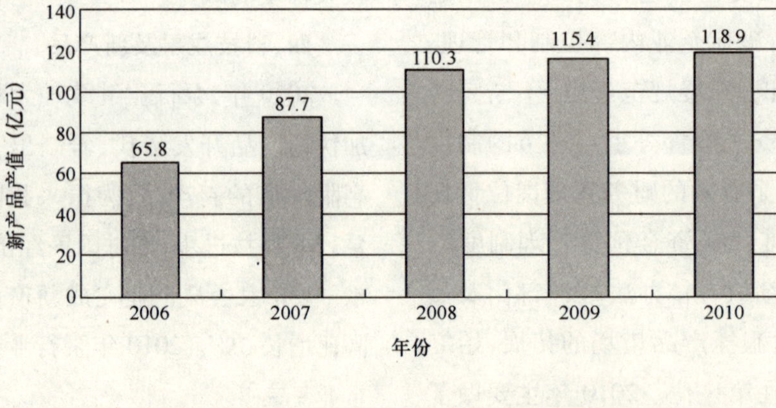

图2　2006～2010年泵行业新产品产值

2010年，赣州水泵制造有限公司经过结构优化和材质改进，完成了大口径轴流泵1600ZLB的试制与生产，实现了高效能、低能耗、低噪声、运行安全可靠的开发设计目标。该产品已应用于排涝站项目工程。公司继续实施国家级星火计划项目YDB型防洪排涝移动泵站项目的开发。该项目的总体设计原理为：主泵及执行机构安装在挂车上，使用机动车把挂车拖至工作地点，安装快速管道后，由执行机构把主泵沿着滑轨送至水中工作位置并定位。工作结束后，由执行机构把主泵收回于挂车上，达到快速、安全、便捷的目标。在产品研发过程中，公司加快产品升级步伐，组织技术力量对现有设备进行改造，设计开发工艺工装，在不增加大型机加工设备的情况下，满足了大口径双吸泵、多级泵、轴流泵的生产要求。

2010年，丰球集团有限公司开发了WQ系列中的WQQ20—40—7.5、WQQ40—25—7.5、WQQ17—25—4污水污物潜水切割电泵，WQ45—22—7.5

(2P)污水污物潜水电泵，QX40—12—2.2泥沙型潜水电泵，SJ100不锈钢冲压射流泵，SF10000、SF15000大流量喷泉泵，AQU75M、AQU100M、AQU150M不锈钢污水污物泵，VTX50G、VTX35G潜水排污泵；完成了ASC1000潜污泵，CUUTTER 150GL卧式切割排污泵，CH4—20多级卧式离心泵，DEEP750、DEEP1200多级塑料潜水泵的图样设计；改进了PW系列、T系列的机械密封装配工艺，保证了机械密封的装配既清洁又精密，静环的平面跳动控制在0.08mm以内；彻底解决了UPFF高压汽油机泵存在的问题，确保该泵进入批量生产阶段。公司还完善了VSP系列旋流式60Hz污水泵的叶轮水力模型和USC系列50Hz水泵的叶轮水力模型，并完成了试样定型；完成了荷兰AKAY公司化工泵的图样整理。公司根据客户的质量反馈，加强了水泵装配质量的控制，解决了装配质量问题，如轴承的晃动、出水口的垂直度、机械密封的清洁及静环平面跳动等。

2010年9月，辽宁恒星泵业有限公司研制生产的HPT2483—194大功率管线输送油泵机组项目通过了国家级产品成果鉴定，产品各项指标均达到或超过国外同类产品的技术水平，填补了国内空白。HPT2483—194大功率管线输送油泵为单级双吸水平中开卧式离心泵，产品主要技术参数：流量2 843m^3/h，扬程194m，效率88%，转速2 985r/min；振动5mm/s，噪声85dB。该产品采用先进的设计软件，执行API610标准，吸纳国外同类产品设计、制造的先进经验，以合理的生产工艺，严格的质量监控，一流的加工设备，确保产品具有结构合理、高效节能、质量可靠、运行平稳、造型美观、维护方便、监控功能齐全、环境适应性强和使用可靠等诸多显著优点。该泵由泵体、叶轮、轴、轴承、机械密封、检测仪表和电伴热保温系统七大部分组成。具体结构如下：①泵体为卧式水平中开式结构，采用双蜗壳式设计，具有径向力小、水力效率高、维修方便等特点。泵的进出口设置在下泵体上，检修时无需拆卸进出口管线和电动机。②叶轮采用单级双吸闭式结构、三维抗汽蚀优化设计及过流表面硬化处理，使泵具有使用寿命长、效率高、轴向力小及抗汽蚀性能好等特点。③轴采用刚性结构设计，轴承间跨度短，轴封处挠度小，运行平稳。④轴承采用滚动轴承及自润滑方式，轴承箱设有防爆电加热器，可保证润滑油在户外低温环境下使用。⑤采用英国JohnCrane公司的机械密封，并配置高性能旋液分离器。⑥配套了高精度、高性能的温度变送器、振动变送器和密封泄漏检测装置。这些配套仪表能够可靠地进行自动监测和自动报警，保证泵的安全运行。⑦电伴热与保温系统主要由加热部件、温控箱和保温外壳组成。该系统功能完整、运行可靠、操作方便，适用于远程监控。该产品已经应用于沈阳输油气分公司铁岭站项目，产品发展前景广阔。

南京蓝深制泵集团股份有限公司研发的高扬程无过载潜水排污泵为2007年立项的国家“863”计划项目。当前，已经生产出几种比转速优秀的泵模型样机和若干种高扬程无过载潜水排污泵系列产品。经检测，产品效率指标超过国家和泵行业标准，性能指标已达到国际先进水平。公司的高扬程无过载潜水排污泵、厂用矿用隔爆型潜水电泵和P型系列破碎机等试制产品都通过了中国机械工业联合会组织的科技成果鉴定，综合技术指标均达到国际先进水平。其中，厂用隔爆型潜水电泵2010年被认定为江苏省高新技术产品。2010年，公司开发的新产品主要有：①城市污水处理用吸(刮)泥机。该产品采用复合中心支板式中心传动，吸口自吸式吸泥，克服了活性污泥含水率高难以刮集的困难，同时避免了周边传动的吸泥机行走装置在冰冻情况下的打滑现象，保持了行走平稳。②GSGY型钢绳牵引式移动格栅除污机。该产品为渠上机架与渠下栅条部件分离，渠上机架固定在行走机构上，行走机构可在固定的平行钢轨上平行移动，产品适用于大中型排水工程、农灌站等渠道较宽的给排水工程。③潜水双向贯流泵。一种新型的潜水双向贯流泵，是采用国家标准和发明专利研制的，叶轮前后都装有径向均匀分布的导叶，每片导叶均由固定部分和活动部分组成。④大型高压潜水轴流泵。该产品采用6极电动机，在电动机和水力部件之间通过行星齿轮减速机联接，以保证潜水轴流泵获得需要的低转速。⑤双曲面搅拌机。该产品采用立式结构，全向推流，搅拌量大，搅拌效果好，水下无易损件，维护简单，使用寿命长。叶轮采用非叶片结构，不会缠绕异物，在较大程度上可以替代传统的桨板式搅拌方式，具有良好的市场前景。

2010年，上海阿波罗机械股份有限公司研制了7种新产品。①辅助给水汽动泵。该产品在核电站中的主要功能是作为蒸汽发生器主给水泵或系统供水发生故障时的备用泵。在某些工况下，辅助给水泵及其系统将替代主给水泵及其系统进行工作，排出反应堆的释热，即机组起动及反应堆冷却剂系统的加热、热停堆及使反应堆冷却剂系统冷却至余热排出系统可以投入运行的程度。从安全角度来看，当主给水系统的任何一个环节如主给水泵、给水管路、低压给水加热器系统、凝结水抽取系统及凝汽器真空系统发生故障时，辅助给水汽动泵及其系统应立即投入运行以排出堆芯剩余热量，直到余热排出系统可以投入运行。②乏燃料水池冷却泵。该产品与其所在回路中的热交换器、乏燃料水池组成冷却回路，并在回路中承担输送料液的功能，服务于乏燃料水池；泵与其所属回路中其他设备组成的冷却回路连续运行，带走乏燃料水池内乏燃料组件释放的剩余热量，限制水池水温不高于50℃。③化学添加剂混合泵。该产品在核电站的主要功能：电站正常运行期间，化学添加剂混合泵间断运行，每8h运行20min，以使化学添加剂箱内的NaOH溶液均匀化，其中部分流量用于防止淹没在NaOH溶液中的喷射器吸入管堵塞。④凝结水泵。该产品在高度真空的条件下将凝汽器热井中的凝结水抽出，并输送接近于凝汽器压力的饱和温度水。⑤硼酸输送泵。该产品在核电站中的主要功能：向硼酸贮存箱REA003BA、REA004BA中首次注入或补充4%的硼酸溶液；在额定流量下向化容系统（RCV）添加硼酸溶液；通过直接硼化管线向主冷却剂添加4%的硼酸溶液；向换料水箱PTR001BA中首次注入或补充1.25%的硼酸溶液。⑥设备冷却水泵。该产品在核电站中的主要功能：冷却各种核岛热交换器；通过由设备冷却水泵冷却的热交换器，将热负荷传递至海水中；在核岛热交换器和海水间形成屏障，以防止来自有关热交换器的放射性流体不可控地释放到海水中。设备冷却水泵主要安全功能如下：在正常和事故运行工况下，与重要厂用安全水泵系统一起把热量从重要的与安全有关的房间、系统和设备传递到最终热阱——海水；当被冷却的热交换器（被污染和可能被污染）发生泄漏时，设备冷却水泵可防止放射性流体不可控地释放到海水中。设备冷却水系统回路包括两个独立的安全系列（由应急电源A系列和B系列供电）和一个公用环路（由两个安全系列中的任一系列来承担）。⑦重要厂用水泵。该产品在核电站中的主要功能是将设备冷却水系统传输来的液体热量最终传输给海水，或者说抽取海水对设备冷却水进行冷却。即使在停堆时，该水泵也要保持运行，其重要性不言而喻。上述产品均已完成样品制造并通过了国家级专家鉴定。

广州市白云泵业集团有限公司的“BOS型中开式单级双吸离心泵系列节能研发与应用”项目被列入广东省2010年科技计划项目，2010年12月底前研发的首批新产品的主要技术指标“效率”平均达到GB 19762—2007《清水离心泵能效限定值及节能评价值》标准的节能评价值，优于国际先进水平。“新一代大型轴流泵研发与应用”项目被列入广东省2010年中小企业自主创新和转型升级科技计划项目，年内完成了ϕ500mm、ϕ700mm、ϕ900mm、ϕ1 200mm口径泵产品的研发和试制。该项目研发的产品除具有一般产品的特征外，还具有创新性、先进性、继承性和节能的四大创新点。这四大创新在我国泵制造业是一个突破，是轴流泵改进设计创新的首例。公司研制的新型WFB无泄漏自控自吸泵从根本上解决了传统产品在使用过程中存在的吸不上水，或吸水时间长、吸水性能不稳定、轴向力大等问题。公司针对问题的关键点,提出了如下解决方案。①设计锥体吸水室解决了泵进水室设计不先进,排不尽空气导致断流的难题。②改单蜗壳单出口压水室为双蜗壳双出口压水室,增大气水分离面积;将水平出口改为垂直向上出口,提高分离速度,采用两块垂直隔板将分离室中的气水混合液分开,提高分离效果;将回流孔改设置在隔舌之后,与压水室出水口分别位于隔板的两端,提高分离效果,将泵的出水口设置在泵的顶盖上,排尽泵内空气。③改立式外混式自吸泵为立式内、外混式自吸泵。设计特殊结构的U形密封环,引涡室压水室的水射向叶轮进口,提高自吸能力。④设计自动平衡高真空的压差装置。设计自动平衡高真空的副叶轮室,并将副叶轮室由原来的泵盖顶部改设置在泵盖和泵出水口法兰内径的下缘以下,保证副叶轮室始终淹没水中;在副叶轮下面设计一个水润滑摩擦副以封住起动时的高真空压差,保证起动时高真空连续快速排气;合理设计副叶轮平衡筋和主叶轮平衡筋所平衡压力的分配比例,这也是既平衡轴向力又保持高真空连续快速排气的关键。⑤除并联管路外,泵出口不需装止回阀即可顺利起动,既减少了管路损失,又提高了装置效率。⑥保留原进口断流用电动空气阀,保证以后起动不用灌水。新型WFB无泄漏自控自吸泵具有以下优点:吸程高(最高7~8m),自吸时间短(1~2min),可连续频繁起动,各种参数的大、小泵均能高速自吸。该产品为国内首次创新的专利产品。2010年广州市白云泵业集团有限公司研发新产品情况见表8。

表8　2010年广州市白云泵业集团有限公司研发新产品情况

序号	项 目 名 称	项目起始日期	项目完成日期
1	BOS中开泵、BWQ环保型排污泵结构、性能改进	2010.02.01	2010.09.01
2	BZL轴流泵研究开发	2010.03.01	2010.08.01
3	BHL立式斜流泵研究开发	2010.03.01	2010.11.01
4	WFB无密封自吸泵研究开发	2010.04.01	2010.10.01
5	BTLX烟气脱硫泵研究开发	2010.02.01	2010.12.01
6	BPWG新型无负压供水设备研究开发	2010.06.01	2010.09.01
7	重型渣浆泵研究开发	2010.04.01	2010.11.01

浙江新界泵业股份有限公司视技术创新为企业发展的核心动力之一,组建了一支近130人的技术研发团队,形成了完备的技术研发体系,具备了较强的自主研发能力和工业设计能力。特别是2010年,公司的研发投入更是创历史新高,仅仅上半年就超过2009年全年的投入。在人才和资金的支持下,公司设立了专门的试制车间、材料理化分析实验室和B级精度的水泵测试平台,大幅度提高了公司的核心设计、制造工艺和检测能力,使得公司拥有敏捷的技术应用优势和新品研发能力,在新品推出方面取得领先优势,2010年实现新产品产值1.6亿元。公司拥有国内一流的水泵水力模型库,依靠自身专业产品研究力量,使用三元流场仿真技术对水泵中流场进行分析;运用电子束焊接技术,对关键部件进行真空焊接,使焊接过程中的气体杂质更易排除,且焊缝表面光亮、美观,大大提高了产品的外观品质及使用效果;运用数控纵切车床的快速定位以及直线插补、圆弧插补、主轴分度定位、螺纹加工等功能,实现了X、Z两轴联动加工,Y轴换刀、主轴分度等运动,以此完成轴类零部件的车外圆、端面、螺纹、割槽、切断、钻孔、攻丝及钻铣等多种加工工序。这些先进技术及工艺的运用,使产品的精度明显提升,外观品质明显改善,无论从外观还是从性能等方面都有质的飞跃,大大提升了产品的品位,强化了公司品牌的市场价值,获得了用户的更多认可和信赖。除了技术硬实力的投入,公司在技术软实力上也毫不懈怠,在专利技术申报、实际应用项目的开发方面也取得了丰硕的成果,2010

年已取得40多项专利授权，当前正在申请的实用新型专利为喷射泵泵体高压密封结构，申请号201020236909.4；发明专利为罩壳内壁表面处理办法，申请号201010209747.X；外观专利为屏蔽泵电动机壳，申请号201030216234.2。公司正在从事的研发项目有：①便拆式井用潜水泵。该产品主要特点是电动机定子与机壳采用间隙配合设计，不需专用的拆卸工具即可便捷地将电动机部分全部拆卸分离，极大地方便了水泵的维修维护工作，解决了深井泵电动机维修方面的难题。②智能自吸泵。该产品采用压力控制系统，结合变频及数显技术，实现电泵的节能运行；通过压力开关控制开停机，实现全过程的自动控制，大大提高了产品的智能化水平，有效地解决了水泵使用过程中的监控、停、起问题。

2010年，南方泵业股份有限公司开发了TD150、TD200、TD250型管道循环泵，CDLKF30、CDLKF42、CDLKF65型浸入式多级离心泵，NISO150—125、NISO200—150型端吸离心泵，CDL120、CDL150、CDL200轻型立式多级离心泵。实现新产品产值4.9亿元，同比增长53.1%。

2010年，山东华成集团有限公司开发了2BEC80、2BEC100、2BEC120、2BEC130大型水环真空泵系列产品，实现新产品产值52 940万元，同比增长58.4%。

2010年，宜兴市宙斯泵业有限公司研制开发的UHB—UF系列耐腐、耐磨全塑泵，克服了衬塑泵泵内防腐、泵外不防腐和制造成本高的缺点，泵体内外均包裹塑料，中间设有支撑钢骨架，保留了衬塑泵刚度好，表面不会腐蚀等优点。当年实现新产品产值3 500万元，同比增长75%。

2010年，烟台恒邦泵业有限公司加大新产品开发力度，完成了TTMC系列泵的开发、DSJHS石油化工流程泵的设计研发、大铸件及适销对路产品的开发；开发试制了MC50型多级泵、TL500—630型脱硫泵、HZW350型化工轴流泵及自吸泵等多种规格泵。当年实现新产品产值6 750万元，同比增长197.6%。

五、质量及质量管理

截至2010年年底，泵业分会会员企业中已有150多家通过了ISO 9001质量体系认证。经过修订，泵行业现行标准78条。泵行业现行标准目录见表9。

表9　泵行业现行标准目录

序号	标准代号	标准名称	代替标准
1	GB/T 3214—2007	水泵流量的测定方法	GB/T 3214—1991
2	GB/T 3215—2007	石油、重化学和天然气工业用离心泵	GB/T 3215—1982
3	GB/T 3216—2005	回转式动力泵　水力性能验收试验1级和2级	GB/T 3216—1989
4	GB/T 5656—2008	离心泵技术条件(Ⅱ类)	GB/T 5656—1994
5	GB/T 5657—1995	离心泵技术条件(Ⅲ类)	
6	GB/T 5660—1985	轴向吸入离心泵　底座尺寸和安装尺寸	
7	GB/T 5661—2004	轴向吸入离心泵　机械密封和软填料用空腔尺寸	GB/T 5661—1985
8	GB/T 5662—1985	轴向吸入离心泵(16bar)标记、性能和尺寸	
9	GB/T 7021—1986	离心泵名词术语	
10	GB/T 7782—2008	计量泵	GB/T 7782—1996
11	GB/T 7784—2006	机动往复泵　试验方法	GB/T 7784—1987
12	GB/T 7785—1987	往复泵分类和名词术语	
13	GB/T 9069—2008	往复泵噪声声功率级的测定　工程法	GB/T 9069—1988
14	GB/T 9234—2008	机动往复泵	GB/T 9234—1997
15	GB/T 10886—2002	三螺杆泵	GB/T 10886—1989 GB/T 10887—1989

（续）

序号	标准代号	标准名称	代替标准
16	GB/T 13006—1991	离心泵、混流泵和轴流泵　汽蚀余量	
17	GB/T 13007—1991	离心泵效率	
18	GB/T 13008—2010	混流泵、轴流泵　技术条件	GB/T 13008—1991
19	GB/T 13364—2008	往复泵机械振动测试方法	GB/T 13364—1992
20	GB/T 13929—2010	水环真空泵和水环压缩机　试验方法	GB/T 13929—1992
21	GB/T 13930—2010	水环真空泵和水环压缩机　气量测定方法	GB/T 13930—1992
22	GB/T 14794—2002	蒸汽往复泵	GB/T 9235—1988 GB/T 14794—1993
23	GB/T 16907—1997	离心泵技术条件（Ⅰ类）	
24	GB/T 18149—2000	离心泵、混流泵和轴流泵　水力性能试验规范精密级	
25	GB 19762—2005	清水离心泵能效限定值及节能评价值	
26	GB/T 19840—2005	回转式容积泵　技术要求	
27	GB/T 25140—2010	无轴封回转动力泵　技术条件（Ⅱ类）	
28	GB/T 25141—2010	自吸式回转动力泵　型式与基本参数	
29	GB/T 26115—2010	离心式　纸浆泵	
30	GB/T 26116—2010	内燃机共轴泵　试验方法	
31	GB/T 26117—2010	微型电泵　试验方法	
32	JB/T 1050—2006	单级双吸离心泵　型式与基本参数	JB/T 1050—1993
33	JB/T 1051—2006	多级离心泵　型式与基本参数	JB/T 1051—1993
34	JB/T 3564—2006	长轴离心深井泵　型式与基本参数	JB/T 3564—1993
35	JB/T 3565—2006	长轴离心深井泵　效率	JB/T 3565—1993
36	JB/T 4297—2008	泵产品涂漆　技术条件	JB/T 4297—1992
37	JB/T 5413—2007	混流泵、轴流泵开式叶片　验收技术条件	JB/T 5413—1991
38	JB/T 5415—2000	微型离心泵	
39	JB/T 6434—2010	输油齿轮泵	JB/T 6434—1992
40	JB/T 6435.1—2006	小型多级离心泵　型式与基本参数	JB/T 6435.1—1992
41	JB/T 6534—2006	离心式污水泵　型式与基本参数	JB/T 6534—1992
42	JB/T 6537—2006	管道式离心油泵　型式与基本参数	JB/T 6537—1992
43	JB/T 6538—2008	往复式增压泵	JB/T 6538—1992
44	JB/T 6878—2006	管道式离心泵	JB/T 6878.1—1993 JB/T 6878.1—1993
45	JB/T 6879—2008	离心泵铸件过流部件尺寸公差	JB/T 6879—1993
46	JB/T 6880.1—1993	泵用灰铸铁件	
47	JB/T 6880.2—2008	泵用铸钢件	JB/T 6880.2—1993
48	JB/T 6880.3—1993	泵用抗磨白口铸铁件	
49	JB/T 6881—2006	泵可靠性测定试验	JB/T 6881—1993
50	JB/T 6882—2006	泵可靠性验证试验	JB/T 6882—1993
51	JB/T 6883—2006	大、中型立式轴流泵　型式与基本参数	JB/T 6883—1993
52	JB/T 6884—2010	液下式离心泵　型式与基本参数	JB/T 6884—1993

（续）

序号	标准代号	标 准 名 称	代替标准
53	JB/T 6912—2008	泵产品零件无损检测　磁粉探伤	JB/T 6912—1993
54	JB/T 6913—2008	泵产品清洁度	JB/T 6913—1993
55	JB/T 7255—2007	水环真空泵和水环压缩机	JB/T 7255—1994
56	JB/T 7256—1994	自吸离心泵　型式与基本参数	
57	JB/T 7742—1995	小型磁力传动离心泵	
58	JB/T 7743—1995	旋涡泵	
59	JB/T 8059—2008	高压锅炉给水泵　技术条件	JB/T 8059—1996
60	JB/T 8091—1998	螺杆泵　试验方法	
61	JB/T 8096—1998	离心式渣浆泵	
62	JB/T 8097—1999	泵的振动测量与评价方法	
63	JB/T 8098—1999	泵的噪声测量与评价方法	
64	JB/T 8099—1999	油田用转子式稠油泵	
65	JB/T 8644—2007	单螺杆泵	JB/T 8644—1997
66	JB/T 8645—1997	潜水螺杆泵	
67	JB/T 8687—1998	泵类产品　抽样检查	
68	JB/T 8688—1998	塑料离心泵	
69	JB/T 8697—1998	隔膜泵	
70	JB/T 8857—2000	离心式潜污泵	
71	JB/T 9087—1999	油田用往复式油泵、注水泵	ZBJ 71005—1998 ZBJ 71019—1989
72	JB/T 9088—1999	往复式杂质泵	ZBJ 71006—1988
73	JB/T 9089—1999	试压泵	ZBJ 71012～015—1989
74	JB/T 9090—1999	容积泵零部件液压与渗漏试验	ZBJ 71018—1990
75	JB/T 10378—2002	固定式消防泵	
76	JB/T 10459—2004	滑片泵	
77	JB/T 11007—2010	高剪切匀浆泵、乳化泵	
78	JB/T 11008—2010	高速部分流泵	

2010 年 7 月，大耐泵业有限公司通过了华信技术检验有限公司的审核，成功地取得了环境管理体系（ISO 14001：2004）和职业健康安全管理体系（OHSAS 18001：1999）的认证证书，有效终止日期为 2013 年 9 月 6 日。这是继公司取得质量管理体系（ISO 9001 标准）认证后，公司标准化管理体系建设取得的又一阶段性成果。

2010 年，赣州水泵制造有限公司水泵产品生产制造主要执行 GB/T 5657—1995《离心泵技术条件》和 GB/T 13008—2010《混流泵、轴流泵　技术条件》。公司于 2009 年通过了由华信技术检验有限公司组织的 GB/T 199001—2008（ISO 9001：2008）管理体系标准认证审核，并注册颁发了 0410Q10031R3M 质量管理体系认证证书。公司本着科技兴企、质量可靠、顾客满意、持续改进的质量方针，加强各个环节的质量控制。2010 年，产品一次交检合格率为 99.7%，机加工废品率为 0.05%，漏检率为 0.03%；消防泵组 XBD/911、XBD/DL、XBD/D 通过了国家灭火系统和耐火构件质量监督中心的强制检验；D、MD6—25 至 D、MD450—60 和 DA1—50 至 DA—150 的全系列多级耐磨离心泵通过了国家矿用产品安全标志办公室认证并获得证书。

南京蓝深制泵集团股份有限公司2010年采用的质量管理国际标准体系为2008年完成换版的GB/T 19001—2008(ISO 9001:2008),认证机构为中国质量认证中心,认证有效期限至2012年12月。

上海阿波罗机械股份有限公司2010年采用的质量管理标准体系为GB/T 19001—2008(ISO 9001:2008)。认证机构为中环联合(北京)认证有限公司,认证有效期至2014年1月24日。

广州市白云泵业集团有限公司质量管理体系认证情况见表10。

表10 广州市白云泵业集团有限公司质量管理体系认证情况

标 准	认证公司	有效期限
ISO 9001质量管理体系认证	中鉴认证有限责任公司	2012.05.12
ISO 14001环境管理体系认证	中鉴认证有限责任公司	2013.05.10
OHSMS18001职业健康安全管理体系认证	中鉴认证有限责任公司	2013.05.10

2010年,浙江新界泵业股份有限公司坚持"以用户需求为中心,追求国际一流的品质,着力提升企业的竞争力,为顾客提供满意的产品和服务"的质量方针,全过程严格按照ISO 9001质量管理体系及ISO 14001环境管理体系运行。在工序检测、过程控制、质量监督、现场负责、质量追溯、问题会诊等方面实行严格管理,及时把握市场质量信息。公司由市场部牵头,每月汇总各类质量信息并报品质管理部及时处理,及时反馈,确保了产品质量的进一步提升。

六、基本建设及技术改造情况

2010年,泵行业累计完成固定资产投资174 340万元,比上年增长67.3%。其中,建筑安装工程投资约73 408万元,设备工具购置投资约73 512万元。重点骨干企业完成固定资产投资93 022万元,其中,建筑安装工程投资约39 360万元,设备工具购置投资约38 317万元。

山东博泵科技股份有限公司新征20万m^2(300亩)土地,计划总投资12亿元,开工建设淄博核电装备配套材料工业园区。

2010年,大耐泵业有限公司投资5 768万元用于"第三代核电及大型石化成套装置关键泵设备国产化技术改造贴息项目",3 360m^2新厂房于11月破土动工,新设备购置正在有序地进行中。公司将ERP系统升级至SAP企业管理系统。SAP系统是当前全世界排名第一的企业管理软件,该系统的全面启动运行,将从整体上提高公司的企业管理水平,为企业实现可持续发展战略,创建卓越企业奠定坚实的基础。

"十一五"期间,山东长志泵业有限公司共改建扩建厂房面积6 000m^2,新购置加工设备35台,其中先进的数控设备18台,加工精度、自动化水平、检测能力都有较大提升,生产规模比2005年翻了一番;在降低生产成本的同时,提高了产品质量,为公司大力发展高精尖产品奠定了良好基础。2009年,公司投资1亿元在辽宁省葫芦岛市兴建了辽宁长志泵业有限公司。新公司占地面积5.8万m^2(87亩),建筑面积3.3万m^2,以大型石油化工泵和长输管线泵等高端泵类产品为发展重点。建成后可形成年产加氢进料泵等大型石油化工泵160台和长输管线泵80台的生产能力,年销售收入3.2亿元,利润8 384万元,税收3 901万元,为公司创造良好经济效益的同时,亦为公司在东北地区的销售和服务网络提供了强大的支撑,增强了公司在东北地区的市场竞争力。当前,辽宁长志泵业有限公司的工程建设已经接近尾声,开始设备安装和调试工作,预计2011年秋季投入生产。

2010年,广州市白云泵业集团有限公司为满足日益增长的市场需求,进一步扩大集团生产规模,分别在广州市经济开发区工业园和浙江奥东工业园两地投资1.5亿元用于建设新的生产基地和购置先进的生产设备。新的生产基地总占地面积5.4

万 m^2(81 亩),于 2011 年 4 月正式投产。期间,公司还对主要产品及加工、检测设备进行了技术改造升级,如节能、环保泵系列产品的技术升级改造,大型轴流泵的改进设计与制造技术的改造,中开式单级双吸离心泵系列产品的节能研发与应用技术改造等一系列改造项目,为企业增强生产制造能力,不断提升竞争力奠定了坚实的基础。

上海阿波罗机械股份有限公司为配合核电用泵的研发和生产,自 2009 年起先后投资 1.437 亿元用于改建公司核泵研发中心。该项目被列入"国家产业振兴和技术改造项目"及"上海市高新技术产业化项目",并获得专项资金资助。当前该项目已完成技术研发中心和焊接中心的改造,添置了 10 余台(套)大型数控设备。

2010 年,烟台恒邦集团有限公司泵业分公司新厂区建成并投入生产。公司占地面积 30.5 万 m^2(457 亩),拥有先进的微机控制 3 200kV · A 泵性能测试中心和 6 000m^3 储水池。主要生产 21 大系列、46 种材质、1 000 多个品种和规格的耐腐蚀泵、阀门和机械密封件,同时生产球墨铸铁件、衬板等矿山设备配件,硝酸浓缩塔、漂白塔、草酸专用冷凝器等高硅铸铁配件,铸造渣包以及多种规格、材质的钢锭、大铸件等,产品广泛应用于石油、化工、冶炼、造纸、淀粉、化纤、制盐、制碱、环保、军工、食品、医药、焦化、化肥和矿山等行业,销售网络遍及全国各地及东南亚、中亚等地区。具有年产泵类产品 3 000台,年产中大型铸钢、铸铁件 40 000t 的生产能力。

2010 年,浙江新界泵业股份有限公司进行了大量的装备更新,配置了国内先进的高新技术设备:高速压力机 3 台,数控车床 136 台,自动嵌线流水线3 条,数控纵切自动车床 5 台,电子束焊机 2 台,粉末烧结激光快速成形机 1 台,液压数控拉伸机 2 台,三坐标测量机 1 台,废水处理机组 1 套,废气处理设备 1 套,以及专用加工机、喷塑生产流水线、气泵装配线、摩擦焊接机、喷漆涂装流水线和电容储能焊机等一系列高尖端设备。这些设备的投入使用,极大地提高了公司产品生产的机械化和自动化水平,最大限度地简化了操作程序,提高了生产效率,使公司的水泵产品具有高质量、高附加值、系列化、功能化的特征,为产品的品质保障提供了强有力的支撑,为提升产品的市场竞争力,为企业今后的发展打下了良好的基础。

七、企业组织结构和产品结构调整

安徽三联泵业股份有限公司与日本久保田株式会社泵事业部本着优势互补、共同发展的理念,自 2008 年 5 月起进行了广泛的接触和相互沟通与了解,通过历时近两年的内部研究和数次洽谈,正式签订合资协议书。协议双方共同投资 1.15 亿元(其中日本久保田株式会社投资比例为 70%,安徽三联泵业股份有限公司投资比例为 30%)在安徽省和县经济开发区成立"安徽久保田三联泵业有限公司",主要生产技术含量高、工艺先进的双吸式蜗壳泵、大型潜水泵以及城市污水处理设备等高新技术产品,产品主要销往东南亚及欧洲市场。达产达效后,年销售目标在 2 亿元以上。双方完成合资公司初期建设后将实施二期项目建设,增置先进的加工中心和检测设备,从事高新技术产品的研制开发,创新技术产品,扩大生产能力,拓展石油和核电技术应用领域,打造世界泵产品品牌,实现共同发展目标。

上海阿波罗机械股份有限公司 2010 年 6 月成功完成改制,由原来的上海阿波罗机械制造有限公司变更为上海阿波罗机械股份有限公司。公司采用矩阵式管理模式,产品主要面向核电站。

八、企业节能、降耗、减排的目标、措施与成效

南京蓝深制泵集团股份有限公司 2010 年推出的节能产品主要有高扬程无过载潜水排污泵、S 型潜水排污泵、双向贯流泵等。

广州市白云泵业集团有限公司贯彻落实科学发展观,加快转变发展方式和产品结构调整步伐,淘汰落后产品,改造提升企业装备水平,从源头预防和控制浪费(污染)。通过开展清洁生产审核,对企业生产过程的各个环节、工序进行全面评估,找出原材料、能源和资源使用不合理的地方以及效率低的瓶颈环节，然后有的放矢地提出对策，制定清洁生产方案并组织实施，提高企业管理水平，以期达到节能、降耗、减排和增效的目的。经审核，2010年公司万元 GDP 能耗同比下降 3.2%，达到了预期目标。

浙江新界泵业股份有限公司始终坚持建立环境友好型企业理念，严格按照 ISO 14001 环境管理体系的标准实施各项环境保护措施。2010 年投巨资新添了 1 座废水处理机和 1 套废气处理设备，同时要求相关的供应单位也采取各项配套的措施，实施积极的供应链环境保护措施，严格控制对环境的影响；引进节能降耗设备，在增产增收的同时，降低能耗水平，提升能源效率，为共同构建和谐社会贡献力量。

〔撰稿人：中国通用机械工业协会泵业分会杨敬兵　审稿人：中国通用机械工业协会泵业分会胡晓峰〕

2010 年风机行业概况

一、生产发展情况

2010 年，中国通用机械工业协会风机分会会员总数 159 家。其中，企业会员 148 家，大学 6 所，研究院所 4 家，联营公司 1 家。风机分会 148 家企业中，国有和集体企业 25 家，占企业会员的 16.9%；民营和民营股份制企业 109 家，占企业会员的 73.6%；三资企业 14 家，占企业会员的 9.5%；按大中小型工业企业划分为 4 家大型企业、38 家中型企业、106 家小型企业。

据风机分会对 109 家企业统计，2010 年年末从业人员人数合计 47 631 人。其中，工程技术人员 7 509 人、管理人员 7 880 人。固定资产原价为 974 307万元，固定资产净值平均余额为 595 002 万元，主要设备拥有量 14 842 台。其中，金属切削机床 8 680 台，锻压设备 1 382 台。

2010 年，风机分会 109 家企业完成工业总产值 3 217 611 万元，比上年的 2 561 690 万元增长 25.61%；工业销售产值 2 888 564 万元，比上年的 2 480 438万元增长 16.45%；工业增加值 854 981 万元，比上年的 745 318 万元增长 14.71%；利润总额 244 783 万元，比上年的 187 292 万元增长 30.67%；全员劳动生产率 181 182 元/人，比上年的 173 953 元/人增加 7 229 元/人。

"十一五"时期，尽管受到国际金融危机不同程度的影响，风机行业整体经济运行基本保持了快速稳步的发展。工业总产值比"十五"时期增长 239.91%，平均年递增 19.95%；新产品产值增长 221.95%，平均年递增 21.44%；工业销售产值增长 233.55%，平均年递增 18.63%；工业增加值增长 208.61%，平均年递增 16.68%；主营业务收入增长 220.71%，平均年递增 24.57%；利润总额增长 241.74%，平均年递增 21.77%。2010 年，工业总产值超亿元的企业有 37 家，比上年增加 6 家。2010 年风机行业工业总产值前 20 名企业见表 1。

表 1　2010 年风机行业工业总产值前 20 名企业

序号	企 业 名 称	2010 年 （万元）	2009 年 （万元）	同比增长 （%）
1	沈阳鼓风机集团股份有限公司	1 000 139	880 661	13.57

（续）

序号	企业名称	2010年（万元）	2009年（万元）	同比增长（%）
2	陕西鼓风机(集团)有限公司	555 638	378 633	46.75
3	南阳防爆集团股份有限公司	187 276	143 769	30.26
4	浙江上风实业股份有限公司	125 560	125 140	0.34
5	重庆通用工业(集团)有限责任公司	119 689	112 881	6.03
6	山东格瑞德集团有限公司	81 561	70 921	15.00
7	上海鼓风机厂有限公司	80 044	72 187	10.88
8	江苏金通灵风机股份有限公司	61 224	52 366	16.92
9	浙江亿利达风机有限公司	56 397	38 918	44.91
10	山东省章丘鼓风机股份有限公司	54 948	48 869	12.44
11	湘潭平安电气有限公司	52 897	43 795	20.78
12	湖北省风机厂有限公司	52 271	51 360	1.77
13	四平鼓风机股份有限公司	39 210	37 935	3.36
14	成都电力机械厂	37 684	37 056	1.69
15	湖北双剑鼓风机制造有限公司	32 973	25 260	30.53
16	南方风机股份有限公司	30 860	24 954	23.67
17	长沙鼓风机厂有限责任公司	29 736	27 334	8.79
18	浙江义乌星耀风机有限公司	26 033	23 650	10.08
19	佛山市南海九洲普惠风机有限公司	24 890	20 127	23.67
20	中意机电(湖北)鼓风机制造有限公司	22 944	17 100	34.18

二、产品分类及产量

风机产品品种按结构分为离心压缩机、轴流压缩机、离心鼓风机、罗茨鼓风机、叶氏鼓风机、离心通风机和轴流通风机七大类。从2004年开始增加了能量回收透平机组，在风机行业经济指标综合统计中产品产量单独计算为一大类。当前，在风机分会会员中有一部分企业生产空调用风机，产量相当大，每年产量是七大类风机合计产量的4倍以上，现一般分别将其划到离心通风机或轴流通风机中。叶氏鼓风机作为风机的一大类产品，2010年没有生产，说明市场已经没有需求，也预示着叶氏鼓风机将在风机品种中自动消失。

2010年，风机行业全部风机产品产量合计比上年略有增长，但离心压缩机、罗茨鼓风机、轴流通风机产量比上年有所下降。

透平压缩机（离心压缩机、轴流压缩机、能量回收透平机组）是风机中的高端产品，多数应用于石油、化工、冶金工艺流程中，属于较长周期连续运行的产品，对这类产品要求质量好、运行可靠性高。而对量大面广的通风机产品，主要要求其效率较高（节能）、噪声低，价格相对较低。2010年，压缩机产量仅占全部风机产量的0.006%，但产值占全部风机产值的35.98%，鼓风机（离心鼓风机、罗茨鼓风机）产值占14.26%；通风机（离心通风机、轴流通风机和其他风机）产量占99.39%，产值占49.76%。

2010年，生产离心压缩机195台，产值324 722万元，占全部风机产值的17.40%；生产轴流压缩机144台，产值246 361万元，占风机产值的13.20%；生产能量回收透平机组94台，产值100 339万元，占风机产值的5.38%；生产离心鼓风机9 317台，产值154 057万元，占全部风机产值的8.25%；生产罗茨鼓风机29 055台，产值112 089万元，占全部风机产值的6.01%；生产离心通风机6 629 156台，产值522 053万元，占全部风机产值的

27.98%；生产轴流通风机422 596台，产值331 968万元，占全部风机产值的17.79%；生产其他风机126 405台，产值74 448万元，占全部风机产值的3.99%。

“十一五”时期，风机行业完成的各类风机产品产量比“十五”时期有了较大幅度增长。“十一五”时期风机产量合计22 034 019台，比“十五”时期增长752.57%。其中，离心压缩机产量1 082台，增长92.18%；轴流压缩机产量550台，增长78.57%；能量回收透平机组产量394台，增长488.06%；离心鼓风机产量71 013台，增长228.23%；罗茨鼓风机产量152 687台，增长94.48%；叶氏鼓风机产量186台，下降13.08%；离心通风机产量13 618 439台，增长1 157.66%；轴流通风机产量6 927 557台，增长775.71%；其他风机产量1 261 076台，增长107.01%。

2009～2010年风机产品产量完成情况见表2。

表2　2009～2010年风机产品产量完成情况

产品名称	2010年（台）	2009年（台）	同比增加（台）	同比增长（%）
合计	7 216 962	6 248 571	968 391	15.50
离心压缩机	195	261	－66	－25.29
轴流压缩机	144	63	81	128.57
能量回收透平机组	94	59	35	59.32
离心鼓风机	9 317	7 895	1 422	18.01
罗茨鼓风机	29 055	38 768	－9 713	－25.05
叶氏鼓风机	0	5	－5	
离心通风机	6 629 156	5 455 401	1 173 755	21.52
轴流通风机	422 596	658 740	－236 144	－35.85
其他风机	126 405	87 379	39 026	44.66

三、市场及销售

2010年，在国家一系列调控政策的指导下，风机行业生产企业审时度势，客观地分析国际金融危机对行业不同产品、不同地域、不同规模、不同所有制企业，以及处于产业链不同环节企业影响的差异性，充分利用国家为拉动内需采取的积极财政政策和宽松的货币政策，适时调整企业自身的经营战略、市场销售策略；采取更加敏捷的生产组织方式、灵活的供应管理、严格的质量管理、审慎的财务决策等，以及具有针对性的应对措施，确保了企业生产经营活动正常有序地运行。据2010年风机分会的统计资料，受益于国家拉动内需的基础建设投入和国家重大项目的开工和实施，虽然出口产品有所下降，但是风机行业整体经济运行开始复苏和稳步发展，各项主要生产经营指标基本保持了平稳发展的态势，多数企业主要经济指标保持了稳步增长。然而行业仍然面对很多不利因素，如竞争对手多，全国风机生产厂家较多，风机产品供应趋于饱和；通风机产品同质化严重，差异化不明显，除几个大型企业外，大多数厂家还停留在低端产品上的价格竞争；不正当竞争、无序竞争日趋激烈，产品利润不断降低。

2010年，风机分会109家会员企业完成工业销售产值2 888 564万元，比上年的2 480 438万元增长16.45%；主营业务收入为2 837 998万元，比上年的2 327 724万元增长21.92%；主营业务成本为2 167 822万元，比上年的1 794 759万元增长20.79%。2010年风机行业主营业务收入超亿元企业有36家，比上年增加6家。2010年风机行业主营业务收入前20名企业见表3。

表3　2010年风机行业主营业务收入前20名企业

序号	企业名称	2010年（万元）	2009年（万元）	同比增长（%）
1	沈阳鼓风机集团股份有限公司	771 528	643 548	19.89
2	陕西鼓风机（集团）有限公司	443 452	366 778	20.90
3	南阳防爆集团股份有限公司	190 185	161 954	17.43
4	重庆通用工业（集团）有限责任公司	122 741	119 126	3.03
5	浙江上风实业股份有限公司	108 875	104 018	4.67

（续）

序号	企业名称	2010年（万元）	2009年（万元）	同比增长（%）
6	山东格瑞德集团有限公司	81 061	70 436	15.08
7	成都电力机械厂	75 040	74 750	0.39
8	上海鼓风机厂有限公司	73 606	72 259	1.86
9	江苏金通灵风机股份有限公司	57 193	59 167	-3.34
10	浙江亿利达风机有限公司	54 871	36 835	48.96
11	山东省章丘鼓风机股份有限公司	54 244	53 128	2.10
12	湘潭平安电气有限公司	52 152	42 913	21.53
13	湖北省风机厂有限公司	51 359	50 085	2.54
14	四平鼓风机股份有限公司	40 049	34 527	15.99
15	南方风机股份有限公司	33 839	28 618	18.24
16	长沙鼓风机厂有限责任公司	29 492	27 094	8.85
17	湖北双剑鼓风机制造有限公司	28 151	23 865	17.96
18	浙江义乌星耀风机有限公司	24 234	20 195	20.00
19	佛山市南海九洲普惠风机有限公司	21 492	16 129	33.25
20	中意机电（湖北）鼓风机制造有限公司	21 225	17 007	24.80

2010年，风机行业有33家企业产品出口，出口交货值106 085万元，比上年的116 234万元减少10 149万元，同比下降8.73%。“十一五”时期，风机产品出口交货值合计完成465 230万元，比“十五”时期增长236%，平均年递增12.1%。但风机产品出口交货值仍然很低，每年只占风机行业工业销售产值的3%～4%。2010年风机行业出口交货值前20名企业见表4。

表4　2010年风机行业出口交货值前20名企业

序号	企业名称	2010年（万元）	2009年（万元）	同比增长（%）
1	沈阳鼓风机集团股份有限公司	24 826	15 394	61.27
2	南阳防爆集团股份有限公司	18 020	16 770	7.45
3	上海鼓风机厂有限公司	11 685	14 422	-18.98
4	江苏金通灵风机股份有限公司	8 454	4 174	102.54
5	安徽安风风机有限公司	6 526	7 022	-7.06
6	陕西鼓风机（集团）有限公司	4 755	28 275	-83.18
7	浙江亿利达风机有限公司	4 580	2 969	54.26
8	重庆通用工业（集团）有限责任公司	4 309	3 677	17.19
9	张家港市英德利空调风机有限公司	4 293	4 187	2.53
10	浙江兴益风机电器有限公司	3 507	3 456	1.48
11	武汉鼓风机有限公司	1 833	1 399	31.02
12	长沙鼓风机厂有限责任公司	1 657	508	226.18
13	四平鼓风机股份有限公司	1 620	3 336	-51.44
14	佛山市南海九洲普惠风机有限公司	1 576	1 247	26.38
15	山东省章丘鼓风机股份有限公司	1 491	916	62.77
16	湖北双剑鼓风机制造有限公司	1 314	1 078	21.89
17	鞍山风机集团有限公司	1 200	65	1 746.15

（续）

序号	企业名称	2010年(万元)	2009年(万元)	同比增长(%)
18	常熟市鼓风机有限公司	810	520	55.77
19	威海克莱特菲尔风机有限公司	727	980	-25.82
20	百事德机械(江苏)有限公司	612	426	43.66

2010年，风机行业企业面对复杂多变的国际、国内经济环境和不利的市场形势，化挑战为机遇，变压力为动力，克服各种困难，确保企业在危机中继续保持稳定发展。

沈阳鼓风机集团股份有限公司践行精益管理，全面开展"人才育成"，打造精益文化和精益团队，成立工程成套公司，认真抓好"六个提高"，努力拼搏，决战市场，2010年新市场开发取得重大进展，销售订货取得新突破。从完善企业营销体系入手，改革销售组织机构，重新对市场进行划分，并设立市场情报室，加强市场形势分析和研究，制定销售目标，调整销售策略，完善销售奖励办法，调动一切积极因素，增强与用户的沟通和联系，牢牢抓住每一个项目机会，重点关注LNG、PTA、大型乙烯以及其他成套设备的订货，全年订货总量实现历史性突破。其中，透平销售公司全年完成订货额52.6亿元，同比增长50.1%。订货的最大特点是产品成套订货明显增多，合同额1亿元以上的订单多达10余笔，最高合同额3.5亿元；配件服务订货额继续保持增长，全年订货3.5亿元。签订了14台LNG压缩机订货合同；与武汉石化签订80万t/a乙烯"三机"和炼油扩建项目的全部压缩机合同，实现大型乙烯"三机"国产化花落一家；签订了27套空分压缩机组订货合同，其中2万m^3/h以上8台(套)，创造了历年最好水平；击败主要竞争对手，拿下山西黄陵和陕西龙门项目的11套全部压缩机组；签下国内首笔石化设备保运订单，在装置维护和检修一体化服务模式上实现零的突破。全年完成订货额96亿元，同比增长31.2%；完成货款划回64亿元，同比增长12.7%；这双峰并峙的两大喜人指标，创下了历史最好水平，为沈阳鼓风机集团股份有限公司抓住重要战略机遇期加速发展，提供了强有力的保障。

陕西鼓风机(集团)有限公司确立并不断修订和完善"两个转变"发展战略，即：从单一产品供应商，向动力成套装备系统解决方案商和系统服务商转变；从产品经营向品牌经营、资本运作转变。经过"十一五"的探索、实践，基本验证了公司选择了一条正确的发展之路，企业经营有了长足的进步。在"十一五"期间，公司也受到国际金融危机的影响，2009年的规模指标比2008年下降25%，效益指标也略有下降。公司管理层和全体员工积极应对，及时调整经营策略，团结一心、开拓创新、克服困难、抓住机遇，在当时环境下制定的"越冬"预案及采取的各项措施使公司顺利度过了经济"寒冬"，市场开拓取得了重大突破，经营业绩向好的趋势发展，工业增加值持续增长，2010年主要指标达到历史最好水平，实现了第二次跨越式发展。①签约全球最大的仪征化纤股份有限公司投资建设的10万t/a 1,4—丁二醇项目(简称BDO项目)空压机—轴流压缩机机组合同。该项目总投资15.81亿元，预计2011年底建成投产，该项目的成功签约为西安陕鼓动力股份有限公司在新市场、新领域方面拓展了新的空间。②签约国内发酵行业首台最大气量压缩机合同。西安陕鼓动力股份有限公司与宁夏太平洋生物科技有限公司在银川市签订了两台(套)AV80—11轴流压缩机供货合同。这是当前在国内发酵行业中应用的单台(套)最大气量的压缩机，气量达到6 000m^3/min，也是公司的轴流压缩机在发酵行业应用的最大机型。③首台丙烯压缩机及制冷装置试车成功。经过两年多的艰苦努力，公司首台丙烯压缩机及制冷装置于2010年12月17日在重庆万盛煤化有限责任公司首次试车成功，该装置各项工艺指标均达到设计要求。丙烯制冷装置的成功运行创造了公司的三个第一次：第一次进入工业制冷压缩机领域，第一次由透平企业独立承担制冷工艺系统设计，第一次对制冷系统全套设备进行设计、供货。在重庆万盛煤化有限责任公司30万t/a煤制甲醇项目中，公司为其提供了最关键的三大动力设备：空分装置、丙烯制冷和循环气压缩机组。当前，空分装置已成功投运。④成功中标西安地铁一号线一期工程通风系统设备项目。这是公司继2008年中标西安地铁二号线一期工程风机及消声系统项目后，在城市轨道交通领域取得的又一市场战绩。项目合同涉及大小系统风机设备1 015台、消声器设备519台，以及各种组合风阀、调节阀和排烟口。⑤"陕鼓制造"再进国际高端市场，成功中标俄罗斯NLMK公司2套TRT项目及6号、7号4 657m^3高炉配套的TRT项目，标志着历时4年持续跟踪的项目终于尘埃落定。这是公司进入俄罗斯市场的首个项目，将为公司产品持续进入东欧及中亚地区奠定良好基础。为了在全球化竞争的市场环境下，最大限度地获得供应链竞争优势，共同规避市场风险、分享市场利益，中国石油化工股份有限公司2010年11月26日在北京举行了"中国石化战略供应商会议暨战略合作协议签字仪式"。西安陕鼓动力股份有限公司与中国石油化工股份有限公司签订了《战略供应商合作协议》，标志着双方的合作进入到一个全新的阶段，在资源与市场合作、技术合作、信息合作、商务及物流方面达成了长期合作关系。

上海鼓风机厂有限公司为了确保全年主要任务的顺利完成，发扬"再次创业"精神，实现了"销售产值要有增长，成本费用要有下降，经济效益要有提高"的目标。采取的措施和手段有：①顽强拼搏抢市场，公司每一个领导都分工联系一块市场，与销售业务员一起奔市场抢订单，全年完成主营业务收入7.36亿元，工业总产值8亿元。②大力支持技术创新、技术开发，特别是有市场前景的产品，包括压缩机、核电风机、改造风机、烧结烟气脱硫风机、动叶可调矿井风机、RTF风机等。其中，很有前景的，可用于电站节能环保和钢厂节能环保的RTF风机已承接订单75台，计1.36亿元，现已完成67台。③全厂围绕"调结构，转变增长方式"，强调压缩机"二次创业"，年内完成5台压缩机的整机生产任务。坚持从"单一制造"向"制造+服务"转变，不断做大服务业。从事大修理和备件生产，全年实现承接订单1亿元目标。实施从厂内维修，发展到用户现场维修；积极完善服务方式，向用户提供系统分析和分阶段服务模式；面向国际，不断巩固和扩大印度市场，全年完成外贸产销值1.39亿元。④积极推行创新机制，努力提高自身的核心竞争力。公司独立自主完成了为印度业主提供的风机全性能试验，并受到业主的高度好评。到目前为止，公司是国内同行业中唯一独立完成风机全性能试验的企业，技术已达到国际领先水平。

重庆通用工业（集团）有限责任公司在国家对钢铁、水泥行业调控，市场需求迅速萎缩的情况下，销售不仅取得了一定增长，而且出现了一些新的亮点。①在山西太钢获得了合同金额700多万元，共计32台的国内第一单全氢罩式炉风机销售订单，为替代进口风机、实现风机业务转型迈出了坚实步伐。②在北方钢铁市场的球团项目中获得全胜业绩。③成功中标安徽六国化工股份有限公司氨压缩机组，突破了国内外企业在30万t/a合成氨、52万t/a尿素大项目上的垄断。④与首钢京唐钢铁联合有限责任公司签订《技术指导维修服务协议》，由公司全面承接京唐钢铁联合有限责任公司300多台风机的日常巡检、检修、隐患排查、指导维修、定期保养等全方位工业保运服务。该协议是公司第一个，也是国内风机行业第一个工业保运服务合同，开启了一个全新的工业服务模式，为企业赢得后续市场竞争提供了有力保障。

2010年，四平鼓风机股份有限公司面对水泥行业产能过剩，冶金行业项目减少，自身产品服务领域单一的局面，紧跟市场变化，采取了"巩固建材、拓展冶金、扩大出口、增强备件，加大西部开发力度，稳固中东部市场"的营销策略，重点工作开创新局面，主要指标再创历史新高，为公司未来发展奠定了坚实基础。全年工业总产值、工业增加值、销售收入、利润总额等经济技术指标比上年都有所增长。

2010年，江苏金通灵风机股份有限公司销售创历史新高，一举扭转了上年度订货下滑的不利局面，取得了历史最好成绩，年度累计实现订货7.6亿元。几大主要用户行业和地区订货完成情况如下：冶金1.75亿元，建材1.1亿元，电力1.5亿元，石化1.06亿元，柳州1.9亿元。其中单级、多级离心鼓风机订货比上年翻一番，全年总订货额为7 946万元（上年同期为4 001万元）。迄今为止，公司大型工业离心风机市场覆盖面最广，专业化程度最高。冶金行业：面对产能紧缩的现状，紧紧抓住该行业节能环保项目的有利时机，不断扩大大型离心鼓风机、通风机市场占有率。电力行业：继续发挥在大型循环流化床发电机组中的传统市场优势，200～300MW循环流化床机组的参标率100%，中标率几近100%，优势更加明显。水泥行业：签订了一批重大重要项目。石化行业：巩固了中石油、中石化、中海油一级供应商的地位，并扩大至煤化工、气化工、盐化工等领域。随着发展中国家经济的快速增长，公司的风机产品也随我国工程的总包项目走出国门，2010年出口量呈现稳步增长态势。近年来，公司投入大量人力、物力研发的高压鼓风机，在市场拓展方面，多级低速鼓风机经过多年的打拼，在电力行业高压流化风机的竞争中已经是一枝独秀；单级高速鼓风机是公司重点推出的另一种高压鼓风机产品，着重在环保行业的污水处理领域销售，继2009年打破该领域大流量风机进口产品垄断局面后，2010年已呈面上开花之势，并成功打入脱硫氧化、有色冶炼的高压吹炼等领域，为今后几年与国外风机一争高下打下了基础。2010年，还顺利向白俄罗斯交付了公司有史以来最大的一台Y4—2×73No.36.5F风机，这也是公司最大的合同订单。

山东省章丘鼓风机股份有限公司在销售市场中抢抓机遇，及时调整营销策略，灵活应对，主动出击。①把握市场脉搏，全力确保重点行业。针对煤化工、气体分离等行业为了扩大规模、提高市场竞争力竞相建设新项目的情况，销售公司分析形势，抓住发展机遇，从标书制作到技术答疑及商务运作都做到精益求精，必要时销售公司领导亲临现场指导操作，依靠公司的实力和产品魅力赢得了市场；针对电力、石化等高端行业，销售公司拿出行之有效的方案，根据多年来对中高端客户需求与采购习惯的了解，主动去适应中高端客户的要求，效果显著；针对中低端客户，如水泥和水处理行业，为有效地避免直面价格战，采取行之有效的品牌战与差异化竞争策略，从而稳固了市场占有率，煤化工行业中标率达70%。发挥阿里巴巴、慧聪网买卖通会员的宣传优势，获取更多的销售市场信息，扩大了环保行业用小风机的市场占有率。②抓大项目和重点项目，强化管理，突出服务。2010年，继续坚持“向优势市场要利润、向弱势市场要订单”的原则，深入推行市场行业分类及区域分片负责制，抓大项目、重点项目。对于长期友好合作的重点客户，给予重点关注，保持长期稳定的合作关系。如对主要产品为气体分离设备，且风机配套数量较大的北大先锋公司，在售前、售中、售后等各方面给予重点支持，先后与该公司签订了1 190万元的合同；在维尼纶行业先后与内蒙古蒙维科技有限责任公司、内蒙古双欣资源集团有限公司等签订了1 000多万元的合同；在煤化工方面，先后与安阳化学工业集团有限责任公司签订了579万元、与唐山邦力大银化工有限公司签订了370万元、与湖北金华润签订了470万元等合计共签订3 600多万元的重大项目合同。根据国际金融危机对实体经济的影响，调整招投标项目及零散小项目的付款方式，对信誉差、不具备偿付能力的中小客户，及时调整付款方式，规避风险；认真做好欠款回收工作，依托法律部，及时采取必要的法律手段，争得欠款回收的主动权；不断完善售后服务制度，实施有偿服务制度，降低了服务费用支出，提高了用户维修保养意识；对销售人员进行安装培训，提高了独立处理售后服务的能力；对重点客户进行风机业务培训，拉近了与用户的距离，巩固了合作关系。为加强内外联系和方便交流，销售公司通过 QQ 群建立了“章鼓销售之家”内部网络刊物，效果很好。③外贸出口稳步推进，加快“走出去”步伐。2010 年，公司外贸业务呈现稳步增长的良好势头，外贸出口实现销售收入 1 455.4万元，同比增长 55.7%。出口国家遍布欧美、大洋洲、亚洲及南美洲地区，共计 26 个国家、地区。④通过加入专业性的 B2B 网站，增加首位排名，制作英文排名，扩大了国际知名度，挖掘了潜在用户，收到了意想不到的效果。

2010 年，宁波风机有限公司坚持以市场为导向，本着实事求是的科学态度和与时俱进的工作思路，紧抓市场、调整营销策略。为强化营销工作，拓展市场，多签一手合同，公司将原来的销售部进行重新划分，成立了销售一部、二部、三部、四部，并且新制定了《销售人员薪资考核办法》，调动了销售人员的工作主动性、积极性，为打开销售工作的新局面起到了积极作用。为巩固老客户，拓展新市场，寻找新客户，销售人员以公司利益为重，不辞辛苦，克服重重困难，分析市场需求，准确把握产品市场走势，制定切实可行的营销策略。通过增加销售网络渠道、在外省设立办事处等方式不断提高现有产品的市场占有率，出色地完成了年初制定的各项目标任务，生产经营业绩创历史最好水平。工业总产值同比增长 55.64%，销售收入同比增长 40.89%，工业增加值同比增长 56.3%。

浙江明新风机有限公司以设计制造风机、通风制冷设备为龙头，以节能降耗及自动化相结合为特色，凭着“质量、品牌、诚信、服务”的理念，扩大了销路。近年来，变压器风机、冷却风机、烟草风机是公司生产和销售的重点，以技术优势和严格科学的内部管理、优质的产品和服务，赢得了市场。公司在国内主要城市设有办事处，为产品的销售铺平了道路，产品销售遍及浙江、上海、山东和广西等多个省和地区。公司市场部充分利用现有的销售网络，开发产品的市场，并有选择地参加全国相关行业的展览会，以及技术和应用交流会等，并通过互联网加大产品的宣传力度，提高了公司知名度。公司新产品的市场开发策略主要有：①不断拓展销售地域，扩大销售规模。②结合产品的特殊性开拓新的细分市场。③开拓新用户，扩大新产品销售收入。2010 年，新开发了两项新产品：负荷可调的高效节能特种风机，自试制阶段到 2010 年 11 月底，共销售 1 100 套，实现销售收入 2 200 万元，上缴税金及附加 22 万元，实现利润 363 万元；烟叶烘烤用 YHF 高效节能循环风机，自试制阶段到 2010 年 11 月底，共销售 2.1 万套，实现销售收入 3 989.6 万元，上缴税金及附加 336 万元，实现利润 799.2 万元。新产品还提供 100 人就业，取得了较好的社会效益。

2010 年，浙江亿利达风机股份有限公司积极贯彻全员营销的理念，不断完善营销管理机制，加大对办事处的监督管理，有效调动了销售人员的主动性和积极性；同时加强营销网络建设，在青岛、南京、苏州、合肥、杭州、武汉和重庆等地增设了办事处，并进一步推进了 CRM 等营销软件的应用，有效提升了营销管理水平。另外，健全了销售服务体系，强化了服务功能，进一步满足了顾客的需求，夯实了空调风机、建筑通风机市场。产品在主流中央空调企业中保持了较高的供货占比，并实现了快速增长；建筑通风机继续保持良好的发展态势，共完成济南恒隆广场、北京耀辉国际、沈阳中汇广场、广州亚运城医院等各类项目 130 多个，其中签订的昆明卷烟厂、楚雄卷烟厂等项目为公司开拓了新的市场领域。吉利汽车控股有限公司的风机及风机安装合同是公司第一次尝试承接的风机安装工程项目，为进一步拓展建筑通风机市场奠定了良好的基础。公司产品销售收入快速增长，创造了历史最好水平，实现净销售收入 44 762 元，比上年增长 41.4%，全年自营出口 4 817 万元，同比增长 60.2%。

长沙鼓风机厂有限责任公司面对市场竞争激

烈、材料价格攀升等诸多不利因素，坚持“上半年以经营工作为重心，拓市场、提效益；下半年在稳定经营的同时，加速推进企业发展，明思路、寻机遇、求突破”的经营策略，围绕“经营与发展”两大主题，通过一年的努力，在化工、石灰、电石、冶金和电力脱硫、气力输送及水处理等领域取得了显著成绩，在稳定老客户的同时又扩展了一批新的大客户，实现了公司年度总体经营目标。全年完成订货同比增长23.5%；销售额同比增长7.8%；罗茨鼓风机年产量同比增长26.6%，均创历史新佳绩。公司产品出口也有显著增长，先后与美国空气化工产品公司、法国液化空气集团等跨国公司开始合作，向国际化迈进。

湖北省风机厂有限公司积极应对国际金融危机的影响，抓住国家实施10大产业振兴政策的发展机遇，市场开拓取得重大突破。2010年，签订订单比上年增长25%，订单产品开辟多个新兴领域，订单产品价格比上年大幅提高，订单新产品占比比上年大幅提高；回款比上年增长53%；工业总产值和销售收入均比上年有所增长，形成了单月3 000多万元的稳定的生产制造能力。

中意机电（湖北）鼓风机制造有限公司主导产品有：用于钢铁行业的大型烧结离心风机、大型冶炼鼓风机、大型转炉煤气风机、石灰窑鼓风机，用于石化行业的大型造气炉离心鼓风机，用于硫酸行业的SO_2高压鼓风机，用于煤化工行业的三元流高效节能离心鼓风机等，上述产品销售收入占总销售收入的85%以上。为扩大销售市场，公司在全国主要城市设立了十几个销售办事处，并在主要大型厂矿设立产品销售点，及时了解用户需求，交流信息，保证了主导产品的畅销。公司凭借可靠的质量，优良的信誉，优惠的价格，以“一切为了客户、为了客户的一切”的服务理念，为广大客户提供优质的服务，赢得了客户的信赖，也为企业带来了可观的经济效益。2010年，工业总产值、工业增加值、销售收入分别比上年同期增长34%、22%、25%。

山东海福德机械有限公司面对诸多不利因素及不断变化的市场形势，不断进行市场调查，以市场实情为基础，以满足市场需求为目标，及时转变工作思路，利用自身实力和优势，开发了适合水泥、矿山、化工、粮食加工等行业需求的MD、HSG系列大流量高压力风机，扩大了产品销售领域。当年销售风机1 346台，实现销售收入2 800万元。为促进产品销售，公司采取了以下措施：①调整销售组织结构，做到职责清晰、分工明确、统一管理、专人负责，为扭转销售不力的局面起到了组织保障作用。②调整办事处设置，提高业务员收入。对销售业绩不好的办事处进行人员调整或辞退，扩大能力较强业务员的销售区域，提高产品销量。③加强信息管理，及时分析处理，指导销售工作，提高销售效率。④加强招投标业务管理，对一些大合同、大项目，不同档次采取不同的策略及相应措施，提高成功率。⑤针对不同区域、不同情况的客户采取相对灵活的价格策略。如对销量较大的山东地区实行低价销售；对污水行业付款方式较好的客户实行低价策略，以促进产品销售，提高市场占有率。⑥加强客户管理，建立客户档案，针对不同客户区别对待，重点客户定期走访，一般客户逐步培养成重点客户，潜在客户逐步培养成一般客户，采取差异化的营销手段，努力扩大产品销售领域。⑦最大限度地让利于客户，为客户提供更多、更优质的服务，努力追求客户价值最大化。如降低产品价格，提高售后服务水平，加强对客户的技术指导和设备操作使用的培训等。

威海克莱特菲尔风机有限公司以领先的技术和优质的服务，巩固和扩展了市场，产品结构逐渐由工业民用风机领域向铁路、地铁、核电等高端领域升级转型，同时承担风机国产化的重任。2008年，公司抓住高铁项目国产化的有利机遇，成为铁道部指定的国产化定点配套企业，抢先一步跨入为机车产品配套的门槛，并迅速发展成为该细分领域的龙头，全面展开了与南车集团、北车集团铁路项目的配套风机业务。2010年，公司将优势进一步扩大，成为HXN5、HXN3、CRH2、CRH3、CRH3B等项目的风机第一大供应商，6 月份以高分成绩通过了铁道部“关于 2010 年和谐型机车国产化产品的质量体系及实物审核”。2010 年公司产值 2 亿元，其中铁路风机产品实现销售收入 6 000 万元。在品牌不断积累的过程中，公司与 GE、西门子、阿尔斯通、庞巴迪等世界 500 强企业建立了合作关系，充分消化和吸收国外的先进设计理念、质量管理经验，加快了公司的发展。同时瞄准国际市场，在铁路机车方面与阿尔斯通展开合作，为北京地铁 15 号线、TGV 项目配套提供风机；6 月份成为西门子全球合格供应商。公司已通过石岛核电、海阳核电项目常规岛风机项目的资格审核，参与了石岛核电常规岛项目第一期风机的招标；正在准备海阳核电项目第一期的投标资料。同时，公司正在与清华大学对核电核级风机进行联合研发。

南阳防爆集团股份有限公司在市场及销售方面进一步融合了内外贸业务，统一、整合了品牌销售，对客户管理理念进行了创新，构建了高端、重点用户管理机制，对高端、重点用户开展星级服务试点；细分行业管理，健全市场服务体系，加强技术支持力度，提高服务能力，在国内组建服务基地，加快向现代制造服务型企业转变。自主品牌出口比重首次突破 50%，出口产品结构发生了质的变化；与美国德兰塞兰公司等战略伙伴密切合作，中标多个国内石化、油气项目；风力发电机实现批量订货，大型同步电机订货实现零的突破；顺利进入伊朗国家石油部、意大利塞班公司的供应商名录。公司主要市场按照国内细分主要集中在石油、石化、煤炭、化工、钢铁、电力等行业，国外市场主要分布在美国、澳大利亚、印度、伊朗等国家。公司主导产品为防爆电动机、普通电动机、发电机、风机以及核电配套设备等五大产品，其中，防爆电机国内市场占有率连续多年位居第一；公司另一主导产品风机的市场规模也在不断扩大，公司研发的 FBCD 主通风机在国内煤炭行业占有率已处于前列；研发的地铁风机、风力发电机已处于批量生产阶段，其中地铁风机市场反映很好，公司将尽快实现规模生产。

宁夏宁朔集团银川银风风机有限责任公司坚持以市场为导向，确立了开发高温风机和矿用风机的发展方向，加强风机产品技术创新，依托创新产品不断强化市场营销，锤炼企业市场竞争能力，提高企业抵御市场风险的能力。2008 年，公司成功生产了矿井主扇风机，取得了安全认证资质，2010 年继续加大风机新产品的开发力度，开发的矿井局扇风机，也已通过安监认证。通过新产品的开发，树立公司矿用风机的品牌，不断拓宽风机产品配套领域，有效提高了公司矿用风机的市场份额。在加强自主技术创新的同时，公司与西安交通大学、青海蓝天环保科技有限公司、乌海凯丰矿业有限公司和苏州中材建设有限公司等在设计领域及配套领域的权威部门、公司合作，加大了环保及节能减排产品的开发力度，并提高其市场份额。2010 年，公司为宁夏迈科铝业有限公司二期一系列电解烟气净化主排烟系统配套了 Y4—73NO29. 8D 风机；为吉兰泰碱业集团配套了 Y4—2X73No23. 5F 大型双吸风机，并已进入正常生产运行；先后为苏州中材天水2 500t/d水泥熟料生产线项目、苏州中材乌海 2 500t/d水泥熟料生产线项目配套了窑头电吸尘排风机、窑尾袋式吸尘风机、生料磨风机主排风机、辊压机风机、煤粉排风机等，提供的主要机型为 Y4—2X73No25F 大型双吸风机、Y6—51NO21F 风机等，产品均已投入生产。

甘肃省白银风机厂有限责任公司坚持以市场为导向，以巩固老客户和拓展新客户为目标，积极组织订单，以销定产，确保以订单统领公司生产；不断调整营销思路，瞄准国家产业发展、投资动向研究企业发展方向，重点放在环保循环经济领域，依托环保循环经济行业企业促进公司产品销售；公司产品不断向宽、向深发展，在拓宽不同行业渠道、扩大销售面的同时，做精做细产品，赢得用户的信赖。①走与大公司、大企业集团联合依附发展之路，建立了公司长期稳定发展的客户群，为公司销售奠定了根本基础。②根据国家产业政策（节能减排、环保循环经济）积极参与项目竞标，近年来项目竞标率接近50%,在省内外水泥行业、电石行业、低合金冶炼行业环保项目方面取得了较好的业绩。③积极为国内锅炉厂家和除尘设备厂家提供辅机配套项目,占领市场制高点。④将工程化销售(即交钥匙工程)作为营销工作的奋斗目标,不断提高营销人员业务能力和水平,强化售前、售中、售后阶段与客户的沟通与交流,力争与客户达成工程化的销售合同。⑤不断拓展市场份额,以量的拓展给公司带来质的变化。公司已在新疆、青海、内蒙古、宁夏、陕西及甘肃等地建立了销售点,形成了覆盖西北地区的销售和服务网络,力求实现立足西北地区,渗透、拓展、辐射全国市场的局面。

四、重大技术装备情况

2010年,沈阳鼓风机集团股份有限公司又完成了多个重大技术装备研制任务,实现了多个重大装备国产化。其中,百万吨乙烯装置用乙烯制冷压缩机组国产化研制项目是公司继百万吨级乙烯装置丙烯制冷压缩机组、裂解气压缩机组后的第三台国产化百万吨级乙烯压缩机组,至此,公司已经完全具备百万吨级“乙烯三机”的设计、制造能力。为江苏海伦公司成功研制了大型PTA装置用空气压缩机组,创造了多项叹为观止的“沈鼓之最”:第一次设计、制造最大的多轴压缩机;第一次设计、制造最大的多级膨胀机机组;试车技术方案难度最大、电动机起动方案最复杂;机组通过采用精确的调节方法和科学的测试回路,压缩机和膨胀机同时进行试验,成为最高效的气动性能试验;第一次真正独立完成的总成套项目,即“交钥匙工程”,对公司今后开拓PTA市场和大型空分市场具有深远的历史意义。2009年11月,国家能源局在北京主持“天然气长输管道关键设备国产化研制工作启动暨签约仪式”。公司成为首台(套)20MW电驱压缩机组成套研制单位。该项目是我国西气东输项目的重要组成部分,受到国家能源局等政府部门以及中石油的高度重视。2010年,公司按既定研究计划开展设计制造工作,截至年底,产品制造工作已基本完成,预计2011年完成相应检验、性能试验,通过验收鉴定出厂。该项目的完成,将打破多年来国外企业在长输管线压缩机领域的垄断局面,推动我国压缩机行业和西气东输事业的发展。

2010年,重庆通用工业(集团)有限责任公司为石家庄金石化肥制氨及硝铵工程(河北省环保搬迁重点项目)提供了KLDAJS—C型氨离心式制冷机组1套;为内蒙古乌拉特后旗海力素风场(内蒙古省级优秀项目计划)提供了CGI 56P2风力发电机组23套;为中国核电秦山核电厂方家山项目(国家计划)提供了核电用离心式制冷机3台;为福建省福清核电项目(国家计划)提供了核电用离心式制冷机3台。大量新产品的成功开发,为提升重大装备国产化水平,服务国家经济建设起到了积极的推动作用,也为公司市场拓展奠定了坚实的基础。

2010年,武汉鼓风机有限公司为云南驰宏锌锗股份公司提供了6万t/a粗铅、10t/a电锌及渣综合利用高炉鼓风机、艾萨炉保温烧嘴风机;为南宁电厂2×660MW烟气脱硫岛提供了离心氧化鼓风机;为酒钢榆钢2 800m^3高炉工程提供了离心助燃、煤粉引风机;为四川达州钢铁320m^2烧结机提供了余热发电离心循环风机;为扬子石油化工股份有限公司提供了烟气脱硫增压风机;为黄河上游水电开发铝型材联营项目提供了电解净化主排风机;为大唐国际临汾河西热电厂2×300MW燃煤供热机组提供了烟气脱硫离心循环风机;为中宝安海镍业公司8万t/a镍铁项目提供了脱硫、除尘回转窑风机;为甘肃华鹭铝业有限公司电解铝碳素系统节能环保项目提供了离心通风机;为紫金铜业有限公司20万t/a铜冶炼工程提供了离心通风机;为甘肃京兰水泥有限公司日产4 600t干法水泥生产线提供了离心通风机等。

2010年,湖北双剑鼓风机制造有限公司为国家重大装备项目提供了7种50台风机产品。其中,呼伦贝尔驰宏矿业有限公司铅锌冶炼国家级项目用C1230—1.295/0.836二氧化碳转化鼓风机两台;安徽华塑股份有限公司10万t/a聚氯乙烯配套项目和水泥装置二期工程 2 800t/a 熟料生产线用离心通风机 23 台；河南 BDO 一期项目甲醛装置用 C385—1.52/0.99 离心空气风机两台；内蒙古 12 万 t/a 硫铁矿制酸项目用 AⅠ776—1.1453/0.9006 炉前鼓风机 1 台；陕西延长石油集团氧硅化工产业园区一期项目用 W4—2×73No.15F 烟道气循环风机、S1610—1.2/0.85 二氧化硫鼓风机、AⅠ760—1.1892/0.9492 空气鼓风机等 4 台；贵州 80 万 t/a 氧化铝项目用 AⅡ(M)1050—1.5439/1.1439 煤气加压风机 4 台；青海 40 万 t/a 铝基合金大板锭项目用 SJYL—WY21F 净化排烟风机 12 台；新疆 55 亿 m^3/a 煤制天然气项目一期工程用 C(M)160—2.0/1.25 硫回收尾气风机两台。

五、科研成果及新产品

2010 年，风机行业新产品开发又取得重大突破，研制完成新产品 1 975 种、5 597 794 台，比上年增加 364 种、5 356 302 台；完成新产品产值 1 104 363万元，比上年增加 175 616 万元，同比增长 18.91%；获国家及部、省、市级科技进步奖、优秀新产品奖等共计 38 项。

多年来，沈阳鼓风机集团股份有限公司在“以赶超世界前沿技术为着力点，加快提高企业的自主创新能力，为企业实现跨越式发展提供强大动力”的技术创新工作方针的指引下，开发了多个系列的新产品，对促进我国重大技术装备国产化和保障国民经济的安全稳定发展，起到了举足轻重的作用。2010 年，公司将研发中心、试验中心以及设计部资源进行整合，组建研究院，集合科技优势力量，从技术成果开发到转化，从产品研发到应用，从产品设计到试验平台建设，全方位提高企业技术创新能力，在模型级开发、材料工艺、力学分析等单元技术和新产品开发方面取得了多项重要科研成果，企业的核心竞争力得到进一步提升。完成了“PCL 压缩机用大流量模型级改进”等模型级开发试验项目和 450 条模型级性能试验曲线的测试，模型级体系日臻完善。其中，成功开发的半开式 65°大流量模型级系列是组装式压缩机的关键与核心，其级效率提高到 87% 左右，已达到世界同类模型级产品的先进水平。破解了镍基合金叶轮制造关键技术课题，替代进口并提高了关键零部件的技术水平。解决了 TB 系列三元闭式叶轮整体铣制加工难题，叶轮加工效率提高 2～3 倍。成功研制了我国第一台大型 PTA 组装式压缩机、百万千瓦压水堆上充泵（第五种核二级泵）、4M125 大型往复机等一批具有世界先进水平、填补国内空白的新产品，两种型号军工用泵样机通过了专家鉴定，企业的自主创新能力得到进一步提升。全年共完成技术创新项目 154 项，阶段性完成 89 项，总体完成率 95.3%；争取上级科研拨款 5 440 万元，创历史之最；申报技术专利 20 项，获得市级以上科技荣誉 26 项，其中，国家科技进步奖二等奖 1 项，国家重点新产品奖 1 项；与英国伦敦大学 ADT 公司、浙江大学等签订产学研合同 9 项；与美国 EMD 公司、GE 公司的技术引进谈判取得阶段性成果。同时，公司被国家能源局命名为“大型透平压缩机组研发（实验）中心”，对提高企业的重大能源装备研制能力以及在国民经济中的影响和地位具有十分重要的意义。2010 年，公司大型乙烯装置用裂解气压缩机关键技术及装备、大型煤化工装置用离心压缩机技术及产品和百万吨乙烯装置的丙烯压缩机首级模型级开发项目，BCL707 + BCL707 + BCL707 连续重整装置用氢气增压离心压缩机组、64 万 t/a 乙烯装置用裂解气压缩机组、单轴悬臂多级离心压缩机、2MCL1007 + 2MCL458 + 2MCL458 + BCL455 原料气离心压缩机组、百万吨乙烯装置用裂解气压缩机、大型齿轮增速整体组装式等温型压缩机组、千万吨级炼油用筒型压缩机全新结构的开发及装备项目，新型 TAR 系列地铁风机、合成气压缩机用高能头模型级开发及应用项目，大型丙烯制冷离心压缩机组、整体组装式等温型系列压缩机组及系列型谱研制项目等多项成果分别获得了国家、省、市级优秀新产品及科技成果奖。

陕西鼓风机（集团）有限公司“十一五”时期重点科研项目已实施 3 批，共 115 项，其中，完成科技创新项目52项，正在进行的科技创新项目63项；与外部科研机构合作研究项目共98项。共获国家科学技术进步奖5项，省部级科学技术进步奖76项，市级科学技术进步奖69项，合计150项。轴流压缩机和能量回收透平装置三次荣获国家科技进步奖二等奖和“中国名牌”称号。申请专利107项，已授权82项（其中发明专利5项、外观设计专利5项、实用新型专利72项），受理25项。两项专利在第十九届全国发明展览会上分别荣获金奖和铜奖，有3项专利获陕西省专利奖一等奖。其中，占领国内制高点的里程碑项目有：首套国产 NO_x 压缩机（R56—3）的设计及制造，成功应用于15万t/a双加压法硝酸“四合一机组”；首套 GMPG6.9—206/150 共用型同轴机组（GBPRT）的开发设计；首套国产化空分压缩机组 EIZ100—4 的研制；首台（套）27万t/a硝酸装置工程总承包的签订；首套国产化60万t/a PTA 机组（AV56—10 + EZ80—2 + 2 + 1 + WP6.8—1000/170）的签订；试制首台（套）EBS56—7 丙烯冰机的签订；首台（套）CMN40/20 抽汽凝汽式工业驱动汽轮机试车成功；公司首台（套）30万t/a合成气压缩机（EV45—9 + EVS45—8 + 1）、低温甲醇冰机（E80—7 + EZ80—3 + 3）和氨合成冰机（EZS63—8）占领国内最大装置制高点；成功中标某地铁1号线一期工程通风系统设备采购项目，合同涵盖地铁通风系统的所有动、静设备；中标烧结余热能量回收与高炉顶压能量回收联合机组，首次将烧结余热能量回收与高炉顶压能量回收系统合二为一，即汽轮机、TRT、发电机串联在同一根轴系上的方案，在国内尚属首创；签订国内最大的空分压缩机机组——40万t/a醋酸项目用6万 m^3/h 空分装置配套机组，表明公司已进入7万 m^3/h 等级超大型空分机组制造企业并占领国内空分领域新的制高点。2010年，公司设计完成的空分装置压缩机组、电动鼓风机组、稀硝酸生产装置工程机组、甲醇装置合成气压缩机组、530m^3 高炉煤气余压发电装置、印度 MONNET 鼓风机组、印度 EIL 余热锅炉及鼓风机站工程、印度 BIL 1 780m^3 高炉工程、13.5万 m^3/d 天然气液化项目配套压缩机组、高炉电拖鼓风机组、共用型机组、同轴机组、甲醇循环气压缩机组及丙烯压缩机组、AV50—13 轴流机组、1 000m^3 高炉煤气余压透平机组、8万 m^3/h 及以上空分压缩机等的开发、空分装置用多轴增压机样机的设计、PTA 装置用向心尾气透平样机的开发等，经陕西省机械行业管理办公室鉴定，均达到国际先进水平。

2010年，上海鼓风机厂有限公司设计完成了5种、11台新产品，其中有 MCS502 再生气压缩机、SAF40—19—2 超临界、超超临界电站机组配套大型风机、FAF22.4—12.5—1 大型循环流化床单机组运行二次送风设备、RTF40—19—1RTF 静叶可调轴流风机、2048AZ/1090 煤矸石循环流化床风机。600MW 机组单台动叶可调轴流式脱硫增压风机获得上海市闸北区第十届科技创新奖；超临界、超超临界机组用单台动叶可调轴流式脱硫增压风机获得上海市电气（集团）总公司科技进步奖二等奖。

2010年，重庆通用工业（集团）有限责任公司技术创新取得了丰硕成果，获得重庆市科技进步奖二等奖1项，重庆市优秀新产品奖1项，重庆市重点新产品4项，并参与制定了6项国家及行业标准，3项技术（一种电动机直驱高速离心式鼓压风机、离心式鼓压风机出口导叶调节装置、离心式鼓压风机进出口导叶调节装置）获得了国家专利局受理。制冷压缩机方面：完成了为新疆庆华能源集团有限公司、安徽六国化工股份有限公司提供的氨压缩机的设计开发；完成了 AP1000 第三代核电站专用冷水机组样机方案设计、第二代曝气风机系列化产品开发、多轴离心压缩机样机试制和 LDCS（—35）低温离心式冷水机组研发等。其中，曝气风机获得重庆市科技进步奖二等奖、LDCS（—25）低温离心式冷水机组获得重庆市优秀新产品奖。风机方面：完成了全氢罩式退火炉循环风机、MVR 系统用高压风机和 ETY 核级风机样机的试制；完成了双级高温高压离心通风机、转炉煤气风机等新产品的开发、设计、试制工作，并与西安交通大学联合开发了高效节能离心通风机基本模型机。其中，高效曲面叶片风机、干熄焦循环风机、MVR 系统用高压风机获得重庆市重点新产品和工业与信息化部节能推荐产品。风电设备方面：完成了 2MW 风电叶片的设计、开发、试制和验证，850kW 级风电叶片被列入重庆市重点新产品。工艺方面：开展了大型三元流叶轮加工工艺研究，多轴离心压缩机加工工艺研究，离心压缩机机壳焊接工艺研究，高温高强度材料工艺试验研究，锥形前盘新工艺研究，工具、工装、工艺研究等项目，大量新工艺的应用，不仅解决了生产难题，提高了工艺的可靠性和可操作性，同时有利于降低工人劳动强度。随着大批新成果陆续成熟并投放市场，公司产品的竞争优势更加明显。与此同时，一批优秀科技项目获得了政府部门各种资金支持，为企业技术创新提供了资金保障，其中突出的有：获得国防科工办 970 万元科研支持的船用冷水机组开发项目，获得国家发展和改革委员会 450 万元财政支持的大型特种风机技术改造项目等。

四平鼓风机股份有限公司新产品开发和三新技术推广应用取得明显成效。在新产品开发方面，坚持研发和储备相结合，既开发适应企业当前制造能力的产品，又从长远考虑开发有市场潜力的产品。主要完成了动叶可调轴流增压风机技术调研和技术资料整理，为电站送风机研制作了技术储备；完成了脱硫风机市场调研和可行性分析，确定了产品应用范围，掌握了风机所处工艺系统的技术要求和配套要求，收集了相关技术数据并积累了一定经验；与鞍山焦耐院合作，针对新领域节能用高温煤气风机进行了选型设计，按设计要求完成了技术资料提供；对离心压缩机进行了市场调研和可行性分析，了解了产品应用范围，掌握了风机所处工艺系统的技术要求和配套要求。在三新推广应用方面，根据企业实际情况开发设计了新型分体式轴承箱，代替了 RW 系列轴承箱，解决了现有 RW 系列轴承箱产品结构强度不足的问题，已形成企业标准推广应用；对耐磨工艺市场进行调研，储备了相关应用技术，在产品中推广应用耐磨复合板，为提升产品耐磨性能提供了新工艺；初步掌握了三维软件应用技术，并完成了一套典型图样设计，为企业三维软件推广应用及技术研发能力提升奠定了基础；针对冶金、建材高温风机的使用材料进行了研究，收集了一些高温材料数据，为产品应用在不同高温工况做了储备；通过与郑州焊接研究所合作，对多种耐磨焊丝进行了试样耐磨试验，通过分析，重新制定了堆焊标准，以利于更合理地选用耐磨材料。

天津市鼓风机总厂针对企业产品创新步伐慢，围绕“解难题、促转变、上水平”的总体要求，进一步统一思想，想对策，抓落实，使企业尽快摆脱了困境。2010 年，获得 4 项实用新型专利授权，1 项外观设计专利授权。完善了 L103 ~ 109WD 罗茨鼓风机设计；在完成 L104WD 样机试制的基础上，针对试制过程中出现的一些问题，对图样进行了全面整理和改进，并完成了其他 5 个规格的产品设计及全部工装设计，为参与大流量罗茨风机市场竞争提供了技术保证。在产品研发方面，完成了将部分系列罗茨鼓风机的主副油箱全部改为板焊件油箱的工作，并按用途将其分为水夹层油箱和非水夹层油箱两个品种，已初步完成 6 ~ 9 号 4 个规格的图样设计工作。

长沙鼓风机厂有限责任公司 2010 年开发了 ARMH550、650、750 三个机型罗茨鼓风机，并完善了大型罗茨鼓风机的性能结构，对完成大型风机订货和生产目标起到了重要作用。新开发的钛涂层鼓风机、高温鼓风机、乙炔鼓风机、干气密封鼓风机均实现交付使用，为公司在防腐、高温、危险性介质领域又添新生系列产品。

山东省章丘鼓风机股份有限公司拉长主业、扩展创新，实现多元化发展，增强企业实力。为了加大新产品开发及市场开发力度，结合实际工作成立了 30 余个攻关小组，积极进行技术创新。罗茨鼓风机方面，重点完成了 ZSR6—600NS 不锈钢维尼纶风机、ZSR6—350N 维尼纶风机及 ZSR6—450N 维尼纶风机以及 ZR7/ZR8 大型风机、TRRG400 大型双级串联风机的开发设计试制工作；完成了 RRE—250NRHF3 铸钢材质涨圈 + 机械密封 + 充气密封的组合密封式风机、RRG—450N 型双端面机械密封风机以及 RRB—65S3RH 型不锈钢涨圈 + 充气组合式密封风机及 TZSH3—130VRK 双级串联逆流冷却真空泵等产品的开发设计试制工作。离心风机产品方面，开发设计完成的 3 种单级高速离心鼓风机样机，通过了西安达尔流体机械研究所的验收；自主研发成功的单级高速离心鼓风机监测控制柜，打破了公司无能力开发 PLC 高端产品的局面，填补了自控产品领域的空白。2010 年，“新型高效 ZG 型三叶罗茨鼓风机”获“国家重点新产品”称号，“B 型单级高速离心鼓风机”等 4 项新产品列入山东省技术创新项目，1 项列入省科技计划，1 项列入济南市科技计划。其中，“MB 叶轮与轴一体式罗茨鼓风机”由济南市科技局组织院校、科研院所组成的专家委员会进行了科技成果鉴定，鉴定委员会一致认为，该项成果整机技术达到国际领先水平。

北京华怡净化科技研究所有限公司坚持依靠科技进步提升企业的实力，每年均有创新科技产品问世，已形成以专利产品为主体的特种风机、特种电机、净化设备、军工产品四大体系。2010 年，研发出 HY—1.46S 高效小型智能化风机，各项指标达到进口产品水平，节电达 60% 以上，其中噪声指标优于进口产品，噪声下降 2 ~ 3dB，同时采用传感器技术，在净化间内通过人体感应即可控制净化风机速度，进一步满足了使用要求，提高了节能效果。研制完成的风热电一体机 FRD—1 型、2 型，受到了专家们的一致好评，同时申报了数项发明专利，2010 年 9 月，该产品荣获北京市西城区科技进步奖三等奖。研制成功的 HY—1.25 及 HY—1.3 高效小型智能化风机技术含量高，作为小型风机的更新换代产品，一直是公司大力研发的重大项目之一。2010 年，在研制无刷电动机及电动机驱动器方面也取得了较大进展。一是无刷电动机经反复改进设计，其效率显著提升，节能效果突出，各机型节约电能达 50% 以上；二是电动机驱动器不仅采用单片机及触摸屏技术，并严格按军品要求设计和制造，其灵敏性、稳定性进一步提高，并能在 - 40 ~ 50℃ 及高湿度环境下仍保持正常运转。该产品已有小批生产供货，开始为军品滤毒装置配套，取得了一定的经济效益。

江苏金通灵风机股份有限公司始终坚持将技术创新、工艺改进作为企业发展的源泉。公司全年用于新品研发、技术改造投资达 1 773 万元。全年完成 13 个单级高速鼓风机项目的设计，18 项多级离心鼓风机样机和产品的设计，提高了鼓风机的运行稳定性，满足了市场需求；完成了第一台压缩机 SH150—8 样机的制作，第一台干法煤气风机的生产指导和出厂试验，产品性能满足了设计要求。在控制柜、控制箱、齿轮箱、油站方面实现了自主设计制造，降低了成本，大大提高了产品的质量和运行的可靠性。设计开发的系列小型高转速滑动轴承，填补了公司小型滑动轴承的空白。公司继与西安交通大学合作成立流体机械及压缩机国家工程研究中心之后，2010 年 7 月 19 日又与美国 ETI 公司经过友好协商，就合作研发高效离心空气压缩机事项顺利签约；10 月 28 日，与中国科学院工程热物理研究所顺利签署共建“能源动力联合实验室”和联合研发“新型蒸汽涡轮发电技术”项目。这些项目的合作成功将为公司进军新能源领域开辟一条通道。

常熟市鼓风机有限公司在纺织行业全面回暖的带动下，不断研制开发新产品，全年开发设计新型风机 20 多个规格。其中，为上海尼的曼公司成功配套的 NCF 系列离心风机及过滤器装置，实现销售收入 101 万元；成功开发为布匹处理系统配套的 QLF、KHF 离心风机和 C15 过滤器，实现销售合同 94 万元；开发的 SPZ 节能型喷雾轴流通风机，实现销售收入 222 万元；开发了 SFC 除尘系统 YFL—80、100、150 三种规格及 BMC 皮毛除尘器一套；完成了与江苏林泰阁工程设备有限公司初步配套的KHF15C离心通风机的开发;完善了JF型节能离心风机及SZ型省能轴流风机的技术工作,实现销售收入800多万元。2010年共申请专利4项,其中授权发明专利3项,实用新型专利1项。SZ型省能轴流通风机荣获苏州市“攻关奖”。

浙江亿利达风机股份有限公司以创新为动力,加大了研发力度,完成了三相双出轴直联风机、SYP140/105盘管风机、SYQ280K2后向双联风机等多种空调风机和WPH屋顶风机、YGK管道风机等建筑通风机的设计开发,有效满足了市场和客户的需要,提高了企业核心竞争力。同时,公司与清华大学、华中科技大学等院校合作,进行风机节能降噪的研究和直流无刷电动机风机的设计开发,已完成SYU三款直流无刷电动机样机。另外,加强了技术资料的完善和产品测试,改进和完善了部分产品的设计和制作工艺,对SYH、SYT等系列风机进行了性能改进,达到了节能降噪、降低成本的目的。2010年申请20项专利,取得实用新型专利授权2项、外观设计专利授权1项,SYT系列风机通过了AMCA认证,SYQ风机通过了防爆认证,SYP150/200空调风机被列入国家重点新产品项目,高效节能屋顶风机项目被列入区重点科技计划项目。

浙江明新风机有限公司2010年科技成果转化项目共15项,其主要产品的核心技术拥有自主知识产权。公司承担了省级新产品试制计划2项(负荷可调的高效节能特种风机,MXDLF—2.5低噪声冷却专用风机),完成了1项企业技术改造投资项目(年产5 000台负荷可调的高效节能特种风机),通过了两项新产品鉴定(负荷可调的高效节能特种风机,烟叶烘烤用YHF高效节能循环风机),获授权专利10项,其中1项发明专利(金属筒体翻边设备),9项实用新型专利(转轴的轴端固定结构、冷却风机的风叶、金属筒体的直线焊接装置、风机的转动传动结构、风机叶轮的轮毂与叶柄的固定结构、风机的中空风叶、离心式屋顶风机、接线盒、轴端固定结构)。科技成果的转化和技术改造的完成大幅提升了公司的生产能力、生产工艺水平和产品档次及质量。①负荷可调的高效节能特种风机采用球形轮毂及中空叶片,减少了叶片根部的气流分离,降低了噪声和能耗,提高了风机效率和与实际工况的匹配性能;叶片与轮毂采用叶柄联接,可在叶轮静态情况下调整叶片安装角度,达到可调的目的;电动机的定子和机壳之间采用硅脂材料,降低了热阻,改善了热传导性;定子内部增设了预热线圈,防止电动机端部的水汽凝结;风筒采用单边喇叭口和单边法兰设计,减少了风机进出口的阻力。②烟叶烘烤用YHF高效节能循环风机叶片采用翼形结构,轮毂采用球形结构,叶片内缘在任何角度都能与轮毂完全吻合,具有很好的导流作用,风机效率高;叶柄采用独立固定方式,叶片角度可以自由调节,安装和调整方便;风筒采用单边喇叭口和直角法兰设计,避免了锁口现象,减少了风机进出口的阻力。上述技术均有创新,处于国内同类产品领先水平。

威海克莱特菲尔风机有限公司一直致力于高性能、低能耗的风机产品的研发,为客户提供最佳的风机解决方案。公司生产的通风机有轴流、离心、斜流三大系列上百个品种,包括冷冻空调用风机、船用风机、铁路风机、核电用风机、电力变压器用风机、屋顶风机、冷却塔及空冷器用风机、锅炉鼓风机和引风机等。2010年,公司依托技术创新,成功开发出新型拉挤玻璃钢(型材)大型叶轮、三叶片塑料超低噪大叶轮新产品,并举行了新产品发布会。前者是轻质高强、耐疲劳、耐腐蚀和动平衡性能好的新型型材,后者具有超低噪的突出性能。全年共取得6项实用新型专利授权,成功申报1项发明专利。公司获批省级技术中心,R3G500嵌入式无刷直流外转子集成一体化风机列入山东省威海市科学技术发展新产品计划;和谐号动车及大功率机车专用风机项目列入国家火炬计划项目;机车专用风机项目已进入批量生产阶段,和谐号动车及大功率机车专用风机逐步进入批量试生产阶段。

山东海福德机械有限公司因产品还不能最大

限度地满足市场需求，及时调整了新产品研发思路，即进一步完善 HSR、MD、MJ 系列产品，继续开发 HSG 系列风机，逐步开发生产 L 系列低压力大流量风机、输送特殊气体的风机、双机串联高压风机等。①HSR 系列增加的 40 型小口径风机，具有体积小、重量轻、结构紧凑的特点，主要应用于小型污水处理设备、实验室空气循环装置、模具成形等，现在产品已经投放市场。②HSG 系列研发了 150、250 两种型号风机，具有高压力、高效率的特点，主要应用于水泥、化工、电力等行业。③MD 系列新增加的 MD200、250、400 型号风机，具有出口升压高、风量大、密封性好、技术先进等特点，主要应用于电力、水泥等行业。④L 型两叶罗茨鼓风机，具有流量大、能耗低的特点，主要应用于水泥、钢铁等行业，公司正逐步生产 L 系列风机。⑤根据市场需求，研发了罗茨真空泵系列产品，共计 7 个型号、50 余种规格，具有较大的抽气速度和较快的起动能力。

山东格瑞德集团有限公司技术创新实现新突破，2010 年 1 月 15 日，由来自国家空调设备质量监督检验中心、中国制冷空调工业协会、同济大学、上海制冷空调工业协会的 7 位专家、教授组成的鉴定委员会对公司生产的“风机墙组合机组”产品进行了科学技术鉴定。鉴定结果认为，该产品采用风机墙技术，具有节能效果显著、断面气流均匀、噪声低、适用范围广、可靠性好、安装运行维护方便等技术特点，填补了国内空白，达到同类产品国际先进水平。同时，完成的新型换热器、圆筒翻边机、新型风机叶片、冷却塔外置电动机安装结构等 4 项申报了国家专利。

湖北省风机厂有限公司技术研究和产品创新取得重大进展。2010 年，研究开发新产品 3 项，D(M)焦炉煤气鼓风机、C(N)高压氮气循环风机经湖北省科学技术厅鉴定达到国内先进水平，并获得湖北省重大科技成果奖。单吸入双支撑脱硫增压离心鼓风机获随州市科技进步奖一等奖，单吸耐磨防腐转炉煤气鼓风机获广水市科技进步奖一等奖。同时，研发改进产品性能、提高产品功能 12 项；申报专利 13 项，其中发明专利 3 项，比上年增长一倍多。

湖北双剑鼓风机制造有限公司 2010 年完成了湖北省重大科技专项项目“大型高效节能风机开发及产业化”，成功研制了 $C(O_2)$410—1.689/1.039 氧气管道增压鼓风机。该风机介质为氧气(85%)，出口升压 65kPa，进口流量 22 000m^3/h，主轴转速 2 960r/min，轴功率 538kW，其技术属国内同类先进水平或首创。2010 年取得(国家)实用新型专利 4 项授权。

中意机电(湖北)鼓风机制造有限公司 2010 年继续加大新产品开发力度，三元流风机的开发取得重大的突破。申请并已授权 7 项专利，其中两项发明专利。开发了 2 级增速 D850 三元流鼓风机组和 AII500—800 机型三元流造气鼓风机；在 BII1200—1900 机型基础上又新设计了 4 种型号，在轧钢生产线循环风机基础上又新设计了 6 种型号；开发了 FBD 系列矿用隔爆型压入式对旋轴流局部通风机和 FBCDZ 系列煤矿用轴流主通风机；三元流造气炉鼓风机开发中采用了三元流动设计技术，将为企业带来巨大的经济效益。FBD 系列 4.5—4.7 矿用隔爆型压入式对旋流局部通风机已试制完成，并一次性通过了国家安全标志现场评审会的各项检查，取得了煤安证书。2010 年，公司荣获湖北省科技型中小企业科技创新奖，煤化工用高速空气离心鼓风机获随州市科技进步奖二等奖。

南阳防爆集团股份有限公司技术创新迈出新步伐，首台 QFW 50—2 发电机试制成功，研制出 DTZR—No.18H 地铁轴流通风机和 FBCDZ—No.28/2 主通风机；承担的国家科技支撑计划项目课题——“大型增安型同步电动机防爆关键技术研究”、“YBZT 系列隔爆型超高效铸铜转子电动机研制及国家标准草案”和河南省重大科技专项——“核电厂用系列核级电动机关键技术研究”顺利通过了项目验收；申报专利 36 项，为历年之最，获得专利授权 25 项，其中发明专利 5 项，发明专利数量实现了历史性突破，通过了 5 项省市级科技成果鉴定。

甘肃省白银风机厂有限责任公司秉承“以人为本、创新发展、持续改进、满足顾客”的质量方针，明确“发展是目的、创新是根本”的主题思想，要求公司全体职工将创新发展的理念内化于心、固化于制、外化于形。几年来，公司产值、收入年增长率达20%以上，每年新产品产值达企业总产值的30%以上。2009年，国家发展和改革委员会修订石化、冶炼等行业标准，新建的矿热炉必须采用密闭式，实现循环经济发展，因此开发矿热炉环保改造用的新型高效输气风机必然受到市场的青睐。经过市场调研发现，该产品以环保和能源综合利用为依托，注重环保高效、节能降耗，专业性强、技术含量高，产品以铸造、锻造、机加工、铆焊、热处理和装配等为其工艺特点，其加工精度要求高，风机叶轮空间曲面型气体流道须在数控设备上完成，这对公司是一个新的课题，开发成功该产品企业将会实现质的飞跃。在企业技术力量相对薄弱的情况下，公司组成新产品开发小组，派人到国内大型鼓风机厂学习并引进技术，经公司消化、吸收、创新、同化后用于密闭式电石厂炉和硅铁厂炉高效输气风机的技术研发。公司提出了“始于设计、精于工艺、重在加工、成在装配”的开发理念，试制过程中开展密封部件的科技攻关；开展叶轮制造工艺突破口活动，解决了叶轮动平衡问题；采用攻克制造瓶颈的全方位立体式的创新机制，经过3个月的科技攻关创新，完善了高效输气风机的图样设计，进行了产品试制。样机完成后，经甘肃省机电产品质量监督检验站检验，符合JB/T 7258—2006《离心鼓风机》要求；经过工业性运行，效果良好，投入了批量生产。2009年12月，产品通过了甘肃省工业和信息化委员会组织的新产品鉴定。鉴定意见为：产品结构新颖，外形设计美观，安装使用方便，具有性能稳定、高效、低噪、安全、可靠等特点；该产品首次将铝排迷宫式密封应用于机壳前后端，有效防止了摩擦起火、气体回流和外泄，并将少量泄漏通过回流装置引回风机进口；该产品市场前景广阔，具有较高的性价比，其技术达到了国内先进水平。产品批量生产后，公司决策层与营销、技术人员共同组成营销团队，分赴内蒙古、新疆、宁夏、陕西用户比较集中地区进行产品市场推介工作。采取向老客户推介使用、向设计院推销技术和发展新用户等多种营销方式，逐步打开了市场，该产品2008年当年就生产销售20台，2009年生产销售60台。2010年完成销售100多台，销量逐年增加，取得了良好的经济效益。2010年，DW270离心鼓风机获得甘肃省工业和信息化委员会“甘肃省新产品新技术奖”，被甘肃省机械工程学会评为2010年度科学技术进步奖三等奖。

六、质量及标准

1. 质量及质量管理

截至2010年末，风机分会148家企业会员中，已有132家企业通过了ISO 9000质量管理体系认证，占企业会员的89.2%。通过实施全面质量管理，企业产品质量不断提升。2010年全行业风机主要件主要项目抽查合格率为97.9%，机械加工件综合废品率为0.8%。

沈阳鼓风机集团股份有限公司以品质管理推动产品质量和工作质量不断提升，顺利通过了ISO 9000质量管理体系和军工产品质量管理体系年度复审，并取得了国家质量监督检验检疫总局特种设备局颁发的“压力管道设计资格许可证”，填补了公司压力管道设计资格空白。加强质量过程控制，严格把控原材料和配套件的产品质量，取消和暂停15家不合格供应商；以减少设计联系单为切入点，提升产品设计及现场服务质量；试行关键工序优质奖励，提高关键零部件加工质量；设立专家应急小组，提高客户服务效率，用户满意度为83%。

上海鼓风机厂有限公司坚持严格考核，包括质量考核、安全生产考核、设备和现场管理考核、“责任加奖”考核、班组管理工作考核以及干部工作目标责任考核。2010年下半年，制定了领导班子每月下基层进行现场办公一次的制度，这样既可以检查各部门现场工作的状态，又可以现场协调和处理一些棘手的问题，为各部门完成各项任务提供支撑。公司坚持经营活动分析会、质量例会、安全例会，通过财务数据，反映经济运行质量；通过案例，分析责任心缺乏对企业造成的损失，从而努力使这些例会更深刻地揭示管理中存在的薄弱环节，并有针对性地解决这些问题。为增强责任意识，提高产品质量，将原集中在质保部的检验员划归到各生产车间；加强内控制度建设，针对企业内部4个方面14项风险点，通过自查、自纠，找出薄弱环节，完善内控制度，不断提高企业防范风险的能力。同时，加强对协作厂的业务指导，派有经验的责任心强的老师傅去担当。公司根据“2010年质量工作书”的要求，在公司内部通过各种渠道和措施，推进公司质量工作的持续改进。2010年，公司获得中国机械500强企业、上海高新技术企业、上海科技小巨人、上海市质量管理奖、上海市名牌产品、上海市著名商标、上海市重点工程立功竞赛优秀工厂等称号。

重庆通用工业（集团）有限责任公司通过完善原材料入厂验收相关质量控制和管理制度，加大对外购、外协产品的验收力度，确保配套产品的供货质量；加强制造过程的质量控制，减少了重大质量事故的发生，产品制造质量得到明显提升；对产品出厂标示进行规范化管理，基本做到了标识明确、清晰、规范，用户直接感受到公司产品质量的显著提升。2010年百元销售收入质量损失降幅达到69%，实现了质量损失减半的经营目标。

四平鼓风机股份有限公司以贯彻质量管理体系为重点，以导入GB/T 19580标准为契机，全面提高质量管理工作，全年接待外部专家审核1次，内部审核1次，共发现不合格项9项，及时进行了整改，确保了质量管理体系的有效运行；结合导入GB/T 19580标准，对现有工作流程进行了确定，制定了流程图，明确了各环节的工作任务；加强了职工质量意识教育，组织对铆焊车间、机加车间、装配车间职工集中进行质量意识教育、质量知识培训，分析质量问题产生的原因以及如何避免质量问题的重复发生；加强了质量记录、质量档案管理，保证了质量记录及时收集，做到与产品入库及时归档。质量控制措施到位，一是加强外购件质量控制，对关键产品所用的轴承、特殊钢材、耐磨板进行严格检验；对入厂的轴承100%检验，对瓦轴产品发现的质量问题及时反馈，不合格轴承不装配，降低了因轴承质量问题带来的不良影响和风险；对铸件外观及内在质量进行控制，督促供应商改进，轴承体和联轴器的质量有所提高。二是加强主轴内在质量检验，更新超声波探伤设备，不定期对主轴调质后的力学性能、金相组织进行抽检，使主轴热处理质量得到了保证。三是加强产品外观质量检验，重点加强对铆焊件、涂装件的质量控制，使铆焊件的飞边、毛刺、切割波纹、焊接飞溅、对口法兰不平度、补强筋的焊接等质量问题得到控制，对油漆喷涂采用漆膜测厚仪测量，提高了部件整体防锈能力；通过对出口产品、重点用户验收产品进行有效控制，过去较突出的外观质量问题2010年得到了控制，产品外观质量明显提高。四是加强叶轮焊接质量和叶片堆焊质量控制，对叶轮前盘、后盘、煤气风机叶轮等关键重点部件严格探伤检验控制，叶轮焊缝一次探伤合格率明显提高。五是加强对大型风机铰钻的装配质量进行控制，对铰制孔的加工质量、轮毂与主轴法兰的间隙进行重点控制，并增加检验卡、明确操作者责任，使重点产品整体装配质量得到有效改进。六是加强最终检验控制，对不符合外观检验标准的、配套不全的和存在质量隐患的产品一经发现绝不放过。通过采取一系列改进措施，解决了质量问题，提高了产品质量。

江苏金通灵风机股份有限公司紧紧围绕质量方针目标建设质量管理体系，在质量目标制定与分解、内部审核、体系文件执行力等节点上下功夫，取得了较好的成效。公司在推进ISO 9001标准体系的同时，2010年全面推行环境管理体系和职业健康安全体系，并于11月份顺利通过了认证。经过一年的努力，通风机公司、压缩机公司、环保公司的全面质量管理理念得到深化和落实，提高了生产车间、班组生产过程的质量控制能力。通过开展自检自控，产品一次交检合格率有所提升，通风机公司全年产品一次交检合格率平均为99.46%，压缩机公司为99.01%，环保公司为99.11%。企管部组织专家组成员重点对成品和制造过程中的薄弱环节进行产品抽查，全年共抽查8次，提出整改措施147项，已整改143项。全年发放质量专项奖金13.8万元，针对质量专题通报23次，考核87人次。2010年以继续深入开展“安全生产年”为契机，以健全完善“1+3”安全监控体系为载体，积极构筑“群防、群控、群治”的安全生产网络，积极开展安全生产标准化工作，推进安全生产合格班组建设，全面落实企业安全生产主体责任和一岗双责制。公司全年组织25次安全检查，其中集中检查9次；发现并整改750项安全隐患和安全工作问题。在自行开展“优胜班组”活动的基础上，结合“安全合格班组”的标准要求，加大宣传教育力度，大力推广安全合格班组建设，提高班组整体安全水平。通风机公司下料车间手工下料组、叶轮制作车间叶片一组和压缩机公司铆焊车间新品组被评为市“三星级安全合格班组”。设备管理工作严格执行定人、定机、交接班记录制度，积极推动操作人员培训和相关安全知识教育工作，组织员工学习操作规程，合理使用设备，做好“三好”、“四会”、“五定”，加大设备隐患排查和整改力度。狠抓设备日常使用保养，对精、大、稀重点设备进行重点管理。截至12月底，公司主要生产设备384台(套)，其中完好372台(套)，完好率96.8%；特种设备68台(套)，其中完好68台(套)，完好率100%；全年电气设备完好率100%；万元产值用电量下降1%，圆满完成了年初下达的指标，有力地保障了设备的正常运转，进而确保了生产运行质量的提高。

宁波风机有限公司加大管理力度，严把产品质量关。“质量第一、顾客至上”是公司的质量目标，质监部以“抓细节、上品位”为主导思想，在抓外观质量的同时，特别注重机壳、叶轮、进风口、支架的焊接质量，要求焊接人员在“精”、“优”上下功夫，发现问题及时整改。改变以往那种只求速度，不求质量的旧观念。质监部平时对影响较大的质量事故进行认真分析，查找原因；针对产品规格多而杂的情况，质监部严格按体系运行标准，严把零部件进货检验和各道生产工序的质量控制关。为塑造产品品牌，公司还通过培训等手段提高员工素质和劳动技能，2010年，公司与宁波技师学院培训处联系，在焊接协会的支持下，对公司的所有焊工(包括检验员)进行为期十天的理论和实践指导培训。通过培训，工人的焊接水平大有提高，产品质量得到明显的改善。

威海克莱特菲尔风机有限公司全面实施科学管理，通过了质量管理体系、环境管理体系和职业健康安全管理体系三位一体的管理体系认证和节能产品认证；取得“全国工业产品生产许可证”、“制冷许可证”、“出口产品质量许可证”、“国家防爆电气产品防爆合格证”、“船用产品型式认可证书”等。公司通过了EN15085焊接体系认证，成为国内首家通过此认证的风机专业生产厂家。2010年9月，公司正式通过了IRIS(国际铁路行业组织标准)体系审核，成为省内风机行业首家通过IRIS认证的企业；2010年11月通过了AAR(美国铁路行业组织标准)认证。

南通市恒荣机泵厂有限公司一直十分重视“恒荣”品牌的建设，在激烈的市场竞争中牢牢掌握产品质量和价格杠杆，不管原材料价格一涨再涨，但产品质量始终保持不变，产品价格还略有下降。公司以顾客的满意度作为衡量公司经营的标尺，以可靠的产品质量、颇具竞争力的产品价格和良好的售后服务，赢得了众多客户的信赖。具体做法是：洽谈业务时帮助顾客进行风机选型，避免顾客因选型不当造成经济损失，风机安装后无偿为顾客调试；风机正常运转后，恪守售后服务承诺。公司多年如一日地诚信经营获得了众多顾客的信任，市场信誉度越来越高，市场占有率越来越大。

山东省章丘鼓风机股份有限公司通过新技术、新材料、新工艺的研制开发，产品质量有了很大提高。①改进 ZG 风机润滑结构，并通过试验验证，有效地避免了油封漏油问题；对 ZL9、ZG125/100 叶轮进行不刮研改进试验；完成 RRF 及 RRG 型罗茨鼓风机采用双槽钢焊接底座的改进设计，经试验，对稳定产品质量效果显著。②对 ZL103WD 风机齿轮进行改进设计，采用涨套型直齿硬齿面齿轮，试验效果明显，提高了产品质量。③针对 L 系列风机齿轮噪声进行跟踪改进处理，改进加工工艺，开展磨刀理论和实践培训，组织对齿轮噪声和滚齿质量攻关，全部返修不合格零部件，稳定了产品质量。

中意机电（湖北）鼓风机制造有限公司针对公司内部出现的废次品，严格按照“质量奖惩制度”进行处罚。2010 年对造成产品废次品的人和事共进行 22 人次处罚，处罚金额超过 6 000 元。公司质量管理部按新标准起草修订了质量手册、程序文件及各项质量记录，经过 5 个月的努力，2010 年 9 月顺利通过了北京新世纪认证公司的质量体系审核验收，并取得 GB/T 9001—2008 标准质量体系合格证书。公司还重新起草制定了《FBCDZ 系列煤矿用地面防爆抽出式对旋轴流风机工序检验规程》以及《出厂检验规程》，保证矿用风机的审核验收工作一次性获得通过。

2. 标准制修订情况

2010 年，全国风机标准化委员会组织完成国家标准 5 项、行业标准 5 项、行业标准征求意见 2 项、行业标准审查 6 项、标准发布 2 项。

（1）完成国家标准 5 项。包括《高炉煤气能量回收透平膨胀机热力性能试验》、《防爆通风机》、《高炉煤气能量回收透平膨胀机》、《工业尾气能量回收透平膨胀机》和《鼓风机能效限定值及节能评价值》。

（2）完成行业标准 5 项。包括《电站轴流式通风机》、《矿井轴流式通风机》、《通风机转子平衡》、《通风机振动检测及其限值》和《工业通风机　噪声限值》。

（3）组织 2 项行业标准征求意见。包括《一般用途轴流压缩机》和《高温离心通风机技术条件》。

（4）组织审查 6 项行业标准。包括《烟叶烘烤专用风机》、《蒸发式冷凝器冷却通风机技术条件》、《诱导通风机技术条件》、《通风机转子平衡》、《通风机振动检测及其限值》和《工业通风机　噪声限值》。

（5）标准发布情况。发布了 JB/T 6886—2010《通风机涂装技术条件》和 JB/T 10981—2010《玻璃纤维增强塑料轴流通风机》两项标准。

七、基本建设和技术改造

2010 年，风机行业企业共完成固定资产投资 88 704 万元，比上年的 85 600 万元增加 3 104 万元，其中，设备购置 42 972 万元，比上年的 42 868 万元增加 104 万元；计算机及网络投入 3 619 万元，比上年的 2 266 万元增加 1 353 万元。

沈阳鼓风机集团股份有限公司二期技术改造项目取得重大进展，三期技术改造项目开始启动。经过近两年的施工建设，二期核泵技术改造项目取得重要成果。厂房及办公楼已经全部封顶，工程步入收尾阶段；热力站主体工程及设备安装全部完成并实现冬季供暖；已完成 AP1000 试验台基础回填及装配坑、试验坑的基础建设，工艺管路与测控系统工程涉及的长周期设备均已订货。截至 2010 年末，累计采购设备 222 台（套），签订合同 59 845 万元，支出资金 36 720 万元。同时，通过充分讨论和详细的技术方案论证，公司大型透平压缩机组研发（实验）中心建设项目已经获得国家发展和改革委员会审批，作为企业三期技术改造项目正式启动。项目总投资 49 700 万元，其中国家拨款 4 370 万元，其余由企业自筹和银行贷款。建设周期两年，将于 2012 年 9 月建成。三期技术改造建设完成后，公司将拥有国际最先进的压缩机试验中心，将为研发国际领先水平的输气管线压缩机等产品提供坚强的技术保障，为企业发展提供后续动力。

陕西鼓风机（集团）有限公司基本建设计划总项目 6 项，计划投资 86.4 万元，截至 12 月底，实际完成 6 项，完成投资 66 万元；技术改造计划总项目 27 项，计划投资 12 202 万元，截至 12 月底，实际完成21项，完成投资7 200万元；设备购置计划总项目21项，计划投资254.22万元，截至12月底，实际完成24项，完成投资194.11万元；设备大修计划总项目22项，计划投资801.8万元，截至12月底，实际完成22项，完成投资593万元；固定资产投资项目共78项，计划投资总额625.35万元，截至12月底，完成项目投资78项，实际完成投资547万元。公司投资4 100多万元完成了陕鼓生态园工程和水处理示范工程项目建设。

重庆通用工业（集团）有限责任公司2010年技术改造项目有：①大型特种离心式风机技术改造项目，自筹3 406万元、贷款6 000万元、政府资金450万元，资金总额9 856万元，2010年实现投资8 000万元，已完成投资的80%。新增风机数字化设计平台及加工检测设备66台（套），其中进口设备1台（用汇150万美元），改造大型离心通风机和特种（高温耐磨防腐）风机生产线。已完成龙门镗铣加工中心、四柱液压机、14m卧式车床、液压剪板机的设备采购及试车台部分的土建工程和起重设备的安装。项目建成达产后，年增产大型离心通风机200台，特种（高温耐磨防腐）风机70台。②850kW环氧乙烯基酯树脂风电叶片研发项目，自筹300万元，完成了复合材料小样工艺实验及力学测试、叶片成套工艺文件和质量文件、叶片静力试验和疲劳试验。该型号叶片已进行批量生产，并已运往风场进行挂机试验。

四平鼓风机股份有限公司强化生产组织，优化资源配置，提高装备能力，2010年投入156万元，新购置CA6140×1000和CW6163×1500普通车床各1台，自动立柱卧式带锯床1台，数控火焰切割机1台，Z3050×16摇臂钻床1台，NBC逆变630型二氧化碳保护焊机1台，逆变焊机10台，BY60150液压牛头刨床1台；对C61125卧式车床、C5225立式车床、X53K立式铣床进行了大修，对66台关键设备进行了二级保养，保证了设备有效使用，满足了生产需要；投入112万元购买25t汽车起重机1台、平头柴油半挂牵引汽车1台，运输能力进一步提升。同时完成了年产100台新型特种矫直机装备技术改造项目，已经获得通过，该项目落户在金丰机械制造有限公司，现已承订2台，准备投入生产；与吉林大学合作完成了叶片三维数据模型建立和叶片CFD仿真研究工作；吉林省技术创新工程项目完成了基于仿生耦合技术的高效风机叶片研究项目并已向省经济贸易委员会申报；根据国内外风机市场发展趋势，以及国家的产业发展指导信息，重点收集了为高新技术产业配套的相关风机产品信息，与东北大学、吉林大学签订了合作协议，为企业新项目开发奠定了基础。

长春花园机械有限公司自筹资金新建了3 300 m^2 厂房，为保证作业面积和扩大再生产奠定了基础。先后自行设计制造了卧式液压机、旋压机、型钢剪切机，购置了Q11Y—16×4000液压闸式剪板机，提升了零部件加工及产品装配质量，保证了产品精度，减少了工人劳动强度，提高了专业化程度和工作效率。

常熟市鼓风机有限公司为配合城镇建设，分厂搬迁至开发区，投资建设空调构件车间8 282m^2 及新建建筑9 492m^2，土建工程已投入565.9万元；购置新设备11台（套），已投入资金104.1万元；信息化建设投入22.8万元，其中硬件12.5万元（含监控设备）、软件10.3万元。上述共计投资768.2万元。

宁波风机有限公司为扩大生产经营规模，改善车间的工作环境，提升企业形象，2010年投资2 000万元，在江北厂区兴建了二期厂房，经过一年的筹建，该工程已于11月竣工，12月初进入整体搬迁阶段。为保证生产有序进行，公司专门成立了搬迁领导小组，每周召开专题会议讨论和汇报各部门的工作进展情况，以便及时协调并处理搬迁中的问题。生产部高度树立用户第一的观念，挖掘内部生产潜力，合理科学安排生产，积极发挥各车间人员的主观能动性。在场地拥挤、施工难度大的情况下，克服任务重、规格杂等困难，在搬迁中做到计划落实，急件保证，忙中不乱，必要时通过加班加点加快产品的流转进度，确保了生产计划的按时完成。

浙江亿利达风机股份有限公司为了实现可持续发展，在滨海新区征用土地 152 500m²。以节能降耗、提高工效为重点，对部分设备进行了改造，自制了18台(套)设备，提高了工效和产品质量。

2010年，浙江明新风机有限公司企业技术改造投资项目——年产5 000台负荷可调的高效节能特种风机，总投资1 000万元，其中固定资产835万元，铺底流动资金165万元，项目建设年限为两年。主要采用CFD/CAD耦合设计优化技术和国际先进水平的航空技术或工艺，引进具有国内先进水平的生产和检测设备，购置空气等离子切割机、液压冲孔机、直缝焊接专机、电动单梁起重机、螺杆式空压机，以及通风机电参数测试装置等国产设备。项目建成后将形成年产5 000台的生产能力，产品具有噪声小、风量大、风压高、电动机功率小、风机效率高、节能、防腐、防爆特点，实现销售收入10 000万元，利税2 150万元。为扩大生产规模，坚持技改不停步，向技改要效益。公司投资350余万元，对涂装车间进行改造，购置水帘除尘装置，不仅提高了工作效率，同时有效地遏制了污染，保护了职工健康安全；增添先进的梁式起重机、折弯机、空压机等生产设备，提高了工作效率；对车间地面进行了改造，将原来起沙严重、粉尘多的水泥地面改造成耐磨地坪和环氧地坪，并对安全通道和区域进行了划分，添置了物料架、流转箱等，做到定置定位。

山东省章丘鼓风机股份有限公司积极进行技术改造，投资2 136万元完成了东芝加工中心、台湾加工中心、数控龙门刨床、重型龙门铣床、动平衡机、数控车床、键槽铣床等30余台设备的竞价采购。重型机械厂完成了大型退火炉、8m大型数显镗床、6.3m大型立式车床的竞价采购；工业泵厂购进了一批车床，提高了生产效率，降低了生产成本。公司的合资企业丰晃铸造公司新厂区历时半年建成，2010年5月实现整体搬迁，生产厂区全部整合至章鼓工业园西区，占地面积3万m²，建筑面积近1.2万m²。丰晃铸造公司以搬迁为契机，对已有的生产工艺流程进行优化，对原有设备进行改造，并增加部分新的设备，铸件生产能力由原来的5 000t/a提高至6 000～8 000t/a，进一步提高了企业的综合竞争力。

山东海福德机械有限公司对MDK150型风机进行了技术改造，计划投资500万元，已完成投资300万元。该项目的主要技术改造项目包括：①进、出风口的异型设计。进、出气口设计为螺旋形状，使进、排风过程按螺旋线的方向循序切入，从而延缓了进排气口气体压差的变化，削减了周期性排气的冲击噪声，因此，噪声低而平稳。②基于StarCD对鼓风机进出口、壳体的形状、尺寸、结构、位置进行优化。③基于振动、噪声分析优化软件Sysnoise，对低噪结构进行优化设计。④Whispair回流结构设计。在机壳上采用内回流槽及预进、排气结构，以减少高压气体的回流强度，可明显降低噪声。该结构使出风口的高压气体有少量部分回流入容腔，当叶轮继续旋转容腔体积变小、压力增加时，又可使得密闭容腔在大量排出气体前能通过回流孔预排。设备购进情况：购进了车床、镗床、龙门铣床、数控刨床等先进设备，基本完成了对主要加工设备的更新。至此，产品零部件全部由数控设备加工，加工精度达到国内一流水平，产品质量得到大幅提升。

威海克莱特菲尔风机有限公司的机车风机扩大产能及生产线改造项目，被列入威海市重点技术改造项目。自筹资金总投资2.5亿元，截至2010年末，已累计投入资金3 800万元，2.5万m²的标准化厂房已投入使用，配套投资的部分设备已到位，生产线建设正在规划中。该项目全部完成后，公司的工艺技术水平将提高到新的台阶，将大大提高公司的生产能力和实力。

湖北省风机厂有限公司环保型系列离心风机生产线建设项目，其中湖北省发展和改革委员会投资150万元，2010年12月底进入产品生产阶段。D(M)系列焦炉煤气鼓风机产业化项目，地方拨款和企业自筹资金合计160万元；C(N)高压氮气循环风机产业化项目地方拨款和企业自筹资金合计186万元，项目均进入评估阶段。

2010年，湖北双剑鼓风机制造有限公司完成了“大型高效节能风机开发及产业化”（湖北省重大科技专项项目）、“大型烟气脱硫、污水处理高速风机技术改造项目”（国家发展和改革委员会、工业和信息化部重点产业振兴和技术改造新增中央预算内投资计划）。为了适应加工制造大型风机的需要，公司建成9 600m^2的新车间，预订了数控铣磨床、数控镗床、数控车床等高精加工设备12台（套），2011年8月底全面形成生产能力。通过增加高精加工设备，公司风机的技术含量和质量将大大提高。

宁夏宁朔集团银川银风风机有限责任公司瞄准高温风机利润高、市场广、产值高的特点，有利于企业做大做强，2010年提出“高温及矿用大型风机技术改造项目”，总投资1 500万元，分三期实施，首期已投入629万元。改造项目包括：新建一座1 440m^2标准化重型车间，购置50t/20t双梁桥式起重机、30t动平衡机、大型立式车床、旋压机等部分大型设备，以用于开发生产高温风机、大型矿井主扇风机以及其他向大型延伸的系列风机，实现风机产品生产的系列化、大型化。项目实施后，每年可为企业增加销售收入约2 000万元。

八、企业组织结构和产品结构调整

随着我国经济体制改革的不断深入，通过企业改制，风机分会民营企业已占企业会员的73.6%；西安陕鼓动力股份有限公司、江苏金通灵风机股份有限公司、浙江上风实业股份有限公司、南方风机股份有限公司和武汉鼓风机有限公司5家企业股票已上市，部分企业也正在积极做上市的准备工作。企业内部组织结构和产品结构也在进行调整，更加趋于科学合理，更加适应市场竞争的需要。

2010年，沈阳鼓风机集团股份有限公司按照现代企业管理和上市企业要求，依据权责对等的原则，以责任为核心，建立了决策层与经营管理层分离的法人治理结构。与美国GE公司签订了战略合作协议，召开了股份公司创立大会，完成了运输公司等6家子公司的转制工商变更，基本完成了企业的改制工作，改变了国有资本一股独大的局面。积极推动整体上市前期的准备工作，私募工作接近尾声，企业上市改制工作全面提速。同时，加强子公司管理，制定了《沈鼓集团子公司管理办法》，起草了各子公司发展规划，全力推动子公司提高经济效益，进一步做大做强。根据市场发展需求，实施企业投资并购，着手并购与扩大产业链相关的企业，组建了霸州三和沈鼓气体有限公司，集团对外投资工作开始展开。2010年10月28日，沈阳鼓风机集团有限公司举行沈阳鼓风机集团股份有限公司创立大会暨2010年第一次临时股东大会，选举产生了新一届董事会、监事会及高层管理者。这是沈鼓集团发展史上又一个里程碑，标志着沈鼓集团整体改制迈上了一个新台阶。

2007年初，陕西鼓风机（集团）有限公司抓住省市政府加快推进优秀国有企业改制上市的政策机遇及国内资本市场持续向好的历史机遇，经过两年多的努力，西安陕鼓动力股份有限公司于2010年4月28日成功登陆国内A股资本市场，初步完成了体制改革。2010年10月，公司接受了国家证监会委派的省证监局对上市公司内部治理进行的现场检查，包括公司治理、内控制度、规范运作等方面的内容。2010年11月，省证监局出具了“监管关注函”，认为西安陕鼓动力股份有限公司能够建立、健全相关内控制度，完善公司治理结构、“三会”运作，内控管理和信息披露基本规范，特别是财务核算方面，总体评价较好。2010年11月29日，西安陕鼓动力股份有限公司被上交所与中证指数有限公司宣布为“上证380指数”样本股，该指数定位于成长性新型蓝筹股指数，是代表中等规模股票整体走势的重量级指标。在强化技术研发体系方面，围绕三大业务板块和产业的重组，编制了集团大研发体系规划，组建了陕鼓能源动力与自动化工程研究院，进一步整合了集团技术力量，建立了与三大业务对应的技术研发支持体系;陕西鼓风机集团西安仪表有限责任公司、陕西鼓风机集团西安锅炉有限责任公司首次获得8项专利授权,结束了没有专利技术的历史;搭建了国家机械工业透平膨胀机与压缩机工程实验中心、博士后科研工作站、“三秦学者”特聘专家岗位和(陕鼓)院士专家工作站等实验和研究平台;与清华大学、浙江大学、西安交通大学等大学及中国科学院等科研院所进行了广泛的产学研用合作;组建了为工程大包和运营服务提供技术支持的陕鼓工程设计研究院,为三大板块业务销售、占领市场提供了全面的技术支持与服务。

2010年,重庆通用工业(集团)有限责任公司产业结构调整的重点是:为满足北方市场的需要,公司在天津设立了风电叶片第二生产基地,共完成23套850kW风电叶片的生产。在完成850kW合同订单的同时,公司积极推进2MW风电叶片的研发、试制及产业化准备工作。2010年10月15日,天津基地试制的2MW风电叶片完成样片静力试验,12月,4套2MW风电叶片开始在辽宁风场进行挂机试验。与此同时,公司积极开展多兆瓦级风电叶片北方生产布局选址工作。通过对天津、新疆、内蒙古、吉林等地区的考察,确定了在吉林大安、内蒙古锡林浩特以及鄂尔多斯建设生产基地的发展布局。12月,经过近5个月的谈判,与吉林大安晨飞风电设备有限公司签订了股权收购协议,标志着风电叶片北方第一个生产基地建成。本次收购,不仅使公司获得了现成的生产厂房和1.5MW风电叶片技术,为完成2011年订单生产创造了条件,同时获得了大安市政府大量优惠政策和20万kW风电资源支持。公司和锡林浩特市政府也签订了投资意向协议:如果公司在规定期限内到该市投资,锡林浩特市政府承诺不再引入第二家风电叶片厂,并协调其境内风电企业优先使用公司生产的产品,同时承诺陆续配置给公司100万kW风电资源。北方生产基地的建立,为公司风电叶片产业发展奠定了坚实的基础。公司面对激烈的产品竞争格局,及时调整经营模式和盈利模式,增强抗风险能力,着力发展BT和BOT业务,提升公司系统集成和项目营运能力。公司的发展战略目标是将企业打造成从产品设计、制造、销售到设备系统集成服务和工程总包建设、营运服务一体的综合服务商。2010年,公司成功签约潼南工业园污水处理BOT项目,由公司投资建设营运潼南污水处理厂,营运期限长达30年。项目的成功签约,为公司获得市政工程承包资质,为经营环保产业提供了可能。开展工程承包建设业务,一方面,带动公司环保设备的发展,降低货款回收风险,确保设备制造利润;另一方面,通过设备系统集成,开展短平快的BT业务,可获取较好收益;第三,通过项目营运,开展长周期、低风险、收益稳定的BOT运作。BT、BOT业务的开展,不仅扩展了公司的经营领域,而且必将增强公司的市场竞争力和抗风险能力。

2010年,江苏金通灵风机股份有限公司上市工作圆满成功。6月25日,公司在深圳证券交易所上市,成为南通市第一家、江苏省第四家成功登陆创业板的企业。“金通灵”首次公开发行股票2 100万股,募集资金净额约5.5亿元,为公司的后续发展注入了一股强有力的新鲜血液。

山东省章丘鼓风机股份有限公司加快调整产品结构,转变经济增长方式,提高资源利用率,提高产品质量和生产效率。公司把着眼点由过去的上规模、上产量的粗放式发展模式逐步转变为依靠技术创新、扩大服务领域的质量效益型发展模式,从单一的产品扩大生产转变为工程总承包,以至交钥匙工程;逐渐走出传统产品加工制造的老路,推行专业化协作;提升围绕系统工程集成,强化科技创新与系统服务,提升品牌建设力度。在产品结构调整方面,继续着力开发市场需求的新产品,重点开发高效节能的新产品,并使技术成熟的罗茨鼓风机、离心风机、重型机械和泵产品实现系列化、成套化生产。公司的气力输送产品在实现单机的基础上,已成功转向承接气力输送系统的交钥匙工程,是公司的朝阳产品。开发具有国际先进水平的罗茨鼓风机和离心鼓风机,并继续向其他行业扩展,争取把罗茨鼓风机、离心鼓风机、渣浆泵、气力输送设备等产品做大做强，开拓新的经济增长点，增强企业抵抗市场风险的能力。同时加快完善引进的美国高速高效罗茨鼓风机的系列产品技术，尽快实现批量生产。对国外及国内大专院校开发的新产品、新技术，采取小课题购买或联合攻关一次性购买方式，大课题采取合作办公司的方式，加强产学研联合，引进国内领先、国际先进的新产品、新技术，快速推进公司的技术创新进程。

南阳防爆集团股份有限公司体制改革实现重大突破。在省市政府的直接领导下，完成了与世界500强企业——平安集团的战略重组。这是企业体制继动态股权制改革、国有资本全部退出、股份制改造以来的又一次重大变革，使公司拥有了更新、更高、更广阔的国际化平台，有助于面向全球整合资源。在平安集团的安排下，与国内外知名企业进行了洽谈，迎来了对外合作的新机遇；与平安集团广泛深入地进行交流合作，引进了先进的管理理念、管理手段，提升了企业管理水平，管理模式有了深刻变革。根据现代“集团企业”的发展趋势，借鉴国内外知名企业的成功经验，公司进行了“事业部制”管理模式的变革，对组织机构进行了大规模调整重组，初步搭建了“事业部制”框架，明确了各机构的职能范围，划分了集团公司与各运营机构的权限分工，初步建立了适应于“事业部制”的目标管理体系、绩效考评体系，运行成效正在逐步显现。

山东格瑞德集团有限公司自2008年5月以来，以科学发展观为统领，顺应时代潮流、适应市场经济规律，进行了体制改革，实现企业重组。通过改革、重组，实现了资源的整合并形成了强有力的经营管理团队，为实现公司中长期战略目标奠定了基础。与此同时，公司不断引入先进的管理理念、管理手段，提升管理水平。在行政管理上，建立了A管理模式，实现了垂直指挥系统法制化、横向联络系统程序化的良性循环机制；对组织机构进行了大规模调整重组，初步搭建了“事业部制”框架，明确了各机构的职能范围，划分了集团公司与各运营机构的权限分工，建立了适应于“事业部制”的人力资源管理体系、销售体系、生产体系、供应商体系、质量管理体系及成本控制体系6大系。通过近三年的实践证明，公司的体制改革是完全可行的、有效的。在进行体制改革的同时，公司不断调整和优化产品结构，立足于中央空调和复合材料产业的发展。在中央空调产业方面，公司充分依据行业节能、环保、专业化发展的趋势，从中央空调整体产业链条出发，以整体项目为着眼点，关注顾客需求，通过提高整体项目承揽能力和整个中央空调系统的匹配能力取得竞争突破。在复合材料方面，公司将充分依据复合材料产业快速发展的趋势，利用集团在复合材料产业方面的既有品牌优势，加强开发复合材料新工艺、新产品，做强缠绕、模压产品，不断增强集团在复合材料制品方面的影响力。

北京华怡净化科技研究所有限公司审时度势，缜密抉择，把握好企业的发展方向。针对石家庄华怡电机公司长期亏损、工作滞后的状况，2010年3月，重新任命石家庄华怡电机公司总经理，并投入一定的财力，补充了流动资金，添置了设备，为华怡电机公司更快扭转被动局面创造了一些条件；2010年11月，将华怡电子与华怡特种电机分立，分立后的华怡电子隶属于华怡总部领导，实行独立核算，人事、劳资、科研、生产和资产等同时转入华怡总部，并要求分立后的华怡电子要积极配合华怡特种电机的新产品研制工作，同时研制开发具有自主独立品牌的产品，早日走向市场。

九、节能、降耗、减排的目标、措施与成效

2006年以来，国务院发布了加强节能工作的决定，制定了促进节能减排的一系列政策措施，全国上下开展了节能减排工作，风机行业各企业相继制定了措施，主要从两个方面入手，一是为用户单位研制开发节能的风机产品，为社会创造更大的经济效益；二是企业自身挖潜，加强科学管理，开展双增双节活动，有效地推动节能减排工作的进展。

陕西鼓风机（集团）有限公司“十一五”节能降耗工作取得了卓越成效，其中，万元产值综合能耗

0.02t 标煤，比“十五”末下降 90%，提前超额完成了上级部门下达的“十一五”末比“十五”末下降 25% 的节能目标。公司被西安节能协会授予“2009 年度工业节能先进单位”称号。继 2009 年 12 月 29 日西安陕鼓动力股份有限公司成功签约临潼污水处理厂自动化及消毒系统改造工程项目后，2010 年，公司污水处理工程研究中心的污水处理及回用示范工程又被陕西省环保产业协会评为优秀环保工程。这是公司水处理产业阶段性的工作成果，为加快推进研究成果的产品化、工程化和产业化奠定了基础。

重庆通用工业（集团）有限责任公司通过推行 TPS 管理，2010 年共解决 700 多个问题，在清理不需要物品方面盘活了积压资金 62.8 万元；在规范工件、物品摆放方面，员工自发制作了 347 件工位器具，通过清理和规范摆放，节约生产场地近2 000 m^2，为进一步提升产能提供了场地保证；在流程优化方面，通过对叶轮车间生产布局进行调整，缩短了物料转运距离 170m，前后盘的一次探伤合格率由 60% ~70% 提高到 90% 以上，叶轮产出能力提升 25%；机壳车间通过改变进风口生产组织方式，成立杂件小组，专门制作进风室、调节门等小件，使进风口的制作周期由原来的 10 ~14 天缩短到 8 天；在产出大幅增加的情况下，全年加班时间比上年下降 30%，单位时间的生产效率得到有效提升；通过改善基础设施、加强日常管理、大力推进节能降耗等措施，除全年用电量增长 18%（低于产出 25% 的增长率）外，用水同比下降 90%，天然气用量下降 10%，万元增加值能耗同比下降 38%。成本控制更加科学，一是推行成本预算管理，通过调查摸底，制定制造成本控制实施草案，严控制造成本，经过半年试运行情况的总结分析，制定了更加科学、规范的成本管理制度，为公司成本管理提供了科学依据和手段；二是采取各种方式控制采购成本，在 2009 年原材料价格探底之后，2010 年各类物资价格均有不同程度的回升，为确保企业利益，除采用传统的货比三家的采购模式外，还通过与诚信供应商建立战略合作伙伴关系，对供应商实施动态管理，拉锯式合同谈判，保持供应商之间的适度竞争等方法控制采购成本；三是在满足技术要求的前提下优化设计、改进工艺，降低产品设计制造成本。经过各系统人员的通力合作，2010 年取得了成本下降 1 615 万元的显著效果。

四平鼓风机股份有限公司为实现降成本、增效益，在管理工作中加强了物资管理，努力降低采购成本，全年降低采购成本约 134 万元；加强库存盘点，集中人力进行集中盘点，摸清了库存物资基本情况；在运输费用控制方面，在以招投标方式选择货站的基础上，狠抓产品装车工作，在吨·公里运费上涨的情况下，为企业节约了运费。财审部认真落实税务政策，对技术开发费进行归集整理并报税务机关进行税前扣除的备案申报工作，为企业节省所得税 87.9 万元；技术中心开展价值工程，仅轴承箱选用窄系列一项为企业节约 100 余万元；基础管理工作，进一步加强现场管理和相应规章制度的修改和完善工作。面对严峻的市场形势，通过采取积极应对措施，收到了较好的效果，一是建立快速反应机制，将售前和售后职能调整到销售公司，减少了中间不顺畅的环节，实现了快速反应；二是积极抓好回款工作，一方面控制当期货款，用户货款不到位不发货，保证当期货款不上升，另一方面在抓好当年货款清收工作的同时，重点加强陈欠货款的清收力度，降低经营风险，当年共清回陈欠货款 6 906万元，全年累计回款 40 088 万元，较上年略有提高；三是努力降低库存，通过采取顶用、拆件等措施，积极主动处理长期积压的库存产成品，进一步盘活了资金，提高了流动资金的使用效率。

宁波风机有限公司为了保证二期厂房建设资金的投入，解决企业流动资金紧张，生产投入不足的问题，公司财务部一方面在企业内部挖潜，加强财务管理中的成本核算，统筹兼顾收支平衡；另一方面加大对应收账款的清收力度，坚持督促销售人员对到期货款的回收，使应收账款降到最低水平，借以加快流动资金的周转。面对原材料涨价，成本压力增大的局面，公司严控采购成本，加强采购管理，坚持购前分析比价，购中掌控调节，购后审核检查，准确及时掌握市场物资供应信息。生产部门合理调整库存，规范组织利库，减少库存资金的占有额，将有限的资金投入到生产中去。

浙江明新风机有限公司响应国家“节能降耗”的号召，继续研发试制节能产品。2010 年推出的负荷可调的高效节能特种风机，采用球形轮毂和中空机翼叶片的组合体，有助于冷却风机整体节能、降耗，风机使用的新型叶轮比常规普通叶轮节电 15% 以上。该负荷可调的高效节能特种风机目前在中国海洋石油总公司服役，在产品改造前冷却每吨天然气耗能 4.304kW · h，改造后冷却每吨天然气耗能减少到 3.5kW · h，改造后风机电动机小时吨耗能减少为 0.804kW · h，节能率为 19.5%，年节电量 69 466kW · h。

2010 年，天津市鼓风机总厂为加强成本管理，成立了成本控制中心，制定和完善了采购价格体系，提高了经济运行质量。通过理论换算和实际重量比较，结合钢材市场价格，有效降低了材料成本，全年钢材节约利用 4.14 万元。通过整合供应商，采取直接与厂家订货，使轴承和电动机在原有采购价的基础上均下浮 20% 左右，全年节约采购成本 46.45 万元。根据市场行情，围绕比价进货，所有采购的原材料均以招标比价的方式购进；针对铸件购进量大的特点，采取实地检验材质及重量后进厂。铁屑下脚料处理回收资金 24.32 万元，废旧物资处理回收资金 13.62 万元。

2010 年，中意机电（湖北）鼓风机制造有限公司与大连理工大学联合开发的煤化工三元流高效节能离心鼓风机，由于采用全新的三元流动设计制造技术，节能降耗，效率比二元流风机提高 10%，提高了市场竞争力，同时可为客户带来直接和间接的经济效益，降低客户生产成本，深受用户青睐。

〔撰稿人：中国通用机械工业协会风机分会郭绍华、董友　审稿人：中国通用机械工业协会风机分会陈凤义〕

2010 年阀门行业概况

一、生产发展情况

2010 年，阀门行业经济总量保持了稳步增长，主要经济指标都有所提高。

据统计，2010 年，全国阀门企业生产和销售指标都有所增长，规模以上企业（年销售收入在 500 万元以上的企业）共有 2 400 多家，从业人员 26 万人，当年生产阀门 500 万 t，工业总产值 1 673 亿元，利润总额 97 亿元，出口交货值约 60 亿美元。

2010 年，中国通用机械工业协会阀门分会上报统计资料的 131 家会员企业完成工业总产值 253.3 亿元，比上年的 226.8 亿元增长 11.7%，其中，新产品产值达 73.0 亿元，比上年的 57.6 亿元增长 26.7%；实现销售产值 241.0 亿元，比上年的 217.1 亿元增长 8.8%；其中，出口交货值达 48.4 亿元，比上年的 33.3 亿元增长 45.3%。

2009 ~ 2010 年阀门行业主要经济指标完成情况见图 1。

统计的 131 家会员企业中，工业总产值超过 2 亿元的企业有 43 家。2010 年阀门行业工业总产值前 20 名企业见表 1。

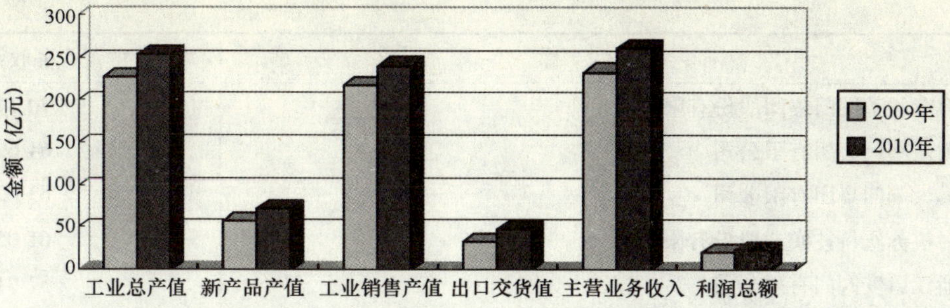

图1　2009～2010年阀门行业主要经济指标完成情况

表1　2010年阀门行业工业总产值前20名企业

序号	企业名称	工业总产值（万元）
1	河南开封高压阀门有限公司	136 285
2	苏州纽威阀门股份有限公司	96 616
3	北京市阀门总厂（集团）有限公司	81 120
4	山东益都阀门集团股份有限公司	71 032
5	大众阀门集团有限公司	65 730
6	远大阀门集团有限公司	65 448
7	中核苏阀科技实业股份有限公司	62 152
8	浙江盾安阀门有限公司	58 621
9	上海开维喜阀门集团有限公司	58 198
10	上海凯科阀门制造有限公司	56 325
11	伯特利阀门集团有限公司	55 192
12	浙江石化阀门有限公司	51 917
13	良精集团有限公司	50 902
14	河南省高山阀门有限公司	50 600
15	承德高中压阀门管件集团有限公司	48 557
16	大连大高阀门有限公司	42 469
17	五洲阀门有限公司	42 234
18	郑州市郑蝶阀门有限公司	40 350
19	成都乘风阀门控股集团有限公司	39 600
20	北阀科技集团股份有限公司	39 025

二、市场与销售

2010年，阀门分会131家会员企业实现主营业务收入262.0亿元，比上年的233.5亿元增长12.2%；实现利润总额23.4亿元，比上年的20.7亿元增加2.7亿元，增长13.0%。2010年阀门行业主营业务收入前20名企业见表2。2010年阀门行业利润总额前20名企业见表3。

表2　2010年阀门行业主营业务收入前20名企业

序号	企业名称	主营业务收入（万元）
1	河南开封高压阀门有限公司	134 829
2	苏州纽威阀门股份有限公司	95 093
3	北京市阀门总厂（集团）有限公司	83 902

（续）

序号	企业名称	主营业务收入(万元)
4	山东益都阀门集团股份有限公司	70 143
5	大众阀门集团有限公司	64 692
6	远大阀门集团有限公司	63 626
7	中核苏阀科技实业股份有限公司	61 053
8	浙江盾安阀门有限公司	57 914
9	上海开维喜阀门集团有限公司	57 812
10	大连大高阀门有限公司	56 298
11	上海凯科阀门制造有限公司	53 995
12	良精集团有限公司	50 691
13	河南省高山阀门有限公司	48 878
14	承德高中压阀门管件集团有限公司	46 245
15	浙江石化阀门有限公司	45 127
16	成都乘风阀门控股集团有限公司	41 121
17	伯特利阀门集团有限公司	39 999
18	郑州市郑蝶阀门有限公司	39 522
19	五洲阀门有限公司	39 101
20	兰州高压阀门有限公司	37 258

表3　2010年阀门行业利润总额前20名企业

序号	企业名称	利润总额(万元)
1	河南开封高压阀门有限公司	34 786
2	苏州纽威阀门股份有限公司	10 053
3	郑州市郑蝶阀门有限公司	9 685
4	北京市阀门总厂(集团)有限公司	8 956
5	大众阀门集团有限公司	7 277
6	五洲阀门有限公司	7 054
7	上海凯科阀门制造有限公司	6 470
8	远大阀门集团有限公司	5 880
9	江苏神通阀门股份有限公司	5 811
10	中核苏阀科技实业股份有限公司	5 690
11	成都乘风阀门控股集团有限公司	5 539
12	浙江盾安阀门有限公司	5 019
13	山东益都阀门集团股份有限公司	4 940
14	大连大高阀门有限公司	4 871
15	天胜阀门集团有限公司	4 794
16	浙江石化阀门有限公司	4 331
17	上海浦东汉威阀门有限公司	4 200
18	株洲南方阀门股份有限公司	4 067
19	河南省高山阀门有限公司	4 008
20	承德高中压阀门管件集团有限公司	3 520

三、科技成果及新产品

大连大高阀门有限公司研发的核二级薄膜气动波纹管截止阀，公称通径 20mm，压力级 Class400，工作压力 4.4MPa，工作温度 204℃；研发的核二级电动波纹管截止阀，公称通径 50mm，压力级 Class1 550，设计压力 17.2MPa，设计温度 360℃；研发的核一级电动球阀，公称通径 65mm，设计压力 8.1MPa，工作压力 7.0MPa，设计温度 260℃；研发的核一级电动无钴模块截止阀，公称通径 15mm/50mm，压力级 1 500Lb，设计压力 17.2MPa，设计温度 343℃；研发的核一级无钴升降式止回阀，公称通径 15mm，压力级 Class1 550，设计压力 17.13MPa，设计温度 360℃；研发的核一级大口径锻钢全流通高 *Cv* 值旋启式止回阀，公称通径 300mm，压力级 Class1 690，设计压力 17.2MPa，设计温度 343℃。对超临界高压阀门材料焊接工艺进行了研究，压力 2.5～17MPa，公称通径 15～50mm，介质为水蒸气，工作温度≤730℃。

中核苏阀科技实业股份有限公司研制的核二级电动截止阀，公称通径 50mm，工作压力 20.5MPa，达到国内领先水平，获得经济效益 3 600 万元；研制的核二级电动平行闸阀（W 型），公称通径 100mm，工作压力 4.65MPa，达到国内领先进水平，获得经济效益 2 100 万元；研制的核二级升降式止回阀样机，公称通径 50mm，工作压力 20.3MPa，技术水平国内领先；研制的锻钢高磅级无阀盖 Y 型截止阀，公称通径 20mm，达到国内领先水平；研制的高温高压 Y 型截止阀，达到国内领先水平，获得经济效益 3 000 万元。

河南开封高压阀门有限公司研制生产的 600MW 超临界火电机组用 H664Y—600LbS12 Ⅱ 型高温 C12A 平衡式抽汽止回阀，公称通径 12in（300mm），获得开封市科学技术奖二等奖；研制的 600MW 亚临界火电机组用 HN64Y2000LbA—12″型高压 A105 锻钢拼焊内置式止回阀，公称通径 12in（300mm），获得开封市科学技术奖二等奖；研制的 1 000MW 超超临界火电机组用高压缸抽汽止回阀，技术水平达到国内领先；研制的铬钼钒整体锻钢闸阀达到国内领先水平；研制的一种新型阀门机械限位机构，属国内创新产品，获得国家实用新型专利；研制的一种新型锻造止回阀内置铰链结构，属国内创新产品，获得国家实用新型专利；研制的一种平衡式抽汽止回阀，属国内创新产品，获得国家实用新型专利；研制的一种增力型自密封结构阀门，属国内创新产品，获得国家实用新型专利。

苏州纽威阀门股份有限公司研制成功钛合金蝶阀、闸阀，工作温度 -46～100℃，技术水平国内一流，已可批量生产，获得经济效益 4 500 万元。对三偏心蝶阀焊接工艺进行了研究，改造了等离子焊机，三偏心蝶阀的椭圆斜锥面的焊接速度提高 2～5 倍，材料利用率 70%～80%，技术水平国际一流，获得经济效益 3 500 万元；对金属密封环压力密封阀门气密封进行了研究，改造了高压气密封工艺，技术水平国内一流，获得经济效益 5 600 万元，通过对结构、材料的改进，高压气一次性泵验合格率高达 99.5%。

浙江超达阀门有限公司研发的灰水黑水灰浆及煤浆用特种金属硬密封球阀在开启过程中可以自动刮除粘接在球体表面上的脏物，从而保证阀门密封可靠，产品具有结构设计合理、流体阻力小、启闭迅速、耐高温高压、耐磨损、密封性能好、可靠性高等特点，填补了国内空白，可替代进口产品，获得经济效益 5 000 万元。煤气化装置用锁渣阀为单向双阀座密封结构，阀体通道采用耐磨套管结构，阀座采用柔性石墨密封结构，能够有效防止杂质进入弹簧腔体，防止弹簧失效，提高了阀门的密封性能和使用寿命，居国际先进水平，可替代进口产品，获得经济效益 2 600 万元。研制的全焊接球阀，公称通径 200～600mm，公称压力 1.6～11MPa，密封性能为零泄漏，阀体材料为碳钢，居国际领先水平，获得经济效益 1 000 万元。研制的大口径无外泄波纹管闸阀，攻克了高压、大口径以及波纹管的焊接等关键技术难题，公称通径 200～500mm，公称压力 1.6～5MPa，阀体材质为碳钢和不锈钢等多种材料，居国内领先水平，获得经济效益 380 万元。研制的低温阀门，公称通径 15 ~ 600mm，公称压力 1.6 ~ 42MPa，阀门密封性能为零泄漏，阀体材质为 LCB、LCC、LC1、LC2、LC3、CF8 及 CF8M 等，居国内领先水平，获得经济效益 700 万元。

江苏神通阀门有限公司研发的多级排放泄爆装置，公称通径 300 ~ 1 200mm，工作温度≥350℃，设计寿命≥10 年，适用介质为转炉煤气，泄爆压力 0.05 ~ 1.25MPa，泄爆率为 0，技术水平达到国内领先、国际先进水平，获得经济效益 500 万元。

北京市阀门总厂（集团）有限公司研制的 Z560Y—CL2500 型加氢裂化装置专用内压自密封闸阀，压力级 Class2 500，公称通径 12in（300mm），达到国内先进水平，获得经济效益 3 000 万元；研制的 J565Y—Class 型加氢裂化装置专用直流式截止阀，压力级 Class900，公称通径 12in（300mm），达到国内先进水平，获得经济效益 1 500 万元；研制的 KSQ347—CL600 型金属硬密封上装式球阀，压力级 Class600，公称通径 16in（400mm），达到国内先进水平，获得经济效益 2 000 万元。新技术、工艺方面：研制的加氢裂化装置专用内压自密封闸阀（材料为 CF8C）、加氢裂化装置专用直流式截止阀（材料为 F92）、超临界百万千瓦火电机组阀门、工件打磨自吸坐台、API6D 球阀阀件镗孔工装及多层次硬密封蝶阀工装均达到国内先进水平。

北京雷蒙德阀门有限公司研制的新型双截断排放结构球阀，制造标准及检验标准为 API6D，达到国际先进水平，获得经济效益 193.87 万元，已获得专利；研制的特殊密封球阀，材料标准为 ASTM A105、ASTM A182，达到国际先进水平，获得经济效益 137.54 万元，准备申请专利；研制的大口径全焊接球阀，材料标准为 ASTM D1710，达到国际先进水平，获得经济效益 200.21 万元，准备申请专利；研制的新型二次喷涂硬密封球阀，达到国际先进水平，获得经济效益 104.50 万元，正在申请专利；研制的带刮刀的软密封球阀，达到国际先进水平，获得良好经济效益，准备申请专利；研制的全锻钢上装式硬密封球阀，达到国际先进水平，获得良好经济效益，准备申请专利。

山东益都阀门集团股份有限公司研发了天然气长输管道输送大口径高压球阀，并进行了大规模技术改造，购进了加工中心、数控机床及阀门试验台等国产设备 128 台（套），新建生产车间面积 1.2 万 m^2。为了采用先进工艺技术加工制造船用阀门，公司进行了技术改造，购进了阀门装配流水线、立式加工中心、数控机床等国产设备 92 台（套），新建生产车间 1.2 万 m^2，水电暖等配套设施已经完善。

自贡高压阀门有限公司研制的高磅级铸钢固定球阀改型，公称通径 150 ~ 350mm；公称压力 ≤15.0MPa（900Lb），适用温度 -40 ~ 200℃，阀门为全焊接结构，达到国内先进水平，可降低生产成本 20%，新增销售收入 500 万元/a；已完成产品结构、工艺、工装模具设计，完成试制样机两台；研制的 FW/FB—WE—EX 全焊接球阀改型，公称通径 150 ~ 1 500mm；公称压力 15.0 ~ 25.0MPa（900 ~ 1 500Lb），适用温度 -40 ~ 200℃，阀门为全焊接分体式结构，达到国际先进水平，新增销售收入2 000 万元/a，已完成产品颈部焊接及密封结构的设计，样机试制正在进行中。

西安泵阀总厂有限公司研制的 X343F—150LbZr 型锆及锆合金旋塞阀，公称通径 8in（200mm），工作介质为醋酸，工作温度≤204℃，压力级 150Lb，操作力 <300N，夹套式密封结构，采用四重密封，达到国内先进水平，新增销售收入 1 000 万元/a。

良精集团研发的英巴排闸阀，最高工作温度 350℃，工作压力 10.0MPa，公称通径 50 ~ 1 000mm，泄漏量为 0，适用介质为多相流含灰渣，颗粒状、块状及条状、纤维状杂物，强度试验压力为 1.5 倍工作压力，密封压力试验压力为 1.1 倍工作压力，达到国内领先水平，并获国家实用新型专利，已批量生产，2010 年实现销售收入 8 745 万元。高温高压自密封双平板闸阀，最高工作温度 650℃，工作压力 1.6 ~ 42.0MPa，公称通径 50 ~ 400mm，泄漏量为 0，适用介质为高温高压多相流含灰渣，颗粒状、条状、纤维状杂物，强度试验压力为1.5倍工作压力，密封压力试验压力为1.1倍工作压力，达到国内领先水平，获国家发明专利，2010年实现销售收入1 798万元。超临界疏水阀，最高工作温度650℃，工作压力1.6～70.0MPa，公称通径25～100mm，泄漏量为0，适用介质为高温高压蒸汽，强度试验压力为1.5倍工作压力，密封压力试验压力为1.1倍工作压力，达到国内领先水平，通过了省级科技成果鉴定，已批量生产，2010年实现销售收入2 107万元。

保一集团研发的城际燃气专用大口径管道球阀公称压力10～15MPa（Class600～900），公称通径500～900mm（20～36in），工作温度－46～121℃，适用介质为城市燃气，获得经济效益1 000万元。现已完成试制和检测阶段，各项指标达到国内先进水平，逐步进入规模化生产阶段。

安徽白湖阀门有限公司研发的DZ45X10Q/16Q型软密封闸阀，公称通径400～600mm，公称压力1.0MPa/1.6MPa，壳体压力1.5MPa/2.4MPa，密封压力1.1MPa/1.76MPa，适用温度≤80℃，适用介质为水，技术水平国内先进，获得经济效益50万元；研发的CZ41H—16C/25型铸钢闸阀，公称通径50～250mm，公称压力1.6MPa/2.5MPa，壳体压力2.4MPa/3.75MPa，密封压力1.76MPa/2.75MPa，适用温度≤425℃，适用介质为水、蒸汽，技术水平国内先进，获得经济效益260万元；研发的CJ41H—16C/25型铸钢截止阀，公称通径50～200mm，公称压力1.6MPa/2.5MPa，壳体压力2.4MPa/3.75MPa，密封压力1.76MPa/2.75MPa，适用温度≤425℃，适用介质为水、蒸汽，技术水平国内先进。

湖北高中压阀门有限公司研发的EZQSTY型气动三通阀，公称通径50～200mm，公称压力2.0～32.0MPa，气源压力0.3～0.6MPa，适用温度≤80℃，适用介质为工业水，主体材料为WCB，用于石油、化工、冶金、电站等行业的过程控制，可准确地按控制指令动作，能实现远程控制、集中控制和自动控制。产品采用平衡式结构，密封结构采用组合圈形式，技术水平国内领先，可完全替代钢铁行业用的进口产品，获得经济效益210万元。研发的TD020.07DHa型主缸充液阀，公称通径200～400mm，公称压力31.5MPa，液控压力14MPa，充液压力4MPa，适用温度≤80℃，适用介质为工业水，用于水压机系统，安装在液压缸进水端部，主要用于对空载时的液压缸进行快速充水，以缩短其工作准备时间。产品为液压控制，结构紧凑，响应快，切换迅速，动作灵敏，换向频率高，达国内领先水平，经现场使用各方面性能良好，得到用户的认可，获得经济效益120万元。研发的200EFZ644MY—10C型气动双闸板耐磨闸阀，公称通径200mm，公称压力1.0MPa，气源压力0.4～0.6MPa，适用温度≤80℃，适用介质为泥浆、灰渣等，密封表面材料经激光熔覆处理后硬度≥55HRC；熔覆层与基材呈冶金结合，极大地提高了熔覆层与基材的结合强度，由于激光束光斑小，加热速度快，对基材的热影响区小，因而变形小，熔覆层表面平整、致密、无缺陷；采用此工艺，产品耐磨、耐冲蚀，使用寿命显著提高；该表面处理工艺具有良好的市场前景，技术水平国内领先，获得经济效益50万元。

上海自动化仪表七厂有限公司研发的35002偏心旋转调节阀，口径1～12in（25～300mm），压力等级ANSI900～1500，技术水平国内领先，获得经济效益150万元；公司对为神华集团煤制油项目提供的调节阀耐冲刷阀内件进行了攻关，产品使用温度>500℃，使用压差>12MPa，技术水平国际领先，获得经济效益200万元，已基本达到使用要求。

株洲南方阀门有限公司生产的KSJ型快修式双密封截止阀，公称通径10～200mm，公称压力1.6～32MPa，适用介质为水、油品、蒸汽、煤气（天然气）等，介质温度－20～575℃，操作方式为手动、电动、气动，强度试验压力为1.5倍工作压力，密封试验压力为1.1倍工作压力，为完全零泄漏密封；可实现在线快速维修，极大地缩短了维修时间，并可有效防止因介质冲刷导致密封面的破损；阀芯采用组合式结构，维修更换方便、快速；与活动阀座配合具有双密封功能，极大地提高了阀门的密封性能，获得经济效益138万元。研发的大口径液控蝶阀，公称通径1 600～6 000mm，开阀时间15～150s（可调），关阀时间分快、慢两阶段关闭，快关时间5～30s（可调）、慢关时间20～120s（可调），关阀角度分快、慢两阶段关闭，快关角度72°±8°、慢关角度18°±8°，最小流阻系数≤0.1；设计有轴承防泥沙装置，独特的轴端定位，科学的三偏心设计，软硬密封互换设计，桁架结构，流阻小，获得经济效益860万元。

四川精控阀门有限公司研制的埋地全焊接球阀，公径通径2～48in（50～1 200mm），压力级150～2 500Lb，技术与国际水平同步。

华夏阀门有限公司研制的SD61Y—P618V型堵阀，设计温度610℃，设计压力8MPa，技术水平国内先进，国内多家电厂已使用，运行良好；研制的SD61Y—P5827.5V型堵阀，设计温度580℃，设计压力27.5MPa，技术水平国内先进，国内多家电厂已使用，运行良好；研制的J65Y—P901.6P型截止阀，设计温度900℃，设计压力1.6MPa，技术水平国内领先，国内多家电厂已使用，运行良好；研制的F963Y—250型150MW电站高加电动三通阀，公称通径225mm，公称压力25MPa，技术国内领先，已投运，运行良好；研制的1 000MW超超临界热再水压试验堵阀，设计温度610℃，设计压力8MPa，技术国内领先，已投运，运行良好；研制的J65Y—P90型超高温截止阀，设计温度610℃，设计压力8MPa，技术国内先进，已投运，运行良好；研制的300MW电站汽轮机旁路系统，设计温度545℃，设计压力19MPa，技术国内领先，已投运，运行良好；研制的50MW机组弹簧全启式安全阀，公称压力20MPa，设计温度300℃，设计压力11MPa，技术国内先进，已投运，运行良好；研制的Z964Y—2500LB型给水闸阀，设计温度280℃，设计压力42MPa，技术国内领先，已投运，运行良好；研制的H64Y—2500LB型给水止回阀，设计温度280℃，设计压力42MPa，技术国内领先，已投运，运行良好；研制的T961Y—420I型调节阀，设计温度375℃，设计压力32.7MPa，技术国内领先，已投运，运行良好。

阳泉阀门有限公司研发的大口径尘气蝶阀，公称通径1 000～5 000mm，公称压力0.01MPa、0.015MPa、0.1MPa、0.25MPa，技术水平国内领先，获得经济效益2 400万元；研制的全不锈钢焊接煤气蝶阀，公称通径150～320mm，公称压力0.05MPa、0.1MPa、0.25MPa、0.6MPa，技术水平国内领先，获得经济效益1 680万元。

阀门行业在2010年实现了生产经营的稳步增长，为了巩固阀门行业的发展趋势，阀门企业应该提高管理水平，提高管理效率，掌握行业内的先进核心技术，积极开发新产品，合理地配置企业内部资源，重视人才，积极了解行业内的最新动态，共同创造阀门行业的繁荣未来！

〔撰稿人：中国通用机械工业协会阀门分会马丽丽〕

2010年压缩机行业概况

一、生产发展情况

2010年，中国通用机械工业协会压缩机分会共有会员单位144家，其中，国有企业19家，股份制企业44家，民营企业71家，合资、独资企业10家。2010年压缩机行业参加统计的90家企业基本情况见表1。

表1　2010年压缩机行业参加统计的90家企业基本情况

指标名称	单位	数值
年末从业人员	人	28 372
其中:管理人员	人	4 753
工程技术人员	人	4 963
工人与学徒	人	18 656
固定资产原价	万元	478 160
固定资产净值平均余额	万元	237 098
流动资产平均余额	万元	1 026 594
全员劳动生产率	元/人	143 827

2010年,压缩机行业参加统计的90家会员企业完成工业总产值157.5亿元,较上年的127亿元(同比企业)增长24.1%。其中,压缩机产值增长23.2%;压缩机配件产值增长52.1%;其他产品产值增长16.5%。31家重点联系企业完成产值109.4亿元,同比增长22.9%。31家重点联系企业中,22家企业产值呈现不同的增长,有9家企业产值下降。产值增幅较大的企业:有博莱特(上海)压缩机有限公司同比增长59.5%;开山集团产值已达到32.6亿元,同比增长41.9%;上海优耐特斯压缩机有限公司同比增长39.3%。产值下降幅度较大的企业有:浙江鸿友压缩机制造有限公司同比下降32.5%,杭州杭氧压缩机有限公司同比下降14.5%,南京华冠压缩机有限公司同比下降12.1%。90家企业按6个地区组划分,产值增减水平分别为:东北组增长9.8%,华北组增长18.7%,华东一组增长29.7%,华东二组增长23.5%,华西组增长22.6%,中南组下降3.7%。2010年压缩机行业工业总产值前20名企业见表2。2007~2010年压缩机行业90家企业工业总产值增速见表3。2006~2010年压缩机行业66家主机生产企业产品生产情况见表4。

表2　2010年压缩机行业工业总产值前20名企业

序号	企业名称	工业总产值(万元)
1	开山集团	325 794
2	浙江红五环集团股份有限公司	83 499
3	上海飞和实业集团有限公司	82 000
4	山东省潍坊生建集团	63 946
5	自贡通达机器制造有限公司	61 208
6	北京京城环保产业发展有限责任公司	52 952
7	无锡压缩机股份有限公司	52 868
8	沈阳透平机械股份有限公司往复机事业部	49 113
9	上海电气压缩机泵业有限公司	45 151
10	四川金星压缩机制造有限公司	44 360
11	四川大川压缩机有限责任公司	42 928
12	温州固耐化机制造有限公司	42 358
13	中国石油集团济柴动力总厂	42 026
14	博莱特(上海)压缩机有限公司	35 007
15	江苏超力机械有限公司	33 867
16	浙江鑫磊机电股份有限公司	26 343
17	阜新金昊空压机有限公司	22 510
18	广东正力精密机械有限公司	20 292
19	安瑞科(蚌埠)压缩机有限公司	19 752
20	上海佳力士机械有限公司	19 329

表3　2007~2010年压缩机行业90家企业工业总产值增速

年份	2007	2008	2009	2010
工业总产值(万元)	1 110 005	1 212 530	1 269 893	1 575 492
同比增长(%)	6.8	9.2	4.7	24.1
平均增长(%)		8.0	6.9	11.2

表4　2006~2010年压缩机行业66家主机生产企业产品生产情况

年份	压缩机产值		压缩机产量		其中:螺杆压缩机产量		其中:工艺压缩机产量	
	数值(万元)	同比增长(%)	数值(台)	同比增长(%)	数值(台)	同比增长(%)	数值(台)	同比增长(%)
2006	628 535	40.3	3 239 634	40.0	15 840	21.4	2 242	26.0

（续）

年份	压缩机产值		压缩机产量		其中：螺杆压缩机产量		其中：工艺压缩机产量	
	数值（万元）	同比增长（%）	数值（台）	同比增长（%）	数值（台）	同比增长（%）	数值（台）	同比增长（%）
2007	681 116	8.4	2 602 088	-19.7	19 769	24.8	2 923	30.4
2008	817 597	20.0	1 265 867	-51.4	32 103	62.4	3 184	8.9
2009	1 008 800	23.4	1 387 244	9.6	43 446	35.3	3 202	0.6
2010	1 242 839	23.2	1 265 435	-8.8	74 250	70.9	3 610	12.7

“十一五”时期，压缩机产值年均增长18.6%，而同期压缩机产量年均下降20.9%。这表明，压缩机产品结构调整成效显著，技术含量不断提高，附加值不断增加。从近几年市场销量看，一般用中小型动力压缩机已基本为螺杆压缩机取代。为此，“十一五”时期，螺杆压缩机产量年均增长47.1%，其中2010年同比增长高达70.9%。

2010年，压缩机行业利润、利税总额保持同步增长，90家企业实现利税总额151 873万元，同比增长18.2%；其中，重点联系企业实现利税总额111 127万元，同比增长19.0%。90家企业实现利润95 683万元，同比增长24.1%；其中，重点联系企业实现利润74 926万元，同比增长30.3%。2010年实现利润较好的企业有：开山集团实现利润34 248万元，同比增长65.9%；上海飞和实业集团有限公司实现利润8 273万元，同比增长49.4%；北京京城环保产业发展有限责任公司实现利润7 807万元，同比增长32.0%。3家企业利润合计为50 328万元，同比增长56.8%，占行业90家企业利润总额的52.6%，占比同比提高10.8个百分点。行业90家企业中有亏损企业12家，亏损额为2 150万元。2010年压缩机行业各地区组主要经济指标完成情况见表5。

表5　2010年压缩机行业各地区组主要经济指标完成情况

地区	主营业务收入		利税总额		利润总额		工业增加值	
	数值（万元）	同比增长（%）	数值（万元）	同比增长（%）	数值（万元）	同比增长（%）	数值（万元）	同比增长（%）
合计	1 535 399	25.9	151 873	18.2	95 683	24.1	402 125	13.0
东北组	74 666	-3.7	4 476	-42.1	1 405	-67.0	12 759	-38.2
华北组	82 039	24.8	12 236	12.5	8 644	12.7	19 151	21.1
华东一组	824 647	34.8	90 132	35.2	63 946	42.2	222 275	17.1
华东二组	348 890	20.0	31 014	8.3	15 558	22.1	90 419	17.2
华西组	172 221	22.9	12 093	-2.4	5 737	-16.1	51 645	17.7
中南组	32 936	-1.1	1 923	-11.5	393	-40.9	5 877	1.1

2010年，压缩机行业90家企业经济效益总体水平呈高位运行。全行业经济效益综合指数为190.88%，高于上年26.1个百分点，为历史以来最高的一年。其中，重点联系企业综合指数为197.71%，高于上年36.9个百分点。近几年，压缩机行经济效益综合指数逐年上升，行业的经济效益综合实力得到了巩固。经济效益综合指数前3名的企业：上海优耐特斯压缩机有限公司（582.55%），江西惟思特科技发展有限公司（511.59%），上海飞和实业集团有限公司（453.63%），全部为民营股份制企业。民营企业的综合实力已成为行业经济发展的亮点。2010年压

缩机行业经济效益指标见表6。

表6 2010年压缩机行业经济效益指标

地区	经济效益综合指数(%)	总资产贡献率(%)	资本保值增值率(%)	资产负债率(%)	流动资产周转率(次)	成本费用利润率(%)	全员劳动生产率(元/人)	产品销售率(%)
国家标准值		10.70	120.00	≤60.00	1.52	3.71	16 500	96.00
行业平均值	190.88	11.24	123.56	59.78	1.57	6.61	143 827	101.78
其中:重点联系企业	197.71	11.34	123.81	58.94	1.50	7.37	150 568	104.52
东北组	108.65	3.69	93.88	84.46	0.88	1.94	90 040	103.35
华北组	191.27	15.50	124.29	52.98	1.49	10.77	108 625	93.11
华东一组	241.24	15.22	127.96	54.82	2.27	8.42	187 907	104.05
华东二组	153.43	8.34	126.84	57.55	1.24	4.58	108 663	100.29
华西组	183.31	8.26	120.38	62.87	1.45	3.48	161 695	97.57
中南组	82.74	8.78	91.35	76.50	0.46	1.22	40 955	97.06

二、市场及销售

2010年,压缩机行业产品销售一举扭转2009年走低局面,行业90家企业完成销售产值160.3亿元,同比增长30.1%,快于产值增速6个百分点。产品销售率达到101.78%,同比增加4.3个百分点;重点企业产品销售率达到104.52%,同比增加6.1个百分点。6个地区组产品销售率分别为:东北组103.35%,同比增加2.2个百分点;华北组93.1%,同比减少5.1个百分点;华东一组104.05%,同比增加9.3个百分点;华东二组100.29%,同比减少5.1个百分点;华西组97.57%,同比增加6.0个百分点;中南组97.06%,同比减少0.8个百分点。

2010年,压缩机行业90家企业实现销售收入153.5亿元,同比增长25.9%。其中,重点联系企业实现销售收入108.5亿元,同比增长23.9%。增幅较大的企业有:博莱特(上海)压缩机有限公司增长59.5%,开山集团增长51.1%,四川大川压缩机有限责任公司增长46.4%,四川金星压缩机制造有限公司增长40.7%,上海优耐特斯压缩机有限公司增长40.3%。行业销售收入达到5亿元以上的企业有:开山集团344 528万元;上海飞和实业集团有限公司70 025万元,无锡压缩机股份有限公司65 063万元,山东潍坊生建集团64 273万元,4家企业合计销售收入达到54.4亿元,同比增长40.2%,占行业90家企业销售收入的35.4%,占比同比增加1.8个百分点。主力军领头羊作用明显,并已连续多年为行业发展做出贡献。6个地区组销售收入增减水平为:华北组增长24.8%,华西组增长51.8%,华东一组增长30.3%,华东二组增长19.1%,中南组下降30.8%,东北组下降3.7%。

1. 产品销售情况

2010年,压缩机行业90家企业共生产各种大中小型压缩机1 265 435台,销售1 251 435台,其中出口697 497台。生产动力用压缩机1 261 825台,销售1 247 823台(出口697 418台)。其中,生产往复式活塞压缩机1 187 689台,销售1 175 456台;生产单螺杆压缩机14 025台,销售13 606台;生产双螺杆压缩机60 111台,销售58 761台。生产工艺压缩机3 610台,销售3 612台(出口79台)。其中,生产往复式活塞压缩机3 362台,销售3 359台;生产单螺杆压缩机42台,销售42台;生产双螺杆压缩机72台,销售73台。

2010年,行业90家企业生产排气量为100m^3/min(含100m^3/min)以上的压缩机128台,销售119台;生产排气量为41~99m^3/min的压缩机3 106台,销售3 133台;生产排气量为20~40m^3/min的压缩机23 775台,销售22 988台;生产排气量为1～19m^3/min 的压缩机 281 466 台，销售 277 305 台；生产排气量为 1m^3/min 以下的微型压缩机 953 350 台，销售 944 278 台。

2010 年，压缩机行业 90 家企业生产及销售其他气体压缩机情况：生产氮氢气压缩机 148 台，销售 136 台；生产氮气压缩机 272 台，销售 283 台；生产天然气压缩机 1 419 台，销售 1 413 台；生产二氧化碳压缩机 171 台，销售 160 台；生产氢气压缩机 341 台，销售 341 台；生产煤气压缩机 104 台，销售 105 台；生产氧气压缩机 103 台，销售 123 台；生产其他气体压缩机 1 027 台，销售 1 022 台。

2010 年压缩机行业销售收入前 20 名企业见表 7。

表 7　2010 年压缩机行业销售收入前 20 名企业

序号	企业名称	销售收入（万元）
1	开山集团	344 528
2	浙江红五环集团股份有限公司	79 523
3	上海飞和实业集团有限公司	70 025
4	无锡压缩机股份有限公司	65 063
5	山东省潍坊生建集团	64 273
6	自贡通达机器制造有限公司	61 208
7	北京京城环保产业发展有限责任公司	59 706
8	上海电气压缩机泵业有限公司	45 350
9	四川金星压缩机制造有限公司	42 177
10	中国石油集团济柴动力总厂	41 269
11	温州固耐化机制造有限公司	38 542
12	沈阳透平机械股份有限公司往复机事业部	37 823
13	江苏超力机械有限公司	33 867
14	四川大川压缩机有限责任公司	33 277
15	博莱特（上海）压缩机制造有限公司	29 921
16	浙江鑫磊机电股份有限公司	23 343
17	阜新金昊空压机有限公司	22 755
18	广东正力精密机械有限公司	20 292
19	南京压缩机股份有限公司	17 995
20	上海佳力士机械有限公司	17 567

2. 产品出口呈恢复性增长

2010 年，压缩机行业出口交货值达到 81 380 万元，同比增长 10.7%，扭转了近两年来的负增长。重点企业出口交货值为 66 819 万元，同比增长 4.4%。全行业共有 26 家企业向 45 个国家和地区出口压缩机，出口量达到 524 109 台。2010 年出口交货值前 3 家企业是：浙江鑫磊机电股份有限公司 16 907 万元，同比增长 84.6%；浙江鸿友压缩机制造有限公司 16 843 万元，同比下降 27%；四川金星压缩机制造有限公司 9 146 万元，同比增长 0.7%。当前，后金融危机时期还有很多不确定因素，国际市场转暖还需要一个阶段，机械产品出口仍会受到一定影响，在外部需求尚未十分明朗的情况下，出口不会有较大幅度的提高。

三、科技成果及新产品

2010 年，压缩机行业 90 家企业完成新产品产值 47.6 亿元，同比增长 29.8%，新产品产值率为 30.2%，同比增加 2.3 个百分点；科技活动经费 38 701万元。2010 年行业内有相当一部分企业在自主创新、开发新产品方面卓有成效。

上海电气压缩机泵业有限公司研制的 ϕ816mm 大型螺杆压缩机于 2010 年 9 月 19 日通过了验收鉴定。ϕ816mm 大型螺杆压缩机是当前国际上转子直径最大的螺杆压缩机，是上海电气压缩机泵业有限公司以青海昆仑碱业有限公司 100 万 t/a 纯碱装置为依托，以引进的德国曼公司螺杆式压缩机的技术参数和技术特性为目标，结合公司自身产品特点进一步创新而研制成功的，国内在此领域尚属空白，该机可用于百万吨级乙烯深加工工程和取代有特大气量需求、且当前只能依靠进口国外机组的重点工程以及大型石化、煤化工领域，并可用于“十二五”规划（草案）的 140 万 t/a 乙烯项目，为国内石化、煤化工企业的升级改造和扩建项目提供了技术支撑。该机采用 SRM 非对称形线，单机流量可达1 000m^3/min，技术性能和单机能力均达到国际先进水平，大幅提高了整机的性价比。大螺杆压缩机除了适合苯胺、苯乙烯等低压大流量化工装置的需要外，在煤制合成氨、煤制甲醇装置中也可用来替代往复式压缩机。一台 ϕ816mm 的大螺杆压缩机可替代 6 台气缸直径1 000mm 的往复式压缩机，从而可以消除100多个气阀形成的故障点，大幅提高了装置的运转率，降低了运行成本。其中，无油螺杆压缩机以其高速（13 860r/min）、高运转率而跻身世界先进行列。随着合成氨装置容量的不断扩大，尤其是单机容量上升到2.5万t/a、4万t/a、甚至6万t/a之后，与往复式压缩机串联运行，在低压半水煤气段采用螺杆压缩机，可大大改善合成氨装置的稳定性，凸显大流量螺杆压缩机的优点。

为适应我国合成氨工业发展的需求，沈阳申元压缩机有限责任公司研制开发了8M80—500/260超大型氮氢气往复活塞式压缩机，并于2010年6月5日成功下线。该机组主要采用8列对称平衡型结构，列数为国内最多；单列800kN活塞力，整机最大驱动功率10 000kW，单机功率为国内最大。在研发过程中解决了多项难题：① 优化整体结构。合理布置各列之间曲柄的错角，降低了驱动侧主轴颈转矩的不均匀度，加上8列对称平衡型结构，使得一阶、二阶惯性力和惯性力矩处于完全的平衡状态，运转更加平稳。一级气缸采用小缸径多缸，降低了产生振动的可能性，避免了大直径活塞容易碎裂的问题，降低了活塞支承环的比压，有效地提高了易损件的使用寿命。② 结构新颖。采用整体8列、一级气缸多缸的结构，这在高压氮氢气压缩机中还是第一次。六级采用贯穿杆结构，往返行程的活塞力完全相等。缓冲器内设有脉动衰减器，缓冲、消振、降噪效果更明显。产品技术特点：一是具有产量调节功能。通过适当调节进气压力可在一定范围内增加产量；通过对管线回路调节阀的控制，可以在一定范围内控制流量。二是便于检修。活塞杆与十字头采用半液压连接，为用户检修填料、活塞环等提供了便捷的操作环境；对各主要螺纹连接部位均给出了明确的紧固力矩，为维修者提供了准确的操作依据。三是对三大易损件的结构参数进行了优化设计，使其工作更可靠，使用寿命更长，大大延长了无故障运转周期。四是采用低噪声技术。容器内增加脉动衰减器，能有效降低气流脉动和气流噪声。气阀阀片及所有相关的密封元件均采用高强度塑料制造，降低了因撞击产生的噪声。

四川大川压缩机有限责任公司自主开发成功低温甲醇洗工艺系统配套用低温压缩机。低温进气压缩机是低温甲醇洗工艺流程中必不可少的循环回收装置，对低温甲醇洗工艺系统的稳定运行有着至关重要的作用，也是建设现代煤化工产业的关键装置之一。该项目由西安交通大学协助完成，主要突破了低温下无油润滑、防腐蚀、低温选材、低泄漏等技术难点。低温压缩机的处理气体有以下特点：进气温度低（$-70\sim-30$℃），气体成分复杂且杂质较多，含有有毒、爆炸性气体成分，如H_2、CO_2、H_2S、CH_4等，气体不能污染，要求含油率$\leqslant 5\times 10^{-6}$。常规压缩机的设计和制造技术已不适用低温压缩机系统，必须针对低温甲醇洗工艺系统气体的特点进行专门研究开发。产业化特点：低温甲醇洗工艺系统可以在同一装置内全部干净地脱除各种有害成分，诸如CO_2、H_2S、COS、$C_4H_{10}S$、HCN、NH_3、H_2O以及C_2以上烃类（包括轻油、芳香烃、石脑油、烯烃及胶质物等）和其他化合物等。低温压缩机一直都是依靠进口来满足国内的需求，国内当前在这一领域尚处于空白。

江西气体压缩机有限公司承担的2009年江西省重点新产品计划项目“无润滑二氧化碳压缩机”（计划编号：200920715900）和科技成果“无润滑二氧化碳压缩机关键技术的研制与应用”通过了鉴定。为降低二氧化碳排放量和更好地处理和解决工业生产中产生的CO_2回收利用问题，减少环境污染，实现低碳经济目标与节能减排指标，江西气体压缩机有限公司最近研制出低、中、高压CO_2回收装置用压缩机组。该机组采用多级二氧化碳压缩机技术，结构紧凑，密封元件使用寿命长，运行稳定可靠，生产效率高，安全性能好。

2010年10月24日，沈阳透平机械股份有限公司往复机事业部为中石化长岭分公司提供的4M125(50)大推力往复机一次试车合格。试车检验数据表明：主轴瓦温度、活塞杆温度、活塞杆跳动、机身振动和气缸振动等指标完全符合检验标准。大推力往复机从两列升级为4列，实现了技术等级提升的重大突破。

无锡压缩机股份有限公司首台能量回收螺杆压缩机设计出炉。公司开发的H0135热能回收型螺杆压缩机属节能减排类产品，可以将原来经风冷或水冷散发的热量，通过热能回收装置对保温水塔进行循环加热，并在温控系统、输送系统的协助下送达使用场所。

2010年6月5日，重庆气体压缩机厂有限公司研制的用于BZ34—1油矿平台的天然气压缩机顺利投入运行。BZ34—1CEPA平台每天产天然气35万m^3，原每天外输18万m^3，自用7万m^3，放空约10万m^3，该压缩机投运后，平台天然气外输量由平均每小时0.8万m^3上升到1.1万m^3，全天外输增加约7.5万m^3。BZ34—1调整井一期项目新增的低压压缩机的正式运转标志着平台向天然气零排放的目标又迈出一步。

沈阳远大压缩机制造有限公司生产的6列无密封环迷宫式压缩机2010年11月交付用户使用。它的试制成功对于国内石油、化工行业大型迷宫压缩机重大装备国产化具有突出的重要意义。无密封环6列迷宫往复活塞压缩机采用了公司自主研发的K、D型系列基础件，该系列基础件当前是国际上应用的最大型基础件。基础件2009年10月28日获得了国家实用新型专利证书。迷宫压缩机是一种无油润滑而又具有良好密封性能的压缩机，节流密封是迷宫压缩机设计的基本原理，属于非接触式密封。结构设计上无活塞环、支承环和填料环，使迷宫压缩机具有极高的使用寿命和可靠性。采用节流密封的迷宫压缩机对介质的洁净度要求不高，因此，用于乙烯、丙烯、火炬气等含有粉尘、颗粒气体的工艺处理特别奏效。采用无油润滑的迷宫压缩机其压缩介质可以做到绝对无油，在氧气、高纯氮、食品等介质的压缩和输送过程中，具有其他压缩机无法比拟的优势。迷宫压缩机的结构分为闭式和开式。迷宫压缩机的压缩介质除空气外，还包括O_2、N_2、CO_2、CO、CH_4、C_2H_2、NH_3、Cl_2、BF_3和HCl等。

江西惟思特科技有限公司的无油涡旋压缩机的发明技术填补了我国制冷压缩机行业的空白。2010年1月，经国家权威部门检测，产品各项指标全部合格，其中两项关键指标超过同类进口产品水平，标志着我国已成为继日本之后第二个全面掌握无油涡旋空气压缩机生产技术的国家。涡旋式空气压缩机是近年来开发的最新型空气压缩机，与传统空气压缩机相比，具有结构新颖、体积小、重量轻、噪声低、寿命长、输气平稳连续、操作简便、维护费用少等特点。

广东正力精工机械有限公司研制的无油水润滑空压机应用了公司独创的三线啮合、非等宽齿技术并采用了专有加工技术，成功克服了水的低黏性，保持了产品的高容积效率，同时通过喷水雾化冷却，实现了系统近似等温压缩，并在此基础上应用公司的专利密封技术，可保障可提供100%纯无油的低温压缩空气。在主机方面，采用特殊不锈钢材料制作，可保证整机的抗腐蚀性和单螺杆主机部件在低负荷下的平稳运转，保证了低噪声和耐久性，可满足光伏行业24h不间断生产运作的要求；节能方面，公司是我国首家无油螺杆压缩机达到国家有油压缩机节能标准的企业，比普通二级干式双螺杆压缩机节能15%以上，比一级干式双螺杆压缩机节能36%以上。

沈阳远大压缩机制造有限公司研制成功火驱采油压缩机，主要用来解决低产油田、废弃油井再生问题。该压缩机将高压气体注入井下并被点燃，稀释地下油品，形成压力，将留存于岩缝、用传统采油技术无法采集的近70%的石油开采出来。

2010年1月26日，开山集团研发成功首款冷媒螺杆压缩机，并在开山上海临港工业园冷媒实验室试车成功。冷媒螺杆压缩机秉承了世界领先的结构设计理念，结构紧凑、外形尺寸小，方便空调机组设计；采用开山集团北美研发中心的专利技术和核心工艺，其中，作为冷媒螺杆压缩机心脏的精密螺杆副的形线为汤炎博士亲自设计，并以汤炎博士的名字命名为 Y 形线。油过滤系统、油分离系统等设计均采用北美研发中心的核心专利技术。该冷媒螺杆压缩机 COP(能效比)全球领先、经济效益高、油分离效率高、噪声低、振动小，独特的油滤结构设计使其维护保养更加方便。

阜新金昊空压机有限公司根据《煤矿井下避难所试点建设基本要求》研制开发了 JFY(G)系列煤矿井下用避难所(救生舱)产品。公司生产的煤矿井下用避难所(救生舱)产品，分为可移动分体式救生舱和固定式救生舱。可移动分体式救生舱为舱体结构，由舱门、过渡舱、辅助舱集成而成。舱内配备各种装备，包括监测舱内外环境和去除有害气体装置，氧气、水、食品和急救包，必要的卫生设施、冰蓄冷设备、可靠的通信设备和环境气体监测与报警系统。矿难发生后，在恶劣的井下环境中，为被困人员提供一个隔绝的安全场所，在一定时间内维持被困人员的生命。救生舱舱体使用高强度钢材，通过高质量焊接，防止外部环境伤害(爆炸冲击波、透水、高温、巷道有害气体渗入等)；救生舱配置有多级备用氧气系统和无动力电源的降温、除湿和舱内有害气体吸收一体化技术装置，对于发生在工作面以外的爆炸、火灾导致的窒息事故，使用远离事故发生点设置的救生舱，可挽救井下幸存人员的生命。固定式救生舱是在井下适当位置开凿的硐室，采用阻燃、抗静电、耐高温、耐腐蚀的材料支护，配备维持人员生存所必需的相关设备、设施和食物，用于煤矿灾害遇险人员无法撤离灾区或矿井时的应急避难空间。固定式救生舱的特点是容纳人员多，但不具备可移动的特点，其他功能与可移动分体式救生舱相同。固定式救生舱的控制与通信特点：救生舱内外设置各种传感器、数据采集显示器、救援电话、视频通信等设备，供电由大功率多路输出的矿用救生舱不间断电源(主控箱)提供，动力电源因故停电时，由大容量电池箱提供不小于 100h 的动力电源向主控箱、电池箱供电。主舱内配备语音通信、视频通信系统，可与井上建立通信联系，当井下通信线路发生故障时仍可保持舱内外长距离救援通信联络。

四、产业结构调整及基本建设

2010 年 2 月，江西惟思特科技有限公司的无油涡旋空压机生产基地暨江西丰城创新大厦开工奠基。该项目总投资 12 亿元，分 5 年建成，总建筑面积 14 万 m^2。项目建成后，可计划年产 30 万台无油涡旋空压机，正常年份工业产值将达 50 亿元，配套企业产值 14 亿元，将在丰城形成无油涡旋空压机产业链。该项目已有 5 家配套企业在丰城落户，其中 3 家配套企业已正式投产。

阿特拉斯·科普柯集团在我国新建的生产车间于 2010 年 11 月 13 日落成。新车间将为集团的全系列气体与工艺涡轮压缩机和涡轮膨胀机提供装配和包装服务，以及工程和售后服务。新工厂是阿特拉斯·科普柯集团生产该系列产品的首个东亚工厂，位于上海临港经济开发区内，投资额约 1 亿瑞典克朗(1 亿元)，拥有最先进的涡轮压缩机设计制造技术。

2010 年 10 月 27 日，国家科学技术部组织专家对依托合肥通用机械研究院建设的压缩机技术国家重点实验室建设计划进行了可行性论证。专家组听取了实验室主任的建设计划报告，现场考察了实验室，认为该实验室以压缩机技术为研究方向，以压缩机设计基础理论、寿命与可靠性技术、节能减排技术、新产品开发为重点研究内容，研究方向明确，定位准确，实验室建设计划合理可行，一致同意通过该实验室的建设计划。压缩机技术应用涉及石化、制冷、动力、国防等多个工业领域，压缩机技术国家重点实验室的建设将为我国相关领域的节能减排提供重要的技术支撑。

2010 年 6 月 21 日，重庆开山工业园正式开始建设。重庆开山工业园距离重庆市区 80km，距离双桥城区只有 2km，紧邻成渝高速公路，交通非常便利。工业园一期建设占地面积超过 7 万 m^2(107 亩)，建设开山压缩机(重庆)公司和开山压力容器

(重庆)公司,将在年内建成,2011 年春节前投产。

无锡压缩机股份有限公司投资设立的无锡锡压机械装备技术服务有限公司,于 2010 年 3 月得到新区工商管理局核准,正式开始运行。2009 年 11 月,无锡压缩机股份有限公司被无锡市发展与改革委员会确定为市主辅分离试点企业。无锡锡压机械装备技术服务有限公司以生产指挥中心设备部为主体,主要从事机械装备的研发、安装、售后服务、维护保养、工艺设计、技术咨询和企业后勤服务,面向市场,独立经营,是无锡压缩机股份有限公司进一步深化内部改革,推进公司主业与辅业分离,发展生产性服务业的又一重要举措。

江西气体压缩机有限公司铸件生产线技术改造项目通过了竣工验收。该项目对原有的黏土砂铸造工艺进行了改造,新建一条 10t 的呋喃树脂砂再生处理生产线。该生产线造型过程自动化,劳动生产率远远高出干模造型,且劳动强度低,可显著改善劳动环境。项目建成后预计年产铸件 4 000t。

〔撰稿人:中国通用机械工业协会压缩机分会 刘海芬〕

2010 年干燥设备行业概况

2010 年,干燥设备行业认真贯彻落实党中央的决策部署以及我国振兴装备制造业的一系列政策和规划,提高资源利用效率,加快转变经济增长方式,提高自主创新能力,完善企业管理体系,有效解决了经济运行中出现的种种问题,在复杂的经济形势下,保持了良好的增长势头。

一、生产发展情况

2010 年,中国通用机械工业协会干燥设备分会统计的 10 家会员企业中,9 家会员企业共完成工业总产值 96 671 万元,8 家企业实现主营业务收入 85 703万元。从 2010 年统计的 10 家干燥设备企业运营情况来看,重点企业发展势头依然良好。2010 年,山东天力干燥股份有限公司完成了股份制改造,成为我国干燥设备行业首家股份制企业,实现工业总产值 29 529 万元,同比增长 11.7%;哈尔滨东宇农业工程机械有限公司实现工业总产值 5 760 万元,同比增长 49.7%。干燥企业聚集地常州地区企业的发展势头也很迅猛,常州一步干燥设备有限公司实现工业总产值 10 406 万元,同比增长 14.5%,东台市食品机械厂有限公司实现工业总产值 12 135 万元,同比增长 5.1%。青海三四一九干燥设备有限公司实现工业总产值 4 820 万元,同比增长 108.5%。这些骨干企业的蓬勃发展,带动了整个干燥设备行业继续保持良好的发展态势。2010 年干燥设备行业 9 家企业工业总产值见表 1。

表 1　2010 年干燥设备行业 9 家企业工业总产值

序号	企业名称	工业总产值(万元)
1	山东天力干燥股份有限公司	29 529
2	石家庄工大化工设备有限公司	28 740
3	东台市食品机械厂有限公司	12 135
4	常州一步干燥设备有限公司	10 406
5	哈尔滨东宇农业工程机械有限公司	5 760
6	青海三四一九干燥设备有限公司	4 820
7	成都望江干燥器厂	3 500
8	成都倍力干燥设备有限公司	1 400
9	常州市统一干燥设备有限公司	381

二、市场及销售

2010 年,干燥设备分会参加统计的企业共完成工业销售产值 91 672 万元,比上年有较大幅度的提高。2010 年干燥设备行业 8 家企业主营业务收入见表2。2010年干燥设备行业8家企业利润总额见表3。

表2　2010年干燥设备行业8家企业主营业务收入

序号	企业名称	主营业务入（万元）
1	石家庄工大化工设备有限公司	27 231
2	山东天力干燥股份有限公司	22 345
3	东台市食品机械厂有限公司	11 573
4	常州一步干燥设备有限公司	10 186
5	哈尔滨东宇农业工程机械有限公司	5 539
6	青海三四一九干燥设备有限公司	4 820
7	成都望江干燥器厂	2 649
8	成都倍力干燥设备有限公司	1 360

表3　2010年干燥设备行业8家企业利润总额

序号	企业名称	利润总额（万元）
1	山东天力干燥股份有限公司	4 830
2	石家庄工大化工设备有限公司	3 085
3	东台市食品机械厂有限公司	915
4	常州一步干燥设备有限公司	844
5	青海三四一九干燥设备有限公司	627
6	哈尔滨东宇农业工程机械有限公司	151
7	成都望江干燥器厂	131
8	成都倍力干燥设备有限公司	35

三、科技成果及新产品

2010年，干燥设备行业企业科研经费投入增加，新产品研发速度加快，不少企业已经认识到自主品牌的重要性，新产品的生产已经由从前的“拿来主义”发展到自主创新，由以前研发单机转变成研发大型成套设备，高附加值的成套设备和各种辅助设备与附件。不少企业大力发展绿色产业，新产品的开发更加注重绿色、节能、环保。

2010年，山东天力干燥股份有限公司加大绿色环保节能产品的研发投入力度，申报了多个国家级课题：基于抑制二氧化碳排放的余热回收技术，多孔介质与流体交界面处滑移效应的多尺度研究，中小企业创业投资引导基金的脉动燃烧泡沫喷雾干燥，基于振荡流热管的LED散热技术及装置，电厂先进脱硫技术及其废弃物资源化处理工艺与装备研究与产业化等。间接换热干燥装备及系统获得国家重点新产品认证。

2010年12月23日，石家庄工大化工设备有限公司承担的国家创新基金重点项目“节能环保型超大流量盘式连续干燥装置”通过了验收。该项目的研制开发是在传统盘式连续干燥器的基础上进行结构改造，使干燥盘、耙叶、加料器等生产部件的结构适应大流量物料的输送和传热、传质要求，并增加了适应环保要求的除尘装置和与连续大批量生产相适应的控制系统。该产品是一种专门用于对矿物、无机盐类及聚合物类等进行大批量连续处理的大型干燥设备，是矿粉、大化工等领域的重要干燥设备，具有单台设备处理量大、设备占地面积小、能源消耗低、环保等特点，市场前景广阔。产品已在吉林吉恩镍业股份有限公司的镍系列装置改造项目、云南云天化工的聚甲醛技改项目、中海石油内蒙天野化工的聚甲醛项目、江铜—瓮福化工公司的硫精矿干燥工程等项目中成功应用。“节能环保型超大流量盘式干燥装置”的研制成功和推广应用，带动了公司开发多项有广阔国内外市场的新产品，将极大地提升企业的竞争优势。为了保护知识产权，公司于2010年6月9日对双螺旋液体同向流塔和立体传质液体并流塔两项提出了专利申请，并于2011年3月30日顺利通过了国家知识产权局授权，专利号分别为ZL 2010 2 0219088.3和ZL2010 2 0219070.3。公司的研发能力、创新能力、参与市场竞争能力等综合能力越来越强，在以后参与竞投标过程中将会赢得更大的主动权和中标机会。

2010年，常州一步干燥设备有限公司在现有产品的基础上，开发了新型沸腾制粒机——抗压型沸腾制粒干燥机。该机不仅能扩大沸腾制粒干燥机的使用范围，满足制药行业新剂型的发展需要，同时可确保设备和操作人员的安全。设备的技术创新之处：①采用气囊密封，气囊内腔通过气路接口与液压系统连接，突破了现有技术的限制，使得沸腾制粒干燥机整体抗压力达1MPa，即物料在制粒干燥过程中产生的爆炸气体压力≤1MPa的情况下,可确保设备主机安全、无损坏。②进风管和出风管上均设置防爆单向截止阀,在简体内出现正压时,能迅速关闭,使得沸腾制粒干燥机在高压工作状态下运行更加安全可靠。③通过驱动气囊将料车与制粒筒体底座密封连接在一起,操作方便,设计合理。④设备设有静电导出装置,能有效地将静电引到接地点,可避免由于静电产生爆炸现象,保证了设备和人员的安全。该设备具有良好的密封性能,无泄漏;设备操作现场的各类按钮、仪器以及电动机为防爆型;物料回收率不小于99%;制得的颗粒粒径在20~80目范围内的占比不小于85%。

2010年,青海三四一九干燥设备有限公司通过引进技术和消化吸收,自主研发拥有完全自主知识产权的“高速离心雾化器”设备,被认定为国家重点新产品,获得青海省科技厅科技成果以及国家企业创新基金的支持,并通过了国家验收;餐厨垃圾资源化处理设备项目通过了专业机构检测,取得省经贸委的资金支持,获得国家专利,并已申报2011年度国家企业创新基金。

〔撰稿人:中国通用机械工业协会干燥设备分会栾佳一〕

2010年减变速机行业概况

2010年减变速机行业经历了国际金融风暴袭击后的触底、反弹和持续发展,随着国家一系列相关政策的出台和进一步落实,行业企业积极调整产品结构,改变经营理念,不断提高自主创新能力,有效地克服了经济运行中出现的诸多困难,行业经济运行保持较好的增长势头,为我国经济建设做出了积极贡献。

一、生产发展情况

截至2010年年底,中国通用机械工业协会减变速机分会有会员单位97家,其中,企业93家、科研院所3家、减速机专业信息网1家。在93家企业中,有减变速机主机生产企业78家、配套产品生产企业15家。97家会员单位中,国有及国有控股企业8家、外资企业1家、合资企业1家,其他均为民营企业。根据2010年上报的38家企业资料和2009年上报的43家企业资料统计,38家企业现有职工15 844人,比上年统计的43家企业职工人数减少428人。其中,工程技术人员2 941人,比上年增加495人;工人与学徒10 175人,比上年减少587人。38家企业拥有固定资产(原价)283 922.7万元,比上年增长3%,拥有金属切削机床4 810台,比上年增加509台。2010年减变速机分会38家会员企业基本情况见表1。

表1　2010年减变速机分会38家会员企业基本情况

全部职工年末人数(人)					全部职工全年平均人数(人)	工资总额(万元)
总计	其中					
	工人与学徒	工程技术人员	管理人员	其他		
15 844	10 175	2 941	1 413	1 315	15 930	37 971.2

2010年,减变速机分会38家会员企业完成工业总产值705 166.9万元,比上年增长13%;完成工业增加值163 864.3万元,比上年增长17.3%;实现利润39 345.9万元,比上年增长17.2%。产值超亿元的企业有11家,比上年增加1家,其中两家企业产值超过10亿元,与上年持平。2010年减变速机分会38家企业经济指标见表2。2010年减变速机分会工业总产值前10名企业见表3。

表2 2010年减变速机分会38家企业经济指标

工业总产值		工业增加值（万元）	主营业务收入（万元）	主营业务税金及附加（万元）	利润总额（万元）	年末固定资产		流动资产		流动负债	年末所有者权益（万元）	全员劳动生产率（元/人）
2010年（万元）	比上年增长（%）					原价（万元）	净值年平均余额（万元）	合计（万元）	年平均余额（万元）	合计（万元）		
705 166.9	13	163 864.3	683 802.1	4 566.1	39 345.9	283 922.7	158 940.2	289 372.6	280 273.7	257 139.4	256 954.7	102 900

表3 2010年减变速机分会工业总产值前10名企业

序号	企业名称	工业总产值（万元）
1	国茂减速机集团有限公司	185 688
2	江苏泰隆减速机股份有限公司	176 733
3	泰星减速机股份有限公司	89 339
4	浙江通力重型齿轮股份有限公司	34 113
5	泰州市琼花传动机械总厂	32 958
6	荆州市巨鲸传动机械有限公司	22 579
7	温州三联集团有限公司	20 657
8	宁波人和机械轴承有限公司	14 488
9	天津减速机股份有限公司	11 026
10	山西省平遥减速器厂	10 852

2010年，减变速机行业工业总产值已连续9年呈增长态势，2010年又呈两位数增长，表明减变速机行业经受了国际金融危机的影响，行业经济运行形势良好。但在38家企业中仍有4家企业亏损，占38家企业的10.5%，亏损额为1 741.4万元，比2009年的4家亏损企业亏损额增加797.4万元，其中两家企业是连年亏损，两家企业是新增亏损。

减变速机行业从2009年9月市场开始回升，一直延续到2010年全年，生产形势好转，订货量增多，有的企业已开始加班加点生产。预计2011年随着我国国民经济形势的更加好转，减变速机行业还将实现稳步发展。

2010年，减变速机分会38家企业共生产减变速机1 235 522台，比上年增长10.5%。5大类产品中，仅无级变速器的产量有所下降；摆线减速机、齿轮减速机和电动滚筒的产量均有小幅增长，蜗轮减速机2009年产量比2008年减少，而2010年由于市场需求量增加，产量大幅度增长。2009～2010年减变速机产品产量见表4。

表4 2009～2010年减变速机产品产量

产品名称	2009年（台）	2010年（台）	比上年增长（%）
合计	1 118 043	1 235 522	10.5
摆线减速机	546 521	591 445	8.2
无级变速器	74 032	48 858	-34.0
齿轮减速机	360 935	383 931	6.4
蜗轮减速机	116 291	189 199	62.7
电动滚筒	20 264	22 089	9.0

二、市场及销售

2010年，减变速机分会38家会员企业完成工业销售产值696 464.4万元，比上年增长13.6%；实现主营业务收入683 802.1万元，比上年增长15.2%。2010年减变速机分会主营业务收入前10名企业见表5。

表5 2010年减变速机分会主营业务收入前10名企业

序号	企业名称	主营业务收入（万元）
1	国茂减速机集团有限公司	185 688
2	江苏泰隆减速机股份有限公司	166 185
3	泰星减速机股份有限公司	88 636
4	浙江通力重型齿轮股份有限公司	33 688
5	泰州市琼花传动机械总厂	32 666
6	温州三联集团有限公司	22 565
7	荆州市巨鲸传动机械有限公司	20 371
8	天津减速机股份有限公司	11 070
9	山西省平遥减速器厂	10 929
10	江苏迪邦三星轴承有限公司	10 841

根据减变速机分会对行业企业的调查及统计资料的分析，减变速机产品市场宽广，市场销售形势良好，产、销较平稳，逐年增长势头大好。虽然受外国企业进驻中国市场、国内私营企业越来越多，以及原材料价格居高不下，人工费用不断增加，市场竞争激烈等不利因素的影响，减变速机行业企业经济效益仍持续向好。2010 年，减变速机行业总资产贡献率 13.58%，资本保值增值率 110.43%，资产负债率53.12%，流动资产周转率 2.44 次，成本费用利润率 6.14%，全员劳动生产率 102 900 元/人，产品销售率 98.77%，经济效益综合指数 153.3%。

2010 年，在统计的 38 家行业企业中，有 33 家企业的工业销售产值增长，34 家企业主营业务收入增长。其中，增幅超过 20% 的企业有 22 家，增幅较大的企业有江苏泰隆减速机股份有限公司、温州三联集团有限公司、浙江双联机械有限公司、宁波市浙东变速器有限公司、淄博市博山奥博机械有限公司、宁波人和机械轴承有限公司、广东江门电机股份有限公司、石家庄科一重工有限公司、浙江东霸传动有限公司和飞龙传动有限公司。

2010 年，国茂减速机集团有限公司以“引领行业、主导未来”为目标，调整产品结构，自主创新，推进关键技术研发，增强服务营销意识，完成减速机订单 58.8 万台、电机 13 万台，实现销售产值 17.2 亿元，比上年增长 26.5%，人均销售产值达 89 万元，超额完成 2010 年初制定的营销目标。公司强化营销，优化品牌，在“先强市场，再强工厂”的经营理念下，以其具有较大竞争优势的营销模式推动公司取得了连续 18 年的快速发展。在“大营销、大品牌”思想的引导下，积极围绕企业不同阶段的发展要求，寻求突破，快速提升。首先是比学赶超争前位，彰显业绩，强化营销。国茂集团全国各分公司、全体营销人员在新的经济形势下，面对更高的目标要求、更加激烈的市场竞争环境，敏锐地捕捉信息，抓住有利时机，一手抓团队建设，一手抓市场拓展，涌现出大批销售标兵和金牌团队，营销业绩大幅提高。其次是提升形象塑口碑，明确定位，优化品牌。2010 年，国茂集团投入 500 多万元在全国高速路媒体，各类专业杂志、报刊、电视进行大量的形象宣传，并在目标区域召开新产品发布会和客户答谢会，进一步扩大了品牌影响力。公司加快对产品档次和质量及服务水平的提升，采取措施，制定政策，规避内部的恶意竞争，避免不良营销行为影响客户对国茂品牌的口碑。在政府部门和新乡、唐山等分公司的大力支持和配合下，集团严厉打击假冒国茂品牌的市场行为，积极维护品牌形象，增强品牌美誉度。2010 年，“国茂 GUOMAO 及图”商标被认定为中国驰名商标。

山西省平遥减速器厂积极与客户沟通，跟踪服务，了解客户使用减速机过程中遇到的问题，积极采纳客户的合理化建议；在生产中注重产品质量，技术人员、生产一线人员与质量检验人员各负其责，确保每一台产品合格出厂。在营销政策上，公司制定了《目标任务工资和奖励递进方案》，并严格执行，政策向新型硬齿面产品、大规格和大功率产品倾斜，工资收入、奖金与目标任务完成情况挂钩，奖罚分明，极大地调动了营销人员的积极性。2010 年，工业总产值和销售产值增幅均超过 20%。“信凯”商标被认定为中国驰名商标。

2010 年 1 ~6 月，江苏金象减速机有限公司生产经营势头红火，主要经济指标提升加快，产值增长 26.28%，利润总额增长 207.87%，已完成年度指标的 80%，再创历史新高。在经营上，公司号准市场脉搏，调整产品结构。一些老产品的市场需求又逐步恢复，如蜗轮蜗杆减速机订货快速回升，1 ~6月的订货比上年同期翻了一番，公司从容应对，迅速调整生产组织，确保生产与市场衔接顺畅。同时，公司稳定建材行业用磨机产品的订单，主攻中国第一重型机械集团公司和太原重型机械集团有限公司等大客户，使“大”、“新”、“特”产品的订货也稳步增长。老产品市场的不断恢复和“大”、“新”、“特”产品市场的持续增长，保证了利润的增长。

河北冀州联轴器厂是减变速机行业的配套企业之一。该厂生产的鼓形齿式联轴器、限矩联轴器、高弹性联轴器等6大类50个品种上千个规格的产品，畅销宝钢、鞍钢、河北钢铁、山东钢铁等60多家冶金生产企业，产品覆盖近40%的国内市场。

2010年，泰星减速机股份有限公司营销人员深刻领会公司的营销策略，高举泰星品牌这块“金字招牌”，在市场经济的大潮中，始终抢抓机遇，把握市场，赢得主动。从稳固市场、扩大市场着手，从抢占市场、发展市场着眼，在竞争中求生存，在竞争中求发展，超额完成了公司销售指标，并将市场的需求及时反馈回公司，为公司的产品结构调整、企业的发展提供信息。

减变速机行业协会企业产品主要供应国内，出口产品的产值很小。2010年，出口交货值为16 139万元，比上年增长28.3%。主要出口产品为蜗轮减速机。出口东南亚、中东以及欧美等国家和中国台湾、香港地区。

三、科研成果和新产品

2010年，减变速机行业新产品研发速度加快，企业科研经费投入增加。在统计的38家企业中，有17家企业开发了新产品，新产品产值183 170万元，比上年增加38 844万元；17家企业用于科技开发的经费总额为27 528.7万元，比上年增加14 381.7万元。不少企业已经认识到自主品牌的重要性，新产品的生产已经由仿制、照搬的“拿来主义”，发展到自主创新、研发，从生产单一的减速机发展到同时生产为减速机配套的电机、轴承等配套产品，并向高端领域进军，开发核电设备、风电设备用大型硬齿面齿轮减速机及专用减速机等高附加值的新产品，为振兴我国装备制造业、促进减变速机行业科技进步做出了贡献。

2010年上半年，江苏金象减速机有限公司获得两项国家专利，即“三辊轧机的专用齿轮减速箱”和“行星减速器行星轮轴承离心力供油的润滑结构”。当前，国内冶金行业开始采用以三个独立单元对轧辊进行驱动的轧机，市场需求量大，而且大多数产品是从国外引进的。但引进设备的传动轴采用中空分体结构，伸缩部分两端无定位支撑，容易造成前端联轴器下垂，对接时的冲撞易损坏设备，同时该减速箱结构复杂，调整维修不方便。江苏金象减速机有限公司的专利三辊轧机的专用齿轮减速箱，其优点是传动轴以花键作为移动副，可旋转也可轴向移动；复位弹簧安装在中空的输出轴内，并有足够的预紧力，保证了液压缸回拉泄压后传动轴能够自动复位。该产品制造简单，安装维护方便，性能可靠安全；可以快速更换机架，在一定规格范围内实现自由轧制，保证了轧机的无故障工作。该减速箱既可用于热连轧机、冷连轧机、减径机，也可用于定径机和精密定径机。另外，国内市场上行星减速器的润滑方式主要是油浴飞溅润滑或者外置环油强制润滑。减速器特别是高速减速器，支承行星轮的轴承不但要自转，而且要沿着太阳轮公转，采用油浴飞溅或循环油喷射润滑不能连续供油，润滑效果不理想，轴承容易出现温升较快和过热现象，导致轴承损坏。江苏金象减速机有限公司发明的行星减速器行星轮轴承离心力供油的润滑结构，是利用行星架高速转动时的离心力，将润滑油引导至行星轮轴承内腔，实现对轴承的润滑。该润滑结构不需要专用润滑油泵，结构简单；不受行星轮及轴承公转位置不固定的影响，对行星轮轴承供油保持连续不间断；润滑油流动的沿程油路通道无管接头联接，在使用过程中不会因为振动等原因而松动，牢固可靠；由于油路通道流经的配合面均为过盈配合，不会出现如普通润滑管路常见的松动和渗漏油现象。2010年，公司承担的“MFY(x)中心传动磨机减速器”项目通过了淮安市科技局组织的专家验收，专家一致认为，该项目符合验收要求，已达国内先进水平。公司从2007年8月开始实施此项目，2009年10月完成。历时两年中，一是成立项目组，集聚传动原理研究、传动设计、产品设计、工艺设计、生产组织、质量控制、标准制定和组织协调等各方面人才，为项目成功实施提供有力保障；二是配备高精尖大型加工设备，如德国产ZP30、

RAPID4000型成形磨齿机，俄罗斯产5225型龙门铣床，捷克产WDl60A、WD200B型大型数控落地镗铣床等，保证加工能力、加工精度与效率；三是持续加强研究与生产，对关键技术——型谱进行合理规划，并开发出功率分流、大型减速器均载、大型传动装置装配预调、系统控制、挠性轴均载、功率合流均载装配调试、多路巡检与报警、大型柔性箱体加工装配等多项新技术。其中，申请国家专利1项，起草的1项行业标准正待报批。当前，中心传动磨机减速器已生产销售20余台(套)，并出口巴西、安哥拉等国，新增销售收入3 000余万元，新增利税600余万元。

2010年，江苏泰隆减速机股份有限公司完成新产品产值16 492万元，比上年增长27%；研制开发的核电齿轮箱是用于核电站机组CRF系统，向核岛和常规岛提供循环冷却水的关键组合装置。核电齿轮箱机组拥有两项发明专利和多项新型实用专利，填补了国内空白，各项技术性能指标达到国际先进水平，打破了长期赖于进口的局面，为我国核电及其他特殊行业大功率齿轮箱机组替代进口做出了贡献。为了适应我国核电产业高速发展对齿轮箱的需求并进而实施大批量出口，公司致力于同国内外科研院所进行技术合作，集聚技术人员建立博士后科研工作站，投资2亿元建立高精密自动化加工、测试、热处理、涂装、模拟试验等八大专业生产流水线，形成了首期年产100套的国内最大核电齿轮箱的产业基地。核电齿轮箱的关键技术还适用于现代建材行业的水泥立式磨机，水利行业的水电减速、增速机组，以及国防、航天、冶金、石化、建筑等领域高、精、尖设备的传动。为了满足国民经济各装备领域对精密齿轮机组的需求，实现我国大功率、高精密齿轮装备国产化，推动该产品由进口到出口的重大转变，公司近期拟进一步扩大产业规模。

2010年，国茂减速机集团有限公司将技术创新放在企业发展的重要地位，加大技术人才引进，强化技术标准权威，促进技术创新上台阶。完成新产品产值89 104万元，占全年工业总产值的48%。开发完成了GM系列斜齿锥齿轮减速器和GMC系列紧凑型通用减速器，设计时大量借鉴和采用了德国标准，以高端市场定位，中端设计成本进一步满足了高端客户的需求。这些产品通过试制检测，各项性能指标完全符合设计标准，已经少量投放市场，得到了满意的市场回应。为了抢占塑料挤出机市场，公司按行业标准设计开发的SZ系列双锥挤出机齿轮箱已完成试制，各项检测指标达到技术标准，即将投入批量生产。公司还强化非标减速机产品的设计开发，积累了大量的非标产品设计经验，大力提升了公司的生产加工能力，设计制作的用于大型环轧机的非标减速机最大设计重量达到50t，交付使用后受到了用户的大力赞誉。2010年，公司已经为各类用户开发设计生产非标减速机产品5 000多台(套)，产值达到2亿元左右。2010年5月，获得同轴式双向双轴输出减速机等10项国家实用新型专利授权。另外，国茂集团还有一项发明专利已成功上报，正待国家知识产权局的流程审核。2010年，公司共获得7项江苏省高新技术产品认定证书(行星齿轮减速机、模块化组合式减速电机、塑料挤出专用减速机、垂直高承载力硬齿面减速机、高承载力硬齿面减速机和边缘传动磨机减速机和多级模块化齿轮箱)。

2010年，山西省平遥减速器厂一方面加快新产品的研发速度，另一方面加强新产品市场的开发。该厂把大功率硬齿面齿轮减速机等附加值高的新产品研发和市场开拓放在首位，研发了JS400、JS525、JS700、SSX250/200 4种大功率矿用减速器，2010年6月完成了实验和煤安认证；开发设计和试制了JS250、JS315、JS800、JS1000大功率矿用输送机的减速器；开发和完善了大型绞车用减速器。

2010年，天津减速机股份有限公司技术人员根据公司的发展目标和市场需求，先后自主创新研发出LD—A起重行车专用减速机、XJL1603型海上钻井平台用减速机等10项新产品；完善了XWJY37/4—8225型桥式起重机专用减速机等3项新产品的设计和试制；设计研发了非标X8000专用配置减速机和TJ非标电动滚筒；获得国家实用新型专利授权8项，即摆线针轮减速机输出轴分体结构、一种离心机用行星摆线针轮差速器、一种用于仰装减速机的润滑装置、一种弧齿锥齿轮三级传动减速机、一种直交轴硬齿面齿轮减速机、大转矩行星摆线齿轮减速机、沥青搅拌机减速机和一种简支梁式少齿差行星传动外装式滚筒。

2010年，浙江通力重型齿轮股份有限公司加大新产品开发力度，增加科研投入经费，对现有的产品不断升级换代，完成新产品产值28 247万元，占全年工业总产值的82.8%，与上年持平。新产品主要是大型硬齿面齿轮减速机、风电设备用齿轮箱等高端产品。

2010年，减变速机行业完成新产品产值较多的企业还有：泰星减速机股份有限公司完成新产品产值23 307万元，占全年工业总产值的26.1%；荆州市巨鲸传动机械有限公司完成新产品产值4 625万元，占全年工业总产值的20.5%；台州市通宇变速机械有限公司完成新产品产值3 800万元，占全年工业总产值的41.0%；温州三联集团有限公司完成新产品产值3 300万元，占全年工业总产值的16.0%。

四、基本建设及技术改造

2010年，减变速机分会38家企业中有19家企业进行了土地、厂房、设备等固定资产投资，固定资产投资共计133 924.8万元，比上年19家对应企业的固定资产投资增长89.3%。

江苏泰隆减速机股份有限公司针对国家能源方针政策的调整，果断决策，2009年开工新建的高端产品开发园区，2010年已投入使用。公司还投入6 720万元购置大型的先进设备，用于生产核电和风电设备用偏航变桨减速机。

泰星减速机股份有限公司2010年固定资产投资53 178万元，比上年增加461万元，用于购置大型、高精密的先进设备，以进军为采煤、矿山、水泥等设备配套的大型重载减速机市场。

2010年，荆州市巨鲸传动机械有限公司继续加大固定资产投入，投入4 768万元，完善铸造厂设备，同时，还增添了高精度齿轮减速机加工设备，使公司生产能力和产品质量大幅提高。

2010年，浙江通力重型齿轮股份有限公司固定资产投资达到13 472万元，生产能力每年以30%的速度增长。二厂区的各种先进设备已安装完毕，全面投入使用，主要用于生产风力发电增速机和大型重载减速机。

2010年，温州三联集团有限公司固定资产投资848万元，比上年增长114.7%，用于设备工具购置，建设摆线轮生产线，满足市场需求。

2010年，常州市委书记、武进区委书记率领各职能部门领导多次深入企业，为推动国茂减速机集团有限公司高新区50亿元产值项目进行现场办公，特事特办，使近49.4万m^2(750亩)土地合法建设手续通过招挂牌一次到位，2010年8月已全面开工建设。标准厂房采用混凝土排架钢结构屋面设计，总面积33万m^2，单体最大面积3.5万m^2，集团办公楼建筑面积达2万m^2。设计时充分考虑了现代性和前瞻性及人性化，就屋面通风器这一项投入就达1 500万元；将近1万m^2、投入10 000万元建造的齿轮磨床、加工中心厂房采用中央空调和强排通风设计，充分改善了工作环境；项目的网络设计还考虑了远程视频系统和远程会议系统，分公司通过互联网就可以向客户介绍公司环境和生产情况。标准厂房主体工程已完成90%，前期投入已达4亿多元。项目的建设将极大地提升公司的现代企业形象，稳固奠定国茂百年基业。公司加大先进设备投入，确保生产能力提高。根据未来规划和生产需求，一方面进行工艺装备改造，一方面加大对先进设备的采购投入。2010年已采购蜗杆磨齿机7台，进口德国成形齿轮磨床7台，其中ZP20 1台、ZE1200 1台、ZE800两台。这些设备的投入大大提升了齿轮减速机的加工精度和生产能力。为了提高斜齿轮减速机的箱体加工能力，公司从日本进口了卧式加工中心8台，其中4台已于2010年10月安装投产，另外4台2011年1月也可安装投产。价值260万元的2.5m数控插齿机也将在2011年2月投入使用。为了配合新产品投产，公司已购置各类设备将近2 700万元。截至2010年，公司的设备投入已经达到8 000万元，未来3年，设备投入累计将达到4.5亿元。这些设备的逐步到位将极大地提高生产能力和产品质量。

江苏金象减速机有限公司始终把握一个技改原则：瞄准国际领先、国内一流水平。2009年引进德国ZP30、RAPID400大型成形磨齿机各1台，价值3 500万元，加工直径分别达到3.2m、4m，其技术性能均为国际一流水平，国内屈指可数。另一台国产SK7763大型数控蜗杆磨床，加工直径达630mm，是国内当前最大的数控蜗杆磨床。公司还购进了俄罗斯的大型滚齿机、英国的大型卧式滚齿机等，形成了以数控成形齿轮磨床为核心的高精度齿轮加工设备集群。随着这些大型设备的投入使用，公司的齿轮加工能力和加工质量得到了大幅提升。箱体是减速机的关键部件，箱体的加工精度及热处理质量决定了整机的性能等级。为此，公司陆续购进捷克、德国、俄罗斯等国的镗床、龙门铣床、井式渗碳炉等设备，拥有了大型零件的正火、调质、渗碳淬火等加工能力。开拓创新，培育新的经济增长点，是公司持续发展的又一大亮点。经过几年的筹备和运营，公司参股的城南苏减金象机械制造有限公司已初具规模，2010年上半年产值达2 000多万元，利润完成了年度计划的60%，公司与淮安三河农场合作组建的淮安金象三河机械制造有限公司，2010年上半年产值利润也完成了年度计划的60%。2008年，公司在淮安清河新区购地9.3万m^2（140多亩）建造新厂，计划分两期投资5亿元，打造一个全新的金象公司。当前，新厂已完成90%的土建工程，购置的新设备也部分安装到位，计划2011年搬迁完毕。

2010年，浙江东方传动机械有限公司固定资产投资2 305万元，主要进行技术改造和购买先进的设备，扩大产能，提高产品质量。

另外，德州奥力机械有限公司、台州市通宇变速机械有限公司、石家庄科一重工有限公司、山西省平遥减速器厂、宁波市镇海减变速机制造有限公司、瑞安市华星减速机实业有限公司和浙江江南减速机有限公司等企业2010年也进行了固定资产投入，主要是增添新的、先进加工设备和改善产品检测条件，提高了生产能力和生产效率，产品质量也大幅提高，增强了市场竞争能力。

五、企业管理及改革和产品结构调整

2010年，国茂减速机集团有限公司投资1.2亿元注册成立了投资公司，聘请专业合伙人独立运行和管理，让贡献较大的分公司经理和骨干领导首先享有股权，体现“共担风险，共享收益”的经营原则；对资本运用、分权治理进行初步尝试，积极探索资本运作的管理模式，为公司今后股权融资金额筹划上市奠定基础。公司将逐步加大资本运营的投入，一方面以现代企业制度建设为目标，完善企业治理结构；另一方面以提升资本投资收益为准绳，完善股权激励机制，真正实现“企业发展人人有责，发展成果人人享受”的经营理念。公司全面启动集团管理专业化、规范化、信息化建设的升级工作。按照最新国家标准要求，开始把集团历年来的各类档案重新整理，分门别类，装订成册。同时，还将把所有集团文书档案目录输入到专业的档案管理系统，对行政、财务、制造、声像等各类档案全面实现专业化、规范化、信息化管理。坚持强化管理不动摇，增强组织能力，深入信息化管理，完善基础管理平台。将“信息办”提升为“信息中心”，人员从3名增加到8名，专人负责信息中心的管理工作，加快ERP深入开发运用，加快推进OA办公和人员信息化管理；以数据信息维护为核心，以软件扩展应用为重点，以提供决策依据为目标，进一步强化信息中心的管理职能，促使信息中心积极参与部门管理，通过数据分析反映问题，通过解决问题改善信息流程，有效提升了企业的基础管理平台。随着企业规模的进一步扩大，原辅材料吞吐量大幅增加，对生产各环节的成本管控就显得尤为重要。公司在推行精益化生产的基础上进一步强化管理实践。一抓速度，增强市场反应能力，加快了采购、生产、物流各环节的反应速度，加速了存货周转，降低了资金成本；二抓效率，一方面通过装备改造，强化工艺纪律，提高了生产效率，另一方面增强工序操作能力，减少工序物料呆滞，加快工序运转，利用信息手段促进各生产环节的积极配合，提高了工作效率；三抓计划，加快对计划人员的培养和培训，并将财务核算深入现场，通过核算结果反映计划过程的目标性，提高了部门的计划能力和成本控制能力。优化产品结构，提高产品技术性能。客户需求是公司技术改进的方向，只有不断地优化产品设计，才能延续产品在市场中的生命力。为了满足更多用户的需求，公司投入大量人力、物力、财力对G系列减速电机进行改进设计，提高了润滑密封性能、箱体承载能力和轴承寿命等指标，大大提高了G系列减速电机的技术标准。公司还对摆线全系列产品进行了改良设计，提高了各项性能指标，已分步投入生产。加快工艺人员的引进和培养，完善工艺组职，加强生产现场的工艺管理，进一步明确工艺管理的具体要求和基本任务，建立工艺管理的奖惩机制，有效地保障了各项技术要求在产品生产过程中的严格执行。公司着力提高专业化协作程度，对供应商实行“帮扶计划”，扩展供应商队伍，提高供应能力。2010年共投入帮扶资金8 000多万元，主要原材料供应商队伍扩展到152家，专业协作单位达到62家，铸锻件等主要原材料的协作加工能力显著提高。公司引进各类大中专生200多名，专业储备人才20多名；开设了第二届储备干部培训班和分公司销售人才实训班，为企业发现人才、成长人才建立平台。

2010年，山西省平遥减速器厂通过了API（美国石油学会）认证。5月4日举办了第六届公司重点提案评价会，对18个现场、工艺、安全、节能降耗、管理方面的提案进行了认真评价打分，评出明星，给予奖励，并应用到生产实践中去，对生产产生的直接效益金额为9 839元，为公司节能降耗工作做出了贡献。

泰星减速机股份有限公司一直把产品质量放在首位，踏踏实实将泰星牌减速机做成了名牌产品。2010年，“泰星”商标被国家工商总局认定为中国驰名商标。在创品牌成功的背后则是企业过硬的质量管理和控制体系。近几年来，公司坚持“品牌、质量、管理”三位一体，全方位创新工艺、提升质量、打造品牌。一方面投入3亿多元，从德国、美国等国家进口了120多台（套）世界上先进的生产设备，增强了产品质量的硬件保障；另一方面，努力提高全员质量意识，规范质量控制的软件管理程序，不合格的部件绝不流入下一道工序。在确保产品质量的同时，公司积极创新工艺，内齿加工精度提高1～2级；采用消失模铸造取代原有箱体铸造工艺，箱体外观更亮丽，可与国外大公司产品媲美。过硬的产品质量使泰星牌减速机成为首钢、宝钢、长江三峡水利工程、江阴长江大桥建设工程、黄河小浪底、葛洲坝工程、西气东输工程及南水北调工程等重点企业及工程的首选。

〔撰稿人：中国通用机械工业协会减变速机分会李春丽　审稿人：中国通用机械工业协会减变速机分会王远征〕

产品进出口

分析2010年通用机械产品进出口情况，公布2010年部分通用机械产品进出口数据

Analyzing the import and export of general machinery products in 2010, announcing the import and export data of a part of general machinery products in 2010

产品进出口

核电

产品之窗

DV VALVE

大连大高阀门股份有限公司

大连大高阀门股份有限公司是在原大连高压阀门厂的基础上于 2002 年 7 月改制而成的，是中国通用机械工业协会阀门分会理事长单位。公司始建于 1956 年，占地面积 14 万 m^2，总资产 5 亿元，现有职工 700 多人。公司具有核一级、核二级、核三级阀门设计和制造许可证，是国家武器装备科研生产的特定许可制造企业，是国家指定的重点装备关键阀门国产化的依托单位，是国家高新技术企业和省级科研中心。

公司在全国阀门行业率先通过了美国机械工程师协会 ASME 的“N”和“NPT”钢印资质。公司还持有中国特种设备压力管道及压力管道元件制造许可证、中国电力 600MW 火电机组入网许可证、中国船级社颁发的“船用阀门生产许可证”、球阀产品防火鉴定证书、英国劳埃德和挪威船级社的 ISO9001 质量认证证书、美国石油学会的 API 证书、欧盟承压设备 CE 安全证书和军工产品质量体系认证证书。

公司主要产品有闸阀、截止阀、止回阀、节流阀、球阀、旋塞阀、蝶阀、疏水阀、仪表阀、调节阀、波纹管阀、平板闸阀、真空阀、低温 / 超低温阀、抗硫阀、Y 形阀、核级阀门、军工阀门、特种阀门以及管路法兰、阀门操作机构等共 20 大类、500 多个型号、4 000 多个规格。产品被广泛地应用在石油、化工、船舶、电力、冶金、机械、轻纺、军工和核电系统等工业装置上。

公司一贯重视新产品、新技术的开发与应用，技术力量雄厚，在与科研院校广泛合作的基础上，拥有一大批具有丰富研发经验的工程技术人员，具有很强的自主研发能力，所研制开发的多项产品，填补了国内阀门行业的空白，在国家百万千瓦核电自主化过程中率先实现了核一级大口径锻造高压阀门国产化，核电阀门累计订货 4 亿多元。

核一级大口径全流通高 *Cv* 值旋启式止回阀

先进的模锻大口径阀门

核电加工中心

锻造 Y 形自压密封截止阀

锻造能力

高磅级模锻闸阀

模锻 Y 形阀

质检能力

地址：辽宁省大连市甘井子区姚家路 272 号
邮编：116037
电话：0411-86422999　86422888
传真：0411-86422600　86422577
http://www.dldv.com.cn
E-mail:dvxiaoshou@dldv.com.cn

机加工能力

大连大高核电阀门研发情况概述

一、核电阀门研发情况

大连大高阀门股份有限公司（以下简称大连大高）的前身大连高压阀门厂始建于1956年，于2002年7月转制成为具有自行研发、设计、制造和销售的股份制企业，注册商标为“DV”。公司是中国通用机械工业协会阀门分会理事长单位、中国核能行业协会会员单位、中广核联合研发中心会员单位。公司具有核一级、核二级、核三级阀门设计和制造许可证，是国家武器装备科研生产特定许可制造企业、国家重点装备关键阀门国产化的依托单位、国家高新技术企业，在全国阀门行业率先通过了美国机械工程师协会ASME的“N”和“NPT”钢印资质。公司具有年产各类锻钢阀门80万套、铸钢阀门10万套、核级及常规锻造件3万t的生产能力，年产值达6亿元。公司是我国石化、石油、海油、电力、军工及核电系统的定点阀门供应厂商。

大连大高技术力量雄厚，资源相对稳定，专业配备合理。在设计上采用CAD三维设计，率先使用代表当前国际一流水平的机械设计自动化软件SolidWorks三维设计软件技术，从而提高了产品的设计准确性和可靠性，使设计工作更加精确和完善。公司具有完善的标准及管理体系，设计工作的全过程严格按标准（如ASME、RCC—M、ANSI、EJ、API、BS、GB等）的要求进行，能够按照标准进行各种阀门的设计，以满足不同工况的要求。

多年来，大连大高一直注重核电新产品的开发和研制，坚持走产、学、研相结合的开拓发展道路，为各项新产品研发奠定了坚实的技术基础。公司与中广核工程有限公司、中广核设计有限公司、中科华设计研究院、中国核电工程有限公司、上海核工程研究设计院、中国中原对外工程公司、国家核电技术公司、核电秦山联营有限公司和清华大学核研院等单位建立了长期友好的战略合作伙伴关系。近年来，大连大高与核电业主单位、核电设计院联合研制开发了多项填补国内空白、达到国际先进水平的核级阀门产品，为压水堆核电站（包含AP1000三代技术）、高温气冷堆核电站以及快堆的阀门国产化工作做出了突出贡献。

2010年11月27日，在大连召开了百万千瓦压水堆核电站阀门样机新产品鉴定会，国家能源部门、中国机械工业联合会、中国工程院、中国科学院、中广核工程有限公司、中国核电工程有限公司以及来自各专业核电科研院所和业主单位的领导和专家等参加了此次鉴定会。在鉴定会上，大连大高对核电阀门的研制开发过程进行了汇报，并对样机进行了试验检查。与会专家和代表一致认为，大连大高研制开发的核一级无钴模块化截止阀、核一级高C_v值旋启式止回阀、核一级上装式电动球阀、核一级无钴模块化止回阀、核二级气动波纹管截止阀等产品填补了国内空白，达到国际先进水平。上述核级阀门新产品的研发成功，为压水堆和高温气冷堆核电站阀门国产化工作做出了突出的贡献，同时也节约了大量外汇，缩短了核电产品的交货周期，推进了我国核电工程建设的进程。

二、重点核电产品

近年来，大连大高研制开发了多项核电阀门新产品，主要产品如下：

（1）核一级电动中间引漏截止阀，公称通径50mm，2004年完成鉴定。

（2）核一级大口径旋启式止回阀，公称通径150mm，2004年完成鉴定。

（3）核一级锻钢升降式止回阀，公称通径50mm，2004年完成鉴定。

（4）核一级高温高压波纹管仪表根阀，公称通径8mm，2005年完成鉴定。

（5）核一级高温高压仪表根阀，公称通径8mm，2005年完成鉴定。

（6）核一级定压差升降式止回阀，公称通径50mm，2005年完成鉴定。

（7）核一级高C_v值旋启式止回阀，公称通径250mm，2007年完成鉴定。

（8）核二级主给水旋启式止回阀，公称通径400mm，2007年完成鉴定。

（9）核二级大口径高C_v值旋启式止回阀，公称通径400mm，2007年完成鉴定。

（10）核二级电动波纹管截止阀，公称通径50mm，2008年完成鉴定。

（11）核二级气动波纹管截止阀，公称通径20mm，2008年完成鉴定。

（12）核一级上装式电动球阀，公称通径65mm，2009年完成鉴定。

（13）核一级锻钢高C_v值旋启式止回阀，公称通径300mm，2009年完成鉴定。

（14）核一级无钴模块化止回阀，公称通径15mm、50mm，2010年完成鉴定。

（15）核一级无钴模块化截止阀，公称通径15mm、50mm，2010年完成鉴定。

（16）核一级电动节流阀，公称通径50mm，2010年完成鉴定。

（17）核一级电动楔式高压闸阀，公称通径250mm，2010年完成鉴定。

（18）核二级电动平板闸阀，公称通径150mm，2010年完成鉴定。

上述产品是大连大高研制开发的部分核电新产品，公司每年都进行核电新产品的开发。其中，核电站最高端的主蒸汽隔离阀、爆破阀已经完成样机制造，正在进行试验中。核一级电动中间引漏截止阀的研制成功，为公司在中国中原对外工程公司C2项目上赢得核岛截止阀供货合同奠定了坚实的基础。当前，该产品已经全部安装调试完毕，运行状态良好。

核一级高C_v值旋启式止回阀的研制成功，为我国在建百万千瓦压水堆核电站主回路阀门的国产化迈出了跨越性的一步。多年来，公称通径 300mm 的核级止回阀一直被国外阀门厂家所垄断，产品价格居高不下，在大连大高研制成功并应用到在建核电项目上之后，国外阀门厂家在后续的投标中价格降为原供货价格的一半左右，这为核电业主节省了大量资金和交货时间。

大连大高与清华大学针对山东石岛湾高温气冷堆核电站联合研制开发了公称通径 300mm 的主蒸汽隔离阀和核一级上装式电动球阀产品。当前，公称通径 300mm 的主蒸汽隔离阀已完成了阀体的机加工，正在进行相关的检验工作，计划于 2011 年 9 月底前完成产品整机装配和试验。此产品的适用温度为 576℃，采用的主体材料为耐高温高压的 F91 合金钢。针对高温气冷堆装卸料系统研制开发的核一级电动球阀已完成新产品样机鉴定。此产品采用上装式结构，便于维修和拆卸，同时又能够保证在氦气和粉尘介质等不良状态下具备良好的密封性能，保证燃料球在阀门内部顺利通过，不发生卡阻现象。

针对中国中原对外工程公司巴基斯坦恰希玛 C3/C4 项目，大连大高研发了公称通径 550mm 的主蒸汽隔离阀和公称通径 350mm 的主给水隔离阀产品。2009 年 12 月，在大连大高召开了由国家能源部门、中广核工程公司、中核工程公司、中原对外工程公司、上海核工程研究设计院等相关业主和设计院参加的设计评审会，并通过了专家会的方案审核。当前，主蒸汽隔离阀产品样机已经完成了制造装配，正在进行一系列的性能和功能性鉴定试验。

公称通径 550mm 的主蒸汽隔离阀

针对 AP1000 项目，大连大高研制开发的新产品主要包括 PV02 核一级 Y 形升降式止回阀、核一级 Y 形波纹管截止阀、核一级 Y 形截止阀和 PV03 核一级大口径旋启式止回阀，以及正在进行试验的爆破阀样机。大连大高与上海核工院联合研制开发的 AP1000 项目的爆破阀属于技改产品，已经进行加工制造，并装配完成发运到四川绵阳进行爆破试验。

近年来，大连大高在国内各个核电项目上均有供货。可以说，只要有核电站建设的地方，就有大连大高的阀门产品。在中国核电工程有限公司总承包的福清、方家山、海南、田湾等核电项目上，大连大高提供了大量的核级闸阀、截止型调节阀、核级止回阀等产品，当前福清和方家山 12 号机组已完成交货，海南等项目正在有序地执行中。在国核工程有限公司总承包的 AP1000 三门和海阳项目中，大连大高承制了 PV02、PV03、PV31、PV32 等多个标段的核级闸阀、核级截止阀和核级止回阀产品，当前合同正在有序地执行过程中。在中广核工程有限公司的红沿河、宁德、阳江、防城港、台山等项目中，大连大高提供了数万套核级闸阀、截止阀和止回阀产品，当前已交货安装产品有 3 万余套，正在组织生产的产品 2 万余套。

三、核电产品研发规划

根据当前核电发展形势，大连大高按照核电阀门国产化规划进程，研制开发了百万千瓦压水堆核电站的主蒸汽隔离阀（公称通径 800mm）和 AP1400 主蒸汽隔离阀（公称通径 1 000mm）。针对主蒸汽隔离阀的联合研发，大连大高组成了由公司领导、技术开发部、质量保证部、生产制造部和核电办等部门相关人员组成的联合研发小组，由董事长负责总体协调。主蒸汽隔离阀样机产品的研发任务书以 CPR1000 的主蒸汽隔离阀技术规格书为基础，经过前期的大量调研和资料积累，已完成产品图样设计工作。

AP1000 爆破阀

大连大高针对中国中原对外工程有限公司巴基斯坦恰希玛 C3/C4 项目中公称通径 550mm 的主蒸汽隔离阀研发成功，将使我国摆脱多年来主蒸汽隔离阀依靠进口的局面，同时也为公称通径 800mm 的主蒸汽隔离阀研发奠定了基础。为了积累经验，系统消化主蒸汽隔离阀的技术难点，大连大高在与中广核集团联合研发公称通径 800mm 的主蒸汽隔离阀。在产品材料的选择和使用上，与公司 RCC—M 材料供应商共享，特别是在 RCC—M 不锈钢棒材、钢锭等的使用上积累了大量经验，在样机研发过程中取得进展，并应用到产品的实际设计制造过程中。

2011 年，大连大高将继续推进各类阀门的国产化工作，研发工作重点是主蒸汽隔离阀和爆破阀的功能性鉴定试验。公司为该项目配备了经验丰富的设计工程师，设计人员由原来的 3 人增加到 5 人。公司将自主设计的主蒸汽隔离阀与国外同类型产品进行对比（主要从产品结构、材料、尺寸、重量、重心等几大方面进行对比）和设计计算，优化产品设计，保证产品性能安全可靠。在寿命试验过程中，对阀杆与阀杆螺母配合等问题进行了深入研究，为保证产品的使用寿命积累了经验。公称通径 800mm 的主蒸汽隔离阀产品即将完成方案评审，计划于 2011 年 10 月具备主蒸汽隔离阀制造开工的条件，为主蒸汽隔离阀的早日国产化做出贡献。

今后，大连大高将一如既往地紧跟我国核电发展的步伐，为加快推进核电阀门国产化做出应有的贡献。

NEWAY

全套工业阀门解决方案

⑤

⑥

⑦

⑧

NEWAY 苏州纽威核电阀门研发情况概述

苏州纽威阀门股份有限公司（简称纽威）自1997年成立以来，一直致力于工业阀门的研发与制造，自2003年起，已成为我国工业阀门制造商及出口商领跑者，为各种新型工业需求提供全套阀门解决方案。纽威生产的闸阀、截止阀、止回阀、蝶阀和球阀等产品，其质量和持续创新能力已经得到全球行业内各主要最终用户和工程公司的认证，并被广泛应用于全球各种苛刻工况环境且需求量大的石油、天然气、炼油、化工、船舶、电厂以及长输管线等工业。纽威在保持传统领域研发实力的基础上，积极探索新的发展领域，其中核电阀门产品研发取得了长足的进步，为核电阀门国产化做出了重要贡献。

一、核电阀门研发历程

2006年，纽威与上海核工程研究设计院、北京核工业第二研究设计院联合开发核一级截止阀、核二级闸阀、核二级波纹管截止阀、核二级止回阀、核二级球阀和核三级蝶阀。

2008年～2009年1月，6台核电阀门样机在成都核动力研究设计院完成所有鉴定试验。

2009年，完成核电站用平行双闸板闸阀样机的开发，并完成样机所有鉴定试验验证。

2010年4月，取得国家核级阀门设计/制造许可证和核级铸件的制造许可证。纽威成为中广核核电设备国产化联合研发中心成员，并积极投身于核电阀门国产化工作中。

2010年，纽威获得了中广核工程有限公司4个订单，分别为阳江/防城港核电厂常规岛闸阀、截止阀、止回阀订单，台山核电厂常规岛球阀订单，台山核电厂常规岛截止阀、闸阀和大口径阀门订单，阳江/防城港核电厂核岛截止阀、止回阀订单。

2011年，纽威取得美国ASME委员会颁发的“N”&“NPT”证书。

二、企业研发实力

公司设有一个省级研发中心，办公场地面积1 000m²。配套的阀门试验检测中心面积近2 600m²，具有国内一流的阀门试验检测能力，该中心可以完成各种阀门型式试验，如高温试验（600℃）、低温试验（-196℃）、防火试验、真空检漏试验、微泄漏试验（氦气检漏）、阀门寿命试验、应力应变分析、高压气体试验（试验气体为空气、氮气、氦气、甲烷，试验压力42MPa）、填料寿命试验装置、O形圈抗爆试验装置、弹簧性能试验和阀门流阻试验等。

在新产品研制方面，研发人员充分运用先进的模拟软件（如Pro/E、SolidWorks三维建模软件），I-Deas、ANSYS有限元分析软件以及FE-Safe疲劳寿命分析软件对新产品研发进行验证。通过与国内大学的紧密合作，开发了一系列阀门产品专用研发软件。这使得纽威在阀门产品的三维造型、有限元分析、阀门挥发性泄漏控制以及软密封球阀防火设计等方面的技术已达到世界先进水平。

纽威不仅利用自有技术、生产工艺及通过自己生产能力和试验检测手段为全球客户配套生产各种高性能的阀门，还与国内的高校及研究机构合作，共同开发一些关键、特殊阀门。当前，已经与上海核工程研究设计院、北京核工业第二研究设计院、苏州热工研究院和武汉七一九研究所等单位建立了密切的合作关系。

管线阀门

纽威注重产品研发和自主知识产权的保护，并着力于将研发成果及时进行转化。研发中心自2005年成立至今，共开展研发项目60多个，其中30多个项目已在科技部门备案。当前，共申请专利28项，其中授权专利多项，获江苏省高新技术产品称号的产品5项，研发成功样机40多种。公司积极开展科技成果转化，近几年开发的新产品中已有20多个产品达到量产，新产品销售收入超过4亿元。

三、核电阀门介绍

当前，纽威已研制出6种核电阀门样机，分别是核一级电动截止阀、核二级电动闸阀、核二级止回阀、核二级电动球阀、核二级电动波纹管截止阀、核三级电动蝶阀。纽威在国内可以供货产品为核二级截止阀、核二级波纹管截止阀、核二级闸阀、核二级止回阀、核二级球阀、核三级蝶阀，所执行标准为ASME、RCC—M。按照ASME“N”&“NPT”证书许可，纽威可以按照ASMEⅢ的要求，在国外供应核一级、核二级、核三级阀门产品和零配件。

核一级电动截止阀

1. 核级截止阀

该阀门可用于百万千瓦级核电站主要回路、安注系统和余热排除等系统。执行系统的安全功能，切断或连通管路，从而使系统正常运行。纽威供货截止阀为核二级、核三级，抗震类别为1A，公称直径≤100mm，最大工作压力17.5MPa，最高工作温度350℃。操作方式有手动、气动和电动。主要性能：①阀门结构设计合理，在内压、自重和地震载荷作用下，阀门能够保证结构完整性和可运行性。②阀瓣运行平稳、密封可靠。阀门操作转矩小，密封可靠。③填料密封采用预紧补偿设计，能有效保证阀杆在压力波动情况下密封。④阀体与阀盖具有双重密封设计，确保阀门密封可靠。

2. 核级波纹管截止阀

该阀门可用于压水堆核电厂一回路辅助系统管路中执行系统的安全功能，接通或切断管路，从而使系统正确运行。当发生失水事故时，要求安全壳隔离阀能迅速关闭，以防止和减缓失水事故后安全壳内放射性物质外溢。纽威供货波纹管截止阀为核二级、核三级，抗震类别SSE，公称直径≤100mm，最高工作压力17.5MPa，最高温度350℃。操作方式有手动、气动和电动。主要性能：①阀门结构设计合理，在内压、自重和地震载荷作用下，阀门能够保证结构完整性和可运行性。②波纹管具有耐高温高压、高寿命特点，性能安全可靠。③阀瓣运行平稳、密封可靠。阀门操作转矩小，密封可靠。④阀体与阀盖具有双重密封设计，确保阀门密封可靠。

3. 核级闸阀

该阀门可用于压水堆核电厂一回路辅助系统管道上，起接通或切断管路的作用，从而能保证管路系统的正常运行或减缓事故的后果。纽威可供货闸阀为核二级、核三级，抗震类别SSE，公称直径≤400mm，最高工作压力17.5MPa，最高温度350℃。操作方式有手动、气动和电动。主要性能：①阀门结构设计合理，在内压、自重和地震载荷作用下，阀门能够保证结构完整性和可运行性。②闸板全行程运行平稳、位置精确。阀门操作转矩小，密封可靠。③阀体与阀盖具有双重密封结构，密封更可靠。

核二级电动闸阀

核二级止回阀

4. 核级止回阀

该阀门可用于压水堆核电厂一回路辅助系统管路中，依靠介质流动，自动开启或关闭阀瓣，防止介质倒流，起到限制介质作单向流动和截止、隔离作用，以保护系统和设备。纽威可供货止回阀为核二级、核三级，抗震类别SSE，公称直径≤400mm，最高工作压力17.5MPa，最高温度350℃。主要性能：①无外漏设计，安全可靠。②具备低压差开启功能。③高寿命，能满足40年使用寿命要求。

5. 核级球阀

该阀门可用于百万千瓦级核电站设备冷却水系统、安全壳喷淋和液体废物处理系统，也可用于压水堆核电站的给水系统、消防系统。纽威可供货球阀为核二级、核三级，抗震类别1A，公称直径≤150mm，最高工作压力6.4MPa，最高温度200℃。主要性能：①可实现在线拆装，维修方便。②高寿命，能满足40年使用寿命要求。③阀门结构设计合理，在内压、自重和地震载荷作用下，阀门能够保证结构完整性和可运行性。

核二级电动球阀

6. 核级蝶阀

该阀门可用于百万千瓦级核电站设备冷却水系统，也可用于压水堆核电站的补给水系统、消防系统和冷冻水系统。纽威可供货蝶阀为核三级，抗震类别1A，公称直径≤400mm，最高工作压力6.4MPa，最高温度200℃。主要性能：①阀座易于拆装、更换，便于维修。②阀门开关位置精确，不过位。③阀门结构设计合理，在内压、自重和地震载荷作用下，阀门能够保证结构完整性和可运行性。

核三级蝶阀

随着《国家核电中长期发展规划（2005～2020年）》的深入实施，纽威今后将着力进行核一级关键阀门的研制，并对核二级、核三级阀门结构进行完善，不断掌握核电阀门核心技术，加快核电阀门国产化进程，为客户提供优质、可靠、高技术含量的产品，为我国的核电建设做出贡献。

Deep Blue 核

成为所有顾客的合作伙伴。

大连深蓝核电产品研发情况概述

2005 年，大连深蓝泵业有限公司（简称大连深蓝）取得民用核安全机械设备设计和制造资格许可证。2008 年，根据公司的战略规划，确定举公司之力全面推进核电工作，集中深蓝专家，调配优秀研发人员加入核电，成立专属的核电研发、制造、质保团队。2008 年 6 月至 2009 年 4 月，先后完成了百万千瓦级压水堆核电站核安全三级硼酸输送泵、乏燃料水池冷却泵、消防水泵、设备冷却水泵、重要厂用水泵的样机制造并通过了国家鉴定，5 种核三级泵的成功研发，率先完成了我国核三级泵国产化的目标。该项目荣获“百万千瓦级核电站泵阀国产化”科技进步奖一等奖。2011 年 5 月 22 日，大连深蓝研制的核安全二级余热排出泵、安全壳喷淋泵和低压安注泵，通过了国家鉴定，为推进核电装备国产化进程做出了贡献。

公司具有熔炼铸造、热处理、机加工、焊接、装配、检验试验等配套完整的综合制造能力。本部占地面积 7 万 m^2，拥有专属核电的清洁厂房与装配车间，配有 A 级水处理系统，拥有从德国进口的高速动平衡机及数控加工中心等设备 300 多台。铸造车间在大连瓦房店深蓝工业园，占地面积超过 24 万 m^2，配备大型精炼设备 40 多台，采用酚醛树脂砂工艺，每年可以生产符合 RCC—M、ASME 规范的核级铸件超过 2 000t。公司拥有完备的计量室、理化室、光谱分析室、机械性能检测室、无损检测室，具备各类先进检测设施百余台（套）；拥有 4 个核泵试验台（标准型试验台、综合型试验台、大功率试验台、核二级泵功能性试验台），完全满足核泵各种性能测试要求。

公司重视科技进步，研发中心为“省级企业技术中心”，技术人员 200 余人。研发内容涉及高精尖产品的研发、新技术的创新、新工艺的制定、新材料的研究、流程解决方案、机电一体化、三维模拟流场分析和强度分析计算等多学科的基础研究。产品开发全面使用 CAD、MDS2002 及开目绘图软件、CAPP 计算机辅助工艺系统软件、三维设计造型软件、CFD 三维流体模拟分析系统软件、有限元分析软件和 PUMPCAD 水力辅助设备软件等。公司与众多泵专业科研单位和院校（清华大学、华中科技大学、中国农业大学、大连理工大学、江苏大学、兰州理工大学）有着良好的合作关系，建立产学研合作模式，取得 50 余项科技成果和专利技术，使公司的技术水平、生产能力以及产品质量得到稳步提高。2010 年，公司被认定为大连市高新技术企业。

一、重点核电产品介绍

1. 核安全三级泵

大连深蓝研制的核安全三级硼酸输送泵、乏燃料水池冷却泵、设备冷却水泵、重要厂用水泵和消防水泵分别于 2008 年 6 月 20 日、2008 年 10 月 17 日和 2009 年 4 月 24 日通过了由中国机械工业联合会组织的专家鉴定。

硼酸输送泵

乏燃料水池冷却泵

JPP 消防水泵

重要厂用水泵

设备冷却水泵

2. 核安全二级泵

大连深蓝研制的核安全二级余热排出泵、安全壳喷淋泵和低压安注泵于 2011 年 5 月通过了由中国机械工业联合会组织的专家鉴定。

余热排出泵

上充泵

安全壳喷淋泵

低压安注泵

二、已有业绩

2006年3月，取得核电领域零突破，先后取得巴基斯坦C2项目、秦山二期扩建项目、岭澳二期扩建项目和秦山一期改造项目订货合同

2007年4月，取得巴基斯坦C2项目核三级泵订货合同。

2008年4月，取得红沿河、宁德核电站消防水泵订货合同。

2008年7月，取得红沿河核电站一期工程、宁德核电站一期工程和阳江核电站一期工程核岛离心泵和三废泵订货合同。

2008年10月，取得宁德核电站3&4号机组消防水泵订货合同。

2009年2月，取得福清、方家山核电站核三级DEL冷冻水循环泵订货合同。

2009年3月，取得福清、方家山核电站核三级乏燃料池冷却水泵、硼酸输送泵、化学添加剂泵、反冲洗水泵以及核三级三废系统用泵，三门、海阳核电站乏燃料池冷却泵，台山核电站LOT42B常规岛&BOP部分离心泵订货合同。

2009年6月，取得红沿河核电站3&4号机组、宁德3&4号机组设备冷却水泵订货合同。

2009年7月，先期取得EPR台山核电站RRI设备冷却水泵、EVU中间冷却泵订货合同。

2009年9月，取得福清、方家山核电站常规岛低加疏水泵、净凝结水泵订单。

2009年11月，取得海南昌江核电站核三级DEL冷冻水循环泵和核三级重要厂水泵订货合同。

2009年12月，取得台山、防城港消防水泵订货合同。

2010年1月，取得台山LOT42B常规岛&BOP部分离心泵补充订货合同。

2010年4月，取得阳江、防城港LOT134D设备冷却水泵订货合同。

2010年5月，取得宁德核电站3、4号机组CFI反冲洗水泵订货合同。

2010年9月，取得防城港核电工程反冲洗水泵订货合同。

2010年10月，取得福清核电站3、4号机组RRI设备冷却水泵，田湾5、6号机组RRI设备冷却水泵，阳江3、4、5、6号机组CFI循环水过滤系统反冲洗水泵订货合同。

2010年11月，取得C3、C4堆腔淹没泵，硼酸驳运泵、硼回堆补水泵、乏燃料池冷却水泵，福清核电站3、4号机组DEL冷冻水循环泵及核三级泵，田湾核电站5、6号机组DEL冷冻水循环泵订货合同。

2010年12月，先期取得三门核电站1、2号机组CCS设冷水泵订货合同。

2011年1月，取得阳江1、2号机组中间水池提升泵订货合同。

2011年3月，取得台山核电站污水泵订货合同。

2011年6月，取得宁德、防城港项目高温水预热泵及水处理泵，海南昌江项目高温水预热泵及水处理泵订货合同。

三、研发目标

在完成既定研发任务的同时，大连深蓝不断地进行技术和管理创新，为顾客提供优质的产品和服务。放眼未来，大连深蓝为我国核电“走出去”的宏伟战略积蓄能量。为满足第三代、第四代以及其他新核电技术路线的需要，2011年5月，大连深蓝取得ASME核安全一级、二级、三级N、NPT认证，为全面进军国际市场提供了保证。当前，AP1000核级泵的研制工作正在进行中，力争实现第三代核电技术设备的国产化。

在国际核电技术路线发展的指引下，大连深蓝将不断地进行新核电设备的技术储备，成为国内核电设备的主力供应商和国际核电设备的重要参与商。

上海耐莱斯·詹姆斯伯雷

上海耐莱斯·詹姆斯伯雷阀门有限公司（SNJ）拥有现代化的加工设备，采用先进的信息化管理，引进成熟的技术，以高性能产品和经国内外重大工程考验的应用业绩，成为著名品牌的代表。在国内和国际市场上得到客户的信赖。

公司主要产品为高性能球阀和蝶阀。尤其管线球阀产品的系列化和自主研发的全焊接球阀已使SNJ成为中国油气市场占主导地位的供应商。

SNJ以高性能的优质产品参与中国和世界市场竞争，为石油和天然气输送、城市燃气、石化和化工、能源、冶金等工业领域提供“与世界品牌同步”的产品。

40" Class 600和48" Class 600、900全焊接管线球阀

SNJ为“长输管道关键设备国产化”研制成功的10台高压大口径全焊接球阀

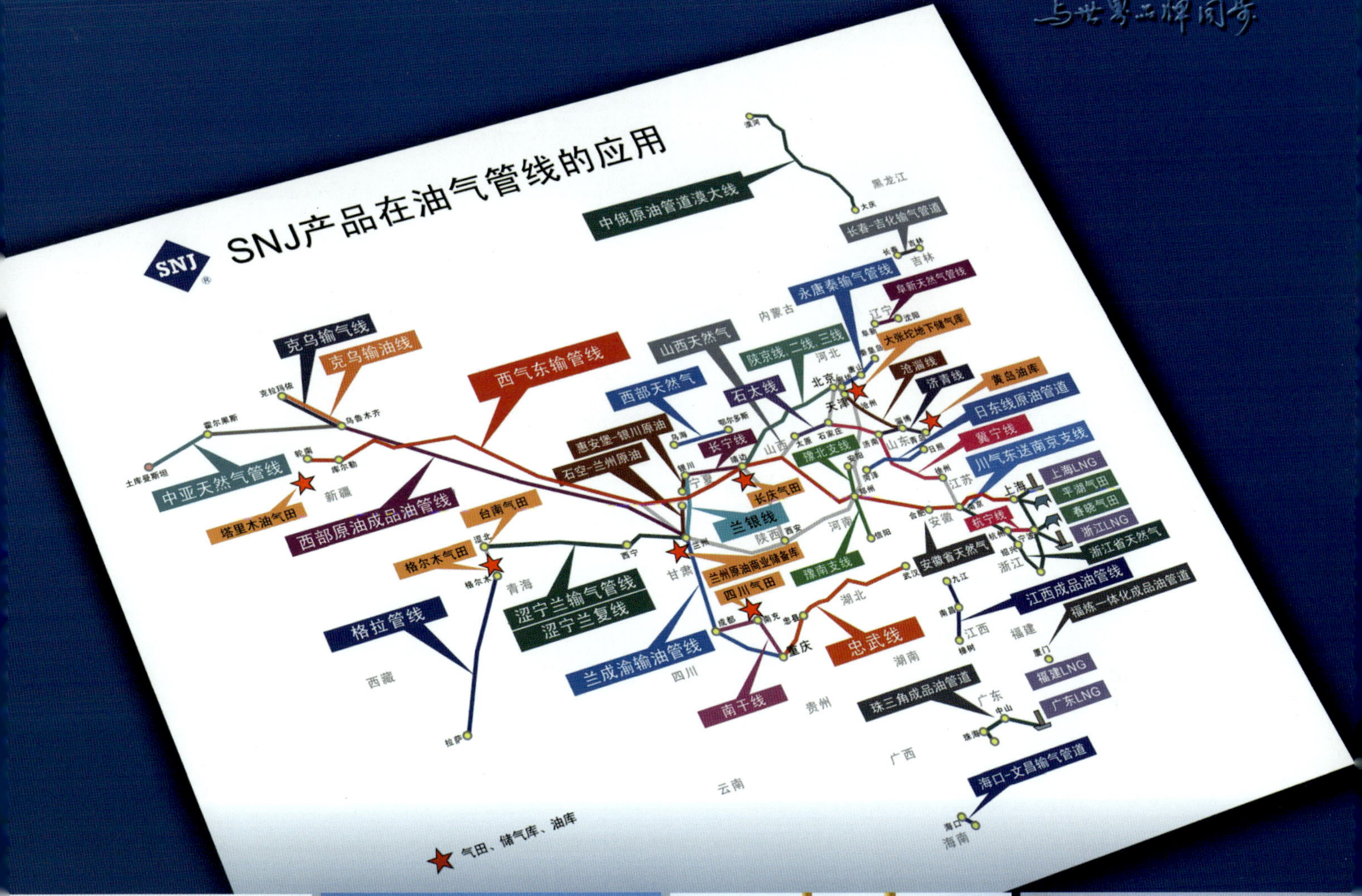
SNJ产品在油气管线的应用
中俄原油管道漠大线
长春-吉化输气管道
永唐秦输气管线
阜新天然气管线
大张坨地下储气库
陕京线、二线、三线
山西天然气
石太线
沧淄线
济青线
黄岛油库
日东线原油管道
冀宁线
川气东送南京支线
上海LNG
平湖气田
春晓气田
浙江LNG
浙江省天然气
安徽省天然气
江西成品油管道
福栋一体化成品油管道
福建LNG
广东LNG
珠三角成品油管道
海口-文昌输气管道
克乌输气线
克乌输油线
西气东输管线
西部天然气
惠安堡-银川原油
石空-兰州原油
长宁线
长庆气田
兰银线
豫北支线
中亚天然气管线
塔里木油田
西部原油成品油管线
台南气田
格尔木气田
涩宁兰输气管线
涩宁兰复线
兰州原油商业储备库
四川气田
豫南支线
格拉管线
兰成渝输油管线
忠武线
南干线
气田、储气库、油库

中国石油西气东输

上海耐莱斯·詹姆斯伯雷

立足能源领域　积极发展核电产品

上海耐莱斯·詹姆斯伯雷阀门有限公司（SNJ）成立于1991年，当前拥有员工290人。合资双方为上海电气集团公司和芬兰美卓自动化有限公司，双方各占50%的股份。公司的主要产品为各类球阀和高性能蝶阀，广泛用于石油化工、化工、油气工业和能源等工业领域。

公司是上海阀门行业高新技术企业和双密集型企业，1995年，取得国家民用核承压设备设计制造许可证，是国内较早参与核电项目建设的企业之一。1993年，获得DNV（挪威船级社）颁发的ISO9001质量管理体系认证，并结合以往核电产品设计制造经验以及新颁发的核安全设备法规，建立了行之有效的核级阀门设计和制造质量保证大纲及一整套执行程序文件，并按照有关导则要求对无损检验人员、焊接操作工进行考核取证。公司的人员配备完全能满足核电产品的制造和检验要求。

公司主要加工设备全部采用进口，其中大型球体车磨一体加工中心在同行中处于领先水平。公司拥有齐全的理化和力学性能测试设备、阀门性能测试设备、球体精度测试仪和阀门寿命试验台等，引进美国的三坐标测量仪，德国的移动光谱分析仪、磁粉探伤仪、超声波探伤仪等检验设备，增强了检测和加工能力，确保了产品质量的稳定性。

公司拥有一批具有5年以上设计制造经验的技术人员，这些人员曾参与过秦山核电站一期、二期项目，巴基斯坦恰西玛P300项目的设计制造以及中石油、中石化、中海油等国内重大项目，能熟练应用ASME和RCC—M规范设计开发核电产品，能在阀门结构设计中运用Solid works-cosmo和UG/I-deas等软件进行分析前的三维建模和装配关系的确定，采用ANSYS软件对阀门进行有限元分析，编制了核级阀门的设计输入、设计输出、设计验证、设计变更、设计服务等控制程序，对核电产品进行抗震计算、热循环试验、冷热交变试验、热态寿命试验、端部加载试验、抗震试验、流体阻断试验和流量系数试验，为公司的核电产品开发奠定了坚实的技术基础。

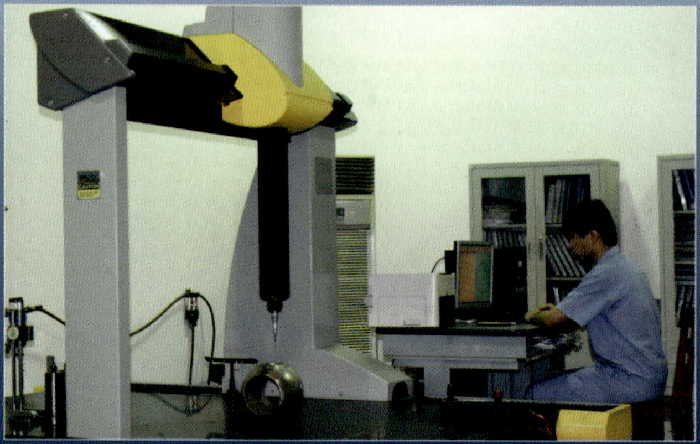

上海电气
SHANGHAI ELECTRIC

公司采用先进的 ERP（企业资源计划）、CRM(客户关系管理)、MES（制造执行系统）、CAD/CAM(计算机辅助设计 / 计算机辅助制造一体化系统)、OA(办公自动化系统)和财务电算化等信息技术平台，实现了从市场开拓、客户下单直至产品出厂全过程的现代化管理，整合了研发、营销、采购、制造、人力资源和行政等业务活动，提升了企业的核心竞争力。

公司所承接的核电阀门主要供货范围是核二级、核三级和非规范级的阀门产品。用于核岛二回路和核岛其他部位的球阀，适用介质为硼水，操作方式主要为手动和电动，口径小于 150mm。产品采用 ASME、RCC—M 标准，设计工程部负责产品的设计开发、标准化审查、翻译、资料管理等工作，核电产品设计和工程制图均采用 CAD 设计，设计采用二维绘图、三维造型，对各种零件物理参数（强度计算、面积、体积、质量、质心位置、惯性矩等）进行计算。公司拥有阀门试验设备，能按设计要求进行一系列功能性试验（如阀门密封试验、壳体强度试验、高温试验、低温试验、寿命试验、耐火试验、动作的可靠性试验等），并委托权威机构或相关的设计院进行抗震分析。

多年来，公司设计、制造的核级阀门产品已经批量投入核电站实际工况中使用，产品运行良好。公司为秦山核电站一期项目设计制造的核二级、核三级不锈钢球阀，其操作方式有手动、万向接和电动，工作压力为 1.6MPa、4.0MPa、6.4MPa，产品通径为 25mm、50mm、80mm，球阀结构为二通和三通；为巴基斯坦恰希玛核电站 P300 工程设计制造的核二级、核三级球阀，工作压力为 1.6MPa、4.0MPa、10.0MPa，产品通径为 25mm、50mm、80mm，球阀结构为二通和三通，操作方式有手动和电动。近年来，公司为秦山核电站二期工程设计制造了非规范级球阀、蝶阀，同时也为岭澳核电站设计制造了 BOP 球阀。

今后，公司将不断提高核电阀门产品的自主设计、制造能力，为我国核电设备国产化做出贡献。

SNJ®
上海耐莱斯·詹姆斯伯雷阀门有限公司
SHANGHAI NELES-JAMESBURY
中国·上海浦东金桥出口加工区秦桥路333号　邮编：201206
电话总机：021-61006611　传真：021-61043217
E-mail:snj@snjvalve.com　http://www.snjvalve.com

中核苏阀科技实业股份有限公司

CNNC SUFA TECHNOLOGY INDUSTRY CO.,LTD.

核二级硬密封蝶阀

加氢阀

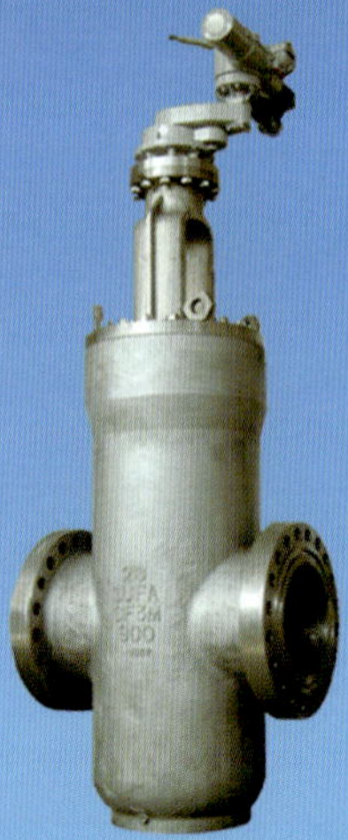

高硫化氢工况用不锈钢28in、900Lb平板闸阀

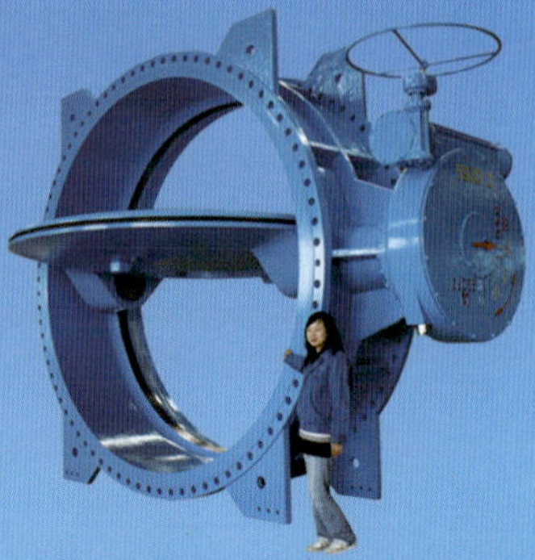

全球墨铸铁 DN3 600mm 双偏心软密封蝶阀

中核苏阀科技实业股份有限公司(简称中核科技)的前身是中国核工业集团公司苏州阀门厂，始建于 1952 年。中核科技是在承袭其前身的主营业务、品牌、质保、技术和管理等诸多优势的基础上建立的集设计、制造、营销、服务为一体的股份有限公司。

中核科技不断追踪国际先进水平和采用国际先进标准。率先获得 API 规范证书(1982 年)，ISO9001：2000(DNV)国际质量认证，欧共体 CE 认证(2001 年)，先后通过美国 ABS、法国 BV、挪威 DNV 和中国 CCS 船级社阀门制造资格证书。从 1995 年起，多次复审通过核级承压设备设计、制造资格许可证，并获得特种设备制造许可证以及中石油、中石化资源市场供应商网络成员单位资格证书，中国电力系统阀门供应成员入网证。

中核科技倾力打造中国阀门民族品牌，是国内阀门制造业和中核集团系统率先上市的国有控股公司，是我国流体机械系统工业阀门主要制造和供应基地。可为石油、石化、油气、化工等行业提供国内外先进标准的工业阀门。公司自上市以来，不断加大资金投入，引进当代先进技术、设备与检测手段，向核电、核化工、水务、煤化工等高端阀门领域迈进。目前，中核科技已成为以国内外高温高压、临加氢、煤化工硬密封耐磨阀及大口径系列阀门为主导产品的主要阀门制造商，成为综合实力较强的阀门制造企业之一。

地址：江苏省苏州市新区珠江路501号　　邮编：215129
电话：0512-67533655　66672570　　传真：0512-67532587　67511301
http://www.chinasufa.com　　E-mail：sales2@chinasufa.com

SUFA CNNC 中核科技

开拓创新

助力重大技术装备国产化

2010 年通用机械产品进出口分析与需要关注的问题

一、2010 年通用机械产品进出口分析

据海关统计，2010 年通用机械产品（按中国机械工业联合会统计范围）进出口总额 669.45 亿美元，比上年增长 29.66%，创历年新高，形势很好。其中，进口额 270.36 亿美元，比上年增长 23.23%，比历年最高的 2008 年 231.77 亿美元还多 38.59 亿美元；出口额 399.09 亿美元，比上年增长 34.41%，比历年最高的 2008 年 367.58 亿美元还多 31.51 亿美元；进出口顺差 128.73 亿美元，比上年顺差 77.54 亿美元增加 51.19 亿美元。

12 大类产品进出口额与上年比较，有 10 种产品增长，两种产品下降。进出口额增长最快的是印刷装订机械（比上年增长 54.34%），其次是塑料机械（比上年增长 53.92%），再次是空气调节器（比上年增长 41.05%）。进出口比上年下降的两种产品是干燥、蒸馏设备和空气分离设备。

2010 年，通用机械 12 大类产品中，进口额居前 3 位的是阀门 61.33 亿美元、泵 41.96 亿美元、风机和压缩机 32.77 亿美元，增长速度居前 3 位的是塑料机械 56.25%、印刷装订机械 48.71%、制冷机械 33.00%。进口额下降的有干燥、蒸馏设备和空气分离设备。

2010 年，通用机械 12 大类产品中，出口额居前 3 位的是阀门 98.23 亿美元、空气调节器 90.09 亿美元、制冷机械 57.53 亿美元，增长速度居前 3 位的是印刷装订机械 70.77%、塑料机械 50.24%、制冷或空气调节用压缩机 49.19%。出口额下降的为空气分离设备。

2010 年通用机械按大类产品进出口情况见表 1。

表 1　2010 年通用机械按大类产品进出口情况

产品类别	进出口		进口		出口	
	金额（万美元）	比上年增长（%）	金额（万美元）	比上年增长（%）	金额（万美元）	比上年增长（%）
合计	6 694 480.1	29.66	2 703 567.9	23.23	3 990 912.2	34.41
泵	812 724.2	32.57	419 565.5	30.39	393 158.7	34.97
制冷或空气调节用压缩机	304 692.3	40.18	109 488.5	26.55	195 203.8	49.19
风机和压缩机	607 006.6	21.56	327 718.7	10.73	279 287.9	37.33
空气调节器	931 444.0	41.05	30 509.1	30.81	900 934.9	41.43
制冷机械	662 544.0	27.35	87 272.8	33.00	575 271.2	26.53
干燥、蒸馏设备	191 043.4	-6.27	129 262.2	-11.77	61 781.2	7.81
空气分离设备	135 093.8	-11.65	82 779.1	-12.04	52 314.7	-11.02
过滤净化设备	416 826.6	28.91	245 322.0	24.79	171 504.6	35.30
印刷装订机械	264 075.8	54.34	189 519.4	48.71	74 556.4	70.77
塑料机械	375 048.5	53.92	232 814.6	56.25	142 233.9	50.24
阀门	1 595 620.9	26.35	613 345.1	20.84	982 275.8	30.06
传动装置	398 360.0	34.96	235 970.9	31.48	162 389.1	40.35

2010年,通用机械12大类产品进出口分析:

1. 泵

(1)进口额41.96亿美元,比上年增长30.39%。其中20种产品进口额比上年增长,增速快的首先是液压往复式柱塞泵,进口量10.3万台,进口额1.91亿美元,金额比上年增长206.69%;其次是液压回转式齿轮泵,进口量15万台,进口额6 110.9万美元,金额比上年增长149.46%;再次是电动回转式齿轮泵,进口量28.8万台,进口额5 262.5万美元,金额比上年增长133.75%。进口增长的还有液压回转式叶片泵、真空泵、电动回转式叶片泵、气动往复式排液泵、电动回转式叶片泵和手泵等。9种产品进口额比上年下降,转速1万r/min及以上的离心泵下降幅度最大,达33.62%,其他产品还有电动往复式排液泵、回转式径向柱塞泵、转速1万r/min及以下的潜油泵及潜水泵等。

(2)出口额39.32亿美元,比上年增长34.97%。其中26种产品出口额比上年增长,增速快的首先是液压回转式叶片泵,出口量31.7万台,出口额1 203.3万美元,金额比上年增长401.21%;其次是电动回转式齿轮泵,出口量12.9万台,出口额645.3万美元,金额比上年增长125.13%;再次是液压往复式柱塞泵,出口量44.65万台,出口额2 136万美元,金额比上年增长102.19%。出口快速增长的还有内燃发动机用燃油泵、液压回转式齿轮泵、电动回转式叶片泵、回转式轴向柱塞泵等。3种产品出口额比上年下降,即混凝土泵、液体提升机及转速1万r/min以下的离心泵。

2. 制冷或空气调节用压缩机

(1)进口额10.95亿美元,比上年增长26.55%。全部8种产品进口额全面增长,增长最快的是5kW以上空气调节器用压缩机,进口量34.1万台,进口额1.60亿美元,金额比上年增长58.10%;其次是0.4~5kW制冷用压缩机,进口量66.66万台,进口额5 303.4万美元,金额比上年增长53.91%;再次是5kW以上制冷用压缩机,进口量3.18万台,进口额4 611.4万美元,金额比上年增长45.04%。增长快的还有0.4kW及以下的制冷用压缩机,进口量55.89万台,进口额2.24亿美元,金额比上年增长41.00%。

(2)出口额19.52亿美元,比上年增长49.19%。其中除0.4~5kW制冷用压缩机出口额比上年下降外,其他7种都增长。增长快的有非电机驱动的制冷用压缩机,出口额2.26亿美元,比上年增长77.97%;其次是0.4kW及以下制冷压缩机,出口额5.9亿美元,比上年增长68.24%;再次是5kW以上空调器用压缩机,出口额1.03亿美元,比上年增长62.82%。

3. 风机和压缩机

(1)进口额32.77亿美元,比上年增长10.73%。其中7种产品进口额比上年增长,增速最快的是风机和压缩机零件,进口额均增长60%以上;离心通风机进口量299.66万台,进口额1.69亿美元,金额比上年增长41.51%。两种产品进口额比上年下降,其中二氧化碳压缩机进口额大幅度下降,降幅达52.88%。

(2)出口额27.93亿美元,比上年增长37.33%。其中8种产品出口额比上年增长,增速快的是发动机用增压器,比上年增长109.45%;二氧化碳压缩机,比上年增长85.93%;1种产品出口额比上年下降,即燃气轮机用发生器,比上年下降95.07%。

4. 空气调节器

(1)进口额3.05亿美元,比上年增长30.81%。其中6种产品进口额比上年增长,增速快的是机动车辆供人使用的空调器,进口额5 911.4万美元,比上年增长114.52%;其次是未装制冷装置的空调器,进口额1 672.4万美元,比上年增长70.26%;再次是4 000 kcal/h(1kcal = 4 186.8J)以上其他空调器,进口额7 259.4万美元,比上年增长29.96%。4种产品进口额比上年下降,主要是窗式或壁式空调器、4 000kcal/h及以下的装有冷热换向阀的空调器等。

(2)出口额90.09亿美元,比上年增长

41.43%。除零件出口额下降外，其他9种产品出口额都增长。增长最快的是4 000kcal/h及以下装有冷热换向阀的空调器，出口额2.77亿美元，比上年增长103.05%；其次是4 000kcal/h以上分体式空调器，出口额16.48亿美元，比上年增长79.40%；再次是4 000kcal/h以上装有冷热换向阀的空调器，出口额2.95亿美元，比上年增长73.90%。

5. 制冷机械

（1）进口额8.73亿美元，比上年增长33.00%。其中16种产品进口额比上年增长，进口额大、增速又快的是其他制冷机组，进口额5亿美元，比上年增长78.65%；其次是500L以上制冷机组，进口额8 099.2万美元，比上年增长53.39%；再次是200~500L制冷机组，进口额2 659万美元，比上年增长47.16%。9种产品进口额比上年下降，主要有压缩式热泵、其他热泵和900L及以下立式冷冻箱等。

（2）出口额57.53亿美元，比上年增长26.53%。除两种产品出口额少许下降外，其他普遍增长。出口额大、增速又快的有200~500L制冷机组，出口额9.71亿美元，比上年增长25.54%；500L及以下制冷机组出口额6.11亿美元，比上年增长61.66%；其他制冷机组出口额5.93亿美元，比上年增长45.30%。出口增长快的还有半导体制冷式家用冷藏箱、制冷机组零件等。

6. 干燥、蒸馏设备

（1）进口额12.93亿美元，比上年下降11.77%。其中4种产品进口额比上年增长，精馏塔进口额2 546.3万美元，比上年增长135.04%；木材、纸浆或纸板干燥器，进口额1.04亿美元，比上年增长62.94%；其他干燥器进口额3.14亿美元，比上年增长13.09%；4种产品进口额比上年下降，主要是利用温度变化处理材料的其他机器或装置。

（2）出口额6.18亿美元，比上年增长7.81%。其中5种产品出口额增长，增长快的主要是提净塔出口额1 972.4万美元，比上年增长140.64%；纸浆或纸板干燥器出口额2 326.1万美元，比上年增长61.14%；其他干燥器出口额1.55亿美元，比上年增长39.88%。3种产品出口额下降，主要是农产品干燥器和精馏塔。

7. 空气分离设备

（1）进口额8.28亿美元，比上年下降12.04%。主要是热交换装置进口额7.58亿美元，占全部进口额的91.55%，比上年下降9.59%。

（2）出口额5.23亿美元，比上年下降11.02%。热交换装置出口额2.9亿美元，比上年增长7.90%；1.5万m^3/h及以上的制氧机出口量93台，出口额4 964.2万美元，金额比上年下降55.51%；1.5万m^3/h以下的制氧机出口量1 871台，出口额9 837万美元，金额比上年下降30.58%。

8. 过滤净化设备

（1）进口额24.53亿美元，比上年增长24.79%。其中11种产品进口额比上年增长，进口额大、增速快的有3种：一是内燃发动机的排气过滤及净化装置，进口额2.49亿美元，比上年增长220.19%；二是未列名液体过滤和净化机器及装置，进口额6.5亿美元，比上年增长48.62%；三是固液分离机，进口额1.21亿美元，比上年增长30.84%。此外，工业用旋风式除尘器，进口额1 574.7万美元，比上年增长94.75%。5种产品进口额比上年下降，主要是压滤机、工业用静电除尘器及工业用袋式除尘器等。

（2）出口额17.15亿美元，比上年增长35.3%。液体过滤设备出口额普遍增长，其中出口最多的是内燃发动机的燃油过滤器，出口额4.26亿美元，比上年增长41.35%；其次是非家用型水的过滤、净化机器及装置出口额2.89亿美元，比上年增长103.75%；再次是内燃发动机的进气过滤器，出口额8 994.3万美元，比上年增长65.88%。出口额比上年下降的主要是工业用静电和袋式两种除尘器。

9. 印刷装订机械

（1）进口额18.95亿美元，比上年增长48.71%。

进口额最多的是各类胶印机。一是五色以上的平张纸胶印机，进口量407台，进口额4.87亿美元，金额比上年增长84.07%；二是平张纸四色胶印机，进口量883台，进口额4.75亿美元，金额比上年增长44.42%；三是卷取进料式胶印机（含印报纸用），进口量39台，进口额0.91亿美元，金额比上年增长33.43%。这3种产品合计进口额占进口总额的55.6%，进口势头很猛。进口额较大的产品还有数字式喷墨印刷机、平网印刷机、激光印刷机、激光照相排版设备等。进口额比上年下降的有平张纸单色胶印机、胶订机、切纸机3种，但进口量都不大。

（2）出口额7.46亿美元，比上年增长70.77%。出口高速增长的是3类印制机，一是数字式喷墨印刷机，出口额2.85万美元，比上年增长258.66%；二是激光印刷机，出口额853.3万美元，比上年增长243.12%；三是平张纸四色胶印机，出口额896.1万美元，比上年增长83.03%。出口额比上年下降的主要有办公室用小胶印机、卷取进料式胶印机和激光照相排版设备等。

10. 塑料机械

（1）进口额23.28亿美元，比上年增长56.25%。除塑料中空成型机进口额下降外，其他普遍增长。进口量最多的注塑机达9 702台，进口额9.29亿美元，金额比上年增长78.54%；吹塑机进口量307台，进口额3.01亿美元，金额比上年增长67.77%；塑料造粒机进口量158台，进口额1.36亿美元，金额比上年增长8.99%；塑料机械零件进口额3.2亿美元，金额比上年增长40.36%。

（2）出口额14.22亿美元，比上年增长50.24%。除塑料压延成型机出口额下降外，其他产品出口额都增长。出口最多的注塑机出口额达6.24亿美元，比上年增长73.88%；其他挤出机出口额1.94亿美元，比上年增长35.34%；吹塑机出口额1.36亿美元，比上年增长24.29%；塑料机械零件出口额2.82亿美元，比上年增长50.98%。

11. 阀门

（1）进口额61.33亿美元，比上年增长20.84%。进口最多的是液压传动阀，进口额11.13亿美元，比上年增长97.09%；其次是气压传动阀，进口额4.3亿美元，比上年增长20.33%；再次是止回阀，进口额3.7亿美元，比上年增长8.51%。此外，减压阀进口额2.72亿美元，比上年增长42.85%；阀门零件进口额6.57亿美元，比上年增长43.06%。

（2）出口额98.23亿美元，比上年增长30.06%。所有产品出口全面增长，出口最多的是阀门零件、龙头旋塞及其零件，合计出口额56.26亿美元，占出口额的57.27%。止回阀出口额2.34亿美元，比上年增长59.78%；减压阀出口额1.39亿美元，比上年增长45.39%。

12. 传动装置

（1）进口额23.6亿美元，比上年增长31.48%。进口额最多的是齿轮及其他变速传动装置、滚珠螺杆传动轴，进口额14.09亿美元，比上年增长23.65%；其次是行星齿轮减速器，进口额4.09亿美元，比上年增长50.9%。

（2）出口额16.24亿美元，比上年增长40.35%。出口额最多的是齿轮及其他变速传动装置、滚珠螺杆传动轴，出口额8.55亿美元，比上年增长41.32%；其次是未装有滚珠或滚子轴承的轴承座，出口额3.45亿美元，比上年增长48.92%。

二、需要关注的几个问题

2011年，世界经济处于国际金融危机后的复苏阶段，各国采取了一系列有效措施，经济增长速度逐步恢复，国际市场需求有所增加。2011年4月，我国举办的109届广交会上，机电产品成交额比上年春交会增长24.4%，其中对欧盟、美国、金砖国家的成交额占60%以上，尤其与巴西成交额增长约1.8倍，与美国成交额增长77.6%，发展势头很好。但同时，各种突发事件，尤其是西亚、北非部分国家政局动荡，日本的地震、海啸和核灾害，欧洲部分国家主权债务危机的延续以及美国、日本货币政策的超宽松流动性等的叠加影响，为世界经济复苏前景增添了新的不确定性，也对国际金融和商品市场造成较大冲击,直接推高了国际大宗商品价格,不仅使新兴经济体和发展中国家本已高企的通胀压力加大,也使发达经济体感受通胀压力。

2011 年是我国"十二五"规划开局之年,1~5 月全国固定资产投资同比增长 25.8%,其中机械工业同比增长 39.88%,市场对通用机械的需求与进出口贸易将保持较快增长。同时,人民币升值、部分原材料价格上涨、劳动力成本上升以及银行贷款利率提高和一些国家贸易保护主义抬头等,都将影响出口,给出口企业带来困难。

当前通用机械产品进出口需要关注以下 4 个问题:

1. 调整和优化出口产品结构

我国出口的通用机械产品中,劳动密集型产品和低附加值产品占有很大比重。近几年来,出口产品结构有所改善,出口产品技术含量有所提高,但总体水平仍然较低,需要不断调整和优化。

首先,要适应国际市场的需求变化,调整出口产品结构。国际金融危机发生后,各国采取了一系列的应对措施,国际市场需求结构发生了一定变化,有关出口企业要适应这一变化,根据用户需求,及时调整产品结构,做好服务。

其次,随着国内企业转变发展方式和调整产品结构的进展,应及时优化出口产品结构,提高出口产品的技术含量;继续推进加工贸易转型升级,尤其是液体泵、空调器、制冷机械等产品需要加快升级换代,将其中的贴牌产品逐步转为自主品牌,提高产品档次。

再次,逐步减少"两高一资"产品的出口,如铸件、锻件、钢结构件等。

2. 努力规避汇率风险

人民币的不断升值,已给出口企业造成很大困难,需要寻找规避汇率风险的有效方法。自中国人民银行等部门发布《关于扩大跨境贸易人民币结算试点有关问题的通知》以来,已产生积极效应。我国 2011 年第一季度跨境贸易人民币结算达到3 603 亿元,约占 2010 全年业务量的 70%。这项措施是规避汇率风险,减少对美元的依赖,避免因人民币升值给出口企业造成损失的可靠途径。据统计,到 2010 年底,我国实行跨境贸易人民币结算的试点企业已达 6.7 万家,预计 2011 年上半年有可能实现全国试点。出口企业要积极争取列入试点名单,并与客户密切合作,选择有实力的银行,积极推进人民币结算。

3. 面对大量进口,要把握机遇,提高自主创新能力

通用机械产品每年的进口量很大,2010 年进口额 270.36 亿美元,其中进口额 10 亿美元以上的产品有液体泵、气体压缩机、制冷设备用压缩机和塑料机械等。2011 年前 5 个月进口额仍然增长较快,给国内相关产品制造企业带来很大压力。国内企业要把握机遇,迎接挑战,提高自主创新能力。

当前,我国政府为了促进外贸平衡,在政策层面上出台了一些措施,鼓励扩大进口。

首先,2011 年 4 月 29 日,国家发展和改革委员会、财政部、商务部发布了鼓励进口的技术和产品目录(2011 年版),其中通用机械有特大容量脱硫干风机、离心式风机(流量≥2 900m^3/min,压升≥46kPa)、内循环厌氧反应器、大型化和自动化碟式分离机。进口这些产品国家给予贴息(一年期银行贷款利率)政策支持。

其次,《海峡两岸经济合作框架协议》已经实施,通用机械中有工业用静电除尘器和其他工业用除尘器、真空泵、空调器用压缩机、制冷用压缩机零件、热交换装置、木材或纸浆用干燥器及平网印刷机等。2011 年从中国台湾进口这些产品要降低关税,2012 年进口关税降到零。

再次,人民币升值将降低进口成本,有利于进口。

上述这些因素,必将进一步扩大通用机械产品的进口。为此,有关企业一方面要充分用好国家鼓励进口的政策,引进所需的先进技术和设备。同时,要重视引进技术的消化吸收和再创新工作。自主创新并不意味着什么都要从头开始自行研制。

在经济全球化和科技迅速发展的今天，任何国家都不可能在一切领域独立地发展技术，关起门来搞自主创新。从这个意义上说，重视引进技术的消化吸收和再创新工作非常重要。通过对技术先进的进口产品的分析研究，在消化吸收的过程中，提高自主创新能力，对引进技术予以改进和创新，逐步形成自己的知识产权，研制开发具有自主知识产权的新产品，努力提高竞争力。

4.“走出去”，加大国际化经营力度

据联合国贸易和发展组织公布，中国对外投资总额已经由2008年位居世界第12位，上升到2009年的第6位，2010年排序还将上升，我国已进入海外投资较快增长阶段。当前，国家有关部门正在制定相关法规，促进境外投资的便利化。近几年来，我国一些有实力的企业开展国际化经营已取得实效，有的正在逐步建立全球销售服务网点，为进一步扩大出口创造了很好的条件。要继续鼓励更多有条件的企业“走出去”投资办厂，或与当地企业合资、合作，或有选择地兼并、收购国外具有先进制造技术的企业，创造条件逐步将先进技术移植到国内企业生产的产品中，以此促进我国企业产品结构的调整升级。

〔撰稿人：郑国伟〕

2010年通用机械产品进口情况

商品税号	商品名称	单位	数量	2010年金额（万美元）	2009年金额（万美元）	金额比上年增长（%）
84131100	分装燃料或润滑油的计量泵，加油站或车库用	台	15 477	539.0	542.0	-0.55
84131900	其他装有或可装计量装置的液体泵	台	377 593	14 537.5	14 983.6	-2.98
84132000	手泵，但装有或可装计量装置者除外	台	35 373 006	2 311.7	1 276.7	81.07
84133029	其他活塞式内燃发动机用燃油泵	台	3 962 906	30 229.6	20 204.9	49.62
84134000	混凝土泵	台	451	1 179.5	975.6	20.90
84135010	气动往复式排液泵	台	95 396	4 199.5	2 600.3	61.50
84135020	电动往复式排液泵	台	4 840 119	14 703.2	15 400.5	-4.53
84135031	液压往复式柱塞泵	台	102 845	19 095.4	6 226.4	206.69
84135039	其他液压往复式排液泵	台	1 752 759	49 996.6	35 025.9	42.74
84135090	未列名往复式排液泵	台	406 315	2 849.5	3 511.6	-18.85
84136021	电动回转式齿轮泵	台	288 022	5 262.5	2 251.3	133.75
84136022	液压回转式齿轮泵	台	149 591	6 110.9	2 449.6	149.46
84136029	其他回转式齿轮泵	台	393 381	7 360.8	4 999.5	47.23
84136031	电动回转式叶片泵	台	618 022	2 960.4	1 932.1	53.23
84136032	液压回转式叶片泵	台	93 298	1 826.6	932.6	95.86
84136039	其他回转式叶片泵	台	428 094	3 707.9	2 647.1	40.07
84136040	回转式螺杆泵	台	17 380	3 375.6	3 178.3	6.21
84136050	回转式径向柱塞泵	台	2 304	249.5	520.1	-52.03

（续）

商品税号	商品名称	单位	数量	2010年金额（万美元）	2009年金额（万美元）	金额比上年增长（%）
84136060	回转式轴向柱塞泵	台	69 186	5 708.6	4 165.4	37.05
84136090	其他回转式排液泵	台	2 543 959	28 402.5	20 744.6	36.92
84137010	转速在10 000r/min及以上的离心泵	台	127 323	5 807.2	8 747.9	-33.62
84137091	转速在10 000r/min以下离心电动潜油泵及潜水电泵	台	40 039	4 052.1	4 929.7	-17.80
84137099	转速在10 000r/min以下的其他离心泵	台	3 289 994	67 927.7	63 024.1	7.78
84138100	未列名液体泵	台	11 329 063	37 409.1	34 476.4	8.51
84138200	液体提升机	台	17 009	484.7	459.3	5.54
84139100	液体泵零件	kg	28 317 315	64 347.6	45 768.7	40.59
84139200	液体提升机零件	kg	50 251	234.7	263.2	-10.83
84141000	真空泵	台	849 094	34 010.9	18 672.1	82.15
84142000	手动或脚踏式空气泵	台	1 952 132	684.7	876.8	-21.91
84143011	冷藏、冷冻箱压缩机，电动机功率≤0.4kW	台	5 589 417	22 447.7	15 920.6	41.00
84143012	0.4kW<电动机功率≤5kW冷藏或冷冻箱用压缩机	台	666 614	5 303.4	3 445.7	53.91
84143013	0.4kW<电动机功率≤5kW的空气调节器用压缩机	台	3 700 696	25 387.9	22 594.3	12.36
84143014	电动机功率>5kW的空气调节器用压缩机	台	340 952	15 951.9	10 089.5	58.10
84143015	电动机功率>5kW的冷藏或冷冻箱用压缩机	台	31 860	4 611.4	3 179.4	45.04
84143019	电动机驱动的其他制冷设备用压缩机	台	1 084 495	9 756.3	9 143.0	6.71
84143090	非电动机驱动的制冷设备用压缩机	台	1 973 449	23 224.3	19 783.5	17.39
84144000	装在拖车底盘上的空气压缩机	台	1 424	2 805.6	2 360.6	18.85
84145930	离心通风机	台	2 996 608	16 939.6	11 970.2	41.51
84145990	其他风机、风扇	台	215 837 615	77 290.3	66 366.1	16.46
84148010	燃气轮机用的自由活塞式发生器	台	24	445.6	38.3	1 062.84
84148020	二氧化碳压缩机	台	157	1 712.1	3 633.5	-52.88
84148030	发动机用增压器	台	229 109	17 268.9	13 967.4	23.64
84148090	其他空气泵，气体压缩机，通风罩、循环气罩	台	11 047 252	172 319.4	173 305.7	-0.57
84149011	84143011~84143014、84143090压缩机进、排气阀片	kg	660 745	965.1	602.2	60.26
84149019	84143011~84143014、84143090其他零件	kg	35 344 818	36 469.6	22 279.8	63.69
84149020	84145110~84145199及84146000机器零件	kg	4 198 249	4 308.1	3 801.5	13.33
84151010	独立窗式或壁式空气调节器	台	8 544	514.6	597.2	-13.83
84151021	制冷量≤4 000kcal/h分体窗式或壁式空调	台	1 617	156.2	158.0	-1.12
84151022	制冷量>4 000kcal/h分体窗式或壁式空调	台	1 974	1 138.8	1 222.0	-6.81
84152000	机动车辆上供人使用的空气调节器	台	214 597	5 911.4	2 755.6	114.52
84158110	装冷热换向阀空调器，制冷量≤4 000kcal/h	台	1 965	185.6	196.6	-5.58
84158120	装冷热换向阀空调器，制冷量>4 000kcal/h	台	5 563	5 871.7	5 156.5	13.87
84158210	其他空气调节器，制冷量≤4 000kcal/h	台	955	180.5	160.4	12.50
84158220	其他空气调节器，制冷量>4 000kcal/h	台	30 238	7 259.4	5 585.7	29.96
84158300	未装有制冷装置的空气调节器	台	15 457	1 672.4	982.3	70.26
84159010	84151000、84158110及84158210设备的零件	kg	3 524 080	7 618.5	6 508.7	17.05
84181010	各自装门的冷藏—冷冻组合机，容积>500L	台	90 303	8 099.2	5 280.0	53.39
84181020	200L<容积≤500L的冷藏—冷冻组合机	台	39 260	2 659.0	1 806.9	47.16
84181030	容积≤200L的冷藏—冷冻组合机	台	3 818	216.6	284.1	-23.77

（续）

商品税号	商品名称	单位	数量	2010年金额（万美元）	2009年金额（万美元）	金额比上年增长（%）
84182110	容积超过150L的压缩式家用型冷藏箱	台	1 581	164.4	120.1	36.94
84182120	50L＜容积≤150L的压缩式家用型冷藏箱	台	2 198	170.5	135.3	26.03
84182130	容积≤50L的压缩式家用型冷藏箱	台	1 613	103.1	134.1	-23.14
84182910	半导体制冷式家用型冷藏箱	台	469	7.3	36.2	-79.85
84182920	电气吸收式家用型冷藏箱	台	174	5.3	16.0	-66.83
84182990	其他家用型冷藏箱	台	332	20.7	34.2	-39.47
84183010	t≤-40℃的柜式冷冻箱，容积≤800L	台	308	169.6	151.8	11.71
84183021	t＞-40℃的柜式冷冻箱，500L＜容积≤800L	台	313	103.8	57.8	79.52
84183029	t＞-40℃的柜式冷冻箱，容积≤500L	台	452	59.9	36.7	63.04
84184010	t≤-40℃的立式冷冻箱，容积≤900L	台	3 271	1 574.0	1 646.0	-4.37
84184021	t＞-40℃的立式冷冻箱，500L＜容积≤900L	台	240	79.2	48.3	64.08
84184029	t＞-40℃的立式冷冻箱，容积≤500L	台	364	86.8	47.0	84.80
84185000	其他冷藏或冷冻设备	台	6 237	1 806.5	1 431.1	26.24
84186120	压缩式热泵	台	2 008	1 141.8	8 007.0	-85.74
84186190	其他热泵	台	883	110.0	403.4	-72.73
84186920	其他制冷机组	kg	28 581 600	49 974.7	27 974.1	78.65
84186990	未列名制冷设备	kg	3 334 449	10 383.3	9 490.8	9.40
84189100	冷藏或冷冻设备专用的特制家具	kg	64 351	91.1	25.5	257.25
84189910	制冷机组及热泵的零件	kg	823 756	1 598.6	1 485.7	7.60
84189991	t≤-40℃的冷冻设备的零件	kg	15 132	83.2	83.5	-0.40
84189992	t＞-40℃、容积＞500L的冷藏冷冻设备零件	kg	231 357	373.2	295.1	26.47
84189999	8418设备的未列名零件	kg	4 358 564	8 191.0	6 589.9	24.30
84193100	农产品干燥器	台	655	1 091.0	1 142.8	-4.53
84193200	木材、纸浆、纸或纸板干燥器	台	192	10 412.0	6 390.3	62.94
84193910	微空气流动陶瓷坯件干燥器	台	27	81.8	3.3	2363.86
84193990	其他干燥器	台	50 369	31 405.6	27 771.1	13.09
84194010	提净塔	台	8	391.7	1 215.0	-67.76
84194020	精馏塔	台	29	2 546.3	1 083.4	135.04
84194090	其他蒸馏或精馏设备	台	1 841	5 007.3	7 872.0	-36.39
84198990	未列名利用温度变化处理材料的机器、装置等	台	89 544	78 326.5	101 031.5	-22.47
84195000	热交换装置	台	1 124 335	75 836.8	83 885.4	-9.59
84196011	制氧量≥15 000m^3/h及以上的制氧机	台	1	695.7	0.5	
84196019	其他制氧机	台	56	42.0	578.2	-92.74
84196090	未列名液化空气或其他气体的机器	台	188	6 204.6	9 646.1	-35.68
84211910	脱水机	台	1 172	5 110.7	3 901.7	30.99
84211920	固液分离机	台	1 673	12 149.5	9 285.7	30.84
84211990	其他未列名离心机，包括离心干燥机	台	25 757	25 392.6	25 609.0	-0.84
84212110	家用型水的过滤、净化机器及装置	台	1 644 299	1 911.7	1 207.6	58.31
84212190	非家用型水的过滤、净化机器及装置	台	722 044	18 425.7	16 798.0	9.69
84212200	过滤或净化饮料的机器及装置	台	9 691	548.0	236.5	131.74
84212300	内燃发动机的燃油过滤器	个	42 188 214	21 362.0	16 529.8	29.23

（续）

商品税号	商品名称	单位	数量	2010年金额（万美元）	2009年金额（万美元）	金额比上年增长（%）
84212910	压滤机	个	414	3 857.8	4 113.4	-6.21
84212990	未列名液体过滤、净化机器及装置	个	34 360 800	65 030.5	43 754.8	48.62
84213100	内燃发动机的进气过滤器	个	2 569 462	5 014.4	3 800.2	31.95
84213921	工业用静电除尘器	个	3 062	2 262.9	4 523.3	-49.97
84213922	工业用袋式除尘器	个	2 366	1 702.1	2 461.8	-30.86
84213923	工业用旋风式除尘器	个	4 229	1 574.7	808.6	94.75
84213929	其他工业用除尘器	个	19 258	2 282.4	2 284.1	-0.08
84213930	内燃发动机的排气过滤及净化装置	个	2 314 074	24 929.5	7 785.9	220.19
84213990	其他非家用型气体的过滤、净化机器及装置	个	7 235 312	53 767.5	53 488.3	0.52
84401010	锁线装订机	台	50	762.8	558.4	36.60
84401020	胶订机	台	89	1 104.4	2 123.6	-47.99
84401090	其他书本装订机器	台	1 238	3 517.7	2 035.4	72.82
84409000	书本装订机器的零件	kg	83 200	451.9	355.1	27.26
84411000	切纸机	台	20 847	6 409.8	9 076.8	-29.38
84419010	切纸机零件	kg	394 612	1 335.1	1 182.8	12.87
84423010	铸字机	台	11	29.4	6.5	350.23
84423090	8442其他的机器、器具及设备	台	2 429	161.7	145.1	11.45
84424000	制版用机器、器具及设备的零件	台	345 191	2 100.1	1 500.6	39.96
84425000	印版、滚筒等;制成供印刷用的板、筒等	kg	815 800	2 132.8	1 828.1	16.67
84431100	卷取进料式胶印机	台	39	9 131.8	6 843.9	33.43
84431200	办公室用片取式胶印机(片尺寸≤22cm×36cm)	台	16	11.4	11.0	3.45
84431311	平张纸进料式单色胶印机	台	9	37.8	48.2	-21.53
84431312	平张纸进料式双色胶印机	台	9	499.2	400.2	24.74
84431313	平张纸进料式四色胶印机	台	883	47 516.7	32 901.5	44.42
84431319	其他平张纸进料式胶印机	台	407	48 717.5	26 467.1	84.07
84431390	未列名胶印机	台	87	2 963.7	2 354.1	25.89
84431400	卷取进料式凸版印刷机,不包括苯胺印刷机	台	69	745.8	547.5	36.23
84431500	非卷取进料式凸版印刷机,不包括苯胺印刷机	台	89	2 083.6	954.0	118.41
84431600	苯胺印刷机	台	53	2 490.3	2 315.0	7.57
84431700	凹版印刷机	台	67	4 264.0	2 350.0	81.44
84431921	圆网印刷机	台	82	2 482.0	2 250.4	10.29
84431922	平网印刷机	台	1 666	9 519.9	6 946.6	37.04
84431929	其他网式印刷机	台	1 342	7 681.8	1 807.2	325.07
84431980	未列名印刷机	台	7 770	3 878.9	3 240.5	19.70
84433221	数字式喷墨印刷机,可连接网络	台	206 656	19 693.0	13 350.9	47.50
84433222	激光印刷机,可连接网络	台	3 042	6 242.1	3 411.3	82.99
84433229	其他数字式印刷设备,可连接网络	台	5 119	2 079.6	1 721.4	20.81
90065910	激光照相排版设备	台	102	1 474.6	710.4	107.57
84771010	注塑机	台	9 702	92 905.0	52 035.3	78.54
84771090	其他注射机	台	626	6 889.5	5 521.3	24.78
84772010	塑料造粒机	台	158	13 551.8	12 434.1	8.99

（续）

商品税号	商品名称	单位	数量	2010年金额（万美元）	2009年金额（万美元）	金额比上年增长（%）
84772090	其他挤出机	台	863	27 892.8	18 894.6	47.62
84773000	吹塑机	台	307	30 082.5	17 931.1	67.77
84774010	塑料中空成型机	台	147	1 604.4	1 795.4	-10.64
84774020	塑料压延成型机	台	158	3 990.7	2 898.4	37.69
84774090	其他真空模塑机及其他热成型机器	台	1 891	12 185.5	6 172.5	97.41
84775900	其他模塑或成型机器	台	1 212	11 667.9	8 484.1	37.53
84779000	8477 所列机器的零件	kg	16 760 247	32 044.5	22 829.9	40.36
84811000	减压阀	套	23 545 230	27 225.6	19 058.5	42.85
84812010	油压传动阀	套	12 007 473	111 258.1	56 450.6	97.09
84812020	气压传动阀	套	10 814 992	43 045.4	35 772.8	20.33
84813000	止回阀	套	81 184 017	37 007.7	34 105.7	8.51
84814000	安全阀或溢流阀	套	17 851 686	33 188.3	28 316.9	17.20
84818010	其他阀门	套			265 514.8	
84818021	电磁式换向阀	套	23 831 779	23 580.0		
84818029	其他换向阀	套	9 558 651	12 861.6		
84818031	电子膨胀阀	套	2 409 808	2 988.8		
84818039	其他流量阀	套	16 719 968	42 061.0		
84818040	其他阀门	套	92 537 341	188 419.4		
84818090	龙头、旋塞及类似装置	套	6 908 458	14 786.9	13 309.0	11.10
84819010	阀门零件	kg	22 023 588	65 728.5	45 944.9	43.06
84819090	龙头、旋塞及类似装置的零件	kg	4 415 399	11 193.8	9 114.5	22.81
84833000	未装有滚珠或滚子轴承的轴承座；滑动轴承	个	2 129 603 320	35 823.7	25 549.8	40.21
84834020	行星齿轮减速器	个	694 402	40 856.4	27 075.1	50.90
84834090	齿轮及其他变速传动装置；滚珠螺杆传动轴	个	457 222 074	140 898.7	113 949.5	23.65
84835000	飞轮及滑轮，包括滑轮组	个	56 817 244	18 392.1	12 893.9	42.64

注：2010 年将其他阀门的商品税号细分，不能与 2009 年计算增长率。

2010 年通用机械产品出口情况

商品税号	商品名称	单位	数量	2010年金额（万美元）	2009年金额（万美元）	金额比上年增长（%）
84131100	分装燃料或润滑油的计量泵，加油站或车库用	台	88 798	5 764.9	4 030.5	43.03
84131900	其他装有或可装计量装置的液体泵	台	1 519 345	3 853.4	2 940.0	31.07
84132000	手泵，但装有或可装计量装置者除外	台	527 984 968	8 064.2	5 597.1	44.08

（续）

商品税号	商品名称	单位	数量	2010年金额（万美元）	2009年金额（万美元）	金额比上年增长（%）
84133029	其他活塞式内燃发动机用燃油泵	台	19 068 125	24 741.5	16 214.7	52.59
84134000	混凝土泵	台	2 983	4 134.8	4 169.7	-0.84
84135010	气动往复式排液泵	台	547 607	2 573.1	1 993.7	29.06
84135020	电动往复式排液泵	台	6 957 803	7 790.3	7 603.5	2.46
84135031	液压往复式柱塞泵	台	446 541	2 136.0	1 056.4	102.19
84135039	其他液压往复式排液泵	台	677 917	3 825.0	2 054.6	86.17
84135090	未列名往复式排液泵	台	1 836 491	8 988.2	6 058.2	48.36
84136021	电动回转式齿轮泵	台	128 968	645.3	286.6	125.13
84136022	液压回转式齿轮泵	台	94 192	1 565.6	991.0	57.98
84136029	其他回转式齿轮泵	台	156 098	1 314.0	678.9	93.55
84136031	电动回转式叶片泵	台	6 843 641	6 913.9	3 734.7	85.13
84136032	液压回转式叶片泵	台	316 717	1 203.3	240.1	401.21
84136039	其他回转式叶片泵	台	854 226	1 601.2	1 240.5	29.08
84136040	回转式螺杆泵	台	15 397	1 895.3	1 414.4	34.01
84136050	回转式径向柱塞泵	台	549	35.9	14.8	142.90
84136060	回转式轴向柱塞泵	台	18 010	399.5	216.4	84.64
84136090	其他回转式排液泵	台	24 863 717	42 549.0	32 570.2	30.64
84137010	转速在10 000r/min及以上的离心泵	台	1 184 269	3 066.2	3 508.6	-12.61
84137091	转速在10 000r/min以下离心电动潜油泵及潜水电泵	台	28 118 488	48 065.2	35 010.7	37.29
84137099	转速在10 000r/min以下的其他离心泵	台	21 188 173	68 966.9	47 139.0	46.31
84138100	未列名液体泵	台	32 009 639	32 745.9	30 846.3	6.16
84138200	液体提升机	台	610 098	441.9	783.4	-43.59
84139100	液体泵零件	kg	176 946 877	81 074.3	58 880.4	37.69
84139200	液体提升机零件	kg	2 709 426	1 416.0	755.7	87.37
84141000	真空泵	台	3 243 358	10 691.8	8 343.9	28.14
84142000	手动或脚踏式空气泵	台	139 108 436	16 696.1	12 911.0	29.32
84143011	冷藏、冷冻箱压缩机，电动机功率≤0.4kW	台	17 222 723	59 069.0	35 110.3	68.24
84143012	0.4kW<电动机功率≤5kW冷藏或冷冻箱用压缩机	台	22 775	391.3	716.5	-45.39
84143013	0.4kW<电动机功率≤5kW的空气调节器用压缩机	台	16 285 783	88 219.5	65 727.2	34.22
84143014	电动机功率>5kW的空气调节器用压缩机	台	187 274	10 261.3	6 302.1	62.82
84143015	电动机功率>5kW的冷藏或冷冻箱用压缩机	台	9 072	1 031.0	1 021.9	0.89
84143019	电动机驱动的其他制冷设备用压缩机	台	983 587	8 998.7	6 223.6	44.59
84143090	非电动机驱动的制冷设备用压缩机	台	2 956 818	22 578.5	12 686.5	77.97
84144000	装在拖车底盘上的空气压缩机	台	35 875	4 654.5	3 054.5	52.38
84145930	离心通风机	台	8 107 236	20 487.8	15 352.3	33.45
84145990	其他风机、风扇	台	359 911 463	96 515.2	70 479.8	36.94
84148010	燃气轮机用的自由活塞式发生器	台	95	2.6	52.7	-95.07
84148020	二氧化碳压缩机	台	82 092	1 799.3	967.7	85.93
84148030	发动机用增压器	台	759 644	14 664.1	7 001.3	109.45
84148090	其他空气泵，气体压缩机，通风罩、循环气罩	台	64 934 315	121 023.3	93 303.8	29.71
84149011	84143011~84143014、84143090压缩机进、排气阀片	kg	506 218	424.1	375.0	13.08

（续）

商品税号	商品名称	单位	数量	2010年金额（万美元）	2009年金额（万美元）	金额比上年增长（%）
84149019	84143011～84143014、84143090其他零件	kg	24 373 707	8 853.4	5 825.2	51.99
84149020	84145110～84145199及84146000机器零件	kg	71 394 964	15 518.1	10 018.2	54.90
84151010	独立窗式或壁式空气调节器	台	10 188 267	133 007.0	121 394.1	9.57
84151021	制冷量≤4 000kcal/h分体窗式或壁式空调	台	16 863 332	312 816.4	185 749.6	68.41
84151022	制冷量>4 000kcal/h分体窗式或壁式空调	台	6 021 181	164 801.5	91 862.5	79.40
84152000	机动车辆上供人使用的空气调节器	台	289 224	10 362.1	6 930.7	49.51
84158110	装冷热换向阀空调器，制冷量≤4 000kcal/h	台	1 633 227	27 669.1	13 626.5	103.05
84158120	装冷热换向阀空调器，制冷量>4 000kcal/h	台	457 782	29 482.3	16 953.5	73.90
84158210	其他空气调节器，制冷量≤4 000kcal/h	台	1 535 878	25 896.7	20 702.7	25.09
84158220	其他空气调节器，制冷量>4 000kcal/h	台	297 766	22 348.8	14 739.6	51.62
84158300	未装有制冷装置的空气调节器	台	5 402 134	54 864.2	41 629.2	31.79
84159010	84151000、84158110及84158210设备的零件	kg	173 604 769	119 686.8	123 445.7	-3.04
84181010	各自装门的冷藏—冷冻组合机，容积>500L	台	429 533	22 994.2	19 218.0	19.65
84181020	200L<容积≤500L的冷藏—冷冻组合机	台	4 408 583	97 101.7	77 345.0	25.54
84181030	容积≤200L的冷藏—冷冻组合机	台	2 602 461	32 075.2	32 867.5	-2.41
84182110	容积超过150L的压缩式家用型冷藏箱	台	1 467 373	22 257.3	16 984.0	31.05
84182120	50L<容积≤150L的压缩式家用型冷藏箱	台	7 608 243	62 383.0	55 602.2	12.20
84182130	容积≤50L的压缩式家用型冷藏箱	台	1 776 459	12 729.9	8 972.9	41.87
84182910	半导体制冷式家用型冷藏箱	台	4 535 730	15 200.3	10 432.0	45.71
84182920	电气吸收式家用型冷藏箱	台	357 231	2 654.9	2 470.2	7.48
84182990	其他家用型冷藏箱	台	47 627	492.5	337.7	45.86
84183010	t≤-40℃的柜式冷冻箱，容积≤800L	台	57 560	760.0	298.9	154.29
84183021	t>-40℃的柜式冷冻箱，500L<容积≤800L	台	89 565	2 514.9	1 557.2	61.50
84183029	t>-40℃的柜式冷冻箱，容积≤500L	台	4 965 541	61 113.7	37 802.8	61.66
84184010	t≤-40℃的立式冷冻箱，容积≤900L	台	1 910	216.5	160.0	35.30
84184021	t>-40℃的立式冷冻箱，500L<容积≤900L	台	38 550	2 011.7	1 529.3	31.54
84184029	t>-40℃的立式冷冻箱，容积≤500L	台	892 394	9 641.3	7 719.3	24.90
84185000	其他冷藏或冷冻设备	台	1 382 633	36 216.6	27 041.5	33.93
84186120	压缩式热泵	台	392 806	14 026.0	13 734.9	2.12
84186190	其他热泵	台	30 447	3 512.3	3 446.5	1.91
84186920	其他制冷机组	kg	71 854 805	59 335.1	40 835.6	45.30
84186990	未列名制冷设备	kg	38 186 656	28 389.3	27 937.0	1.62
84189100	冷藏或冷冻设备专用的特制家具	kg	4 714 468	1 647.5	2 106.3	-21.78
84189910	制冷机组及热泵的零件	kg	55 953 945	30 197.7	21 978.7	37.40
84189991	t≤-40℃的冷冻设备的零件	kg	7 236 965	3 819.8	2 441.9	56.43
84189992	t>-40℃、容积>500L的冷藏冷冻设备零件	kg	3 009 867	1 674.1	1 409.2	18.79
84189999	8418设备的未列名零件	kg	98 445 206	52 305.7	40 408.8	29.44
84193100	农产品干燥器	台	1 755	760.4	959.9	-20.78
84193200	木材、纸浆、纸或纸板干燥器	台	1 512	2 326.1	1 443.5	61.14
84193910	微空气流动陶瓷坯件干燥器	台	44	135.5	52.9	155.95
84193990	其他干燥器	台	1 075 746	15 476.0	11 063.4	39.88

（续）

商品税号	商品名称	单位	数量	2010年金额（万美元）	2009年金额（万美元）	金额比上年增长（%）
84194010	提净塔	台	285	1 972.4	819.7	140.64
84194020	精馏塔	台	93	2 819.8	3 210.5	-12.17
84194090	其他蒸馏或精馏设备	台	20 626	4 956.9	9 172.4	-45.96
84198990	未列名利用温度变化处理材料的机器、装置等	台	2 129 973	33 334.1	30 581.5	9.00
84195000	热交换装置	台	321 787	29 095.8	26 966.7	7.90
84196011	制氧量≥15 000m^3/h及以上的制氧机	台	93	4 964.2	11 158.7	-55.51
84196019	其他制氧机	台	1 871	9 837.0	14 169.7	-30.58
84196090	未列名液化空气或其他气体的机器	台	1 659	8 417.7	6 496.5	29.57
84211910	脱水机	台	185 828	1 326.0	1 049.3	26.37
84211920	固液分离机	台	11 134	3 613.1	2 903.6	24.44
84211990	其他未列名离心机,包括离心干燥机	台	105 808	7 355.6	7 504.0	-1.98
84212110	家用型水的过滤、净化机器及装置	台	18 311 352	12 789.9	9 688.4	32.01
84212190	非家用型水的过滤、净化机器及装置	台	2 902 923	28 899.8	14 184.0	103.75
84212200	过滤或净化饮料的机器及装置	台	4 882	24.2	21.7	11.32
84212300	内燃发动机的燃油过滤器	个	289 748 469	42 630.4	30 159.8	41.35
84212910	压滤机	个	1 074	3 296.7	1 544.9	113.40
84212990	未列名液体过滤、净化机器及装置	个	36 921 748	28 580.0	20 466.6	39.64
84213100	内燃发动机的进气过滤器	个	51 749 112	8 994.3	5 422.3	65.88
84213921	工业用静电除尘器	个	399	4 472.5	5 276.2	-15.23
84213922	工业用袋式除尘器	个	31 678	8 926.3	11 750.3	-24.03
84213923	工业用旋风式除尘器	个	8 370	1 566.5	461.7	239.33
84213929	其他工业用除尘器	个	33 554	1 504.9	1 019.8	47.57
84213930	内燃发动机的排气过滤及净化装置	个	194 625	998.6	445.6	124.12
84213990	其他非家用型气体的过滤、净化机器及装置	个	7 091 377	16 525.8	14 864.3	11.18
84401010	锁线装订机	台	8 141	163.1	119.3	36.68
84401020	胶订机	台	3 400	533.9	356.6	49.73
84401090	其他书本装订机器	台	343 191	1 536.8	1 265.3	21.45
84409000	书本装订机器的零件	kg	194 833	132.9	83.5	59.10
84411000	切纸机	台	2 808 297	10 653.3	8 681.6	22.71
84419010	切纸机零件	kg	2 180 848	1 424.4	1 288.1	10.58
84423010	铸字机	台	554	26.8	491.5	-94.55
84423090	8442其他的机器、器具及设备	台	1 751	132.4	79.7	66.08
84424000	制版用机器、器具及设备的零件	台	125 435	428.4	298.5	43.53
84425000	印版、滚筒等;制成供印刷用的板、筒等	kg	5 056 284	3 338.9	2 396.6	39.32
84431100	卷取进料式胶印机	台	221	2 171.6	2 678.1	-18.91
84431200	办公室用片取式胶印机(片尺寸≤22cm×36cm)	台	19	2.7	71.6	-96.23
84431311	平张纸进料式单色胶印机	台	427	337.1	301.9	11.66
84431312	平张纸进料式双色胶印机	台	78	204.7	155.8	31.39
84431313	平张纸进料式四色胶印机	台	65	896.1	489.6	83.03
84431319	其他平张纸进料式胶印机	台	89	1 623.9	1 296.1	25.29
84431390	未列名胶印机	台	601	700.7	416.4	68.29

（续）

商品税号	商品名称	单位	数量	2010年金额（万美元）	2009年金额（万美元）	金额比上年增长（%）
84431400	卷取进料式凸版印刷机，不包括苯胺印刷机	台	723	1 490.5	1 192.9	24.95
84431500	非卷取进料式凸版印刷机，不包括苯胺印刷机	台	361	1 347.3	955.3	41.03
84431600	苯胺印刷机	台	487	1 460.6	874.2	67.07
84431700	凹版印刷机	台	1 810	3 014.5	1 913.4	57.54
84431921	圆网印刷机	台	312	641.0	292.4	119.26
84431922	平网印刷机	台	7 242	3 303.7	2 444.9	35.13
84431929	其他网式印刷机	台	981	626.5	449.8	39.29
84431980	未列名印刷机	台	81 405	8 854.7	6 542.0	35.35
84433221	数字式喷墨印刷机，可连接网络	台	118 543	28 523.0	7 952.6	258.66
84433222	激光印刷机，可连接网络	台	1 248	835.3	243.4	243.12
84433229	其他数字式印刷设备，可连接网络	台	631	143.7	276.8	-48.08
90065910	激光照相排版设备	台	6	7.9	50.3	-84.29
84771010	注塑机	台	18 692	62 387.8	35 880.5	73.88
84771090	其他注射机	台	507	1 312.1	1 115.5	17.63
84772010	塑料造粒机	台	2 551	3 646.9	2 722.4	33.96
84772090	其他挤出机	台	4 650	19 396.2	14 331.0	35.34
84773000	吹塑机	台	8 166	13 635.7	10 970.6	24.29
84774010	塑料中空成型机	台	3 066	2 400.9	1 990.4	20.62
84774020	塑料压延成型机	台	1 386	843.5	983.4	-14.22
84774090	其他真空模塑机及其他热成型机器	台	2 463	3 710.2	3 509.1	5.73
84775900	其他模塑或成型机器	台	2 539	6 700.2	4 492.2	49.15
84779000	8477 所列机器的零件	kg	99 145 105	28 200.4	18 677.7	50.98
84811000	减压阀	套	34 156 239	13 883.0	9 548.9	45.39
84812010	油压传动阀	套	1 757 235	4 218.0	2 487.3	69.58
84812020	气压传动阀	套	5 473 217	5 338.1	2 139.1	149.54
84813000	止回阀	套	1 373 951 979	23 381.9	14 634.1	59.78
84814000	安全阀或溢流阀	套	9 618 135	5 834.4	4 292.5	35.92
84818010	其他阀门	套			303 966.4	
84818021	电磁式换向阀	套	26 722 481	8 712.5		
84818029	其他换向阀	套	6 841 156	4 670.7		
84818031	电子膨胀阀	套	1 351 589	763.5		
84818039	其他流量阀	套	11 471 856	5 389.7		
84818040	其他阀门	套	980 675 861	347 488.0		
84818090	龙头、旋塞及类似装置	套	745 106 253	298 381.6	225 146.9	32.53
84819010	阀门零件	kg	318 509 072	160 909.1	114 380.3	40.68
84819090	龙头、旋塞及类似装置的零件	kg	104 443 450	103 305.3	78 635.9	31.37
84833000	未装有滚珠或滚子轴承的轴承座；滑动轴承	个	2 681 693 122	34 458.9	23 138.9	48.92
84834020	行星齿轮减速器	个	1 511 629	9 575.4	7 364.7	30.02
84834090	齿轮及其他变速传动装置；滚珠螺杆传动轴	个	301 957 693	85 476.4	60 485.2	41.32
84835000	飞轮及滑轮，包括滑轮组	个	394 221 533	32 878.4	24 717.6	33.02

注：2010 年将其他阀门的商品税号细分，不能与 2009 年计算增长率。

介绍部分企业的经营理念和成功经验，为管理者成功决策助力

Introducing the management idea and successful experience of a part of enterprises, facilitating managers' successful decision making

企业概况

风机

精选专栏

沈阳鼓风机集团股份有限公司
SHENYANG BLOWER WORKS GROUP CORPORATION

沈阳鼓风机集团股份有限公司是我国通用机械行业科技含量高、生产规模大、技术力量雄厚、工艺装备精良，设计制作技术和主要经济指标居国内同行业领先地位的国有大型一类重点骨干企业。

主要从事研发、设计、制造、经营科技含量高、质量优秀的离心压缩机、轴流压缩机、膨胀机、离心鼓风机、大型通风机等 64 个系列、771 个规格的风机类产品，核电用泵、石化用泵、船用泵、电站用泵等 52 个系列、584 个品种的泵类产品，M/D 型、M2DZ 型、L.D6610 型等 47 个系列、800 个规格的往复式压缩机产品，广泛应用于石油、化工、冶金、气体分离、天然气输送、制药、制酸、电力、煤炭、纺织、国防、环保和科研等领域。产品覆盖全国各地，远销 25 个国家和地区。

沈鼓集团始终坚持产品向〝宽领域〞扩展、单元技术向〝高精尖〞进军的科技发展战略，与国际先进技术比肩发展。2000 年，沈鼓集团被确定为国家企业技术中心，并先后在大连理工大学、西安交通大学、东北大学、浙江大学设立 4 个国家技术分中心，从事沈鼓集团课题的研究开发；先期建立了辽宁省企业博士后科研工作站，发布重点科研课题和风机前沿技术课题；在大连理工大学建立了沈鼓—大工研究院。目前，已经形成了以企业技术中心为创新主体，跨地区〝一院四中心〞的技术创新战略联盟新格局。同时，沈鼓集团被确定为国家企业研究开发中心（全国共 118 家）。

科技实力

1.沈鼓被授予特邀院士工作站揭牌仪式
2.沈鼓—大工研究院运行启动仪式
3.国家企业技术分中心东北大学分中心成立仪式
4.沈鼓集团与西安交通大学共建研究院签约仪式
5.轻介质模型级试验台
6.Φ800模型级试验台
7.30MW世界级产品试车台

精良设备

1.意大利英赛250数控落地镗铣床
2.德国利波海尔LC1200数控滚齿机
3.美国易普森GV6060–6BAR真空淬火炉
4.瑞士沃伦贝格10m数控高性能车削中心
5.意大利曼德里五坐标加工中心
6.德国那尔斯ZP20数控磨齿机
7.意大利帕玛160数控落地镗铣床
8.德国申克20t高速动平衡机
9.德国科堡15m数控龙门铣床

风机精选专栏

核心产品

1 5.2万m^3/h空分装置用压缩机

2 百万吨乙烯装置用离心压缩机

3 年产60万t PTA装置工艺空气压缩机组

4 大型单级循环气压缩机

5 大型轴流压缩机

1 天然气长输管线用压缩机

2 1 250kN活塞力往复式压缩机

3 超临界机组高压锅炉给水泵

4 1 000MW核电机组核二级上充泵

四平鼓风机股份有限公司
SIPING BLOWER LIMITED COMPANY
荣誉证书
授予：四平鼓风机股份有限公司
2011
中国建材机械二十强
企业信用评价 AAA 级信用企业
ENTERPRISE CREDIT EVALUATION
中国建材机械工业协会
荣誉证书
四平鼓风机股份有限公司：
荣获“十一五”建材机械行业
领军企业“最具价值品牌奖”称号。
中国建材机械工业协会
二〇一一年七月
CERTIFICATE
荣誉证书
诚信 共赢
SIPING BLOWER
LIMITED COMPANY

SIFENG
中国驰名商标
董事长：施云蛟
创新 奉献
地址：吉林省四平市铁东区沥山路1299号
邮编：136001
销售服务热线：0434–3320708 3320065
传真：0434–3320884
售后服务电话：0434–3320701
传真：0434–3320701
http：//www.gufengji.com

四平鼓风机股份有限公司

SIPING BLOWER LIMITED COMPANY

风机产品研发情况概述

四平鼓风机股份有限公司历经 50 多年的发展，已成为集科研、设计、制造、检测、安装和服务于一体的现代化专业风机生产企业，建有省级技术中心和高温风机技术研究所，是吉林省质量管理奖企业、科技企业、百强民营企业和守合同重信用企业。

公司产品曾先后为葛洲坝、三峡等国家重点工程以及上海宝钢、包钢、鞍钢、太钢、海螺、亚泰、拉法基等数十家大型集团公司配套并出口欧、亚、非三大洲的 40 多个国家和地区。公司生产的 BB24、BB50 系列高温风机被评为吉林省名牌产品和全国用户满意产品，“四风”牌商标被认定为中国驰名商标。

公司以率先在国内研制出高温风机而著称。十几年来，公司共设计制造出各种用途高温风机 4 000 余台，其中为建材行业生产的大型高温风机 700 余台，叶轮最高线速度达 208m/s，叶轮最大直径 4m，最高介质温度 450℃。为冶金行业生产的工业炉用高温风机最高温度达 1 050℃。公司于 1985 年引进英国豪顿公司高温风机设计、制造技术，经过多年消化、吸收、改进，公司的高温风机设计制造技术达到了国内领先水平，缩短了与国际先进水平的差距。近年来与西安交通大学、吉林大学等科研单位联合大力开发新产品，使公司产品市场占有率不断上升。

1982 年，公司完成 W4—80—11No 7D 罩式炉台高温风机研制；1983 年，完成单垛紧卷罩式退火炉高温风机研制；1987 年，完成 W50B 高温轴流通风机研制；1989 年，完成 4—57—11 系列耐腐蚀风机研制；1991 年，完成 W48ANo 15.24C 高温轴流风机研制；1993 年，完成 ϕ 11.3E 粮食烘干风机研制；1995 年，完成 AF 系列烧结风机及球团烧结风机的研发；1996 年，完成国家攻关项目“气固两相流风机”研制；2000 年，完成 MQ 系列煤气鼓风机的技术研发；2004 年，完成 AI12700 大型转炉煤气鼓风机（叶轮直径 3.4m）和 SJ14500 大型烧结鼓风机（叶轮直径 4.08m）的研制；2005 年，完成 BW440—2.49/2.39 煤气反吹风机的研制，同年完成了 CDF2500 干法转炉除尘子午加速轴流风机研制，填补了国内空白，在当年中国国际流体机械展览会上获得金奖；2006 年，完成多级低速离心鼓风机的技术研发工作；2008 年，完成 D900—31 和 D250—31 煤气发生炉用加压机产品研制；2009 年，完成烧结余热发电项目静叶可调轴流风机高效节能产品研制。

随着市场经济竞争日益激烈，产品的成本、种类、使用范围、性能的先进性决定了企业所占的市场份额及竞争力。公司坚持以科技兴企，重点研发节能、环保产品，为顾客提供更好的产品，创造更多的经济效益。

重点产品介绍

1. AF、SJ 系列烧结鼓风机

该系列风机是专为 18m²、24m²、36m²、50m²、64m²、75m²、90m²、120m²、130m²、180m²、265m²、450m² 等烧结机相应配套的烧结鼓风机。该系列风机特点：风机效率高（83% 以上），使烧结矿单位能耗大幅度降低；风机噪声低，大大改善了操作环境；风机的性能曲线平坦，流量调节范围大，高效区宽广，运行可靠；风机耐磨性好，转子使用寿命长；风机结构紧凑，安装维修方便；风机负压大，适应烧结工艺厚料层和高负压的要求，提高了烧结矿的产量和其他综合技术经济指标。

2. BB24、BB50 系列水泥窑尾高温风机

该系列水泥窑尾高温风机是引进国外技术，用于对水泥旋窑中废气进行处理，可为日产 300 ～ 10 000t 水泥生产线进行配套。该风机特点：设计先进，结构紧凑，安装调试方便，易拆卸维修，运行安全可靠；耐磨损，耐高温，效率高（均在 83% 以上），噪声低，性能曲线平坦，流量调节范围大，高效区域宽广。适于在运行温度高、含尘浓度高、磨损较严重的条件下使用。通过对风机的不断改进，新工艺、新技术、新材料的应用，其综合性能在国际同类产品中处于领先地位。

3. D 系列多级离心鼓风机

该系列风机是结合国内外先进技术设计制造的产品，广泛应用于各种冶炼高炉、洗煤厂、矿山浮选、污水处理和化工造气等需要输送空气的场合，亦可用于输送其他特殊气体。该系列鼓风机有高速和低速两种型式，一般为多级、单吸入、双支承结构，具有性能曲线平坦、效率高、噪声低、运行平稳、易损件少和安装、操作、维护简便等特点。

4. 煤气鼓风机

MQ、AⅠ、AⅡ系列煤气鼓风机是采用引进技术并经过改进，针对冶金、化工等行业设计的高级节能产品，该系列产品具有性能曲线平坦、调节范围宽、低噪声和耐磨损等特点。鼓风机设有国际先进水平的密封装置，安全无泄漏，便于安装维护，该密封装置更适用于焊接结构大型煤气鼓风机密封。风机输送介质为转炉煤气、焦炉煤气、高炉煤气及混合煤气等，也可用于输送其他无腐蚀性气体。

5. 静叶可调轴流风机

该风机是在吸取国内外同类产品技术基础上，结合国内冶金、电力行业需求，开发设计的高效节能产品，风机效率达 85% 以上，性能调节范围宽，具有很好的调节性，运行点远离喘振区域，保证了风机在高效区长期稳定工作。在磨损严重的工况下，风机叶轮及导叶采用了先进的耐磨工艺，使用寿命是同行业产品的 1.5 ～ 2.5 倍。

宁波风机有限公司

宁风 Since1958

始建于1958

宁静致远 风诚天下

宁波风机有限公司始建于 1958 年，是我国较早的专业生产风机的厂家之一，是中国通用机械工业协会理事单位、中国风机行业协会理事单位。公司通过了 ISO9001：2008 质量体系认证。浙江省机电产品质量检测所风机检测中心设在我公司，该中心已通过国家实验室认可。

公司位于杭州湾跨海大桥宁波门户区，交通便捷。公司总资产 3.2 亿元，占地面积 8 万 m²，厂房面积 5 万 m²，职工 500 余人，其中各类技术人员近 80 人。

建厂 50 多年来，公司生产的高效节能风机覆盖全国各地，并出口 20 多个国家，遍及石油化工、冶金、木材加工、污水处理、电力、煤炭、玻璃、矿山、化肥、水泥、水产养殖、气力输送、烟草和造纸等行业。

公司拥有雄厚的风机研发设计、制造、安装能力和强大的售后服务队伍，现已形成年产各类风机近万台的规模。产品曾获“国家科学技术进步奖一等奖”等奖项。

公司始终秉承“诚信、责任、创新、高效”的服务理念，勇于创新，整合国内外先进技术，竭诚为市场提供高效节能的风机产品，并与广大新老用户携手并进，共创辉煌灿烂的明天！

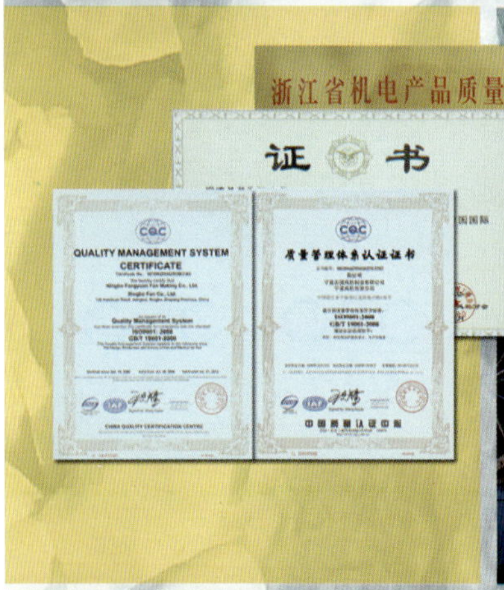

公司地址：浙江省宁波市江北区海川路136号　邮编：315032　销售部电话：0574-87522388　87577628
办公室电话：0574-87522306　传真：0574-87522306　http：//www.nbfan.com　E-mail：sales@nbfan.com

上海鼓风机厂有限公司

http://www.sbw-cn.com

上海鼓风机厂有限公司是国家大型骨干企业、上海市高新技术企业，专业生产各类工业风机。公司于 1947 年成立，至今已积累了 60 余年风机设计和制造经验，是国内制造工业风机的三大基地之一，在风机行业享有较高的品牌效应。

公司占地面积 10.9 万㎡，建筑面积 7.6 万㎡。经过连续的技术改造，企业资产达到 8 亿元。公司先后从德国 TLT 公司引进了动叶可调轴流风机、工业离心风机、子午加速轴流式风机技术，从丹麦诺文科公司引进了船用风机技术，从日本日立公司引进离心压缩机技术，从而全面更新和提高了企业的技术等级和产品质量。近年来，通过引进技术二次开发以及自主发展的科技创新活动，不断开发出一些具有自主知识产权的新产品。

公司先后获得国家重大技术装备特等奖、国家重大技术攻关奖、国家质量金奖、国家科技进步奖及中国具有市场竞争力品牌、上海市名牌产品和中国机械 500 强等荣誉。

地址：上海市共和新路 3000 号
Add:No.3000 Gonghexin Road,shanghai,China
邮编：200072
电话：021-56650577
传真：021-56651514
E-mail:market@sbw-cn.com

国家高新技术企业

江苏金通灵流体机械科技股份有限公司

JiangSu Jin Tong Ling Fluid Machinery Technology Co.，Ltd.

树百年企业 创世界一流

江苏金通灵流体机械科技股份有限公司系国家重点高新技术企业，于2010年6月25日在深圳证券交易所上市，股票代码：300091。公司成立于1993年4月，多年来一直专注于离心风机领域，以“服务+制造+服务”的业务模式向用户提供风系统需求分析、风系统研发设计、离心风机产品制造、风系统节能改造等端到端完整的全生命周期的风系统解决方案。

公司主要生产大型工业鼓风机、节能煤气鼓风机、多级高压离心鼓风机、单级高速离心鼓风机、小型压缩机等50多个系列、400多种规格的节能离心风机产品。广泛应用于钢铁冶炼、火力发电、新型干法水泥、石油化工、污水处理、余热回收、煤气回收及核电等领域，为上述领域的工业生产提供气体动力、风系统节能改造及环境保护。

公司将始终坚持走专业化的道路，把“金通灵”打造成全球知名的风机品牌，最终实现“树百年企业、创世界一流”的企业长远发展战略目标。

江苏金通灵流体机械科技股份有限公司
JiangSu Jin Tong Ling Fluid Machinery Technology Co.，Ltd.
公司地址：江苏省南通市钟秀东路666号
电话：0513—68582377
传真：0513—85198498
http：//www.jtlfans.com

推广企业品牌
展示风机精品

持续发展　争创一流

——国茂减速机集团有限公司

国茂减速机集团有限公司(以下简称国茂集团)是一家综合型的国家级民营企业集团,创建于1993年,总部位于江苏省常州市武进区湖塘镇。占地面积25万m^2,员工2 200余名,各类专业技术人员占员工总数的20%,总资产超过10亿元,年生产减速机能力超过60万台。

国茂集团的成长和发展历经了4个阶段:一是1993~1994年,“借鸡生蛋”阶段,企业草创,几间猪舍作厂房,七八个人闯市场,技术和市场全是“借”别人的,生产的减速机是请人代销的;二是1995~1997年,“以蛋孵蛋”阶段,寻找市场,建立网点,逐步自立;三是1997~2009年,“养鸡生蛋”阶段,迈上规模,变革创新,走上了快速自我发展之路;四是2010年至今,“鸡、蛋精养”阶段,转变观念,抢抓机遇,纵深转型,开始迈上做强主业引领行业、充分资本运作协力振兴中国民族装备制造业新的征程。两大转折:一是2002年年初,成立一业为主、多元化经营,包括纺织、木业、工业园区在内的江苏国茂国泰减速机集团有限公司,投入2 000多万元建设花园式厂区,投入8 000多万元兴建工业园区,胜利完成第一次原始创业;二是2006年11月,成立国茂减速机集团有限公司,国茂集团正式进入由游击到正规、由保生存到追求更好发展壮大的全面实施品牌战略建设发展新时代。2010年7月9日,国茂集团在武进区政府“区镇共建特色产业园区暨重点项目入驻签约”仪式上,正式与武进高新区签订“国茂集团减速机、电机研发制造基地”项目共建协议书,国茂集团第二次创业转型发展的历程全面起航。

国茂集团连续多年获得“江苏省民营企业纳税大户”、“江苏省民营企业就业先进单位”、“江苏省精神文明建设工作先进单位”、“常州市明星企业”、“武进区纳税大户”、“武进区工业先进企业”、“AAA级资信企业”、“信用(合同)AAA级企业”等荣誉称号。2004年,“国茂”牌系列减速机被授予“江苏省名牌产品”称号,“国茂”商标被认定为“江苏省著名商标”;2010年,“国茂”减速机商标被认定为中国驰名商标;国茂集团获得江苏省高新技术企业、江苏省工程技术中心、湖塘镇商会会长单位等殊誉;2011年4月,国茂集团获得了武进区“首届慈善事业突出贡献奖”。

国茂集团坚持以“持续发展、争创一流”为企业宗旨,以“追求完美品质、始终满足客户”为质量方针,强力推进品牌战略,不断提升品牌内涵,创新调整经营策略,勇于打造规模经济。

2007年,国茂集团减速机实现销售产值7.86亿元,2008年达到10.1亿元,2009年超越11亿元,2010年达到17.2亿元,比上年增长53.4%。国茂集团已成功跻身“2010年中国通用机械行业工业总产值排名前十强”,继2009年再次成为中国通用减变速机行业首冠。2011年,国茂集团又迎来了良好开局和迅猛发展:1~8月,国茂减速机生产销售累计已近13亿元,同比增长21%。截至5月份,国茂集团获得22项国家实用新型专利和发明专利、7项省级高新技术产品认定。

2010年8月8日,国茂集团在武进高新区凤林路以西、西湖路以北的首期近50万m^2(750多亩)减速机和电机项目(分南区和北区两项工程)一次性全面开工建设。总投资达21.6亿元,规划建设厂房、办公用房347 040m^2,建设年产120万台各类工业减速机和250万台Y、Y2系列笼型三相异步电动机生产线及辅助设施,新增相关生产、检测、运输设备2 167台(套),新增就业岗位4 500个,建成后可实现年产值50亿元。2011年,该项目南区项目(主项目)的所有标准厂房主体工程,春节前已经完工,正在进行各项配套工程建设;2万m^2建筑面积、2 900多万元造价、5星级装饰标准的国茂办公大楼的开工建设进展顺利,多元化的综合楼项目主体已经封顶。北区项目,总建筑面积达67 648m^2的国茂外协加工配套区工程已全线开工,各项建设进展顺利。预计12月初,国茂集团可全面进行生产搬迁。另外,3万多m^2、可解决3 000多员工工作之余更好学习、休息的国茂员工生活区正在建设。规划在整个项目附近、总用地面积4万多m^2,为国茂干部、集团精英、优秀员工、老工人等居住生活商业化配套的宜居小城——"国茂新家园",也即将开工建设。国茂集团在国茂项目地块附近还特别储备了17.3万m^2的土地,国茂集团的未来发展空间很大!

2011年,国茂集团制订了整个"智慧国茂、低碳国茂、幸福国茂"未来五年的规划目标,即到2015年整个集团营业收入确保实现100亿元。可以坚信,伴随着集团未雨绸缪的精心考虑,必定会切实保航国茂集团的第二次创业转型大发展,必定能实质性地向"智造国茂、低碳国茂、幸福国茂"建设目标,跨出更为有力的一大步。

为了人类的安全和环境保护事业

——大连海密梯克泵业有限公司

大连海密梯克泵业有限公司由大连大耐泵业有限公司与德国海密梯克公司(HERMETIC - Pumpen GmbH)合资兴建于1997年12月25日,德国海密梯克公司出资54.38%,大连大耐泵业有限公司出资45.62%,合资期限为50年。公司占地面积1.2万m^2,二期厂房正在建设当中,现有员工近300人。

德国海密梯克公司系欧洲最著名的无泄漏泵和普通离心泵、齿轮泵、活塞泵的生产厂家,公司历史可上溯到130年前离心泵发明的年代。经过百余年的发展,德国海密梯克公司以其先进的技术和及时优质的服务确立了她在欧美流体控制领域举足轻重的地位。20世纪90年代以后,随着一些化工、石化跨国集团投资中国,德国海密梯克公司的国内销售服务活动逐渐展开。当前,选用德国海密梯克泵的国内企业主要有巴斯夫股份公司的上海、南京、沈阳、吉林公司,扬子石化,上海宝钢,金山石化,美国杜邦公司,德国拜耳公司,法国德西尼布集团公司,赫斯特化工有限公司南宁分公司和广东龙沙有限公司等。为进一步进军中国市场,德国海密梯克公司投入技术、资金、派驻机械专家,采取控股形式同大连大耐泵业有限公司成立了合资企业——大连海密梯克泵业有限公司。

大连大耐泵业有限公司是国内规模最大的耐腐蚀泵专业生产厂和出口厂,积有几十年研究、设计、制造耐腐蚀泵的丰富经验,厂内设有完备的产品开发设计、化学材料分析、特种合金铸造和产品检测试验等基地。有十几种自行开发的特种合金成功应用于各种苛刻条件下的工艺流程,并先后获得国家和部委的表彰及奖励,在国内化工、石化行业颇享盛誉。

合资后的企业——大连海密梯克泵业有限公司迅速吸收转化国外先进工艺技术,在极短的时间内成功地打入国内流体控制市场,已先后向胜利油田、大庆油田、吐哈油田、玉门油田、燕山石化、扬子石化、辽化、抚顺石化、齐鲁石化、茂名石化、岭奥核电，三星工程公司，扬子巴斯夫、上海高桥巴斯夫，蓝星集团，上海德固赛，江西赛维 LDK 太阳能高科技有限公司和大连冰山集团冷冻机股份有限公司等许多知名企业输送了相当数量的高技术含量的海密梯克泵，而且还解决了困扰某些企业长达数年的技术难题。

当前，公司可以生产 21 个系列、440 个品种的泵产品，广泛应用于石油、化工、核电、医药和纺织等行业。公司自 2004 年起，技术上与德国海密梯克公司保持同步，陆续引入 CAM30/CAM32 以及大功率 N85 屏蔽泵。公司技术实力雄厚，为众多企业解决了跑、冒、滴、漏等技术上的难题。2008～2009 年，公司制订了质量战略计划，在全国泵行业，率先导入六西格玛管理，并实行 QCC 管理、进行流程梳理、加强供应商管理等。

公司的主要产品是屏蔽泵和磁力泵，分别以各自的产品优势获得了用户的一致好评。产品优势：欧洲优秀水力模型，效率高；德国进口哈氏合金定子屏蔽套；晶体碳化硅滑动轴承；高压内循环结构，安装费用低；自动水力平衡轴向力；结构简单紧凑，采用积木原理，安装维修方便；故障率低，节省运行和维护费用；噪声水平低；屏蔽电机效率高，防护防爆等级高；磁性材料选用钐钴永磁合金，最高不可逆退磁温度可达 450℃。

自成立以来，公司年销售收入一直以 30% 的速度稳步递增。2004 年，公司正式加入德国海密梯克公司的国际销售网络，并在上海地区成立了上海分公司；同时，为了更好地服务各地区的客户，2010 年成立了南京分公司，并在各大城市建立了数个办事处。

2005 年起，公司连续五年被全国机泵网、全国化工设备设计技术中心站、中国石化集团公司机械技术中心站授予“最佳供应商”；2006 年，公司被辽宁省安全生产监督管理局评定为二级安全生产标准化企业；2007 年，公司荣获国家履行社会责任突出贡献奖、大连市履行社会责任突出贡献奖；2008 年获得无泄露泵行业最具影响力品牌称号；2009 年获得辽宁省质量管理奖、大连市名牌产品、辽宁省著名商标称号；2010 年获得中国无泄漏行业第一品牌称号，并成为《中国石化无泄漏离心泵标准》参编单位之一。

作为强强联合的产物，大连海密梯克泵业有限公司不仅得益于两家母公司先进的技术和雄厚的财力，而且继承并发展了原有的管理模式和质保体系，公司还先后通过了中质协质量保证中心、莱茵技术（上海）有限公司的 ISO 9001 质量体系认证，取得了民用核承压设计、制造资格许可证，申请了 12 项技术专利，被大连市对外贸易经济合作局确认为先进技术企业，被中国石油化工协会评为 AAA 级信用单位，被中国石油物资装备（集团）总公司评为一级供应网络成员单位，被大连市先导区评为平安稳定单位。

深谙企业文化建设对企业发展和员工向心力的重要作用，大连海密梯克泵业有限公司提出了：

核心价值观：客户导向、以人为本、创新、责任。

使命：做一家致力于人类的安全和环境保护事业的无泄漏泵公司。

愿景：成为中国无泄漏泵行业的领导者，为社会创造财富。

对内，在逐年提高员工待遇的基础上，公司还积极开展培训工作，不断帮助员工提高自身技能，增强员工归属感与责任感；对外，海密梯克积极投身公益事业，切实履行企业社会责任，兴建大连海密梯克希望小学，向四川汶川和青海玉树地震灾区等捐款……大连海密梯克泵业有限公司端正的企业态度为其赢得了更多合作伙伴的信任，未来的发展道路也愈加通畅。

大连海密梯克泵业有限公司不断优化加工流程、沿袭科学的管理模式、积极采用国际化标准服务于社会各界，与各界人士携手并肩，通力合作，开创中国无泄漏泵领域的新天地！

加快发展方式转变　促进集团又好又快发展

——广州市白云泵业集团有限公司

广州市白云泵业集团有限公司(以下简称白云泵业集团)是集研发、设计、制造、销售各类水泵、给水设备、水处理设备及泵用控制设备为一体的大型高新技术产业集团,是我国泵行业知名企业,广东省泵业龙头企业。集团下属5家企业,总占地面积约20万m^2(300余亩)。

白云泵业集团前身是成立于1986年的广州白云水泵厂,是白云区1996年第一家体制改革试点单位。公司及其产品先后荣膺国家免检产品、中国节能产品、全国用户满意产品、广东省著名商标、广东省名牌产品、广东省高新技术企业、广州市守合同重信用企业等40多项国家及省市级荣誉称号。

2008年下半年爆发的国际金融危机增加了我国经济发展的不确定因素,加剧了国内企业经营的困难。在这种困难、复杂、动荡的不利局面下,白云泵业集团全面贯彻落实科学发展观,通过调结构、促转变、重创新、降成本、增效益,成功化危为机;通过创新进取、稳步扩张,较好地消除了不利因素对企业的影响,实现了企业的快速、健康、可持续发展。

加强技术创新,提高产品质量,增强市场竞争力

"技术创新为根本、产品质量为核心"是白云泵业集团技术发展战略。科学技术是第一生产力,是企业的核心竞争力,企业发展空间有多大,取决于研发实力有多强,所以白云泵业集团十分注重研发的投入和研发团队的建设,坚持把发展研发作为企业生存和发展的大计,坚持把企业技术创新、引进优秀人才作为实现企业跨越式发展的重要途径。

白云泵业集团十分注重加强与知名高等院校和科研院所建立长期的合作关系,并在沈阳设立了全国领先的水泵研发中心,通过充分发挥沈阳水泵研发中心的技术、信息、人力优势,进行新产品的科研开发工作,规划和落实中长期新产品发展战略,始终保持技术领先优势。

白云泵业集团通过加强团队建设,不断吸纳和培养新人才,加强技术、设计创新交流、更新观念、开拓视野,始终保持一支稳定、高效、优质的研发队伍和强大的设计、研发创新能力。进一步了解和掌握国际、国内最新科研成果、行业最新动态,设计开发出高附加值的产品,占领新兴市场。提高全员质量意识,严格执行质量管理体系,落实质量责任制,加强生产控制,进一步加强自检、自查工作,层层把关、人人到位,从原材料到产成品,每一个环节都注重过程控制,全面提高了产品质量。

白云泵业集团通过加大技术改造,改进工艺、流程,明确生产职能部门职责,更新完善生产检验设备,加强产品检测手段,对现有的产品不断地进行改造,并大胆试用新型材料,使产品质量可靠,成本降低。

白云泵业集团以市场需求为导向,紧跟水泵行业动态,持续不断地研发和推出新产品,在激烈的市场竞争中凸显产品的差异性,彰显产品的特色和品牌实力,通过不断地完善产品结构,提升产品质量。公司快速完成了1m以上口径的中开泵和1.6~2.0m口径的大型轴流泵的设计、制造,并进一步完善了化工流程泵、油泵、中/高压锅炉给水泵、卧式多级泵;成功开发、试制斜流泵,应用于海南海口河口泵站;完善了新一代大型污水泵、冷凝泵、渣浆泵、煤化泵和船用泵等,确保了2010年3个系列以上的新产品上市,完成了10项国家技术专利。

白云泵业集团将紧跟国家产业政策,在大力引进国外先进技术的同时，依靠和挖掘集团现有的技术力量，加大工业用泵的开发、创新、研制力度。在未来几年，公司将投入巨资，引进国外先进水泵制造技术，通过消化吸收、自主创新，开发研制出具有自主知识产权的工业用泵，以满足国内工业用泵逐步国产化的产业政策要求，使白云泵业集团成为国内泵行业的佼佼者。

国内立式无密封自吸泵由于自吸基础理论尚未解决，一直存在吸不上水或吸水不稳定等问题，且密封效果不好。白云泵业集团技术中心通过加强自吸原理研究，根据新研究出的自吸理论，设计出新型结构，解决了高真空连续排气的难题，填补了国内空白，使整个系列的自吸泵都做到快速高真空自吸，并申请了国家发明专利。现在，集团立式内、外混式无轴封自吸泵全系列产品，尤其是大口径、高扬程、大功率自吸泵均试制成功，进入批量生产阶段，广泛应用于水泥厂、石油化工厂及钢铁厂等我国大中型企业。

白云泵业集团进一步快速完善和升级 ERP 系统，充分发挥 ERP 在技术、销售、生产、物流及服务等方面的作用。从销售下单、物料采购、生产计划、生产过程、成品出厂和财务控制等每个过程环节都由计算机网络管理，实行人机一体化。同时，降低各种资源成本及内耗，减少浪费和人为失误，在确保质量可靠的情况下，降低成本，增强市场竞争力。

狠抓过程管理，提高经营能力，实现企业效益最大化

白云泵业集团通过解放思想、提高认识、统一标准、规范流程，使员工的思想观念和行为方式与公司的发展步调一致，采用最快捷的途径、最有效的方法深入到每一项事物、每一个步骤、每一个细节中去，把握事物的发展动态，做到适时监控，及时调整，促成交易，确保每一项工作都能取得最佳结果。

严格推进落实各项管理制度，保持制度的透明度，以确保各项政令畅通，令行禁止，要求各部门经理、主任不断学习，提高思想觉悟，提升管理能力，吸取经验，严于律己，宽以待人。加强员工思想教育，树立良好的心态，加强团队建设，发挥团队作用。

在销售工作中，白云泵业集团要求各部门经理、主任以身作则，把属下员工引导好，在日常工作中渗透管辖内的所有市场，全面收集、汇总信息，了解和深入研究竞争对手，制定行之有效的方案，有计划地安排落实和监督掌控，不仅把各个项目的各项工作的过程环节做好，还大胆创新，特别是在新的领域和市政、工矿等重大项目上实现了新突破，全面提升了集团销售业绩。

2010 年，白云泵业集团通过宝钢集团采购系统专家组集体评定审核，成为上海宝钢集团湛江钢铁项目广东省唯一供应商，将为集团直接创造 1 亿元以上泵产品销售业绩。

白云泵业集团要求销售部门深入到技术答疑、产品配置、合同报价、付款方式、标书制作、供货时间、质保期限和售后服务等各个环节，充分满足客户需求，通过控制好销售过程中的每一个环节，提高合同签订的成功率，重视合同质量，运用公司的产品、品牌和服务优势，大大提高了企业效益。

展望前程，白云泵业集团将继续与时俱进、开拓创新，做泵业先锋，为振兴民族泵业而奋斗！

科技拓市场　产品做精
创新增效益　企业做强

——淄博真空设备厂有限公司

淄博真空设备厂有限公司始建于 1959 年，是我国真空工业创始企业之一，是国家生产真空获得设备和真空应用设备的重点骨干企业。公司曾获国家质量银奖、原机电部质量管理奖、原机械部首批技术进步试点企业和机械工业企业管理示范企业等荣誉称号。现为中国真空学会常务理事单位、中国通用机械工业协会常务理事单位、中国通用机械工业协会真空设备分会理事长单位、中国通用机械工业协会泵业分会副理事长单位、中国通用机械工业协会干燥设备分会副理事长单位、国家高新技术企业。“双山”牌商标为中国驰名商标、山东省著名商标，产品为山东省名牌产品。

公司1998年在行业内率先通过了ISO 9001质量体系认证，全面实现了计算机辅助管理(MIS)、计算机辅助测试(CAT)、计算机辅助设计(CAD)和企业资源计划管理(ERP)系统，使企业管理跃上一个新水平。进入21世纪以来，公司技术力量迅速增强，产品不断扩展，达到了国际先进水平，研制、开发的成套设备、真空机组等产品先后被列入国家火炬计划、工业与信息化部节能产品推荐目录，多次获得国家推荐产品和国家级新产品、中国机械工业科学技术奖等荣誉。

公司生产的“双山”牌真空泵和真空应用设备，主要有液环真空泵及压缩机、往复式真空泵、旋片式真空泵、罗茨真空泵、螺杆干式真空泵、真空机组、真空干燥设备及真空成套工程技术开发等50多个系列，近600个规格品种。产品广泛应用于造纸、化工、制药、电力、石化、煤炭、食品、纺织、医药、冶金、电子、轻工、建材、电器、粮食、饲料、塑料、农药、农副产品、医疗器械、轻纺、石油、印染、电真空、电子能以及航天、航空工程等行业及国家重点工程，并服务于全球，受到广大用户的一致赞誉。

“十一五”时期，国际国内发展环境发生了重大变化。在各级领导的关心支持下，公司上下抢抓机遇、迎难而上、扎实工作，克服重重困难，圆满完成了各年度规划目标，为今后的工作打下了坚实的基础。“十一五”时期是公司攻坚克难、成绩辉煌的五年，也是大胆创新、积累经验的五年。

持续改革，与时俱进，完善企业管理制度

公司不断进行管理创新，改革组织结构，实现扁平化管理，推行三项制度改革，建立新的激励机制等，法人治理结构规范，经营运行良好；建立了产权明晰、政企分开、责任明确、管理科学的现代企业制度；按照“公开、公正、公平、自愿”及管理责任和股份比例相结合的原则，实现了全员持股，形成了合理的股权结构。特别是2008年，公司针对真空市场发展情况，对公司的组织结构和人员分配做了最大化调整，提升了工作动力，提高了劳动效率，降低了内耗，取得了非常显著的效果。公司收购了淄博双力公司的股权和经营权，组建淄博坤阳泰铸造有限公司并完成股本增资工作；注册组建了淄博双山真空机械工程有限公司。

发扬企业优势，实施差异化发展战略

在竞争激烈的市场环境中，企业发展应摆脱低端产品的恶性竞争，依靠技术研发实力雄厚优势，将市场立足于化工、石油、煤炭、电力和航空航天等领域，以新型、特种、大型成套设备为基础，全面实施企业的差异化竞争策略。企业对外加强技术协作，提升产品竞争力，围绕“用户管理”，健全营销服务体系等方式，打造“双山”品牌；对内通过健全企业经营管理体系，健全人才培养和激励机制，加强生产质量控制力度，实行“目标管理”，加大技改投入等手段，夯实企业运营基础。2006年，企业的资本保值增值率为111.17%，近三年销售平均增长率为10.09%，净利润平均增长率为36.61%，企业的战略实施得到明显效益。

推动技术创新，提升企业核心竞争力

“十一五”时期，以公司为主体成立了山东省真空设备工程技术研究中心，2010年综合评价为优秀。研究中心自主创新，采用“企校联合”等的方式，围绕市场，“生产一代、研制一代、开发一代、储备一代”，并通过三维CAD技术的应用提升研发能力，健全研发管理制度，完善企业的产品研发体系。公司先后与合肥工业大学、东北大学、山东理工大学等国内知名科研院所建立合作关系，通过广泛参加国际国内相关活动，结合自身研发能力和生产实践，引进国际先进技术并创新，在实践中注重产品结构调整和高新技术成果的转化，先后承担山东省技术创新重大专项3项，共有100余种产品被列为省级以上优质产品。

公司新建的6 000m² 具有国际先进水平的真空泵综合测试中心已投入使用，大泵生产车间10 000m²，增加了精加工设备。公司为中国航天推进技术研究院研制的DXKM—1大型真空试验系统顺利交付使用，成为公司产品进入航天应用领域的标志工程；为中航工业第一飞机研究院设计制造的DFJS—1真空模拟试验系统已投入使用；在印度、澳大利亚、美国、中东国际市场的开发有了新突破；开发的新产品中，有7项被工业和信息化部列为新型节能型产品；进一步提升了公司的核心竞争力。

坚持以人为本，加强人力资源管理

公司坚持“以人为本”为核心，实行员工与企业同步发展的人才战略。企业通过树立“任人唯贤、德才兼备”观念，围绕“引进、用好、培养、留住”4个环节，建立健全人力资源管理体系。在组织形式上采用岗位培训、进修培养、联合办学等方式，构建多层次、多渠道的教育培训体系，构筑学习型组织；在考评上以业绩为依据，围绕“德、能、勤、绩”四要素，建立员工动态管理绩效考评体系，实行多形式的分配和激励机制，为企业长足发展奠定了基础。“十一五”时期，先后有多名技术人员晋升为研究员、高级工程师等技术职称，健全了以研究员、高级工程师、工程师、高级技师为元素的金字塔形职称结构；有多名技术骨干获山东省有突出贡献中青年专家、淄博市有突出贡献中青年专家、山东省优秀技师等称号。

注重企业文化培育，增强企业凝聚力

公司以“国际一流的现代化真空设备企业集团”为愿景，将“以振兴民族工业为己任”作为使命，把“团结拼搏、求实创新”的企业精神，作为员工共同遵守的守则，提出了“卖产品，讲诚信”、“双山真空，诚信永恒”的经营理念，阐明了企业应负的社会责任。企业的领导以身作则，坚持“团结观远、创新发展、求真务实、和谐进步”工作生活原则，在产品上追求创新，服务上坚持“诚信”，逐步形成了独具特色的企业文化。

推进信息化建设，提升企业管理水平

在信息化建设工作方面，从信息基础建设和信息化系统应用两个方面进行信息化建设。企业已经建立了网络平台及门户网站，在产品设计、财务管理、生产管理、物流管理和质量控制等方面都进行了应用，为下一步信息化系统的完善及更新，打下了坚实的基础。

在领导团队的带领下，公司一步一个脚印，求真务实，不骄不躁、不浮夸，真正向着又好又快的方向发展。在建立科学发展、和谐稳定的责任型现代化企业的道路上，积累了丰富的经验，取得了良好的业绩。

“十一五”时期取得的荣誉

公司负责起草了GB/T 13930—2010《水环真空泵和水环压缩机　气量测定方法》、《往复式真空泵》等10项国家、行业标准，被评为“十一五”全国标准化工作先进单位。

LY型氯气压缩机，被国家科技部列入火炬计划。JSKA系列真空机组、SKA系列真空泵压缩机、2EK系列节能型双级水环真空泵、SVP系列真空负压复合型化学气体输送系统、2SAT系列双级锥体液环真空泵、2LYG系列双级双作用液环压缩机、单级双作用锥体压缩机、双级锥体液环真空泵等绿色节能型产品通过了省级技术鉴定。其中，2SAT型真空泵获中国机械工业科学技术奖二等奖，真空泵机组被列入国家电力工程火电机组主要厂商名录。

公司被认定为国家高新技术企业，获山东省机械行业文明单位、企业文化建设先进单位，淄博市劳动关系和谐企业，中国石油和化工优秀民营企业，机械工业企业基础工作规范化示范企业，企业信用评价AAA级信用企业，中国百佳创新示范企业等称号，通过了国家安全标志准用证的复查评审和山东省企业标准化良好行为AAA确认。“双山”牌商标被认定为中国驰名商标。

“十二五”时期是国家发展的新时期，公司确定了新的发展目标：产品研发继续沿着绿色环保、节能方向发展。追求高生产质量、高技术含量、高服务质量，学习、引进、研发具有国际一流品质的真空获得及应用设备，使企业综合研发、生产制造能力再上一个台阶，全面推动国家民族企业大发展。

“科技拓市场，产品做精；创新增效益，企业做强”。公司一定能够圆满完成“十二五”时期的任务目标，为中国民族制造业的发展，做出应有的贡献。

宁静致远　风诚天下

——宁波风机有限公司

宁波风机有限公司（以下简称宁波风机）始建于1958年，是我国最早专业生产风机的厂家之一，是中国通用机械工业协会理事单位、中国通用机械工业协会风机分会理事单位。公司通过了ISO 9001:2008质量体系认证。设在公司的浙江省机电产品质量检测所风机检测中心已通过国家实验室认可。

公司总资产3.2亿元，占地面积8万m^2，厂房面积5万m^2，职工500余人，其中各类技术人员近80人。

建厂50多年来，公司生产的高效节能风机覆盖全国各地，并出口到20多个国家和地区，广泛应用于石油、化工、冶金、木材加工、污水处理、电力、煤炭、玻璃、矿山、化肥、水泥、水产养殖、气力输送、烟草和造纸等行业。

公司拥有雄厚的风机研发设计、制造、安装能力和强大的售后服务队伍，现已形成年产各类风机近万台的规模。产品曾获“国家科学技术进步奖一等奖”等奖项。公司拥有各项专利20余项。

1998年公司由国有企业转制为有限责任公司，2008年又进行了新的改制，使公司产权更加明晰，战略更加清晰，领导更加得力，员工更加给力，迎来了新一轮的发展。

抓好干部队伍建设

宁波风机改制以来，重点推广“一切靠业绩、效益说话”的理念，增强每位员工的危机感、紧迫感和责任感，先后召开了动员大会，销售、技术、生产、质量及售后服务专题工作会议，组织员工就企业的处境展开讨论、学习，对风机行业面临的挑战和机遇以及国内企业的发展情况深入分析，提出了“奋发图强，追赶先进，争创一流”的战略方针。

公司建立了中层干部例会制度、车间早会制度等，保证公司信息沟通的畅通，并从细化考核入手，加强对各部门工作的及时性、计划性、有效性进行考查和监督，每月根据公平、公正、公开的原则，按照不同权重，对中层干部及拿固定薪员工实施绩效考核，对各部门开展的工作进行客观评价，提高管理人员的绩效。

重抓产品质量

宁波风机把质量管理作为公司第一要务，走以质量求生存发展的道路，打出了“有质量才有市场，有市场才能生存”的口号。通过提高员工质量意识，完善加工、检测计量手段，健全质量管理体系，进而提高顾客满意度，提高公司产品的市场竞争力。

认真贯彻ISO 9001标准，全面提升企业质量管理水平。加强质量规范化管理，建立质量体系运行情况报告制度和质量分析会制度。定期召开质量工作会议，及时将产品生产情况、质量检查情况、顾客意见等信息予以反馈并加以快速解决。

加强质量文化建设，狠抓质量意识教育。一是重视质量意识的教育培训，组织全员进行ISO 9001标准及宁波风机质量管理体系文件的普及教育活动，广泛开展全员参与的质量管理活动，建立具有宁波风机特色的质量文化，培养员工“不接受不合格品，不制造不合格品，不传递不合格品”、“宁愿事前检查，不要事后返工”、“下道工序就是顾客，坚决不把问题交给下一道”的思维方式；二是加大质量监督和奖惩力度，建立产品质量奖惩制度，做到有奖有罚、奖罚及时，增强全体员工的质量意识，推动工作质量的提高。

坚持校企合作，提升核心竞争力

宁波风机以科技领先带动企业技术进步，以市场开发带动产品升级换代，开发高技术含量、高附加值、市场前景看好的优质产品，打造高科技企业；以市场为导向，加强和高校的合作，开展多种形式的产学研合作，整合内外开发资源，建立健全满足当前市场需求与开拓未来市场相衔接的技术创新和开发体系。

抓好VI建设，塑造优秀品牌

品牌是企业形象的整合，宁波风机适应市场竞争的需要，大力加强企业形象建设，提升企业的诚信度和美誉度，重新编制了《公司VI设计方案》，统一规范了企业标识（LOGO）、标准字、标准色、标准展牌、厂服等，并积极申请省市知名商标、名牌产品等，塑造优秀品牌。

以人为本，营造和谐氛围

企业竞争归根结底是人才的竞争。宁波风机以人为本，把培养和谐向上的企业文化作为公司民心工程来抓，创造良好的人文生态环境和激励机制，充分激发员工的积极性和创造性，提升企业活力，走和谐发展之路。通过上新的设备、装修宿舍，进一步改善员工的工作、生活环境，协调、疏导和解决员工遇到的困难，为员工办实事；完善企业薪酬体系和考核体系，加大激励力度；广泛开展员工业余文化活动，融洽人际关系，把员工的劳动热情和潜能充分发挥出来，形成上下同心的良好局面。

宁静致远，风诚天下！面对当前日益激烈的市场形势，宁波风机将继续发挥自身优势，奋勇向前，努力打造具有国际竞争力的一流企业！

转变商业模式　提升管理理念　降低经营风险　实现健康发展

——上海鼓风机厂有限公司

上海鼓风机厂有限公司（以下简称上鼓）是中国机械500强企业，上海市高新技术企业，上海市科技小巨人企业。作为一家老国有企业，上鼓既有传统优势，也有不适应时代发展的劣势。在诸多挑战面前，上鼓努力转变商业模式，提升管理理念，降低经营风险，实现健康发展。

优势产品

上鼓在长期的发展积累中，形成的优势是具有一定的市场份额和好的产品。

（1）拳头产品——电站三大主要风机（送风机、引风机、一次风机）全系列产品。以先进的动叶可调轴流风机为主，分别应用于30万kW、60万kW、100万kW等大型火电发电机组。外贸出口地区主要为印度、越南、伊朗、埃及和日本等。大型电站风机市场占有率为40%左右。动叶可调轴流风机处于国内市场领头羊的地位。20世纪80年代以来，为国内20万kW以上电站提供配套风机已达5 000余台，为国内第一。上鼓为我国电站事业从小到大的发展，做了许多开拓性的工作，在大型电站风机设计制造方面，获得了全行业唯一的国家质量金奖、国家重大技术装备一等奖，成为我国电站风机国产化的基地，并一直保持着技术和市场的领先地位。2010年，上鼓设计制造的20万kW以上大型火电机组送风机、引风机运行可靠性指标在国内主要同类型厂家中排名第一，分别达到94.39%和94.03%。实现了企业追求的“优质规范”的目标。

(2)优势产品——工业用离心风机。主要应用于冶金、石化、建材等行业,如冶金烧结机、转炉、电炉、高炉、石化裂解炉、水泥回转窑等。市场占有率约10%。在钢厂大型烧结机、转炉除尘、煤气加压方面,具有传统的技术优势。还有矿井、隧道、地铁专用风机等优势产品。

(3)发展产品。以大型脱硫增压风机为主,主要用于火电环保脱硫和冶金钢厂环保除尘、环保脱硫等新兴环保行业。新开发的RTF系列、G125系列风机,在电厂和钢厂烧结脱硫用风机中,中标率50%以上,G125系列已处于钢厂干法除尘系统风机的垄断地位。大型脱硫增压风机市场占有率为35%以上,是我国电站脱硫市场开发最早的企业。还有为石化工业和船舶工业提供高效率高技术含量的离心压缩机和配套船舶风机。

(4)研发产品。用于第四代核电站高温气冷堆核电主氦风机、高温气冷堆核电燃料球输送压缩机;火电脱硫、脱硝新型风机和综合利用脱硫配套生产硫酸用离心压缩机,以及在汽车风洞风机基础上的其他用途的风洞风机;还有用于城市污水处理的单级高速离心压缩机。研发产品,当前处于国内领先地位。

结构调整

为了强化优势,上鼓加快经济结构的调整,从传统制造向"制造+服务"转变,从工业风机向技术含量更高的产品离心压缩机和新一代核电产品发展,从比较优势向较难复制的优势发展。采取了多种调整结构的战略性措施。

(1)成立产品服务中心,扩大服务业务。将原来属于市场技术部的备件科、用户服务科和总装车间的修理部门"三合一",集中起来,2011年业务能够超亿元。坚持从"单一制造"向"制造+服务"转变,不断做大服务业,除扩大修理和备件生产外,实施从厂内维修,发展到用户现场维修;完善服务方式,积极向用户提供系统分析和分阶段服务模式。

(2)开展风机改造新业务。在国家"节能减排"、"低碳经济"政策指引下,电厂努力降低自耗电,将对原有风机进行节能改造,上鼓深入挖掘改造业务,努力提高风机节能效果,2011年改造业务将超过1亿元。

(3)加大出口产品,瞄准海外市场,特别是印度火电市场。当前,上鼓在印度的产品和合同数量已有300多台,2011年出口任务4亿元。上鼓在上海电气集团股份有限公司的支持下,不断巩固和扩大印度市场,并从通过大集团公司分包风机,向直接同海外用户承接风机合同、服务合同的方向发展。

(4)抓住2011年机遇,再创历史新高。上鼓2011年已有订单8.6亿元(含税),在"十二五"开局年,要实现销售收入8.5亿元目标,创历史新高。主要做好五项重点工作。①市场方面。进一步巩固传统优势领域,积极拓展高端领域和服务领域,通过不断的技术改进,增强电站风机等工业风机的市场优势,保持上鼓在通风机领域中的领头羊地位。发挥离心压缩机的潜在优势,加速产品技术研发和市场拓展,提高企业发展速度。培育未来产业高温气冷堆主氦风机(第四代),形成产业化能力。结合节能环保政策,抓住国家支持的各地技术改造项目,抢占电站、冶金脱硫市场,增强企业竞争能力。拓展产业领域,扩大服务产业,增强工程成套和系统服务,提高企业盈利能力。②技术方面。坚定不移走"自主开发+产学研"的道路。内部以引进、培养、留住人才为目的,制定积极有效的激励制度。外部以项目为抓手,市场为目标,积极推进产学研合作。当前已在合作中的项目涉及3所国家重点大学:与清华大学合作的高温气冷堆项目、与上海同济大学合作的风洞项目、与上海交通大学合作的离心压缩机项目。③成本方面。注重降本增效工作的持续性和有效性。对企业内部二三线人员进行梳理和减员,充分利用社会资源,降低企业的各类成本支出,同时解决企业生产能力平衡问题。加强合同审核管理,提高合同质量,对外协、采购的价格严格执行比价制度,提升企业利润空间。持续推进产品标准化、系列化、通用化的工作,从而使企业降本工作得到进一步的落实。④商业模式方面。转变商业运行模式，走制造业与服务业相结合的道路。在承接整机订单同时，将眼光聚集到未来利润更为丰富的售后服务和备品备件、用户的风机技术改造方面。逐步实现“两头在内、中间在外”的战略思想，即市场、技术、总装试车紧握手中，对低端制造要充分利用社会资源，降低企业的运营成本。⑤管理改进方面。首先要做好人力资源工作，通过制度的完善和规范的管理，做到留企业所需之人，减企业不需之人。加强各类培训，实现人员素质的提升，用工成本的降低。进一步加大应收账款和资金回笼工作的力度，特别是对到期质保金、调试款的回笼。落实责任制和考核制，使应收账款得到有效控制，降低企业的资产风险。对标上市公司，通过学习改进，使企业管理规范有序，进一步防范和规避经营中的各项风险，走持续健康的发展之路。

战略目标

上鼓是一个老国有企业，在风机行业中，是国内工业风机的领头羊。近十年来，经济指标从年产2亿元上升到年产8亿元。在经济快速发展的今天，与优势企业之间仍存在差距，在企业今后的发展过程中，上鼓需要有新的思路，新的途径，并立足企业现状，发挥潜力，利用优势，敢于创新，敢于突破，以谋求更大的发展。

未来发展之道——看清问题，理清思路，重点实现“四个创新”。

技术创新。加快高端产品的研发，包括离心压缩机和高温堆主氦风机等，形成新的产业化发展亮点。

市场创新。改变以往单一的市场营销模式，研究和贴近国家政策，抓大不放小，拓展海外市场。

管理创新。通过科技加制度的管理手段，提升企业内部的管理水平，提高企业经济运行的健康水平。

转型创新。由单一制造业向“制造＋服务”转型，发展服务产业，提升工程成套能力，逐步扩大新的产业和新的盈利增长点。

“十二五”发展的战略规划目标是“建成三个上鼓”。

“科技高端的上鼓”。这是上海地理位置和资源成本提出的必然要求，要走科技兴企之路，走高端经营之路；要实现技术创新，技术领先。只有高技术才是在上海办企业的根本出路。推动技术与市场的紧密结合，开发具有市场前景的新产品、先进产品，上鼓的产品设计要体现出高科技的含金量。要实现技术人才中领军人物的高端化。上鼓的生产制造要体现出高端制造的特征，一般制造逐步剥离出去，实现社会资源利用最大化。上鼓高端制造的装备要体现出标志性的高端化，满足高端制造的需要。

“优质规范的上鼓”。“优质”是上鼓参与市场竞争的优势和赖以生存的基础。如果上鼓的产品并不优质，就会丧失用户，上鼓的品牌就会失去光泽。扎实开展“卓越绩效管理模式”，提升名牌产品的质量深度，提高员工主动创优产品的意识和为用户认真负责的服务意识。“规范”的上鼓，则表示通过加强企业管理，做到管理规范，内部做事按标准执行，各个岗位的员工都知道自己所应当遵守的各类规范，这样的企业才能保证产品的高质量。要按上市公司的标准，深化ERP管理，实现先进管理理念与科技手段的高度结合，依靠科技手段来实现更规范的管理。

“整洁和谐的上鼓”。要做到整洁的车间、整洁的厂区、整洁的工作环境，要深入开展“班组安全标准化”工作，实现安全文明生产、清洁生产，达到国内行业一流的现场管理水平。厂区绿化要体现更加美化的感觉。“和谐”的上鼓，强调干部之间的团结，员工之间的团结，强调局部利益服从全局利益。重点突出对职工的关心，开展凝聚力工程，固定并形成具有上鼓特色的企业文化展示，要让员工共享上鼓繁荣的成果！

上鼓预计用五年的时间，工业总产值达到12亿元。实现目标分为三步走：

第一步，做稳做健康，加强企业各项管理，按照上市公司的要求，健全内部管理。要抓好2011年起步年、开局年，目标是完成产品销售收入8.5亿元。

第二步，到第三年，目标是要走向做大做强，产值达到并超过10亿元，科技创新和高端制造有较好效果，离心压缩机超亿元，产品质量和行为规范有明显提升，环境美化以及企业和谐处处可见。

第三步，五年后，在辛勤的努力下，“三个上鼓”初见成效，保持并巩固国内大型工业风机领头羊地位，离心压缩机产值达到2亿元，并成为国内名牌，工业总产值达到12亿元。五年实现增幅50%，与上海电气集团股份有限公司的发展速度保持同步，为上海电气集团股份有限公司进入世界500强做出上鼓人的贡献。

用真诚服务用户　以效益奉献社会

——重庆江北机械有限责任公司

2010年，受国际金融危机的影响，重庆江北机械有限责任公司面临新的困难和挑战，公司经营集团带领全体员工坚定信心、迎难而上、同心协力、锐意进取，坚持“市场扩份额，生产强支撑，技术升优势，管理突精细，品牌显实力，项目促发展”的公司方针，冷静应对、果敢决策、积极工作，市场营销有创新、生产能力有提升、技术进步有实绩、质量兴企有实效，实现了生产经营稳步发展；3 900万元技改高效推进，公司发展更添动力；精细管理更加深入，企业运行更加有序；队伍建设、文化创建进一步凝聚了企业“精神”。

2010年，公司主要经济指标仍然保持了上升趋势，当期订货28 893万元，同比增长4.69%。主要产品离心机产量685台(套)，同比减少4台(套)；完成工业总产值25 262万元，同比增长14.2%；完成工业增加值6 320万元，同比下降9.46%；实现销售收入25 231万元，同比增长14.69%；实现利润总额1 653万元，同比增长25.04%。

2010年，公司技术中心以市场为导向，以满足用户需要为目的，全年完成新产品设计5项；投入试制5项；技术攻关项目6项；完成新工艺、新技术、新材料推广应用10项；全年新产品产值率达到70%以上；完成双革四新、节能降耗76项；获得4项实用新型专利。GKH1800—N型虹吸刮刀卸料离心机获重庆市市政府优秀新产品奖。

2010年5月，公司“技术创新，保质扩能”技改项目成功争取到了重庆机电股份有限公司3 900万元资金，10月底，已完成公开招标项目18项，内部招标项目13项，招标和邀标采购项目金额达2 689.5万元，占3 900万元的68.96%，年底将完成总项目80%的工作量。随着振动时效机、技术中心三维软件及计算机等技改设备的陆续到位，技改效果正在逐步显现。“技术创新、保质扩能”技改项目是公司有史以来最大的一次技改投入，将对公司未来的发展打下良好的基础。8月，公司于2008年启动的“大化工用关键设备——分离机械产业化技术改造项目”经过多方努力正式获得国家发展和改革委员会批准，获得项目资金606万元。该项目的成功获批，印证了公司在国内同行业中的代表性地位。

2010年，公司精细管理更加深入。①切实做好降本工作。初步建立了以财务分析为主体，以技术、生产为主要环节的成本管控体系，进一步强化了公司物资计划、能源管理、价格核算、质量管理、安全管理、现场6S管理、设备管理、库存管理及财务管理等基础管理工作。积极做好铸钢分厂、总装车间循环用水的改造工作，直接降低成本。②开展了管理内控体系的清理工作，全年清理、修订和完善内控制度44个。其中,新制订了《商业秘密管理暂行办法》等内控制度5个。③积极开展内部效能监察和内部审计。全年重点围绕项目建设、工时定额、内控体系,效能监察立项36个,涉及金额近2 800万元,内部审计立项29个,涉及金额3 900多万元,起到了加强内部管理、规范内控体系的作用。④加强应收账款的催收工作。销售、财务等部门联合行动,通过聘请律师、绩效激励等方式,加大了应收账款的催收力度。⑤加强了售后服务工作。因产量的不断增加,给公司售后服务工作带来了压力,公司为保证售后服务工作质量,抽调了技术实力强的工程技术人员充实售后服务工作,同时加强对售后服务人员服务意识的教育,提高他们的工作责任心,使售后服务得到了加强。2010年全年完成了国内外调试维修632台(套),满足了用户的要求,也赢得了用户的肯定和好评。⑥开展知识产权保护工作,邀请当地工商部门的有关人员到公司进行相关培训。"川江"商标已获得重庆市"著名商标",启动了"川江"创建中国驰名商标的申报工作。继续做好产品技术专利的申报和保护工作。

制造一流产品　造就一流人才　创建一流企业

——江苏神通阀门股份有限公司

江苏神通阀门股份有限公司(前身是江苏神通阀门有限公司)于2007年6月14日正式注册成立,注册资本7 800万元;2010年6月23日在深圳证券交易所成功上市,注册资本增至10 400万元。

公司是中国通用机械工业协会阀门分会副理事长单位、全国阀门标准化技术委员会蝶阀工作组组长单位、中石化设备资源市场成员单位、江苏省阀门行业协会副理事长单位、宝钢设备与备件联合研制供应中心成员单位、国家级高新技术企业。公司拥有民用核安全设备设计许可证和制造许可证,通过了ISO 9001:2000质量管理体系、ISO 14000环保体系、18000职业健康体系及美国石油学会API等权威认证。

公司坐落于启东市南阳镇,厂区占地面积12万m^2,建筑面积5.8万m^2,设施齐全,交通便捷。

公司专业从事冶金、核电特种阀门的研发、生产和销售,是国内冶金、核电阀门的主要生产基地之一。公司现生产球阀、蝶阀及各类冶金、核电专用阀门共90多个系列,2 000多个规格;阀门公称通径8 ~5 000mm,公称压力0.01 ~6.4MPa;产品主要特点:大口径、耐腐蚀、耐高温、耐磨损和机电仪一体化。

公司致力于球阀、蝶阀及冶金、核电等专用阀门的科学化、专业化、精细化的生产、研发工作,坚持"立足冶金、发展核电、致力环保、扩大出口"的市场定位,追求"制造一流产品、造就一流人才、创建一流企业"的发展目标;始终贯彻科技兴厂的发展方针,坚持以市场和客户需求为新技术、新产品研发的主导方向,通过引进专业人才、增加技术投入,实现技术创新和技术升级;坚持"质量第一、用户至上"的经营方针,把产品质量视作企业的"生命",把用户视作"上帝",急用户之所急,想用户之所想。

随着公司规模的不断扩大,产品市场占有率的不断提高,企业销售产量、销售收入、利润、税金均持续增长。2008年、2009年、2010年分别实现销售产量9 500t、10 650t、15 670t;实现销售收入3.01亿元、3.28亿元、3.51亿元;实现利润3 601万元、4 851万元、5 321万元;上缴税金1 803万元、3 018万元、2 754万元。公司生产经营状况稳定,发展态势迅猛。为满足用户对产品的需求,公司投入

7 800万元实施技改，努力提高产品装备水平和生产能力，其中，投资3 000 万元进行精密铸造车间改造和购置加工中心、数控车床、数控钻床等生产设备；投资 4 800 万元扩大核电阀门生产能力。

公司生产、研发的大量球阀、蝶阀及冶金、核电等专用阀门在国内核电站和大中型钢铁企业中均得到了广泛应用，为国内一大批冶金和核电重点工程项目提供了性能卓越的产品及完善的技术支持。

近年来，随着新能源的广泛开发和利用，公司在狠抓冶金研发的同时也开始积极摸索和投入对核电阀门的研发，借国家“十一五”核电站发展规划的机遇，将核电作为企业发展的一大战略选择，从国内第一座核电站——秦山核电站核级蝶阀、球阀产品的唯一供货商开始，战胜了包括法国 AMRI 公司在内的众多国外知名竞争对手，先后在各核电站、核电公司国际招标中成功中标，为秦山一期、二期、三期核电工程，连云港田湾核电工程，广州岭澳核电工程，福建福清核电公司，宁德核电公司，方家山核电项目，中国核动力研究设计院，辽宁红沿河核电站，海南昌江核电公司，浙江三门核电站，山东海阳核电站，北京 401 所以及国家援建项目巴基斯坦恰希玛核电工程等诸多重大工程提供了专用核级蝶阀、球阀、风阀、海水阀门等产品。公司作为岭澳核电二期工程首批核级阀门国产化企业，成为国内各核电工程项目唯一核级蝶阀、球阀设备供货商。公司生产的核电专用阀门在国内核电市场占有率已达到90%以上。

公司高度重视新能源领域的技术创新。2008 ~2010 年，公司完成符合高新技术领域“新能源及节能技术、资源与环境技术、高新技术改造传统产业”的研发项目 18 个，完成成果转化项目 18 项，均已形成自主知识产权产品，其中 3 个被认定为省高新技术产品，两个已通过科技成果鉴定，两个项目被列入国家重点新产品计划。近 3 年，公司获授权专利69 件，其中发明专利两件，实用新型专利67 件。

由公司自主研发的核级蝶阀、球阀在国内同类产品中处于优势地位。2007 年，公司与中广核工程有限公司联合研发“百万千瓦级核电站安全壳隔离阀”，并成功通过机械工业联合会、国家发展和改革委员会、国家核安全局等权威机构的联合鉴定，为国内核电站建设充分实现国产化迈出了坚实的一步。

2008 年，公司被批准建立省级工程技术研究中心——江苏省核电阀门工程技术研究中心，下设三个研究室、样机制造车间和试验中心；2009 年，被批准建立“博士后科研工作站”；2010 年，与中科华核电技术研究院有限公司共建企业研究院——江苏（神通）核电阀门研究院，取得较好成效。

公司始终坚持以质量求生存的理念，规范质量控制的全过程，做到从原材料采购、材料检验、壳体探伤检测和生产过程控制均有章可循，有据可查。公司严格按照国内、国际标准和客户的特殊要求进行生产，并接受客户驻厂监造。为进一步提高产品质量，公司先后投资 800 万元引进 PDM 数据库管理系统、SOLIDWORKS 三维设计软件、ANSYS 有限元分析软件及光谱分析仪等研发软件和检测设备用于辅助生产。近年来，公司顺利通过南通市质量监督所进行的产品抽检检验，各项技术参数及执行标准均符合要求。2010 年公司产品获得美国石油学会 API 权威认证证书。

公司高度重视科技人才的培养和引进。为不断提高科技人员的创新能力，公司聘请了徐大懋、叶奇臻院士等 10 多位专家担任技术顾问，定期对公司科技人员进行培训并指导新产品开发。引进帅剑云博士，获“江苏省高层次创新创业人才引进计划”立项支持。3 年来，公司采用请进来、送出去及内部培训等方式，先后组织科技人员参加了近百期、2 000 多人次的培训学习。每年组织人员去全国各大高等院校招聘大量的优秀人才，用深厚的神通文化、真切的人文关怀吸引了越来越多优秀人才加入神通大家庭。公司现有员工 619 人，其中高级职称 6 人、中级职称 17 人，设计、研发人员 63 人，阀门销售人员 56 人，产品质保人员 8 人，这些专业的人才队伍为提升企业的核心竞争力发挥了至关重要的作用。

打造中国最优秀的耐酸泵生产企业

——昆明嘉和科技股份有限公司

昆明嘉和科技股份有限公司成立于1998年，是西南地区最大的集专业研发、生产和销售耐腐蚀、耐磨蚀、耐高温硫酸、磷复肥、石油化工、有色冶炼、矿山用泵和阀门及各式管槽式分酸器等配套产品为一体的高新技术企业。公司通过了ISO 9001:2008质量管理体系认证、ISO 14001:2004环境管理体系认证，荣获“云南省民营百强企业”、“云南省创新型企业”、“云南省省级技术中心”、“高新技术企业”、“云南最具成长性民营企业”、“全国机械工业质量效益型先进企业”、“云南省省级成长型中小企业”等20多项殊荣。“嘉和”牌商标被评为云南省著名商标。产品广泛应用于国内磷化工、有色冶金、石油化工、煤化工等行业，并出口韩国、赞比亚、越南、埃及、土耳其、伊朗、刚果、刚果金和印度等国家，深受用户好评。

公司占地面积6万m^2，现有员工300人，年生产能力达20 000台(套)。拥有1条年产3 000t不锈钢件铸件树脂砂生产线；双联联动1.5t中频感应炉，最大出炉不锈钢液达4.5t；260kW、110kW、45kW大型台车式晶闸管热处理炉各1台；吊钩式抛丸清理机2台；特种合金钢的理化分析仪器、落地式直读光谱分析仪各1台；大型的数控镗床、立式车床、数控磨床等各式精密加工设备200余台，最大机加工直径可达5m，最大加工工件长5m；G6.3静平衡及G2.5动平衡试验设备各1台；水静压试验设备符合GB/T 3216—2005《回转动力泵 水硫黄力性能验收试验1级和2级》1级精度试验台标准。

公司生产的硫酸装置用泵有JHB系列高温浓硫酸液下泵、JHG系列低温位热能回收循环酸泵、JHL系列高温硫黄液下泵、JHXL系列悬臂式高温硫黄液下泵、JHC系列标准化工泵及JHN系列便携式液下泵等。磷复肥装置用泵有JFZ系列卧式耐腐蚀耐磨蚀泵、JHZ系列卧式化工轴流泵、JLHZ系列立式化工轴流泵、JW系列化工混流泵、JLF系列立式耐腐蚀耐磨蚀泵、JLZ系列立式渣浆泵、JFZ(T)系列卧式耐腐蚀耐磨蚀泵、JAN系列卧式高扬程耐腐蚀耐磨蚀泵及JZJ系列渣浆泵等。

2002年以来，公司生产的大型JHB型高温浓硫酸液下泵已在40万~80万t/a硫黄制酸装置和30万~70万t/a冶炼烟气制酸装置中得到应用，市场占有率达90%，成为国内大型硫酸装置用泵的首选品牌。JHB 1400—25型泵应用于云天化国际三环化工有限公司60万t/a硫黄装置中的一吸塔，JHB 1500—25型泵应用于云南富瑞化工有限公司80万t/a硫黄制酸中的干吸塔，JHB 1400—30型泵应用于弛宏锌锗股份有限公司80万t/a锌冶炼烟气制酸装置，JHB 1500—25型泵应用于江西铜业公司贵溪冶炼厂硫酸系统70万t/a铜冶炼烟气制酸装置的一吸塔和二吸塔，JHB 1600—30型泵应用在安徽铜都铜业金昌冶炼厂，JHB 1800—24型泵应用于山东阳谷祥光铜业有限公司70万t/a烟气制酸装置，JHB 2400—23型泵应用于金川集团有限公司化工厂53万t/a铜冶炼烟气制酸装置中的干吸塔。

JFZ、JHZ、JLHZ、JW、JZJ等系列磷复肥专用泵已成功应用在云天化国际化工富瑞分公司30万t/a磷酸、60万t/aDAP等装置，云天化国际化工云峰分公司2×(10+7)万t/a磷酸装置、44万t/aDAP、MAP及NPK装置，云南弘祥化工有限公司3×7.5万t/a湿法磷酸装置、10万t/a重钙装置、2×15万t/aDAP装置，湖北宜化化工股份有限公司40万t/a磷酸装置、80万t/aDAP装置，湖北大江化工(集团)有限公司10万t/a磷酸，襄樊泽东化工有限公司7.5万t/a磷酸装置、15万t/aMAP装置，中化重庆涪陵化工有限公司3×10万t/a磷酸装置、3×30万t/a磷铵装置、24万t/a合成氨装置，青海云天化国际化肥有限公司15万t/a磷酸、30万t/a磷铵，江苏绿陵润发化工有限公司20万t/a粉状MAP工程，内蒙古齐华矿业有限责任公司20万t/a磷铵装置、10万t/a磷酸装置，甘肃瓮福化工有限责任公司30万t/a磷酸装置、10万t/a磷铵装置等。

2010年2月，公司生产的第一台大型低温位热能回收装置的循环酸泵（JHG 1840—19）及JSB合金材料成功应用于云天化国际化工红磷分公司80万t/a硫黄制酸装置中的HRS吸收塔；2011年4月，JHG 1475—16成功用于云天化国际化工三环分公司60万t/a硫黄制酸装置低温位热能回收系统（HRS）；云天化国际化工云峰分公司的30万t/a硫酸装置的低温余热回收项目（JHG 840—16）、云南弘祥金麦实业有限公司80万t/a硫黄制酸装置低温余热回收项目（JHG 1450—20）、湖北新洋丰肥业股份有限公司20万t/a硫黄制酸装置低温余热回收项目（JHG 550—18）等均选用公司生产的JHG系列低温位热能回收循环酸泵。

泵是硫磷装置中的心脏设备，随着公司研制的硫磷装置用泵不断推广应用，将对我国硫磷化工装置做出贡献。

调强调优　加快发展
肩负起振兴民族工业的重任
——山东华成集团有限公司

2010年是“十一五”的收官之年，也是山东华成集团有限公司实现跨越式发展的一年。公司精密减速机及风力发电增速齿轮箱项目顺利竣工投产，高起点、高标准地建成了世界一流的工厂；水环真空泵产品研发能力继续增强，成功设计出2BEC130特大型水环真空泵，用科技进步引领国内同行业的发展；连杆产品的产销量翻了两番，从产量到质量实现了历史性的突破。

坚持科技创新，积极调整产品结构

科技创新孕育新突破，产品升级实现新跨越。公司依靠科技支撑，通过自主创新，成功研制出2BEC80、2BEC87、2BEC100、2BEC110、2BEC120和2BEC130 6种规格的特大型水环真空泵，填补了国际空白，技术指标处于国际领先水平，创造了世界水环真空泵发展的新纪录。公司还成功地设计了飞机上的风洞结冰试验和时速400km以上高速列车穿越隧道的模拟试验。

公司以市场为导向，靠自己的努力和实力，水环真空泵的产销量连续8年位居行业首位，连杆产品连续多年成为潍柴动力股份有限公司、上海柴油机股份有限公司的最佳供应商。公司始终站在市场需求和科技进步的最前沿，走科技兴企之路，用科技创新引领科技进步，促进企业实现超常规、跨越式发展。

以项目建设为突破，为企业发展开辟新空间

为实现企业的跨越式发展，公司按照国家装备制造业振兴规划和国家新能源战略的发展要求，经过大量市场调研和反复论证，瞄准国际最高水平的同类产品，投资16.8亿元兴建大型精密减速机及风力发电增速齿轮箱项目。

我国高端减速机市场长期被德国弗兰德公司、SEW集团及美国福克公司、日本住友重机机械株式会社等几家国外独资公司占领，而生产高端减速机的重庆齿轮箱有限责任公司和南京高精传动设备制造集团有限公司主要生产特型、异型减速机，不生产标准型减速机。我国高端减速机产品有300

亿元的市场，风力发电增速齿轮箱产品有近200亿元的市场，并且每年都在以20%的速度增长，产品的市场前景非常广阔。

新建的精密减速机及风力发电增速齿轮箱项目符合国家产业政策，引进了世界最先进的、第一品牌的德国弗兰德技术、霍夫勒齿轮磨齿机、克林贝格齿轮检测仪和温泽三坐标测量机，奥地利爱协林热处理生产线，美国格里森锥齿轮磨齿机及世界一流水平的日本三菱加工中心，开发和制造各类传动设备、增速齿轮箱和风力发电机组。该项目代表了国内同行业的最先进水平，填补了山东省空白。项目建成达产后可年产传动设备2万台，增速齿轮箱2 000台，风力发电机组200套，年实现销售收入60亿元，利税20亿元。项目规划占地面积33万m^2(500亩)，一期工程已于2010年7月投产，生产经营形势特别好。产品定位为全部替代德国产品，为提升我国的减速机水平奠定了坚实基础。

积极引进和培育人才，为企业发展提供不竭动力

多年来，公司十分重视人才队伍建设，积极引进和培育人才，壮大科研人员队伍。一方面，公司从大学里请来教授为技术人员授课，把大学的课堂搬进了企业，聘请行业内的技术专家到公司从事工作或指导工作；另一方面，公司选派大量技术人员、生产人员到国外公司、国内同行业先进公司去学习、培训。公司通过“请进来、走出去”的人才战略，不断壮大了科研人员队伍，增强了科研实力；鼓励技术人员进行新技术的应用、新产品的开发、新工艺的改进；鼓励科技人员多出成果，多创效益，通过这一系列的激励手段，有效调动了科技人员科技创新的积极性和主动性，不断增强了科研开发实力。归结起来，公司的发展靠的是事业留人、感情留人、待遇留人，公司成功发展的秘诀就是“人才+政策”。

重视企业管理，促进企业健康持续发展

企业管理事关企业的长远发展，是推进企业竞争力提高，促进企业经济效益增长的基础条件。作为一个由国有企业改制后成立的民营企业集团，公司按照现代企业制度深化改革、转化机制，不断开展管理创新、技术创新和制度创新工作。公司高度重视做好现场管理工作，严格按照《机械工业管理基础工作规范化达标企业》评价标准，依据企业发展战略，以信息化管理为基础，建立了完备的生产管理体系。通过应用先进的ERP系统，抓好物流管理，盘活生产链，大大提高了生产效率；通过强化6S管理制度的落实，加强了现场控制，营造了良好的车间环境；通过加强职工教育培训，制定科学的奖惩制度和激励措施，调动了员工的积极性，提高了员工素质，实现了人本管理；通过突出安全与环境管理重要性，保证了企业的健康运行，为企业开展各项工作打下了坚实的基础。

积极应对国际金融危机，变挑战为机遇

国际金融危机对公司的发展产生了一定的冲击和影响，公司采取了积极的应对措施，率先走出了国际金融危机的阴影，实现了集团公司的跨越式发展。

(1)加强企业管理，提高产品质量，做好用户服务工作，扩大企业形象，做好比价采购和节能减排工作，提高能源和原材料利用率，实现节能增效增产，盘活生产链，加强现场控制，练好内功。

(2)坚持科研创新。技术领先的产品是市场扩大的动力。上新创新是技术领先的手段。公司始终以先进的技术工艺为前提，以持续的技术进步为目标，积极调整产品结构，着力开发新产品。设备更新：公司拥有以进口加工中心和数控机床为代表的各类大中型加工设备400余台，每年新购设备投入约2 000万元，高性能的先进设备既保证了产品的质量又节省了大量的人力物力。研发创新：公司注重新技术的应用和新产品的开发，依靠自主研发和科技创新不断优化品牌质量，提升产品的品位。公司在民营企业中率先成立了自己的研究所。在此基础上，加强了同大专院校、科研机构的横向联合，成立了当时山东省同行业唯一的省级工程技术研究中心——山东省流体机械工程技术研究中心。根据工作需要，先后制定实施了《工程技术研究中心管理规定》等一系列研发管理制度，根据不同地区的客户的意见要求，加强应用产品研究，增加产品的功能和科技含量；针对不同行业的发展趋势和现代化发展的科技要求，加强前瞻性研究，不断开发出适应市场的高科技产品；以国际化的视野关注用户要求，加强自主研发和创新，创造出更多拥有自主知识产权的核心技术和高科技产品，增加企业竞争力；根据研发人员情况，搭建创造平台，发挥各人所长，使其能力得到充分发挥。同时，不断提高研发人员待遇，实行最低奖金制度，保障研发人员的利益，使研发人员能够充分发挥积极性和创造性，巩固提高研发队伍的素质和稳定。新产品创新：新产品的开发决定着企业的可持续发展的程度。公司一直以"人无我有，人有我优，人有我新"为创新理念，本着"降低成本，增强性能"的发展思路，每年持续开发产品 3～5 个品种，适应不同行业的发展要求，为我国工业发展做出了积极贡献。

（3）积极开拓市场。公司一直坚持"销售是一线，生产是后方，科技是先导，管理是保障"经营理念，严格遵守"用户是上帝、质量是生命"的工作准则，销售部建立起运行有效的市场情报体系，有目的、系统地收集市场情报资料，为企业产品开发、市场开发提供依据。销售部全体人员除每年集中培训一次外，还定期分批有重点地培训驻外经理和服务人员。特别是新产品投放市场前，公司都要分期分批对市场服务人员进行理论和实践培训，以适应市场服务的需要。销售部每年都要定期走访主要客户和公司，走访设计院所。了解市场的变化，用户的潜在需求变化，处理好售后服务问题。客户的管理要常抓不懈，有了好的产品，就要宣传，要有人用。

（4）加强品牌建设。为把企业发展成为行业龙头，公司一直致力于通过产品自主研发和品牌建设两个方面增强企业核心竞争力，在做好技术研发的同时，将工作重点放到了打造企业品牌战略上。2008 年，"华成"商标被山东省工商局认定为"山东省著名商标"；2009 年"华成"商标被国家工商总局认定为"中国驰名商标"。

2011 年是实施"十二五"规划的开局之年，公司将继续坚持以科学发展为主题，以转变经济增长方式，调整产品结构为主线，以精密减速机及风力发电增速齿轮箱这个项目建设为突破，以建设世界一流工厂，生产世界一流产品为目标，紧紧抓住国家扶持行业发展的有利时机，坚定不移走内涵发展的路子，2011 年，公司有以下几点打算：

（1）重点突出项目建设，全力抓好市场销售工作。2011 年，公司将积极推进精密减速机及风力发电增速齿轮箱项目实施进度。一方面，继续加大投入，科学规划项目，采购国内外配套设备，提升产能，争取早日实现项目建设的目标。另一方面，积极开拓减速机市场，全面推进销售工作。

（2）继续提升科技研发水平，走科技兴企之路。坚持依靠自主创新，加强人才队伍建设，提高企业自身的科研水平。在泵类产品上，根据市场需要，及时调整产品结构、开发新产品、增加新品种，实现市场多元化，继续研发特大型水环真空泵，计划研发 2BEC150 和 2BEC200，始终走在引领行业发展的前列。在连杆产品上，引进国际最先进涨断工艺生产线和技术，把连杆产品的加工装备水平、工艺技术水平提升到国际先进水平的行列。加快应用性、关键性、系统性的技术攻关，促进企业实现超常规、跨越式发展。

（3）进一步加强企业管理，增强企业核心竞争力。积极推进管理创新，推动企业决策机制、用人机制、分配机制、激励约束机制的创新，增强企业发展活力。深化和推行 6S 管理和 ERP 管理，切实提升现场管理水平和办公管理水平，实现企业生产经营全过程的管理程序化，人才、技术、资金、物资、时间和信息等资源配置更加优化。

"十二五"的新征程已经开始谱写，公司又将迎来了一个新的战略机遇期，站在新的历史起点上，公司将继续开拓创新、锐意进取、充满激情、科学创业，全面地、不断地提升境界、提升层次、提升标准。为"十二五"时期实现百亿华成、带动百亿产业奠定坚实基础，为加快实现老工业区重振雄风，振兴装备制造业水平、振兴民族工业做出更大贡献！

新起点　新高度　再创新辉煌

——烟台恒邦集团有限公司泵业分公司

2010年，烟台恒邦集团有限公司泵业分公司（以下简称恒邦泵业）新厂区建设投产，铸造联合厂房、新产品试制厂房、泵业联合厂房先后完工，顺利完成搬迁并投入使用。面对一期工程3个项目同时完工、搬迁、使用的现实情况，面临种种困难和巨大压力，顺利完成了一期工程建设。2010年6月17日，新厂区特冶车间顺利送电试车，现已进入连续生产阶段；2010年11月，完成了整体搬迁工作。

2010年，国内泵行业的生存环境不容乐观。原材料能源价格继续上扬、政策性调控因素反弹、招投标导致的价格竞争失去理性等，给公司的发展带来了诸多不利。2010年是中国“十一五”发展规划收官之年，也是恒邦泵业第一个五年规划的收官之年，是恒邦泵业做强做大的开局之年，面对种种困难，公司全体员工努力拼搏，采取积极的应对措施，克服了国际金融危机、限电等因素带来的不利影响，全力做好新厂区建设、市场开发、技术进步和节能减耗等工作，较好地完成了各项工作，开创了稳定发展的可喜局面。

以科技创新谋求企业发展，以品牌效应引领企业效益

2010年，恒邦泵业突出知识产权保护工作，加大节能产品的认证工作，编制申报了山东省重点节能产品，对MZA/MCZ两个系列产品从技术特点、节能措施、经济效益分析进行了系统总结，“三九”牌商标被认定为山东省著名商标。同时，公司加大新产品的开发力度，完成了TTMC系列泵的开发、DSJHS石油化工流程泵的设计研发、大铸件及适销对路产品的开发，开发试制MC50多级泵、TL500—630脱硫泵、HZW350化工轴流泵及自吸泵等多种规格泵。加大申报力度，全年申报专利4项，其中1项发明专利，3项实用性专利。鼓励员工积极提交合理化建议，全年共采纳合理化建议148条，并进行了等级评定，由相关车间、部室牵头实施，取得了很好的效果。

加强财务监督，管好用好资金

为了保证公司发展所需资金，2010年，恒邦泵业加大资本运作力度，全年融资6 700万元，除了满足扩大生产规模所需资金外，重点解决了新厂区建设项目资金。

抓住市场机遇，及时调整策略，扩大市场占有率

泵类市场成绩显著。一方面，针对泵类市场现状，2010年公司对销售人员进行了整合。针对化工泵市场比较宽泛的特点，对国内市场进行了区域划分，主要以区域经理为主、经销商为辅的开发策略；同时，根据市场占有份额设立区域办事处，并加强对重点客户的维护，为形成全国范围内的营销网络奠定市场基础。另一方面，公司加大市场开发力度，全年新开发客户50余家，其中订货额30万元以上的20余家，各项经济指标均达到历史同期最好水平。

公司积极提高售后服务水平，满足客户需求。2010年，公司成立了专门的售后服务部门，严格落实“反应迅速，适应市场，尽我所能，满足客户”的营销方针，提高售后服务质量。

升级质量管理体系，确保产品质量向更高层次推进

2010年，恒邦泵业顺利通过2000版ISO 9001升级至2008版ISO 9001的审核，确保了企业的质量管理体系持续有效运行。建立健全质量检验管理网络，规范了质量检验流程，加强了生产过程控制；制定了钢锭等质量检验标准及铸钢件技术规范等。

注重企业文化建设，推动企业健康发展

2010年，恒邦泵业全年引进和招收新员工205人，其中引进高级工程师1名，顾问1名，其他高级专业技术人员2名，招收大中专毕业生21人，熟练技术工人74人，基本满足了项目投产和企业正常生产需求。

公司注重企业文化建设，举办了读书交流会，组织了演讲比赛和其他多种文体活动，为提高企业活力提供载体；共向有关媒体投稿271篇，录用稿件95篇，对外树立了良好的企业形象，对内增强了企业的凝聚力。

经过恒邦泵业全体员工的不懈努力，公司的产品开发能力和产品国内外销售业绩成效显著。主要生产21系列、46种材质、1 000多个品种和规格的耐腐蚀泵、阀门、机械密封；同时，生产球墨球、衬板等矿山配件；硝酸浓缩塔、漂白塔、草酸专用冷凝器等高硅铸铁配件；铸造渣包，多种规格、材质的钢锭、大铸件等，广泛应用于石油、化工、冶炼、造纸、淀粉、化纤、制盐、制碱、环保、军工、食品、医药、焦化、环保、化肥和矿山等行业，销售网络遍及全国各地及东南亚、中亚等地区。年产泵类产品3 000台；具有年产大中型铸钢、铸铁件40 000t的生产能力；拥有先进的微机控制3 200kVA泵性能测试中心，6 000m^{3}储水池。

公司拥有计量室、理化实验室，配有光谱仪、探伤仪等先进的检测设备，2002年通过了ISO 9001国际质量体系认证，严格控制每一环节的产品质量。公司还拥有优秀的设计、生产、销售服务队伍，为产品的不断创新和发展打下了坚实的基础。

恒邦泵业走过了辉煌的五年，并制定出了第二个五年计划(2011～2015年)，届时公司将建立自己的技术中心，产品打进国际市场，特钢产品进入军工行业……长风破浪会有时，直挂云帆济沧海，有恒邦泵业每一位员工的努力拼搏，创新进取，恒邦泵业必将在新起点上继往开来，创造新的辉煌。

不断创新　促进企业快速发展

——沈阳蓝菱真空设备制造公司

沈阳蓝菱真空设备制造公司(以下简称蓝菱公司)始建于1994年2月，是沈阳三洋重工集团所属企业。沈阳三洋重工集团是中日合资企业，在沈北欧盟开发区征地66.7万m^2(1 000亩)兴建产业园，2012年末建成并投入使用。届时，蓝菱公司将在产业园内建6 000m^{2}新厂房，500m^{2}检测中心，并配置国内高尖端的检测设备，实现产值1亿元。

公司注册资金3 000万元，占地面积34 832m^2，现有总资产9 700万元。其中，固定资产2 500万元。公司拥有一支从事研制真空设备30多年经验的技术骨干队伍，产品荣获沈阳市政府颁发的市场满意、用户放心产品奖。公司是高真空油扩散泵铝合金喷嘴及导管旋压的首创者，并独创了能旋转90°的GFQ系列高真空气动翻板阀，以其新颖、简单、可靠，气缸短、体积小等特点而赢得行家的青睐。2010年，公司生产的高真空抽气机组被全国高科技产业品牌辽宁委员会授予“辽宁自主创新名优产品”。

秉承公司的创新精神，依靠技术创新，实现跨越式发展。技术部在科技创新方面的宝贵经验得到了较完善的体现。把五级油扩散泵项目作为设计图样和完善工艺的“革命根据地”，在四级油扩散泵的基础上根据现场的实际生产情况，做出许多改进，重新设计和开发五级油扩散泵，把五级油扩散泵存在的问题和未来运行中可能出现的问题尽可能考虑周全，使五级油扩散泵在真空行业中实现高效、节能的目标。

为了适应市场需要，公司通过技术创新和产品创新，设计开发了KTDA油扩散泵系列的新产品。K800T五级扩散泵，ZT600、ZT800油增压泵已进入设计阶段；K300TDA扩散泵、K800TDA、KT—1600四级油扩散泵；K300T五级泵、F600双通阀门设计工作已完成并投入生产，加快K400T系列五级扩散泵、自动加热控制系统的开发研制。五级扩散泵的主要性能优势是：工作范围宽，在较高压强下有较大抽速，能在0.13Pa高压强段稳定工作，临界压力高（最大前级压强大于54Pa），返油率低，启动快等。自动加热控制系统的特点是：系统运行可靠、稳定，节能节电，降低成本，使用方便。Z400油增压泵系列试产阶段已经完成，即将投入市场。加大技术开发力度，完善ZD矮腔泵系列产品，根据市场需要开发新型产品。大量新产品成功的投入市场，不仅表现了企业日益雄厚的技术力量，同时也开创了企业在各个行业发展的新局面，为企业实现跨越式发展奠定了基础。

坚持以市场需求为导向，调整内部产品结构，提升了企业生产能力，增加了企业经济效益。为客户“量身定做”的新产品开发，满足了顾客的个性化要求，确立了公司“经营灵活、生产能力强”的市场形象。不但持续开发新客户，进一步扩大销售范围，而且还开发了一些真空行业以外的企业客户资源，从而扩大了公司产品市场占有率，并在有些领域市场占有率达到100%。在保证大批量订单的同时，加强原有大客户的联系合作，遵循市场的发展导向，为今后企业走专业化生产方向积累经验。

加强企业管理，促进和谐发展，只有“和谐”才会促进社会持续平稳快速发展。把以人为本作为促进企业和谐发展的落脚点。人是生产力要素中最活跃、最具决定性的因素。企业和谐发展必须坚持以人为本，实现职工和企业共同发展。员工是企业的生存之本、力量之源，构建和谐企业必须重视和维护员工的切身利益，力所能及地为员工多做好事、多办实事，让员工切实感受到企业的温暖，让员工分享企业改革发展的成果，真正做到关心员工工作、生活，实现好、维护好、发展好广大员工根本利益，为员工排忧解难，免除员工的后顾之忧，通过营造和谐、融洽的环境调动员工的积极性，激发员工的爱企之情。在执行制度上坚持人人平等、奖惩都硬，同时结合“动之以情、晓之以理”的人本管理机制，把情感管理融入管理的全过程，不断提高管理质量，真正实现把约束机制变为员工的自觉行动。

加大环境整治构建和谐企业。2011年，公司非常重视厂区的环境工作，加大了厂区的环境治理，投资175万元全面改造了厂区道路，粉刷了办公室，强化了厂区车辆的管理；新建了1 700m² 厂房。厂区道路每天定期清扫，设备厂房每天清扫，整个厂区干净整洁，环境优美。

完善制度、夯实基础、落实安全责任，变“要我安全”为“我要安全”，培养和树立职工重视安全生产的意识；安全生产就是效益的意识；落实安全生产无小事的意识；严格遵守安全生产规章制度的意识；安全生产“吾日三省吾身”的意识；对发生事故的预防意识；不伤他人、不伤害自己、不被他人伤害的意识；对工作精益求精的意识；对待安全工作要当包公不当菩萨的意识。把安全管理工作落到实处，上至公司领导，下至普通职工，人人有安全责任、个个有安全目标，使安全工作层层有人管、事事有人抓、一级抓一级、一级对一级负责，层层抓落实，形成纵向到底、横向到边的安全管理网，生产车间由生产型向安全生产型转化。

集中精力优化生产过程，改进工作方法，想尽一切办法提高工作效率。有计划地组织员工培训，对员工进行技术培训考核。在保证生产顺利进行的前提下，节能降耗，把生产成本降到最低。根据市场变化及时调整产品结构。加强质量管理，提高员工质量意识。对产品进展情况进行全过程跟踪，对关键环节进行重点把关，提前预防，遇到问题立即解决，及时上报反馈。对老产品进行持续改进，及时处理内、外部质量反馈，并举一反三，全流程改进，不断提高产品质量的稳定性。不断开拓产品适用领域，及时了解客户目前及潜在的需求，为产品设计做好“营养”储备。提高产品档次，扩大销售区域。发动全体员工共同努力，使企业质量指标、环境指标、安全指标呈现持续上升的良好状态。

2010年公司完成产值7 000万元，销售收入6 500万元，上缴利税1 000万元，实现利润500万元。

蓝菱公司的经营理念是以人为本，不断进取，永不满足，以科技为先导，以引领市场发展为目标，以为用户服务为宗旨，把质量第一的观念落实到每名员工的实际行动中。

以人为本　质优求实

——泰兴新型工业泵厂

泰兴新型工业泵厂是真空获得设备的专业制造厂是中国通用机械工业协会真空设备分会会员单位，中国真空学会会员单位，江苏省真空学会理事单位，全国真空技术标准化技术委员会委员单位。现生产WLW、2WLW、VKT、2X、SK、2SK、ZJ(B)、ZSL七大类真空泵，JZJX、JZJS、JZJW三大类真空机组。

生产规模及人才培养

泰兴新型工业泵厂组建于1998年，建厂初期注册资金50万元，固定资产108万元。租用的厂房面积800m^2，年销售额仅100多万元。依企业发展需要，先后于2006年及2010年投资600余万元用于企业生产用地和厂房及配套设施建设；300余万元用于生产设备投入，自有土地面积11 000m^2，生产车间面积4 000m^2，各类设备价值400余万元，年生产各类真空泵1 000余台(套)，年产值3 000余万元。

历年来，企业培养锻炼了一批过硬的研发队伍，员工总数70余人，其中各类工程技术人员21人，高级职称2人，中级职称8人，专业从事产品开发6人，具有丰富的独立开发设计无油立式真空泵的能力，并能根据客户需要的工况进行开发设计。通过参加各类研讨班，短期培训学习班，不断提高技术人员的理论水平和技术素养，开拓眼界，通过不断地研发新产品提高了自身的专业水平。

企业有一批合格的销售和生产队伍，通过职工培训，技能比赛等各种形式不断提高员工的业务素质，为企业的良好运转和发展打下了坚实的基础。

新产品开发及产品结构调整

1991年以前，往复式真空泵全部为卧式结构，主要有引进苏联结构的W3、W4、W5、W5—1以及国产的W系列产品，并且全部为有油润滑汽缸结构，不但功率消耗大，而且占地面积大，污染工作环境，在许多要求洁净的工作场合限制了使用。无油立式真空泵，通过使用填充聚四氟乙烯材质的活塞环、导向环和活塞环填料、密封环，使得过流部件的结构区别于有油系列，从而实现了气缸的无油润滑，可获得洁净真空，市场需求良好，广泛应用于化工、制药、石油、石化和食品等领域的真空提炼、蒸馏、干燥、溶剂入尾气回收、易燃易爆有毒气体的输送、真空变压吸附等场合。由于立式无油真空泵节能、降噪、占地面积小，环境污染小、使用寿命提高以及因无油润滑液而降低了产品的运行成本，且消除了排气中的油气对环境的污染及在尾气回收、溶剂回收、气体输送场合油气对介质的污染等。例如，原W5电动机功率为22kW，而WLW200电动机功率仅为15kW；原W4电动机功率为11kW，而WLW100电动机功率仅为7.5kW。原W5长约

3.8m，而 WLW200 长仅为 1.2m，WLW 系列振动降低，噪声降低了 5dB 以上。当前无油立式真空泵已成为该领域的主导产品，而卧式往复泵 W 系列产品已淡出历史舞台，成为淘汰产品。

泰兴新型工业泵厂是国内首家开发无油立式真空泵的企业，自第一台 WLW100 无油立式真空泵开发成功以来，经过十几年的自主研发，不断完善，现已能规模生产 WLW 各大系列 3～2 400L/s 的各 13 种规格的产品。泰兴新型工业泵厂已成为是国内规格最全、品种最多的无油立式真空泵生产厂家。

针对化工行业的通用工况，公司开发了 WLW—B 系列无油（耐溶剂）立式真空泵，适用于化工行业溶剂回收、尾气回收等工况，具有极高的洁净真空，对介质无二次污染，并可通过介质的回收利用增加企业效益，降低运行成本，避免环境污染，使用时通入具有一定压力、一定流量的氮气或者经过处理的原料气体，可以避免工作介质气体泄漏到环境中引发危险，并且避免空气进入气缸污染原料。为防止填料部件失效而引发的物料泄漏，污染曲轴箱内的润滑油，加装了隔腔部件，从而彻底隔绝过流部分和运动部件的接触途径，保证真空系统的绝对无油，获得洁净真空，具有显著的经济效益和社会效益。现已成为该行业主导产品。

针对化工行业的腐蚀工况，开发了 WLW—F 系列无油（耐腐蚀）立式真空泵。以前该工况常规作法是使用水喷射真空泵，能耗大，水资源浪费严重，介质溶于水后造成了企业巨大的治污压力和治污成本。在环保要求越来越严格的今天，该系列真空泵的市场应用日益广泛。

我国石油资源严重短缺，以煤代油的煤化工行业是我国能源战略的重要发展方向。煤化工行业生产规模日渐扩大，对真空泵要求抽气速率大，对气体的洁净度要求高，大部分介质易燃易爆，对密封要求高。针对该行业的需求，泰兴新型工业泵厂开发了 WLW—600B、WLW—200B、WLW2400B 等大抽速真空泵，该类真空泵具有抽气速率大、密封可靠，无故障运行时间长，完全隔绝介质和环境的特点。

太阳能应用日趋广泛。在太阳能电池的原材料多晶硅的生产中，对真空泵的要求严格，针对该行业，泰兴新型工业泵厂开发了 VKT 系列氯化物专用真空泵，应用于该行业的蒸馏、提纯、真空解析、气体输送和尾气回收等场合，取得了一定的经济和社会效益。

市场及销售

泰兴新型工业泵厂专业生产无油立式真空泵、真空机组，产品已广泛应用于石油、化工、制药、食品等领域的真空提炼、蒸馏、蒸发、结晶、干燥和过滤等行业，2010 年销售 1 200 多台，用户覆盖全国各省、市、自治区并出口到韩国、马来西亚等国家和中国香港等地区。

近年来，随着煤化工行业在内蒙古自治区、河南、山东等到地兴起，应用户对大抽气量真空泵的需求，企业生产的 WLW2400B 型无油立式真空泵，已销售 60 多台，取得了一定的经济效益。

针对含氯化物介质工况的气态氯化物的蒸馏、提纯、真空解析、气体输送及尾气回收等场合，开发生产的氯化物专用无油立式真空泵，已形成了规模销售，在多晶硅行业的市场占有率已达 90% 以上。

泰兴新型工业泵厂十分重视市场开拓，加强销售渠道建设。销售人员 30 多人，设立了江浙沪、山东、河南、华南、华北、华中、西南、西北和东北等销售小组，并与北京北大先锋科技有限公司、四川天一科技股份有限公司、四川开元科技有限责任公司等十几家设计院长期合作，抓住信息源头、跟踪客户需求，扩大销售领域。

多年来，泰兴新型工业泵厂一直奉行经管理求效益，以质量求生存，以服务拓市场，以人才促发展的立厂之本，建立有健全的质量管理保证体系（通过了 GB/T 19001—2008 质量管理体系认证）、客户档案管理制度、人才培养培训制度，为确保产品质量的稳定提高，打下了坚实的基础。由于有严格的管理和坚实的技术力量作保证，产品以其优越的性能、美观大方的外表、实惠的价格，在国内市场享有较高的声誉。

“以人为本，质优求实”是泰兴新型工业泵厂的企业精神，为用户提供“先进、质优、价廉”的产品是泰兴新型工业泵厂的宗旨，坚持“以一流的产品，一流的服务”来满足广大用户的需求。

始终不渝地践行创新发展理念

——博山精工泵业有限公司

博山精工泵业有限公司是坐落在“中国泵业名城”——博山的一家民营股份制企业。自1998年10月创建以来，凭借筹集的几万元资金和两台破旧机床、租赁不足100m^{2}的旧平房起家，从生产水泵配件、组装小型水泵入手，发展成为生产、销售各种真空泵和机电一体化真空应用设备的地区重点装备制造企业之一。公司有职工140人，大专以上学历的职工52人，其中，硕士研究生3人。厂区占地面积36 685m^2，其中建筑面积31 000m^2。企业注册资金1 635万元，总资产5 000万元。2010年销售收入达到5 400万元，实现利税800万元。

博山精工泵业有限公司现为高新技术企业，“十一五”时期先后通过了ISO 9001质量管理体系认证和煤矿产品安全标志认证，“鲁阳精工”品牌被认定为山东省著名商标。公司是博山区人民政府确认的地区泵行业骨干企业和“淄博市装备制造业调整振兴规划”(2009~2011)确认的真空泵制造业依托单位之一。

作为一个白手起家的小型民营企业，能够在残酷的市场竞争中得以生存和发展，其原因就在于公司牢固树立并认真践行“以质量求生存，以创新求发展”的经营理念，全体员工励精图治，艰苦创业，实现了企业可持续发展的目标。

“十一五”时期是公司发展速度最快、发展质量最好的时期，2009年虽然遭受国际金融危机的严重冲击，但公司通过加快新产品研发，调整优化产品结构，外拓市场，内抓管理，提高生产工作效率，降低质量损失，全方位节约挖潜等应对措施，进一步提高了抵御风险的能力，促进了企业经济效益和社会效益的同步增长，2009年、2010年连续两年销售收入突破5 000万元，公司生产经营工作扭转了国际金融危机和国内市场不景气造成的被动局面，重现良好的发展态势。2011年以来，企业仍保持了良好的发展势头，主要经济技术指标超过2010年同期水平。2007~2010年公司主要经济指标完成情况见表1。

表1 2007~2010年公司主要经济指标完成情况

年份	销售收入（万元）	高新技术产品收入（万元）	固定资产（万元）	上缴税金（万元）
2007	2 839	2 384	919	121
2008	3 022	2 703	962	201
2009	5 180	4 351	1 628	204
2010	5 410	4 653	2 028	489

在经济效益逐年递增的同时，公司所做出的社会贡献也同步增长。“十一五”时期，公司上缴税金增长近5倍，为地区经济发展做出了应有的贡献。2007年以来，公司接纳大学毕业生30余人，技工学校毕业生50余人，并向社会提供了近百个就业岗位。

“十一五”时期，公司经济效益持续增长，主要得益于根据市场需求变化不断调整、优化产品结构，研发的高新技术产品适销对路，具有较高的附加值，大型成套真空机组等高价位的产品销售量逐年增加，提高了公司的创收能力。

从销售的产品品种情况看，拥有多项专利的耐腐蚀真空泵/机组畅销不衰，且2BE、2BV两个系列产品居多,并有大量的零配件销售。"十一五"时期,公司研发多种高效节能水环泵、往复泵新品种,逐步打入市场,顺应了真空设备行业调整优化产品结构的发展方向,满足了用户需求。2011 年,公司要充分利用取得自营进出口权的有利条件,进一步培养人才,充实力量,加强国际贸易,使产品更多地进入国际市场,提高企业的出口创汇能力。

公司成立以来,秉承"科技是第一生产力"的宗旨,致力于提高企业的技术创新能力,注重对人才的培养和使用,使那些具有大专以上学历,专业对口、事业心强的工程技术人员脱颖而出,得以充分发挥自己的聪明才智,成为企业技术创新的带头人和各项管理工作骨干。"十一五"时期,公司对各项管理工作高起点、严要求,努力争创一流,为此做出了不懈的努力,取得了较好的业绩。

(1)为加快高新技术产品的研发和科技成果转换速度,公司对技术部门进行了充实调整,设立技术一部、技术二部,分别承担真空泵、真空应用设备和其他泵类产品等流体机械的开发研制,由两名经过实践锻炼的硕士研究生分别担任技术部门的负责人。在人员结构上,技术部门均由大学本科以上学历人员组成,从专业看,均为机械设计与自动化、真空技术与工程、流体技术与工程等对口专业。

(2)公司的产品开发研制从 2003 年开始即实现了计算机辅助设计/制造(CAD、CAM),销售、生产、供应、质检、财务、企管和人事等各管理系统均引入了计算机管理,"十一五"时期为技术部门更新配备了高档微机、应用软件及其他配套设施。2008 年引进采用了"企业进、销、存应用软件",增强了生产经营工作的管理效能和提高了工作质量。

(3)公司高度重视知识产权工作,悉心构筑企业自主知识产权体系,"十一五"时期申报专利 9 项,其中发明专利 1 项,现已全部获得国家专利局授权。

(4)公司参与修订 JB/T 7255—2007《水环真空泵和水环压缩机》、GB/T 13929—2007《水环真空泵和水环压缩机试验方法》、GB/T 13930《水环真空泵和水环压缩机气量测定方法》3 项标准,技术部李峰工程师被推选为全国泵标准化技术委员会委员。

公司确立了以研发高新技术产品作为增效益,促发展的生产经营方针。"十一五"时期,以各种耐腐蚀真空泵/机组为主导的高新技术产品销售收入已占公司总收入的 80% 以上,并实现了持续增长。

(1)针对化工行业对泵的不同防腐性能要求,研发采用高分子材料涂层和整体模压成型件的复合型水环式真空泵系列产品,该系列产品具有抵御多种酸、碱、盐的耐腐蚀性能,应用范围广,使用寿命长,具有比传统的不锈钢材质耐腐蚀泵更高的性价比,2010 年 11 月获专利。

(2)根据水在负压状态下快速蒸发降温的原理,研制成功一种水环真空泵机组自冷凝气水分离装置,该产品同时具有对工作液降温和气水分离两种功能,取代了传统的换热器和气水分离器,确保了水环真空泵高效平稳运行,节材、节水效果显著,是一种全新的真空泵辅助装置,具有很大的发展潜力,该系列产品获发明专利。

(3)针对煤炭行业安全生产需求,研发新型瓦斯排放泵,增强了公司产品在煤炭行业的市场竞争力;根据化工、轻工等行业的需求,研制成功采用新的密封结构和形式的 2BV 水环泵系列产品,已推向市场,使用户对该系列产品有了更多的选择,2010 年获专利。

(4)根据调整优化产品结构,拉长产业链的创新发展思路,五年来,公司积极致力于研发具有高附加值和市场潜力、采用国际先进标准的其他泵类产品,并向具有更高技术含量的流体机械研究领域延伸。

"十一五"时期,公司自主研发高新技术产品 14 种,其中 11 种实现了系列化生产,初步形成了公司的自主知识产权体系。

公司高度重视基本建设和技术改造工作,2007 年,以研发耐腐蚀真空泵/机组,扩大生产能力为目标,投资 4 900 万元进行技术改造,在博山开发区建设新厂区。这是公司创建以来最大的技改项目。

该项目被列入2007年度淄博市百项重点工业项目和山东省重点产品结构调整补助项目，2009年竣工投产，2010年5月通过了由淄博市经济和信息化委员会组织的验收。

公司积极推进重大技术装备的自主化，坚持关键设备和检测仪器必须自己拥有并不断自我完善的基本原则，努力提高机加工能力和技术检测水平，以适应高新技术产品研发和先进工艺的需求，“十一五”末，企业技术装备自主化达到以下水平：

(1)公司在新厂区投资200万元，建成了具有国内先进水平的水环真空泵/压缩机、离心泵试验台计算机辅助检测(CAT)系统，使测试水平和试验效率大为提高，实现了泵产品测试系统的更新换代。该系统采用现代化的检测技术、计算机技术、自动化技术，并将他们有机地结合起来，进行水环真空泵/压缩机和离心泵的自动测量、试验和数据处理。

(2)根据公司技术改造规划，新进多种精、大、稀设备和检测仪器，包括重型立式车床、精密镗床、数控车床、数控水力切割机、线切割机床、动平衡试验机、自动焊接中心、大型加热电炉、光谱仪、金相显微镜和万能材料试验机等，总价值300多万元，这些设备仪器的购进投产，提升了公司的技术装备水平，增强了高新技术产品研发和生产能力。

(3)公司对高新技术产品积极采用先进工艺，提高产品质量水平。2BV水环泵全系列采用硅溶胶制壳、熔模铸造工艺生产的不锈钢和碳钢两类精密铸件，至2010年，完成了全系列9种型号产品的近30种模具的制作，实现了系列化生产，使产品技术达到了国内领先水平。

“十一五”时期，公司产学研合作机制在技术创新活动中逐步形成并取得实质性进展。公司坚持走与科研机构、高等院校合作开发新产品、引进和推广新技术的路子，为进一步深化产学研合作关系，2009年，以公司为依托单位，以合肥工业大学、兰州理工大学为技术支撑单位，组建了企业科研机构——淄博市耐腐蚀真空设备工程技术研究中心。两院校在真空技术与工程、流体技术与工程两个领域人才济济，具有雄厚的科研实力，多名专家参与公司高新技术产品的研发和创新活动，极大地提高了企业的技术创新水平和在行业的影响力。

“十二五”规划为装备制造行业指明了美好的前途，调整优化产品结构，以信息技术改造包括泵类在内的传统的通用机械制造行业，是国家装备制造业调整振兴规划的重要内容。“十二五”时期，公司要坚定不移地继续走好创新之路，抓住机遇，加快发展，实现经济效益和社会效益的持续增长，到2015年销售收入力争达到1.5亿元。公司要进一步改革、完善企业创新体系，与相关科研院所、高等院校密切合作，以石化等行业短缺的高效节能、耐腐蚀泵类产品为研究方向，以光、机、电一体化大型成套设备为研究重点，开展科技攻关，为国民经济建设提供真空设备行业科技发展的新成果、新设备、新工艺和新技术，在这个过程中，构筑和不断完善企业自主知识产权体系，使公司成为研发投入的主体、技术创新活动的主体和创新成果应用的主体，从根本上提高企业的总体竞争力。

和谐发展　携手共赢

——中国科学院沈阳科学仪器研制中心有限公司

中国科学院沈阳科学仪器研制中心有限公司(以下简称沈阳科仪公司)在“十一五”开局之年，迁址新园区，拉开了跨越式发展的大幕。在这五年里，沈阳科仪公司经历了国际金融危机的考验，通过加快发展方式转变、加速产品升级、优化结构、降低成本、提高效益和节能减排等多项措施，实现了企业的可持续发展。经过五年时间的艰苦努力，开拓进取，积极创新，沈阳科仪公司取得了令人瞩目的成绩，打开了和谐发展的新局面。

“十一五”企业发展成就

(1)企业规模。沈阳科仪公司前身为中国科学院直属事业单位，创建于1958年，2001年4月整体转制为有限责任公司。沈阳科仪公司新园区占地面积7.3万m^2(110亩)，建筑面积3.5万m^2，建有7 000m^2的洁净装调间、200m^2的万级洁净实验室和特种工艺清洗线，拥有先进的加工和检测试验设备100多台(套)，资产总额近3亿元，总收入超过2亿元。公司拥有员工308人，其中，工程技术人员188人，大学专科以上学历201人，中级以上职称131人。主要产品包括真空应用产品、真空获得产品和高档真空部件。多年来，公司依靠自身的技术和人才优势，以高真空、超高真空、超洁净真空技术为基础，创造了几十项国内第一，多次打破发达国家技术封锁，研制生产了具有自主知识产权的真空仪器装置2 000多台(套)。总收入、销售收入分别比“十五”末增长了220%、147%。

(2)研究机构。依托沈阳科仪公司先后建立了辽宁省精密仪器工程技术研究中心、国家分子束外延技术试验基地、国家多功能电子能谱仪生产基地、国家真空仪器装置工程技术研究中心。2008年，国家发展和改革委员会批准以沈阳科仪公司为项目法人单位组建“真空技术装备国家工程实验室”，进一步确立和巩固了沈阳科仪公司在行业中的重要地位。

(3)企业荣誉和社会责任。2006年，沈阳科仪公司被认定为“沈阳市科技领航型企业”；2007年，被辽宁省科技厅认定为“技术创新示范企业”，并入选“科技创新示范企业”培育计划；2008年，被认定为“辽宁省技术创新示范企业”，企业技术中心被认定为“省级企业技术中心”，并成为辽宁省认定的首批高新技术企业之一；2009年，被认定为“首届中国产学研合作先进单位”、“沈阳市成长型中小企业”。

沈阳科仪公司在获得荣誉的同时担任了多个社会职务，公司为中国真空学会副理事长单位，中国通用机械工业协会真空设备分会常务理事单位，全国真空技术标准化技术委员会会员单位，真空电子技术协会理事单位，中国半导体行业协会会员单位，辽宁省半导体装备技术创新战略联盟理事长单位。

通过协助政府召开具有深远影响力的行业会议、参与编写地方科技规划、发起成立产业联盟、主持制定行业标准等方式，沈阳科仪公司的影响力与日俱增，业已成为辽沈地区最具辐射带动能力的中坚力量。①协助沈阳市政府召开了具有较强国际影响力的“沈阳IC装备制造业国际论坛”、“IC装备零部件及系统研讨会”等活动，提升了沈阳市在全国乃至全球集成电路行业中的形象和地位，吸引了国内外此领域的专业人士共同为沈阳集成电路装备制造业的发展出谋划策。②参与编写了被列入政府工作报告的《辽宁省中长期科学技术发展规划纲要》(2006～2020年)、《沈阳市中长期科学和技术发展规划纲要》(2006～2020年)、《沈阳半导体装备基地发展规划》，为辽沈地区大半导体产业发展提供了政策依据，促成了沈阳集成电路装备制造产业基地、沈阳集成电路装备制造业零部件加工基地等重要产业集群的建设。③发起成立了沈阳集成电路装备产业技术创新联盟、辽宁省半导体装备产业技术创新战略联盟并担任理事长单位，根除了联盟内部的重复建设和恶性竞争，促进成员单位之间实现优势互补和协同作战，推动形成了较为完整的产业链和规模化的产业集聚效应，使辽沈地区大半导体产业的成套能力、系统集成能力和整体竞争实力得到了质的提升。④主持制定了1项国家标准、2项行业标准，其中国家标准GB/T 6071—2003《超高真空法兰》已实施，《真空技术 涡旋干式真空泵》、《真空技术 多级罗茨干式真空泵》行业标准已完成公示，即将颁布实施。

（4）产业布局。由于缺少核心技术和装备的支撑，我国集成电路、太阳能光伏、LED等关系社会经济发展的战略性新兴产业受到严重制约，远远落后于发达国家水平。沈阳科仪公司积极响应国家关于大力发展战略性新兴产业的号召，先后进入集成电路、太阳能光伏、LED领域进行前瞻布局，研制成功了集成电路装备6in/12in（150mm/300mm）PECVD设备、平板式太阳能电池减反射覆膜设备、LED单晶炉、干泵与系列阀门等产业关键核心设备；累计申请国家专利108项（其中发明专利31项），已获得授权专利63项（其中发明专利5项、实用新型专利54项、外观设计专利4项），软件著作权1项。

（5）管理制度。沈阳科仪公司建立了规范的法人治理结构，不断引入先进管理理念，已发展成为集研发、生产销售、服务为一体的现代高新技术企业。公司产品设计采用CAD技术，并引入PDM（产品数据管理）和CAPP（计算机辅助工艺过程设计），进一步提高了科研生产效率和产品质量；在产品质量方面，执行ISO 9001国际质量体系；行政管理方面借鉴A管理模式，作业现场推行5S管理，构成了完整的现代化企业管理体系，大大提高了企业的运营效率。

（6）科学研究。“十一五”期间，沈阳科仪公司积极申请承担了包括“十一五”国家重大专项、国家高技术产业化示范项目、国家“863”计划在内的6项重大科技项目，以及中国科学院、地方科技计划项目20余项，累计获得国家及地方政府支持经费2亿元，解决了大量技术难题，取得了一系列世界先进、国内领先水平的技术成果，为国家、地方科技进步贡献了力量。沈阳科仪公司正在实施的两项“极大规模集成电路制造装备及成套工艺”国家科技重大专项均取得了阶段性成果，得到专项领导小组、专家组的高度评价。2006年，“Ⅱ型激光分子束外延设备”获北京市科学技术奖一等奖；2007年，“罗茨干泵”获东北亚高新技术博览会参展项目银奖，“纳米金属生产设备”获第九届中国高新技术成果交易会自主知识产权证书，“罗茨干泵机组”获第九届中国高新技术成果交易会优秀产品奖；2008年，“罗茨干泵机组”获沈阳市科技进步奖三等奖；2009年，“涡旋干式真空泵”获沈阳市科技进步奖二等奖；2010年，“涡旋干式真空泵”获中国机械工业科学技术奖二等奖。

（7）人才培养。沈阳科仪公司引进了以美国诺发公司（美国第二大集成电路装备制造商）原副总裁姜谦博士为代表的海外高级研发团队，海外专家的加盟，加快了培养本土技术团队的进程。针对不同的技术方向，公司分别与清华大学、东北大学、中国科技大学、中国科学院半导体研究所、中国科学院上海应用物理研究所等15家研究机构建立了长期稳定的产学研合作关系，并凭此开展了形式多样的人才培养活动。以东北大学为例，公司每年与东北大学联合开办“真空技术”培训班，已累计为国家、地方及行业培养专业技术人才700余人次。

应对国际金融危机，变挑战为机遇

2008年发生的国际金融危机，对全球经济造成了巨大冲击，沈阳科仪公司制定的市场战略和产品战略均面临着前所未有的挑战，“逆水行舟，不进则退”，只有迎难而上，积极应对，才能立于不败之地。沈阳科仪公司一是在企业发展战略上，结合外部经济市场形势和自身发展特点及时做出调整，并制定了“标准化、市场化、产业化”的新发展战略，使公司的发展思路更清晰；二是经营理念上，进一步确立了“精益生产”、“降低成本就是提高效益”的经营理念；三是产品结构上，从以科研类产品为主，到以市场为导向，面向集成电路、太阳能光伏、LED等行业不断推出工业化产品；四是在用人制度、分配制度上，引入竞争机制，充分调动了员工的积极性，有力地促进了企业的发展。

五年时间的励精图治，开拓进取，沈阳科仪公司与时俱进，不断深化改革，完成了从传统事业单位向现代企业的转变，逐步建立和完善现代企业制度，走上了良性发展的轨道，已形成以真空应用、真空获得、高档真空部件为主营业务的新格局，产品结构逐步提升，稳步向“标准化、工业化、市场化”的战略目标迈进。

落实科学发展观，实现企业持续发展

2011年，沈阳科仪公司积极树立“落实科学发展观，推动企业大发展”的全新理念，坚持把发展作为企业第一要务。在公司经营班子的带领下，把握发展的历史机遇，狠抓生产，敢于创新，成效显著。

(1)加快发展方式转变。坚持“以人为本”的理念是沈阳科仪公司落实科学发展观的核心。公司积极推进“人才强企”战略，强化“人才比资金更重要”的思维。一方面，加大人才开发和引进力度，用企业良好的业绩和强势发展吸引优秀毕业生和社会优秀的技术和管理人才加盟，改善人才结构。另一方面，优化企业用人机制，打破论资排辈的沉疴，构建有利于人才施展才华的平台。造就培养了一批勇于创新、复合多能、精于策划、年轻有为的专门人才，创建了企业发展良好氛围，促进了企业持续、和谐的发展。

(2)加速产品升级。市场竞争越来越体现为科技的竞争，竞争取胜的关键已从价格因素转向技术与服务因素，可以说，提升科技水平和能力是企业提升核心竞争能力的关键，是增强企业持续发展后劲的关键。为了赢得竞争优势，沈阳科仪公司不断提高技术创新能力，不断用新技术、新产品，赢得市场，增强自主创新与新技术的应用能力。

(3)优化结构。调整产品结构，使沈阳科仪公司产品的整体综合盈利率得以提高。一是增加高盈利的产品品种，削减盈利率较低的产品；二是采取层次结构化的和盈利结构化的产品组合及价格组合策略；三是调整工业化产品与科研类产品比重，重点发展量大面广的产品，确保能迅速形成规模。优化市场结构，使沈阳科仪公司市场架构更合理，更符合公司大发展战略需要。战略性地放弃一部分赢利能力较弱的或与主营业务关联度较小的业务和市场，不仅可以降低成本、提高利润，更主要的是能够集中有限的资源去实现一个新的发展蓝图。

(4)降低成本。一个制造型企业的营运成本通常由资本成本，研发成本，制造成本，销售成本，管理费用，税收、行政事业收费和公益支出，管理损失七大方面构成。沈阳科仪公司建立健全管理系统和管理制度，严格杜绝“七大浪费”。通过“精简整编、高精研发、清源节流、精耕细作”对公司人流、物流、信息流全面加以控制，使企业运营成本得到有效控制和降低。

(5)提高效益。企业的经济效益是企业一切经济活动的根本出发点。沈阳科仪公司运用科学管理方法，在企业内部建立和完善“以人为本，以章治厂”的管理体制。实行对人、财、物、产、供、销全方位、全过程的管理，从而在全体员工中形成提高效益的意识，处处以主人翁责任感、紧迫感关心企业，为公司和谐发展做贡献，使企业实现规模、质量、效益同步上水平。第一，依靠科技进步和创新，采用先进技术，建设创新型企业。改造传统工艺，发展循环经济，建立资源节约型，环境友好型企业，转变经济发展方式。第二，打造一支高素质的企业经营团队，采用现代企业管理方法，提高企业经营管理水平，提高劳动生产率，生产出更多适应市场需求的产品。第三，提高劳动者素质，提升职业技能。

(6)节能减排。沈阳科仪公司通过基础设施改造，改善生产制造环境，提高产品合格率，做到生产基本无废水排放。①生产车间等建筑屋面及围护墙等采用保温材料，可以降低采暖和空调的能耗。②厂房照明灯具采用吸顶式净化日光灯具，办公室及标准厂房照明灯具采用荧光节能灯具节能。③加强员工节能意识教育，并制定相关奖励制度。同时，公司产品在使用过程中，可将部分有害物质输送到处理系统分解，减少对环境危害。

2011年，沈阳科仪公司在“标准化、市场化、产业化”发展战略的指引下，通过实施经营扩张、品牌发展、精细化管理和企业文化建设等工作，走上了一条领域逐步拓展、规模不断扩张、管理不断创新、企业和谐发展、携手共赢的新道路。

腾飞中的中科科仪

——北京中科科仪技术发展有限责任公司

北京中科科仪技术发展有限责任公司(以下简称中科科仪)成立于2000年12月28日,占地面积2.7万m^2(40亩),是集科学仪器、真空相关设备研制、开发、生产和经营为一体的综合性高新技术企业。

公司前身是中国科学院北京科学仪器研制中心(原中国科学院科学仪器厂),始建于1958年。公司以雄厚的综合实力,在电子光学、离子光学和真空物理的技术工程等领域取得了众多科研成果,多次荣获国家、科学院及相关部门奖励。其中,成功研制出我国第一台扫描电子显微镜、第一台商品化氦质谱检漏仪、第一台涡轮分子泵;在“两弹一星”、“正负电子对撞机”等一系列重大国家工程项目研制中做出了突出贡献。

公司以真空产品、分析仪器与实验室设备、医疗仪器为主营业务,产品包括系列分子泵等高真空获得产品,系列氦质谱检漏仪、氟油平台等检漏及应用设备,溅射离子镀膜机、真空滴油装置等真空应用设备,扫描电子显微镜、离子溅射仪等分析仪器和实验室设备,系列冷却循环水机等配套产品,高频电手术刀等医疗仪器。产品广泛应用于电子信息、制冷化工、汽车和制灯等领域,遍及祖国各地,并批量出口到东南亚和欧美等国际市场。

2010年,公司转改制10周年,取得了前所未有的业绩,规模从转改制时的年收入6 000万元到2010年实现汇总收入2.4亿元,真正实现转改制十年业绩翻两番!公司秉承“创新科学仪器　发展一流企业”的历史使命,为发展成为一家具有全球视野,在科学仪器特别是在真空领域国内领先、具有国际竞争力的产业集团,开启了二次腾飞的序幕。公司全体员工齐心协力、奋发进取、协同作战,顺利完成了新生产基地的建设和搬迁,推进了战略管理和业务战略实施,加大了研发投入和新产品开发力度,巩固和加强了内控管理,在抢占市场、降低成本、提高效率等多个领域,实现了新的突破,超额完成了公司2010年各项经营任务目标。

2010年,是中科科仪全面实施2020年中长期发展战略的开局之年。公司以“巩固提高,加大加快”作为整体运营的基本指导方针,巩固继2009年以来应对国际金融危机、战胜困难所取得的既有成绩以及宝贵经验;不断提高战略部署和战略实施的能力,不断加大各项经营工作力度,加快改革、调整和发展的进程,取得了突破性进展。在研发和技术创新方面:

(1)加大了研发投入,新产品开发速度加快。2010年,公司继续加大研发投入,研发费用投入总计2 058万元,比上年增长1.3倍,为历年研发投入之最。全年共组织研发项目立项16项,结题9项,当前在研项目20项。真空技术分公司完成2000L分子泵、系列防腐脂润滑分子泵和700风冷分子泵等产品的研制工作;3600分子泵、560检漏仪顺利实现从研发到生产的转化,已开始小批量生产;完成新型291H检漏仪试制投产工作;与成都中科唯实仪器有限责任公司战略合作开发的真空计、插板阀等均已批量投放市场。另外,在系统集成的研发工作中,承担了神光3套“气氛室”的研制并通过了验收,为参与大工程项目奠定了基础;在氦充气回收上充分关注客户需求,把握客户工艺要求,提升产品品质,在电力、压缩机、大型铝铸件检漏的应用中取得突破性进展等。技术的进步赢取了新订单,新增充气回收检漏设备18台,计900万元。科学仪器分公司按计划完成3900M扫描电镜项目,项目验收采用了创新的验收模式:样机型式检验和产品(工程)化检验(验证样机是否可重复生产制造,着重于样机的产品化)。美国合作电器项目正按计划进行,配合该项目的新电镜外观设计已经完成。医疗仪器分公司也开发形成 KYKY 妇科 leep 治疗系统,由能量平台、烟雾净化器、电极及附件、台车等组成。

(2)国家科技重大专项等科技攻关项目取得显著进展。“磁浮分子泵系列产品开发与产业化”项目任务书已通过 02 科技重大专项办公室审批,已进行三轮磁轴承、传感器的研制,完成磁悬浮分子泵和控制器的样机研制和磁浮分子泵运行测试台的设计工作。“十一五”科技支撑项目“高压场发射电子枪的研制”项目进展顺利,完成场发射枪组件、200kV 加速极的制作测试及初步调试系统,成功恢复第一台实验装置的电子枪和真空系统。成功申请“高档数控机床与基础制造装备”科技重大专项(04 重大专项)“加工硬铝合金整体涡轮转子的五轴联动加工中心”课题。组织申请北京市企业技术中心认定,当前已通过专家评审、北京市经信委组织的答辩和实地考察。

(3)加强研发项目管理,专利工作取得新的成效。公司研发中心定期对分公司研发项目进度进行检查和督促,同时,对研发项目经费控制实施持续跟踪和动态管理,推进了分公司的研发工作。在知识产权工作方面,2010 年,公司共完成专利申请 15 项,软件著作权申请 6 项。

(4)积极获取外部科技经费资源。在提高自身研发资源利用效率的同时,公司积极争取政府资助、奖励资金等外部经费资源的支持。组织北京市保增长突出贡献企业的申报,获得北京市“保增长突出贡献企业”荣誉称号及奖励;组织申报“海淀区循环经济发展专项资金”并获得奖励资金;获得“海淀区‘十一五’循环经济节能减排先进单位”荣誉称号并获奖金;申请北京市中小企业国际市场开拓资金,获得资助;向国家真空工程实验室递交了两批验收资料,第二笔项目款均如期到账。

2010 年 12 月 28 日,筹备一年多的中科院创新科学仪器研制技术服务中心经过院计财局组织的专家评审,正式挂牌成立。

2010 年,公司投资 6 261 万元,购买了昌平国际信息园约 1.3 万 m^2 的厂房,为公司实现大规模生产和精益制造提供了条件。按照公司“布局生产基地,实现工业管理”的战略措施,物业分公司与真空技术分公司克服困难,密切合作,共同积极推进生产基地装修改造及搬迁,并在 10 月份顺利完成真空技术分公司整体搬迁,保证了真空技术分公司快速恢复正常生产,有力地保障了公司 2010 年经营目标的达成。新生产基地的投入使用,使真空产品的研、产、销各个环节的衔接更为紧密,生产条件得到大幅改善,为全面提升生产管理水平,以及下一步全面实施现代化工厂管理奠定了坚实基础。真空技术分公司分子泵人均产量比上年提高了 41 台,生产效率明显提高;分子泵累计入库 3 381 台,同比增长 25%,创历史最好成绩;检漏仪入库 227 台,同比增长 11%。医疗仪器分公司充分利用社会资源,采用外包模式提高生产效率,降低人员成本,电刀入库台数是上年的 3 倍,创历史新高。

2010 年,各分公司的工作中都体现出以市场销售为龙头的经营思路,针对不同业务,做好营销计划,明确重点地区、重点行业和重点产品,有针对性地开发市场和推进销售。真空技术分公司,围绕重点区域,重点行业,制定了“重点行业每单必争,重点产品每单必赢”的营销策略,梳理了分子泵的价格体系,抓行业,保增长,抓产品,促销量;制定了“2010 年度检漏仪计奖办法”、“2010 年业务人员补充奖励办法”等新的营销激励制度;加强系统集成市场拓展,在参与国家大科学工程项目上取得了突破性进展;改进售后服务工作,强化了办事处的本地化建设,巩固提升了大客户关系,以渠道的充实来促进销售增长;通过加大市场投入,做好产品推广和重点行业、重大客户的专项拓展活动,进一步扩大了在太阳能、Low—e 玻璃等重点行业的影响,并在薄膜及照明行业谋求规模和模式突破。科学仪器分公司，加强了销售工作的日常管理及过程监督，出台了多项销售政策，以目标为导向，调动销售人员积极性。销售重点放在国内经济发达地区，在做好自产产品销售的同时，积极开拓代理产品市场；通过共建实验室形式，建立和推动了重点用户、重点地区、重点行业的销售渠道建设；SPI 从零散销售逐步向开发固定客户和批量购买客户销售过渡。医疗仪器分公司，创新发展思路，制造产品新卖点，做好重点产品的研发和推广，抓住发展机遇，最终取得了获得政府大额订单的好成绩。

在采购管理方面，各分公司均加强了对供应商的定期评议，优化供应商队伍，推进供应商分级管理，提高了采购质量和效率，降低了采购成本。

2010 年，公司的战略管理向深层次迈进。战略管理不仅关系到企业当前，更关系到企业的未来发展。公司以 2009 ~ 2020 年中长期战略发展规划为指导，重点推进战略措施的年度细化和各项战略措施的全面落实，公司各业务部门以三年为时间单位，制订产品开发、业务拓展和市场竞争的具体业务战略措施，明晰各业务的发展模式和盈利模式，形成了三年滚动战略方案。按照发展战略，公司总部重点在推进股份制改造、生产基地建设、促进分公司产品结构优化、加大公司研发投入和研发管理、加强公司基础管理和风险控制等方面落实战略措施；各分公司重点在拓展市场、优化生产管理、提高产品质量、加快产品的技术改造等方面落实战略措施，两级机构分层实施战略措施，将战略从战略规划、方案向实实在在的业绩成果转化，初步实现了以战略统领企业发展，有步骤、有计划地实现企业长期、可持续健康发展的目的。

公司一直以开放的理念、优良的环境和务实的措施，全力推进人才战略。2010 年，公司引进了中国科学院“百人计划”、国家“千人计划”学者郭方准博士等专家级人才。为加强员工队伍建设，不断满足企业发展的需要，公司在不断加大培训投入、创新培训模式、增加培训力度的基础之上，按照“分级管理、分层负责”的思路，推动培训工作向纵深发展。公司高度重视中高层人员及后备管理干部的培训，为加强公司后备管理骨干队伍建设，完善后备管理骨干选拔、培养与管理机制，培养造就一支政治素质高、工作能力强，能够担当公司持续发展重任、有发展潜力的后备管理骨干队伍，公司出台了“中科科仪后备管理骨干选拔、培养和管理办法”，开办了后备管理骨干培训班，培训的重点为战略、财务、人力等管理理论和实务。公司设立高管大讲堂，把中高层集体学习和党委中心组学习相结合，取得了很好的培训效果。2010 年，公司培训次数、参加人次、总课时和总费用均比上年增长 20% 以上。为加强公司骨干人才队伍建设，自 2010 年 1 月开始，公司组织了对公司中层经理为期两个多月的专项调研，客观评估了公司中层管理人员整体情况，推进中层经理加强自身学习和提高，以更好适应岗位工作需要。

2011 年，公司面临的发展任务依然艰巨，挑战依然众多。如何实现业务结构优化调整、提高公司的整体竞争力；如何促进分公司的产品结构升级，提高市场竞争力；如何推进公司相关多元化业务发展、催生新的业务；如何抓好新的投资项目，尽快实现预期经济效益；如何提高公司营销、生产、研发的效率，提高运营质量；如何加快公司股份制改造和拓宽公司发展领域，推进公司多层次的发展，是 2011 年公司各级管理者面临的课题，也是全体员工的工作任务。

人物访谈

策划：魏素芳　陈美萍

中国空分行业的领航人

——访杭州制氧机集团有限公司董事长蒋明

蒋明，男，1961年11月出生，汉族。1984年，上海同济大学管理工程专业毕业，大学毕业后一直在杭州制氧机集团有限公司从事管理和领导工作。先后担任过公司经济发展部部长、副总经济师、总经济师、董事长兼党委书记，1997年被评定为高级经济师。多次被评为浙江省、杭州市优秀企业管理者，当选为浙江省2007年“创业富民、创新强省”新闻人物，杭州市2008年度及2010年度“十大突出贡献工业企业优秀经营者”。

自从担任杭州制氧机集团有限公司（简称杭氧）董事长兼党委书记以来，蒋明以过硬的工作作风和务实创新的能力带领广大干部职工锐意进取，真抓实干，使公司持续全面提速发展，综合实力显著增强，开创了杭氧建立以来经济发展步伐最快、企业面貌变化最大、职工得到实惠最多的时期，充分发挥企业在空分行业里的龙头骨干作用，引领民族装备制造业的蓬勃发展。

一、凝聚合力，发展思路带领班子前进

蒋明认为，要把杭氧真正建设为空分行业“中国第一，世界一流”的具有国际竞争力的现代企业集团，关键是切实提高班子成员的整体素质，只有班子成员信念坚定，事业心强，有大局意识，注重学习，作风过硬，才能保证企业又快又好地发展。

蒋明坚持以共同的事业和发展目标凝聚班子，形成一心一意抓发展的合力。根据企业发展的特点，他提出了新的战略性发展思路——“重两头、拓横向、做精品”，即空分产业向两头延伸，向上重点发展工程成套业务，向下重点发展气体业务，并做大做强低温及石化装备。在这个发展思路的指导下，在班子成员的共同努力下，近几年来，杭氧连续进入国家制造企业500强和中国机械制造企业100强行列，“杭氧”牌大型空分成套设备分别荣获“中国名牌产品”和“中国驰名商标”两项称号。在团结协作、坚强有力的领导班子带领下，杭氧形成了风正气顺、管理严谨、运行有序、和谐稳定的良好发展局面。

出口德国的32 000m³/h空分设备

宝钢 60 000m³/h 空分设备

二、技术创新，全面提升杭氧竞争实力

蒋明对坚持技术创新、走国际化的道路有深刻的认识，他根据空分产品大型化、国际化、节能型的发展趋势，提出了“国际化技术水准，全球化经营战略”的新构想。

一方面，通过建立欧洲公司，紧密跟踪国际空分技术的发展态势，通过加强与国际著名公司的合作，主动参与国际性竞争。2004 年 12 月，德国机械制造巨头、世界著名的工业气体生产商——德国梅塞尔集团与杭氧签署了联合促销与发展协议。业内评价这次“牵手”的意义是：站在巨人的肩膀上，杭氧实现着自己的快速发展。也正是此次合作，成就了我国大型空分设备大规模出口欧洲的第一单。2009 年，杭氧自主创新的 32 000m³/h 大型空分设备远销空分设备诞生地德国，说明杭氧的空分设备已经在国际舞台上担当起重要角色。截至 2011 年上半年，国内外多家企业已向杭氧订购了 6 万等级的空分成套设备达 17 大套，这充分显示了杭氧参与国际竞争的实力。

另一方面，在引进消化吸收的基础上，加大技术投入，走自主创新的道路，在激烈的国际化竞争中频频胜出。2007 年 2 月 8 日，杭氧与神华包头煤化工有限公司签订了 4 套 60 000m³/h 空分设备合同，这是迄今为止国内最大的空分订单。2008 年 9 月 25 日，由杭氧自行设计制造的 60 000m³/h 空分设备在宝钢一次开车成功，各项技术指标达到国际先进水平，打破了国外企业垄断 6 万等级以上空分市场的局面。2011 年伊始，杭氧又与国外公司签订了 120 000 m³/h 特大型空分设备销售订单，这不仅是国内的首套超过 10 万等级的空分设备订单，也是国际上最大的特大型空分设备设计制造订单，标志着我国空分设备制造向着特大型方向迈出了一大步。目前，杭氧已经具有年设计、生产大中型空分设备 50 套以上的能力，已经跻身于世界空分设备的主要制造商行列，成为亚洲最大的空分设备生产制造企业，其大、中型空分设备已出口到 40 多个国家（包括欧洲发达国家），跻身国际空分“五强”。

大唐国际 3 套 58 000m³ /h 空分设备

三、管理创新，打造世界一流空分企业

在技术创新的同时，蒋明也一直进行着管理创新。

在企业分立式改制后，杭氧作为国有资产投资管理和运营的主体（下辖控股公司 28 家，参股公司 9 家），担负着资产保值增值的重任。在发展过程中，蒋明努力处理好存量和增量的关系，一方面注重做活做精存量，另一方面又寻求做强做大增量的新途径。通过委派代表国有资产的董事、监事和健全各子公司的法人治理结构，不断强化各控股子公司资金、资本、产权、股权的管控。通过资本管理，使集团公司本级和各参控股企业资产关系进一步理顺，绝大多数集团企业实现了稳步快速的发展。

2009年，蒋明以企业上市和搬迁为契机，对公司各部门、各企业管理上存在的问题进行认真地梳理，按照现代企业的要求和上市公司的一系列内控管理制度来规范企业，从行政管理、项目管理、财务管理、质量管理、生产管理及人才管理等各方面进一步完善了母子型企业管理模式。蒋明特别注重人力资源开发的最大化。通过加强人才队伍的管理培训，凸现投资管理、技术开发、质量保证和制造服务的优势。目前，杭氧已经建立起3支一流的人才队伍，即一支技术人才队伍，一支会经营善管理的经营管理人才队伍，一支过硬的技术工人队伍，并实行动态管理，这是保证杭氧稳健并快速发展的关键。

杭氧神华包头煤制烯烃项目4套60 000m³/h空分装置签字仪式

四、转型升级，整合上市延伸“产业链”

要使国有资产发挥更大的效率、取得更大的回报，还必须做好资本经营这篇大文章，进一步提高企业融资和投资能力，蒋明正是朝着这个方向不断推进。

一是企业上市。在实施分立式改制之初，蒋明就萌生了企业上市的想法，并一直朝着这个目标不断地努力准备着。蒋明亲自挂帅，从成立整合上市的工作班子，到建立各部门通力合作、协调推进企业上市的工作机制，在他的带领下，各项工作有条不紊地开展起来。经过上下共同努力，2010年6月10日，杭州杭氧股份有限公司正式在深圳证券交易所上市，达成杭氧人多年来的夙愿。

天津石化100万t/a乙烯冷箱

二是发展气体产业。蒋明担任主要领导后，提出了“进一步延伸空分设备的产业链，积极开拓气体市场，形成设备制造和气体产业两翼齐飞的局面”的设想，并形象地比喻制造设备是“养奶牛”，发展气体产业就是“卖牛奶”，“牵着奶牛卖牛奶”，即成为世界一流的空分设备和气体运营专家是杭氧实现企业转型升级的战略目标。发展气体产业的关键是拿到好的合作项目，为争取项目，蒋明奔波于全国各地，亲自参与合作方的谈判。2010年以来，继河南、吉林项目后，又新增吉林经开、济源、衢州、蚌埠和承德等多个重大项目，可以说杭氧气体产业成果丰硕。

三是工程成套。在空分行业多年来的经验累积，让蒋明意识到，不断提升工程成套能力是装备制造业的重要发展方向，也是杭氧增强竞争力的必由之路。2009年，杭氧成立杭州杭氧化医工程有限公司，建立了能充分发挥优势形成以空分设备为主的研发设计、设备制造、施工安装等工程成套能力的平台。到“十二五”末期，杭氧化医工程预计实现订货合同10亿元，完成销售收入8.5亿元。

在企业上市、气体产业和工程成套初具规模的形势下，蒋明在制定企业“十二五”规划时提出了企业的总体战略目标：

大力提高各项经济指标，形成 10 万等级成套空分的设计制造能力，向上发展工程成套，具备完整的空分成套工程的“交钥匙”能力；向下发展气体产业，形成完整的产业链，总体技术工程能力达到国际先进水平。这一发展思路，是企业从单纯的设备制造向制造服务型企业转型升级的战略调整，为制造杭氧精品奠定了坚实的基础。

五、战略转移，有效提高未来发展能力

杭氧临安基地的建成，是杭氧发展史上的又一个里程碑。历时两年多迁扩建工程，体现出一个领导人的决策力和凝聚力。蒋明亲自挂帅，担任迁扩建工程领导小组组长，他提出了通过迁建和上市，实现杭氧二次创业和新的腾飞。在他的亲自指挥下，杭氧经受住了国际金融危机的不利影响，取得完成当年生产经营指标和迁扩建工程的双胜利，建立亚洲甚至世界最大的空分设备生产制造基地。杭氧临安制造基地总投资 20.43 亿元，占地面积超过 61 万 m^2（922.3 亩），具备了年产大中型空分设备（制氧容量）1 000 000m^3/h 以上、单机最大产品为 8 万～10 万等级空分设备的生产能力。

在完成杭氧迁扩建任务的同时，蒋明不仅将杭氧 60 年老厂房转变为崭新的制造基地，更是将一个具有 60 年历史文化的企业形象树立在人们面前。他深知一个企业的长远发展离不开企业文化的承载和依托，因此，在搬迁建设的同时，他组建企业文化建设小组，深挖历史，反复研讨、座谈、总结，建立起适合杭氧特点的企业文化，不但为新的生产基地量身策划了一套完整的企业形象识别系统，并照此系统对新厂区进行全面、科学的规划。“团结、创新、共进”的企业核心理念、“引领中国空分产业发展，为世界提供最优质的空分设备和工业气体”的企业使命和“成为世界一流的空分设备和气体运营专家”的企业愿景，准确地描绘了杭氧的发展前景和一代杭氧人的奋斗目标。

六、作风过硬，树立领导干部良好形象

蒋明把了解民情、倾听民意、帮助基层和职工解决实际问题作为首要之责，持之以恒地为职工办实事、办好事，解决了很多事关职工切身利益的热点难点问题：公司给每位职工购买医疗补充保险，实行职工年度体检制度和疗休养制度，实行企业年金制度。为了更好地维护职工利益，帮扶困难职工，在他的直接关注下，不断完善以职工代表大会为基本形式的民主管理制度、企务公开制度、领导干部联系点制度、“六必访”制度、给困难职工送温暖和帮困制度等，营造出上下沟通、干群融洽、团结协作和奋勇争先的企业氛围。

蒋明十分注重承担社会责任，坚持“服务回报社会，积极奉献社会”的理念。多年来，积极组织开展了春风行动、抗震救灾、扶贫开发、结对帮扶等活动，近 5 年共计捐款捐物金额达 1 176 万元，始终走在赠款捐物的前列。蒋明还担任了浙江省机械工业联合会副会长、浙江省法律顾问协会副会长、中国贸促会杭州分会副会长、浙江省高级经济师评定委员会委员和杭州市仲裁委员会仲裁员等社会职务，充分发挥了管理方面的业务能力和水平，为社会做出了较大贡献。

杭氧大事记

1950年8月1日，浙江省工矿厅将“公营力余铁工厂”和“浙江汽车修理厂”合并成立浙江铁工厂（杭氧的前身）。

1956年1月3日，杭氧设计制造的我国第一台成套空分设备（30m³/h）试车成功，设备的产量、纯度达到设计要求。

1964年1月22日，朱德委员长第3次视察杭氧时，亲笔写下了“奋发图强 自力更生 艰苦奋斗 勤俭建国”的题词。

1978年12月，杭氧引进林德公司10 000m³/h空分设备技术。1981年4月，杭氧引进日本日立制作所的30kg/cm²中压透平氧气压缩机制造技术。杭氧通过消化吸收、合作生产，在设计和工艺上有了新的突破。

1979年7月，杭氧向林德公司出口设计研制成功的包括4种4台冲床和5种6副模具在内的板翅式换热器生产线，并转让相关的全部技术资料和许可证。这是中国机械工业第一次向西方发达国家转让专有技术。

1983年后，杭氧进行了一系列改革：1983年实行分厂制，实行“三保、六定、一奖”经济责任制和试行浮动工资制；1984年提出十六字办厂方针；1985年实行厂内工资制度改革，试行厂长负责制；1992年将分厂改制成专业厂，兼并或组建成立了杭氧实业发展总公司等公司，逐步形成了全方位、多元化经营和“群骑”闯市场的格局和以“事业部制”为基础的管理模式。

1988年，杭氧开发成功常温分子筛吸附增压膨胀流程并采用电子计算机控制集散系统的6 000m³/h空分设备，标志着第五代大型空分设备的诞生。

1993年，杭氧自行设计制造国产最大的采用分子筛净化增压膨胀流程和DCS控制系统的14 000m³/h空分设备在湘潭钢铁公司一次开车成功，并获得机械工业部科技进步奖一等奖。同年，首次向印度出口10 000m³/h大型空分成套产品和向美国出口按ASME规范设计制造的铝制板式换热器等。

1993年9月29日，杭氧集团和杭州制氧机集团公司正式成立。标志着杭氧开始从工厂管理模式向公司化管理模式转换。

1995年5月16日，中共中央总书记、国家主席、中央军委主席江泽民视察杭氧。同年5月9日，中共中央政治局常委、国务院副总理朱镕基视察杭氧，并召开由杭州市13家国有大中型企业厂长、经理参加的座谈会。

1995年9月26日，杭氧按现代企业制度改制为国有资产授权经营的独资企业，改名为杭州制氧机集团有限公司。

1998年10月15日，采用规整填料上塔与全精馏制氩第六代空分技术的6 000m³/h空分设备在邢台钢铁公司一次开车成功。该设备的设计制造水平已达到国际20世纪90年代中期先进水平。

1999 年，杭氧被中国石化总公司认定为大型乙烯冷箱国产化基地。公司获得的第一份燕山石化大型乙烯冷箱订单，开创了国内生产大型乙烯冷箱的先河。

2000 年，杭氧确定“精干空分主体，强化经济实体，开发新兴产业，全面走向市场”的改革思路。按照分立式方法进行改制，组建成立 26 家具有独立法人资格的有限公司。

2001 年 11 月，杭州杭氧资产经营有限公司成立，并控股杭氧集团公司。集团公司与各有限公司由行政上下级关系变为母子公司型资产纽带关系，以资产为纽带的企业集团构架形成。

2002 年，杭氧设计制造的上海宝钢“3 万 m^3/h”特大型空分装置一次开车成功，性能指标全部达到设计要求。至此，结束了我国“3 万 m^3/h”空分设备依赖进口的历史。

2003 年 12 月 4 日，杭氧一举中标中石化集团湖北安庆分公司 2 套 48 000m^3/h 成套空分设备。这是当时国内自主成套、自行设计制造的压力最大、等级最高的化工型内压缩流程空分设备。

2004 年 12 月 11 日，杭氧股份公司与德国梅塞尔集团在杭州签署了联合促销和发展协议。同年，杭氧设计制造的冶金型北台 50 000m^3/h（氧）空分设备顺利投产。这是当时我国自行设计制造的最大的空分设备。

2005 年 8 月，杭氧资产公司和杭氧集团公司进行合并重组，重组后的杭氧成为市政府授权经营企业，是杭州市重点扶持的大企业之一。同年，杭氧入围中国制造业 500 强，这是中国空分设备行业和中国通用机械行业唯一入围的企业。

2006 年 3 月 23 日，杭氧与大唐国际发电股份有限公司签订 3 套 58 000m^3/h 空分设备合同。同年 9 月 1 日，杭氧签订为宝钢股份公司提供 60 000m^3/h 空分设备的合同。这是杭氧乃至我国首套采用自主技术、自主集成的 6 万 m^3/h 空分设备。

2006 年 12 月 28 日，杭氧集团公司迁扩建工程开工典礼在临安青山湖畔隆重举行。

2007 年 2 月，杭氧与神华签订 4 套 60 000m^3/h 成套空分设备合同，金额高达 8 亿多元，成为国内最大的空分设备订单。同年 9 月，“杭氧”牌大型空分成套设备荣获“中国名牌产品”称号。

2007 年 7 月 28 日，中共中央总书记、国家主席、中央军委主席胡锦涛视察杭氧。

2007 年 11 月，河南杭氧气体有限公司举行成立大会，这是杭氧进一步发展和产业延伸的一个重大举措。

2008 年 4 月，杭氧集团公司与杭氧股份公司进行资产整合。杭氧集团公司持有的下属的各控股、参股企业的资产全部转入杭氧股份公司。

2008 年 5 月 16 日，杭氧与吉林钢铁公司签署 2 套 25 000m^3/h 空分设备投资与供气项目合作协议，这是杭氧当时最大的投资项目，计划投资 3.3 亿元注册成立吉林杭氧气体有限公司。

2009 年 8 月 20 日，杭氧临安制造基地建设基本完成，下属子公司全部搬入制造基地。同年 11 月 30 日，杭氧举行了迁扩建工程竣工典礼。

2010 年 6 月 10 日，杭氧股份在深圳证券交易所挂牌上市。

2011 年，杭氧明确提出“十二五”战略：重两头、拓横向、做精品。

企业文化树

【愿景】

成为世界一流的空分
设备和气体运营专家

【使命】

引领中国空分产业的发展，为世界
提供最优质的空分设备和工业

杭氧 大气 行天下

【核心价值观】

团结·创新·共进
与祖国共进、与行业共进
与您共进

团结协作、团结拼搏

敢于创新、善于创新、
持续创新

【人才战略】

以人才为支撑　以创新为动力

统计资料

以数据说话，通过数据了解行业和企业，使您能更好地把握今天，规划明天

Speaking by data, understanding trades and enterprises through data, enabling you to better master today and plan for tomorrow

综述
行业概况
产品进出口
企业概况
统计资料
产品与项目
大事记
附录

2010 年中国通用机械工业协会泵业分会会员单位经济指标

序号	企业名称	工业总产值（万元）	工业增加值（万元）	从业人员平均人数（人）	年末资产总额（万元）	主营业务收入（万元）	主营业务成本（万元）
1	沈阳沈泵泵业制造有限公司	794	341	81	2 430	885	409
2	大连佳特联轴器有限公司	3 596	1 410	105	6 626	3 596	2 157
3	丹东克隆集团有限责任公司	29 254	12 610	438	54 425	28 891	16 239
4	沈鼓集团核电泵业有限公司	73 131	14 750	620	106 571	48 252	42 981
5	沈阳工业泵制造厂有限公司	1 377	324	55	863	1 126	963
6	沈阳第三水泵厂	670	140	58	1 738	670	572
7	沈阳启源工业泵制造有限公司	19 434	6 141	200	6 432	18 083	16 590
8	中国有色（沈阳）冶金机械有限公司	14 365	1 202	102	49 444	14 057	12 608
9	埃梯梯水与污水处理系统（沈阳）有限公司	35 507	10 650	160	27 758	36 853	29 391
10	海城三鱼泵业有限公司	24 421	8 358	971	18 811	22 585	16 645
11	盖州水泵厂	639	147	40	2 035	628	421
12	大连深蓝泵业有限公司	26 219	9 796	657	40 999	28 334	17 188
13	大连四方电泵有限公司	9 100	1 185	236	13 028	8 990	7 481
14	大耐泵业有限公司	47 457	15 423	905	60 661	47 357	30 246
15	本溪水泵有限责任公司	5 761	1 836	582	12 255	5 111	2 846
16	辽宁恒星泵业有限公司	8 644	2 985	300	9 698	8 880	6 798
17	锦州市劲弓泵业有限责任公司	1 100	514	100	735	660	548
18	兴城市水泵制造有限公司	2 875	705	95	3 230	4 510	3 696
19	东港市水泵厂	440	170	46	459	428	365
20	沈阳工业泵制造有限公司	9 400	3 110	187	14 764	9 491	8 297
21	北京第二水泵厂有限公司	1 070	677	108	1 870	1 200	892
22	北京金龙泉泵业有限公司	713	246	44	2 397	806	539
23	威乐（中国）水泵系统有限公司	49 351	12 705	368	36 616	54 145	36 238
24	天津泵业机械集团有限公司	20 591	11 761	604	25 055	19 744	12 679
25	天津水利电力机电研究所	2 300	580	180	3 083	1 284	745
26	石家庄强大泵业集团有限责任公司	29 364	7 680	1 530	92 642	34 944	22 495
27	石家庄工业泵厂有限公司	53 112	16 457	1 402	36 086	87 336	77 309
28	武安市宏泰机械泵业有限公司	4 074	1 396	185	5 503	2 955	2 036
29	唐山市水泵厂	8 064	2 014	441	7 250	7 434	5 739
30	河北安吉宏业机械股份有限公司	26 080	5 519	1 600	20 597	27 736	22 052
31	河北恒盛泵业股份有限公司	9 475	4 653	457	8 235	10 193	8 237
32	保定水泵厂	245	78	90	1 413	245	138
33	阳泉水泵厂有限责任公司	4 626	1 880	775	17 593	4 635	3 111
34	宝鸡航天动力泵业有限公司	6 783	1 129	392	11 067	6 651	5 095
35	西安泵阀总厂	20 915	4 245	543	34 631	21 061	14 174

（续）

序号	企业名称	工业总产值（万元）	工业增加值（万元）	从业人员平均人数（人）	年末资产总额（万元）	主营业务收入（万元）	主营业务成本（万元）
36	陕西扶龙机电制造有限公司	4 253	1 580	236	4 051	2 302	1 696
37	兰州水泵总厂	4 000	1 200	297	13 462	4 814	3 259
38	新疆新标紧固件泵业有限责任公司	3 361	783	193	6 051	3 422	2 525
39	新疆潜水泵厂	589	177	140	4 061	586	499
40	上海乐合流体机械有限公司	2 800	1 192	51	5 100	2 500	1 556
41	上海第一水泵厂有限公司	7 475	1 036	222	8 179	8 182	6 387
42	上海凯士比泵有限公司	73 114	19 606	846	108 329	77 296	56 189
43	上海水泵制造有限公司	19 158	3 626	308	40 018	16 881	13 740
44	上海凯泉泵业(集团)有限公司	249 588	62 897	6 055	243 562	223 658	153 003
45	上海电力修造总厂有限公司	102 780	23 244	560	100 403	106 413	87 032
46	上海上泵(集团)有限公司	35 000	7 947	650	30 144	36 904	30 865
47	上海阿波罗机械股份有限公司	14 000	4 623	258	25 553	14 066	8 713
48	上海华联泵业有限公司	9 965	4 180	185	8 216	8 568	6 912
49	上海工业泵制造有限公司	1 798	761	91	5 804	1 607	954
50	上海深井泵厂有限公司	3 989	1 193	73	3 201	3 264	2 729
51	上海山川泵业制造有限公司	3 861	3 319	72	3 512	3 843	2 938
52	上海申工泵业制造有限公司	1 168	363	65	1 129	744	637
53	上海熊猫机械(集团)有限公司	122 969	28 473	2 000	132 094	119 123	79 452
54	上海莲盛泵业制造有限公司	17 200	3 780	328	18 322	15 507	10 865
55	上海连成(集团)有限公司	160 980	41 294	3 166	94 456	158 278	126 502
56	上海东方泵业(集团)有限公司	182 201	44 393	2 539	63 326	162 019	111 740
57	上海电气压缩机泵业有限公司	45 151	14 133	649	50 490	45 350	39 499
58	杭州碱泵有限公司	13 932	2 326	282	9 235	13 127	9 637
59	南方泵业股份有限公司	66 919	11 721	890	101 104	63 256	45 804
60	杭州大路实业有限公司	11 617	3 580	378	26 034	12 581	8 267
61	杭州振兴工业泵制造有限公司	5 525	1 206	128	2 401	5 285	4 084
62	杭州斯莱特泵业有限公司	6 710	1 220	156	11 483	6 578	5 185
63	丰球集团有限公司	124 550	26 722	585	152 123	120 289	98 034
64	浙江真空设备厂有限公司	10 256	3 159	513	17 079	10 066	7 119
65	浙江水泵总厂有限公司	15 844	4 594	347	22 683	16 088	11 866
66	浙江新界泵业股份有限公司	48 811	11 260	1 162	96 501	49 314	38 091
67	浙江山河实业有限公司	21 933	4 386	710	42 208	20 394	17 335
68	台州黄岩八一通用机械有限公司	1 839	589	71	1 385	1 901	1 490
69	台州新宏基泵业有限公司	2 865	558	119	2 112	2 780	2 379
70	浙江省江山市伟懋制泵有限公司	2 900	1 080	120	4 900	3 055	2 597
71	浙江太平洋泵业制造有限公司	3 651	1 052	107	8 243	3 646	3 058
72	嘉利特荏原泵业有限公司	24 655	9 677	359	37 282	25 922	16 193
73	中泉集团有限公司	13 430	2 056	242	30 751	13 430	10 981
74	山东博泵科技股份有限公司	108 755	38 064	1 250	75 084	110 331	88 085
75	山东双轮集团股份有限公司	44 893	22 145	906	51 218	35 771	25 045
76	南京蓝深制泵集团股份有限公司	43 849	17 255	566	34 298	38 113	27 361

（续）

序号	企业名称	工业总产值（万元）	工业增加值（万元）	从业人员平均人数（人）	年末资产总额（万元）	主营业务收入（万元）	主营业务成本（万元）
77	江苏振华泵业制造有限公司	20 264	9 951	375	27 106	18 058	7 705
78	山东潍坊生建机械厂	63 946	15 413	1 405	73 450	64 273	54 541
79	山东华成集团有限公司	67 510	20 253	1 167	98 324	59 067	52 157
80	靖江市亚太泵业有限公司	2 513	1 121	151	1 830	2 550	1 902
81	无锡市锡泵制造有限公司	12 213	3 088	160	23 184	13 384	10 570
82	江西新瑞洪泵业有限公司	5 056	1 269	238	3 807	4 886	4 003
83	赣州水泵制造的限公司	2 501	439	138	4 826	2 157	1 627
84	淄博真空泵厂有限公司	9 911	2 466	384	12 454	11 530	8 443
85	安徽莱恩电泵有限公司	17 733	5 791	520	13 653	10 817	7 287
86	山东同汇机械有限公司	2 510	229	118	1 677	2 133	1 962
87	山东同泰集团股份有限公司	19 705	4 409	760	20 557	19 136	14 992
88	山东章丘鼓风机股份有限公司	54 948	16 280	1 060	51 340	54 244	37 975
89	扬州长江水泵有限公司	8 412	979	148	6 168	8 302	6 226
90	泰州泰东泵业有限公司	1 444	349	62	1 215	1 443	1 143
91	烟台恒邦泵业有限公司	15 233	3 555	342	16 600	15 301	12 538
92	山东长志泵业有限公司	55 988	13 927	917	45 791	48 080	39 006
93	江苏海狮泵业制造有限公司	21 780	7 229	795	14 530	19 274	14 067
94	安徽三联泵业股份有限公司	83 782	28 459	931	37 350	82 106	50 925
95	合肥华升泵阀有限责任公司	8 010	4 339	99	3 950	3 010	1 448
96	山东华力电机集团股份有限公司	200 901	37 167	2 060	98 239	201 549	185 957
97	常州东申泵业有限公司	8 865	2 763	170	7 392	8 679	6 943
98	江苏亚太泵阀有限公司	39 781	7 192	803	25 162	39 047	22 142
99	宜兴市宙斯泵业有限公司	16 000	2 120	340	9 900	16 880	13 770
100	龙岩市九龙水泵制造有限公司	5 202	1 300	110	3 918	5 202	4 684
101	芜湖水泵制造有限公司	586	117	24	963	573	522
102	郑州电力机械厂	15 973	4 029	427	29 577	17 107	12 483
103	河南郑泵科技有限公司	4 100	1 025	262	4 100	4 000	3 200
104	新乡泵厂有限责任公司	2 336	595	128	2 742	3 034	2 350
105	漯河腾龙泵业有限公司	2 310	619	226	3 023	2 720	1 899
106	武汉水泵厂有限公司	1 727	602	155	1 649	1 684	1 255
107	武汉特种工业泵厂有限公司	18 786	9 869	622	29 751	17 672	14 844
108	湖北省天门泵业有限公司	8 669	3 042	361	7 914	7 224	5 595
109	湖北金源特种泵制造有限公司	1 259	377	120	1 869	1 211	919
110	湖北扬子江泵业有限责任公司	10 590	2 080	395	7 095	11 080	7 791
111	湖北省神龙泵业有限公司	24 960	12 426	495	22 854	23 228	19 096
112	湖北三峡泵业有限公司	15 302	4 975	521	12 497	10 573	8 476
113	襄樊五二五泵业有限公司	48 434	17 400	719	47 599	48 133	34 179
114	湖南湘电长沙水泵有限公司	85 284	16 105	1 775	130 130	84 493	66 726
115	长沙天鹅工业泵股份有限公司	21 009	9 209	309	28 199	20 570	14 240
116	长沙佳能通用泵业有限公司	16 000	4 000	300	8 083	14 854	11 193
117	湖南远通泵业有限公司	4 100	1 330	136	15 866	3 800	3 100

（续）

序号	企业名称	工业总产值（万元）	工业增加值（万元）	从业人员平均人数（人）	年末资产总额（万元）	主营业务收入（万元）	主营业务成本（万元）
118	湘潭泵业集团有限公司花石水泵厂	5 600	1 680	176	3 376	4 786	3 735
119	广州广一泵业有限公司	22 801	2 872	347	21 221	21 309	16 784
120	广州水泵厂	3 341	1 063	162	2 701	3 022	2 353
121	广州白云泵业集团有限公司	52 375	18 896	975	29 565	46 213	36 221
122	广东省佛山水泵厂有限公司	80 953	28 948	952	60 895	78 893	60 401
123	广东凌霄泵业股份有限公司	46 473	4 799	823	31 521	41 439	37 127
124	开平市开泵泵业制造有限公司	1 095	288	70	746	1 065	954
125	广州市番禺区宏拓机械铸造有限公司	2 378	557	101	1 438	2 370	1 947
126	重庆水泵厂有限责任公司	44 066	10 749	1 125	81 807	42 175	29 544
127	自贡凉高山水泵厂	547	231	65	1 561	438	360
128	重庆明珠机电有限公司	9 500	2 952	158	11 300	8 900	4 728
129	重庆第四水泵厂	6 621	1 346	200	2 991	6 116	4 845
130	四川自贡工业泵有限责任公司	11 583	3 692	469	22 943	10 218	7 113
131	成都西南水泵厂	13 820	3 472	432	14 493	13 868	10 305
132	四川三台剑门泵业有限公司	3 782	974	376	7 596	3 139	2 194
133	四川新达泵业有限公司	5 249	1 145	303	6 224	5 718	4 041
134	昆明水泵厂	4 774	1 544	314	9 951	5 314	4 069
135	四川省南部嘉陵泵业制造有限公司	14 378	1 637	362	8 962	12 966	10 413
136	贵州省都匀水泵厂	966	301	167	2 028	890	608
137	成都流体机械密封制造有限公司	1 976	602	117	1 703	2 001	1 626
138	昆明嘉和科技股份有限公司	13 446	6 009	242	17 326	13 048	8 345

2010年中国通用机械工业协会泵业分会会员单位经济效益指标

序号	企业名称	经济效益综合指数（%）	总资产贡献率（%）	资本保值增值率（%）	资产负债率（%）	流动资产周转率（次）	成本费用利润率（%）	全员劳动生产率（元/人）	产品销售率（%）
1	沈阳沈泵泵业制造有限公司	76.35	0.90	100.00	26.21	0.66	0.34	42 099	118.26
2	大连佳特联轴器有限公司	185.75	6.05	134.92	46.82	1.47	9.28	134 286	100.00
3	丹东克隆集团有限责任公司	434.05	21.97	124.71	26.92	0.92	44.17	287 900	103.99
4	沈鼓集团核电泵业有限公司	174.69	0.01	44.54	21.67	0.76		237 903	99.54
5	沈阳工业泵制造厂有限公司	125.16	12.51	107.31	62.57	1.82	2.56	58 909	95.64
6	沈阳第三水泵厂	30.39	-0.23	29.56	88.43	0.30	-1.59	24 138	87.16
7	沈阳启源工业泵制造有限公司	342.20	15.87	145.53	61.22	7.66	1.91	307 046	93.05
8	中国有色(沈阳)冶金机械有限公司	111.50	0.13	100.29	79.71	0.59	0.33	117 843	97.86
9	埃梯梯水与污水处理系统(沈阳)有限公司	472.78	5.76	97.74	62.71	2.11	0.01	665 625	100.00

（续）

序号	企业名称	经济效益综合指数（%）	总资产贡献率（%）	资本保值增值率（%）	资产负债率（%）	流动资产周转率（次）	成本费用利润率（%）	全员劳动生产率（元/人）	产品销售率（%）
10	海城三鱼泵业有限公司	192.67	17.40	100.28	36.45	2.09	12.68	86 076	104.46
11	盖州水泵厂	65.60	0.94	99.47	72.33	0.79	−0.35	36 750	100.00
12	大连深蓝泵业有限公司	231.76	11.60	63.82	53.11	0.95	19.94	149 102	108.07
13	大连四方电泵有限公司	158.27	13.10	109.28	37.90	1.70	12.35	50 212	98.79
14	大耐泵业有限公司	223.17	14.53	117.54	69.39	1.32	11.03	170 420	97.79
15	本溪水泵有限责任公司	76.84	3.86	102.02	69.92	0.65	2.02	31 546	102.14
16	辽宁恒星泵业有限公司	185.31	15.58	104.45	50.12	1.87	10.49	99 500	87.75
17	锦州市劲弓泵业有限责任公司	111.47	8.73	135.05	21.36	1.90	1.88	51 400	60.00
18	兴城市水泵制造有限公司	137.27	9.50	105.04	65.17	2.27	1.70	74 211	156.87
19	东港市水泵厂	52.72	2.31	114.60	1.57	−0.70	36 957	97.27	
20	沈阳工业泵制造有限公司	153.14	2.83	100.00	48.57	0.95	−0.34	166 310	100.97
21	北京第二水泵厂有限公司	112.15	5.51	100.37	56.68	1.03	4.13	62 685	94.39
22	北京金龙泉泵业有限公司	225.39	11.69	114.78	53.98	0.71	32.24	55 909	101.12
23	威乐(中国)水泵系统有限公司	371.33	27.11	123.74	49.88	1.92	12.95	345 231	111.48
24	天津泵业机械集团有限公司	233.77	13.04	127.28	54.41	1.02	10.43	194 719	96.09
25	天津水利电力机电研究所	129.26	10.85		103.80	0.52	17.96	32 222	121.74
26	石家庄强大泵业集团有限责任公司	102.92	4.90	113.21	74.11	0.88	4.74	50 196	102.99
27	石家庄工业泵厂有限公司	175.43	14.41	108.97	56.63	2.95	2.17	117 382	100.00
28	武安市宏泰机械泵业有限公司	147.92	9.27	100.94	64.82	1.28	9.47	75 459	92.22
29	唐山市水泵厂	131.21	13.61	115.34	60.28	1.33	6.39	45 669	99.84
30	河北安吉宏业机械股份有限公司	146.64	17.23	117.20	52.81	2.58	6.90	34 494	106.60
31	河北恒盛泵业股份有限公司	187.58	20.26	107.93	19.34	2.25	6.91	101 816	98.50
32	保定水泵厂	−81.95	1.04		372.54	0.34	−28.11	8 667	100.00
33	阳泉水泵厂有限责任公司	58.57	2.42	98.63	66.33	0.73	−1.27	24 258	100.95
34	宝鸡航天动力泵有限公司	110.56	8.64	114.95	67.62	0.80	8.21	28 801	96.40
35	西安泵阀总厂	134.07	7.99	136.66	65.45	0.88	5.63	78 177	98.00
36	陕西扶龙机电制造有限公司	123.36	7.35	116.98	61.39	0.86	5.63	66 949	89.54
37	兰州水泵总厂	81.89	2.08	104.44	81.66	0.93	2.29	40 404	120.35
38	新疆新标紧固件泵业有限责任公司	127.77	9.76	106.87	31.38	0.71	10.04	40 570	101.81
39	新疆潜水泵厂	5.78	−0.92	94.25	76.92	0.16	−8.89	12 614	90.83
40	上海乐合流体机械有限公司	240.41	9.34	107.50	15.69	0.76	9.38	233 725	89.29
41	上海第一水泵厂有限公司	86.12	2.17	103.28	73.81	1.32	1.14	46 667	109.43
42	上海凯士比泵有限公司	220.08	6.54	105.57	59.96	0.89	4.83	231 749	105.72
43	上海水泵制造有限公司	141.58	4.62	128.59	72.56	0.54	4.91	117 727	91.43
44	上海凯泉泵业(集团)有限公司	195.71	15.34	127.23	55.10	1.21	13.36	103 876	94.36
45	上海电力修造总厂有限公司	324.32	7.85	102.27	61.23	1.45	1.21	415 071	103.10
46	上海上泵(集团)有限公司	212.49	16.53	104.51	35.67	2.46	11.43	122 262	104.39
47	上海阿波罗机械股份有限公司	265.31	13.80	107.51	51.52	0.86	22.01	179 186	96.43
48	上海华联泵业有限公司	278.10	19.21	110.67	33.23	1.26	14.43	225 946	85.98
49	上海工业泵制造有限公司	123.65	4.08	186.99	43.30	0.46	3.13	83 582	89.38
50	上海深井泵厂有限公司	181.62	5.03	224.53	59.39	1.17	1.72	163 425	97.42
51	上海山川泵业制造有限公司	345.61	8.41	100.00	74.83	1.35	0.76	461 038	98.55
52	上海申工泵业制造有限公司	89.59	2.19	100.46	23.03	0.91	0.98	55 846	100.00

（续）

序号	企业名称	经济效益综合指数（%）	总资产贡献率（%）	资本保值增值率（%）	资产负债率（%）	流动资产周转率（次）	成本费用利润率（%）	全员劳动生产率（元/人）	产品销售率（%）
53	上海熊猫机械(集团)有限公司	231.14	19.41	212.40	56.98	1.15	11.66	142 365	95.79
54	上海莲盛泵业制造有限公司	161.80	9.07	105.82	26.42	1.11	6.83	115 244	90.17
55	上海连成(集团)有限公司	215.34	20.99	107.92	27.89	2.56	8.50	130 430	98.32
56	上海东方泵业(集团)有限公司	265.79	31.38	106.28	45.01	3.74	6.55	174 844	98.70
57	上海电气压缩机泵业有限公司	200.43	8.09	108.91	74.62	1.22	1.31	217 763	105.22
58	杭州碱泵有限公司	172.84	18.68	111.71	47.50	2.26	6.87	82 482	94.22
59	南方泵业股份有限公司	264.54	13.63	619.10	11.98	0.73	11.78	131 697	96.78
60	杭州大路实业有限公司	137.89	8.34	105.02	71.78	0.76	5.82	94 709	96.04
61	杭州振兴工业泵制造有限公司	216.21	30.47	82.86	44.44	4.09	8.17	94 219	58.33
62	杭州斯莱特泵业有限公司	110.25	2.85	102.71	41.90	0.83	2.76	78 205	97.62
63	丰球集团有限公司	415.57	16.44	94.89	58.28	1.27	15.21	456 786	99.39
64	浙江真空设备厂有限公司	114.35	7.12	100.18	49.23	1.57	2.67	61 579	94.31
65	浙江水泵总厂有限公司	184.74	14.27	125.39	78.64	1.08	8.10	132 392	100.00
66	浙江新界泵业股份有限公司	244.10	11.67	555.59	20.57	1.03	14.24	96 902	100.60
67	浙江山河实业有限公司	92.16	4.48	103.88	83.08	0.50	2.51	61 775	95.65
68	台州黄岩八一通用机械有限公司	149.33	7.57	76.82	56.46	2.59	6.24	82 958	100.00
69	台州新宏基泵业有限公司	144.96	16.86	131.91	75.14	1.84	7.59	46 891	97.03
70	浙江省江山市伟懋制泵有限公司	194.43	13.47	445.13	48.67	0.89	6.06	90 000	86.21
71	浙江太平洋泵业制造有限公司	157.71	7.40	297.88	35.28	0.94	2.58	98 318	99.86
72	嘉利特荏原泵业有限公司	311.70	18.30	104.58	67.22	1.19	17.05	269 565	105.14
73	中泉集团有限公司	124.02	6.57	99.89	63.09	0.66	4.18	84 959	100.00
74	山东博泵科技股份有限公司	294.63	15.88	114.73	46.41	1.78	5.84	304 512	100.00
75	山东双轮集团股份有限公司	264.13	7.78	100.00	58.45	2.46	10.04	244 423	103.28
76	南京蓝深制泵集团股份有限公司	318.02	17.62	106.40	49.92	1.60	12.16	304 859	92.37
77	江苏振华泵业制造有限公司	393.87	29.46	137.86	34.90	1.05	32.82	265 360	98.72
78	山东潍坊生建机械厂	146.34	8.80	135.67	73.19	1.11	3.30	109 701	102.36
79	山东华成集团有限公司	170.20	7.17	138.26	77.76	0.92	1.04	173 548	99.84
80	靖江市亚太泵业有限公司	147.94	16.48	117.07	31.42	1.62	3.83	74 238	103.98
81	无锡市锡泵制造有限公司	213.31	7.15	99.61	51.32	0.96	8.84	193 000	109.59
82	江西新瑞洪泵业有限公司	198.36	25.11	121.39	28.89	2.83	13.31	53 319	94.15
83	赣州水泵制造的限公司	71.25	4.57	104.65	80.87	0.69	1.40	31 812	86.25
84	淄博真空泵厂有限公司	166.95	16.58	128.98	41.98	1.28	11.39	64 219	90.32
85	安徽莱恩电泵有限公司	199.80	15.39	117.49	55.47	2.09	11.06	111 365	100.00
86	山东同汇机械有限公司	80.78	5.98	99.02	51.82	1.33	1.92	19 407	90.84
87	山东同泰集团股份有限公司	145.69	12.03	106.27	59.02	1.92	7.88	58 013	97.28
88	山东章丘鼓风机股份有限公司	270.28	24.32	113.98	52.49	2.09	18.76	153 585	96.62
89	扬州长江水泵有限公司	147.71	14.96	139.47	42.72	1.72	4.98	66 115	98.69
90	泰州泰东泵业有限公司	101.01	4.51	97.46	58.93	1.98	0.10	56 290	100.00
91	烟台恒邦泵业有限公司	145.33	9.31	147.03	57.48	1.62	1.72	103 947	80.12
92	山东长志泵业有限公司	238.33	21.47	97.81	47.60	2.18	12.41	151 876	94.62
93	江苏海狮泵业制造有限公司	243.96	33.57	144.09	32.39	1.89	16.75	90 931	96.04
94	安徽三联泵业股份有限公司	391.12	41.28	124.43	48.10	3.46	13.94	305 682	98.80
95	合肥华升泵阀有限责任公司	491.57	30.90	149.34	40.00	1.28	30.63	438 283	59.93

（续）

序号	企业名称	经济效益综合指数（%）	总资产贡献率（%）	资本保值增值率（%）	资产负债率（%）	流动资产周转率（次）	成本费用利润率（%）	全员劳动生产率（元/人）	产品销售率（%）
96	山东华力电机集团股份有限公司	225.47	13.15	114.23	56.06	3.73	3.69	180 422	100.30
97	常州东申泵业有限公司	185.90	9.90	113.02	23.80	1.27	4.98	162 529	77.16
98	江苏亚太泵阀有限公司	181.64	19.67	111.18	46.28	2.69	6.32	89 564	98.62
99	宜兴市宙斯泵业有限公司	179.04	20.62	103.70	39.39	4.96	4.25	62 353	87.50
100	龙岩市九龙水泵制造有限公司	207.00	10.86	157.48	21.06	4.94	5.24	118 182	100.00
101	芜湖水泵制造有限公司	83.43	2.52	100.00	57.01	1.01	0.18	48 750	97.78
102	郑州电力机械厂	101.97	3.00	101.72	83.36	0.79	0.75	94 356	73.52
103	河南郑泵科技有限公司	104.15	6.33	84.75	46.34	1.67	4.15	39 122	97.56
104	新乡泵厂有限责任公司	126.95	11.16	102.49	26.59	1.53	6.23	46 484	100.60
105	漯河腾龙泵业有限公司	156.22	10.67	170.34	34.47	1.47	14.47	27 389	116.88
106	武汉水泵厂有限公司	112.04	7.09	82.94	37.48	2.75	3.14	38 839	97.51
107	武汉特种工业泵厂有限公司	179.66	8.47	103.70	41.47	1.06	4.95	158 666	94.07
108	湖北省天门泵业有限公司	147.47	12.04	110.34	50.24	1.85	5.35	84 274	64.54
109	湖北金源特种泵制造有限公司	195.00	17.78	224.96	17.07	2.40	16.97	31 417	96.19
110	湖北扬子江泵业有限责任公司	144.59	13.23	158.92	45.84	2.85	3.31	52 658	104.63
111	湖北省神龙泵业有限公司	305.81	15.77	100.72	20.14	3.79	12.92	251 030	93.06
112	湖北三峡泵业有限公司	124.70	3.45	103.89	24.81	1.68	1.28	95 489	97.09
113	襄樊五二五泵业有限公司	306.86	24.74	126.30	56.83	1.71	14.51	242 003	99.38
114	湖南湘电长沙水泵有限公司	114.21	4.79	111.74	80.07	1.12	1.81	90 730	84.80
115	长沙天鹅工业泵股份有限公司	325.38	16.62	114.91	43.37	0.99	16.84	298 026	96.65
116	长沙佳能通用泵业有限公司	295.54	37.76	267.61	38.98	4.10	11.51	133 333	93.09
117	湖南远通泵业有限公司	138.00	7.46	128.51	58.77	0.69	4.33	97 794	92.68
118	湘潭泵业集团有限公司花石水泵厂	176.81	11.97	114.50	55.09	4.40	3.27	95 455	100.00
119	广州广一泵业有限公司	124.69	6.62	108.28	66.93	1.33	3.16	82 767	93.77
120	广州水泵厂	138.03	10.33	101.92	19.62	3.14	2.44	65 617	97.37
121	广州白云泵业集团有限公司	259.06	22.86	115.51	35.75	2.53	9.03	193 801	91.62
122	广东省佛山水泵厂有限公司	306.86	16.03	89.79	40.66	1.95	9.58	304 076	97.46
123	广东凌霄泵业股份有限公司	135.58	14.22	111.33	59.69	1.74	4.29	58 311	99.72
124	开平市开泵泵业制造有限公司	123.55	12.77	115.25	81.77	2.82	3.41	41 143	97.26
125	广州市番禺区宏拓机械铸造有限公司	151.32	15.85	152.86	85.12	3.37	4.43	55 149	99.66
126	重庆水泵厂有限责任公司	122.50	5.68	102.05	55.18	0.65	2.43	95 547	94.07
127	自贡凉高山水泵厂	69.67	9.66	99.20	92.06	0.33	-0.16	35 538	87.57
128	重庆明珠机电有限公司	301.19	24.60	138.33	26.55	1.58	22.08	186 835	93.68
129	重庆第四水泵厂	159.73	21.13	116.94	62.39	2.70	3.51	67 300	93.84
130	四川自贡工业泵有限责任公司	140.70	6.06	273.36	51.97	0.59	3.66	78 721	100.00
131	成都西南水泵厂	164.21	14.48	105.18	22.36	1.72	8.44	80 370	100.35
132	四川三台剑门泵业有限公司	134.37	8.20	105.87	37.10	0.54	15.80	25 904	90.32
133	四川新达泵业有限公司	115.80	9.33	95.40	15.97	2.08	4.05	37 789	110.27
134	昆明水泵厂	96.97	3.07	135.66	60.89	2.05	0.65	49 172	66.19
135	四川省南部嘉陵泵业制造有限公司	137.32	14.23	102.93	38.92	2.87	4.51	45 221	90.18
136	贵州省都匀水泵厂	75.64	6.10	101.38	53.01	0.71	1.39	18 024	114.39
137	成都流体机械密封制造有限公司	332.77	50.84	119.66	51.03	2.08	38.25	51 453	101.52
138	昆明嘉和科技股份有限公司	297.76	17.34	78.40	60.99	1.32	17.63	248 306	97.04

2010 年中国通用机械工业协会泵业分会

序号	产品名称	合计			各地区合计					
					东北			华北		
		产量	销量	出口量	产量	销量	出口量	产量	销量	出口量
	合计	7 666 152	7 878 652	2 065 814	551 143	566 075	8 023	459 356	669 011	1 298
1	单级单吸清水离心泵	1 063 767	1 065 877	269 141	3 451	3 389	28	220 299	229 253	
2	单级双吸清水离心泵	419 868	421 635	111 834	565	565	11	1 317	1 233	28
	其中:800mm(32in)以上	194 614	194 545	58 500	20	18				
3	多级离心泵	748 993	733 946	174 577	8 121	7 942		46 427	42 367	
4	轴流泵	13 450	13 206	150	162	158		67	67	
5	混流泵	10 821	12 748	188	304	863				
6	斜流泵	261	247	59	15	15		40	40	8
7	旋涡泵	848 761	873 386	629 132	191 782	213 661		306	303	
8	往复泵	2 351	2 231	25	176	190			13	
	其中:隔膜泵	283	283	18	21	21				
9	齿轮泵	22 210	22 125	737	69	72		21 350	21 267	735
10	螺杆泵	128 369	128 001	27 442	4	2		8 055	7 962	288
11	锅炉给水泵	153 804	357 510	222	322	302	10	138 330	342 094	6
12	热水泵	47 224	47 798	465	103	103		337	367	6
13	冷凝泵	4 202	4 345	115	234	239				
14	除磷泵	76	76	3	5	5				
15	耐腐蚀泵	65 793	64 471	1 152	8 781	8 930	135	1 949	1 781	
16	潜水电泵	1 673 625	1 607 373	238 789	192 029	184 517	1 468	55	64	5
17	液下泵	23 225	22 700	131	304	292		247	271	
18	深井泵	41 554	56 083	19 476	125	125		117	81	
19	船用泵	12 935	13 108	97	59	46		1 607	1 560	97
20	污水泵	965 276	955 405	202 893	20 443	19 603	5 956	305	2 276	25
21	泥浆泵	7 016	5 937	14	64	76		146	151	7
	其中:挖泥泵	107	106	7				29	28	7
22	渣浆泵	20 916	20 617	216	40	68		7 870	7 928	93
23	脱硫泵	2 090	1 985		96	98		1 004	944	
24	喷灌泵	32 155	33 557	18 256	13 417	15 015				
25	微型泵	724 119	724 308	231 850	102 918	102 882		86	86	
26	离心油泵	24 492	25 042	519	1 173	1 161	414	6 649	6 134	
27	水环真空泵	17 110	17 038	121	16	16		67	100	
28	机械真空泵	2 332	2 146							
29	屏蔽泵	34 996	34 071	50	952	952				
30	计量泵	1 215	1 196	33	222	222				
31	管道泵	404 983	406 025	29 025	136	144		1 089	1 019	
32	其他泵	148 163	204 459	109 102	5 055	4 422	1	1 637	1 650	

会员单位主要产品产、销、出口情况

（单位：台）

各地区合计											
西北			华东			中南			西南		
产量	销量	出口量	产量	销量	出口量	产量	销量	出口量	产量	销量	出口量
9 748	8 651	8	5 115 602	5 108 852	1 617 595	1 500 307	1 501 185	438 752	29 996	24 878	138
347	405		373 391	369 993	57 853	455 039	455 697	211 252	11 240	7 140	8
284	331		87 151	90 173	3 330	327 656	327 150	108 465	2 895	2 183	
49	49		4 949	4 946		189 211	189 147	58 500	385	385	
90	91		460 461	451 825	93 785	230 851	228 681	80 786	3 043	3 040	6
			11 372	11 153	150	1 752	1 726		97	102	
			8 769	9 927	35	1 665	1 873	153	83	85	
						206	192	51			
			648 448	651 103	629 132	8 225	8 319				
323	325	1	1 587	1 445	18	17	17		248	241	6
			262	262	18						
			775	770	2				16	16	
			119 285	119 060	27 154				1 025	977	
			13 002	12 959	141	1 965	1 953	65	185	202	
2	2		45 123	45 692	459	1 406	1 338		253	296	
			2 823	3 005	74	1 067	1 022	41	78	79	
									71	71	3
1 310	1 160		43 756	43 125	266	9 321	8 771	751	676	704	
6 930	5 976		1 377 810	1 317 567	229 263	96 762	99 210	8 053	39	39	
12	13		18 889	18 467	131	2 151	2 058		1 622	1 599	
			39 951	54 525	19 474	761	775		600	577	2
			7 272	7 522		197	200		3 800	3 780	
			924 947	914 208	196 848	19 522	19 258	64	59	60	
30	23	7	2 821	2 815		2 878	2 422		1 077	450	
			71	71		7	7				
			9 145	8 977	123	3 464	3 153		397	491	
			327	331		656	609		7	3	
			18 483	18 294	18 256				255	248	
			621 103	621 328	231 850	12	12				
97	102		15 979	17 074	105	550	527		44	44	
60	51		10 542	11 463	2	6 350	5 336	119	75	72	
			1 911	1 725		421	421				
			33 638	32 713	50	406	406				
			295	284					698	690	33
			90 065	91 860	1 115	313 203	312 482	27 910	490	520	
263	172		126 481	179 469	107 979	13 804	17 577	1 042	923	1 169	80

序号	产品名称	东北地区								
		大耐泵业有限公司			辽宁恒星泵业有限公司			沈鼓集团核电泵业有限公司		
		产量	销量	出口量	产量	销量	出口量	产量	销量	出口量
	合　计	6 687	6 839	135	2 450	1 923		458	448	
1	单级单吸清水离心泵									
2	单级双吸清水离心泵									
	其中:800mm(32in)以上									
3	多级离心泵							19	23	
4	轴流泵									
5	混流泵									
6	斜流泵									
7	旋涡泵									
8	往复泵									
	其中:隔膜泵									
9	齿轮泵				69	72				
10	螺杆泵				4	2				
11	锅炉给水泵							94	78	
12	热水泵				13	13				
13	冷凝泵							82	89	
14	除磷泵									
15	耐腐蚀泵	6 687	6 839	135	251	197				
16	潜水电泵									
17	液下泵				26	15				
18	深井泵									
19	船用泵									
20	污水泵									
21	泥浆泵									
	其中:挖泥泵									
22	渣浆泵									
23	脱硫泵									
24	喷灌泵									
25	微型泵									
26	离心油泵				259	270				
27	水环真空泵									
28	机械真空泵									
29	屏蔽泵									
30	计量泵									
31	管道泵				65	73				
32	其他泵				1 763	1 281		263	258	

（续）

东北地区											
大连深蓝泵业有限公司			本溪水泵有限责任公司			海城三鱼泵业有限公司			大连四方电泵有限公司		
产量	销量	出口量	产量	销量	出口量	产量	销量	出口量	产量	销量	出口量
3 249	3 259	453	514	490		511 094	527 052	1 469	1 718	1 718	
151	115	28									
17	17	11									
165	168					6 339	6 198				
2	2										
24	24					205	779				
						191 782	213 661				
			155	169							
30	30										
34	34										
44	42										
1 451	1 502								263	263	
						191 940	184 428	1 468			
211	210								52	52	
			59	46							
47	39					2 904	2 614		58	58	
									64	64	
			14	25					26	26	
10	12								86	86	
						13 417	15 015				
						102 918	102 882				
712	709	414							45	45	
									952	952	
			222	222							
25	25								46	46	
326	330		64	28		1 589	1 475	1	126	126	

序号	产品名称	东北地区								
		盖州水泵厂			埃梯梯水与污水处理系统(沈阳)有限公司			丹东克隆集团有限责任公司		
		产量	销量	出口量	产量	销量	出口量	产量	销量	出口量
	合　计	214	214		17 417	16 866	5 956	924	924	
1	单级单吸清水离心泵									
2	单级双吸清水离心泵									
	其中:800mm(32in)以上									
3	多级离心泵									
4	轴流泵									
5	混流泵									
6	斜流泵									
7	旋涡泵									
8	往复泵									
	其中:隔膜泵									
9	齿轮泵									
10	螺杆泵									
11	锅炉给水泵									
12	热水泵									
13	冷凝泵									
14	除磷泵									
15	耐腐蚀泵									
16	潜水电泵	89	89							
17	液下泵									
18	深井泵	125	125							
19	船用泵									
20	污水泵				17 417	16 866	5 956			
21	泥浆泵									
	其中:挖泥泵									
22	渣浆泵									
23	脱硫泵									
24	喷灌泵									
25	微型泵									
26	离心油泵									
27	水环真空泵									
28	机械真空泵									
29	屏蔽泵									
30	计量泵									
31	管道泵									
32	其他泵							924	924	

（续）

东北地区											
兴城市水泵制造有限公司			沈阳第三水泵厂			沈阳启源工业泵制造有限公司			锦州市劲弓泵业有限责任公司		
产量	销量	出口量	产量	销量	出口量	产量	销量	出口量	产量	销量	出口量
1 251	1 249		1 500	1 500		522	492	10	2 000	1 976	
474	453		1 500	1 500					850	850	
									510	510	
									20	18	
761	742					102	96		480	460	
									160	156	
						110	106	10			
						29	29				
						43	43				
						109	109				
	9										
	12										
	17										
						129	109				
16	16										

序号	产品名称	东北地区								
		沈阳工业泵制造厂有限公司			沈阳工业泵制造有限公司			东港市水泵厂		
		产量	销量	出口量	产量	销量	出口量	产量	销量	出口量
	合 计	299	299		700	700		125	105	
1	单级单吸清水离心泵	26	26		400	400		50	45	
2	单级双吸清水离心泵	38	38							
	其中:800mm(32in)以上									
3	多级离心泵	45	45		210	210				
4	轴流泵									
5	混流泵							75	60	
6	斜流泵	15	15							
7	旋涡泵									
8	往复泵									
	其中:隔膜泵									
9	齿轮泵									
10	螺杆泵									
11	锅炉给水泵	48	48		40	40				
12	热水泵	27	27							
13	冷凝泵	15	15		50	50				
14	除磷泵	5	5							
15	耐腐蚀泵	20	20							
16	潜水电泵									
17	液下泵	15	15							
18	深井泵									
19	船用泵									
20	污水泵	17	17							
21	泥浆泵									
	其中:挖泥泵									
22	渣浆泵									
23	脱硫泵									
24	喷灌泵									
25	微型泵									
26	离心油泵	28	28							
27	水环真空泵									
28	机械真空泵									
29	屏蔽泵									
30	计量泵									
31	管道泵									
32	其他泵									

（续）

东北地区			华北地区								
中国有色（沈阳）泵业有限公司			河北恒盛泵业股份有限公司			石家庄强大泵业集团有限责任公司			天津泵业机械集团有限公司		
产量	销量	出口量	产量	销量	出口量	产量	销量	出口量	产量	销量	出口量
21	21		25 479	25 351	712	2 113	2 027	166	7 342	7 235	408
						138	116	28			
						40	40	8			
21	21										
21	21										
			20 807	20 706	712				543	561	23
			2 863	2 848					5 192	5 114	288
						51	59	5			
						225	245				
						99	18				
									1 607	1 560	97
						141	142	25			
						56	61	7			
						29	28	7			
						1 122	1 112	93			
						120	103				
			534	530		6	7				
			1 275	1 267		115	124				

序号	产品名称	华北地区								
		唐山市水泵厂			阳泉水泵厂有限责任公司			武安市宏泰机械泵业有限公司		
		产量	销量	出口量	产量	销量	出口量	产量	销量	出口量
	合　计	3 057	3 057		1 138	1 104		6 109	5 597	
1	单级单吸清水离心泵	698	698		211	220				
2	单级双吸清水离心泵	662	662		16	20				
	其中:800mm(32in)以上									
3	多级离心泵	202	202		430	424				
4	轴流泵	37	37							
5	混流泵									
6	斜流泵									
7	旋涡泵					2				
8	往复泵					13				
	其中:隔膜泵									
9	齿轮泵									
10	螺杆泵									
11	锅炉给水泵	299	299		66	66				
12	热水泵	92	92		8	36				
13	冷凝泵									
14	除磷泵									
15	耐腐蚀泵	148	148		364	239				
16	潜水电泵									
17	液下泵				13	17				
18	深井泵									
19	船用泵									
20	污水泵	152	152			2				
21	泥浆泵	78	78							
	其中:挖泥泵									
22	渣浆泵	430	430		23	17				
23	脱硫泵									
24	喷灌泵									
25	微型泵	86	86							
26	离心油泵							6 109	5 597	
27	水环真空泵	67	67			33				
28	机械真空泵									
29	屏蔽泵									
30	计量泵									
31	管道泵									
32	其他泵	106	106		7	15				

（续）

华北地区											
石家庄工业泵厂有限公司			天津水利电力机电研究所			北京第二水泵厂有限公司			北京金龙泉泵业有限公司		
产量	销量	出口量	产量	销量	出口量	产量	销量	出口量	产量	销量	出口量
7 179	7 210		496	496	12	1 679	1 705		792	838	
			105	105		419	560		410	448	
						307	270		84	88	
			30	30							
									18	11	
			155	155	6				1		
			206	206	6						
									9	9	
6 295	6 369										
884	841										
						953	875		136	144	
									134	138	

序号	产品名称	华北地区								
		保定水泵厂			河北安吉宏业机械股份有限公司			威乐(中国)水泵系统有限公司		
		产量	销量	出口量	产量	销量	出口量	产量	销量	出口量
	合　计	817	818		1 415	1 370		401 740	612 203	
1	单级单吸清水离心泵	371	366					218 085	226 856	
2	单级双吸清水离心泵	21	19					480	416	
	其中:800mm(32in)以上									
3	多级离心泵	38	40					45 366	41 343	
4	轴流泵									
5	混流泵									
6	斜流泵									
7	旋涡泵	288	290							
8	往复泵									
	其中:隔膜泵									
9	齿轮泵									
10	螺杆泵									
11	锅炉给水泵							137 809	341 574	
12	热水泵	31	33							
13	冷凝泵									
14	除磷泵									
15	耐腐蚀泵	22	24		1 415	1 370				
16	潜水电泵	4	5							
17	液下泵									
18	深井泵	18	17						46	
19	船用泵									
20	污水泵	12	12						1 968	
21	泥浆泵	12	12							
	其中:挖泥泵									
22	渣浆泵									
23	脱硫泵									
24	喷灌泵									
25	微型泵									
26	离心油泵									
27	水环真空泵									
28	机械真空泵									
29	屏蔽泵									
30	计量泵									
31	管道泵									
32	其他泵									

（续）

西北地区											
西安泵阀总厂			宝鸡航天动力泵有限公司			新疆新标紧固件泵业有限责任公司			陕西扶龙机电制造有限公司		
产量	销量	出口量	产量	销量	出口量	产量	销量	出口量	产量	销量	出口量
1 688	1 448		353	348	8	163	163		5 954	5 061	
						163	163				
28	45										
			323	325	1						
1 287	1 138										
									5 954	5 061	
12	13										
			30	23	7						
97	102										
60	51										
204	99										

序号	产品名称	西北地区						华东地区		
		新疆潜水泵厂			兰州水泵总厂			上海凯泉泵业(集团)有限公司		
		产量	销量	出口量	产量	销量	出口量	产量	销量	出口量
	合　计	976	915		614	716		160 923	161 200	952
1	单级单吸清水离心泵				184	242		63 931	63 907	270
2	单级双吸清水离心泵				284	331		6 674	6 786	79
	其中:800mm(32in)以上				49	49				
3	多级离心泵				62	46		13 485	13 578	76
4	轴流泵							735	791	
5	混流泵									
6	斜流泵									
7	旋涡泵									
8	往复泵									12
	其中:隔膜泵									12
9	齿轮泵									
10	螺杆泵									
11	锅炉给水泵							1 038	1 012	28
12	热水泵				2	2				67
13	冷凝泵							197	220	74
14	除磷泵									
15	耐腐蚀泵				23	22		7 984	7 984	
16	潜水电泵	976	915							268
17	液下泵							671	645	49
18	深井泵							230	207	
19	船用泵									
20	污水泵							63 519	63 686	
21	泥浆泵									
	其中:挖泥泵									
22	渣浆泵							678	645	27
23	脱硫泵									
24	喷灌泵									
25	微型泵									
26	离心油泵									
27	水环真空泵							492	472	2
28	机械真空泵									
29	屏蔽泵									
30	计量泵									
31	管道泵									
32	其他泵				59	73		1 289	1 267	

（续）

华东地区											
丰球集团有限公司			南方泵业股份有限公司			上海第一水泵厂有限公司			上海东方泵业（集团）有限公司		
产量	销量	出口量	产量	销量	出口量	产量	销量	出口量	产量	销量	出口量
1 260 499	1 235 132	462 490	338 706	330 236	74 207	1 755	1 813		179 145	177 839	2 352
			14 285	14 012	4 020	697	717		70 779	70 035	1 199
						58	68		8 178	8 157	728
31 952	30 785	28 697	294 224	287 981	62 983	605	633		23 754	23 765	425
									1 171	1 162	
									1 062	1 029	
28 694	28 694	20 817				17	17				
54 897	53 995	21 811									
						209	209		1 609	1 609	
			321	314	45	71	71		918	918	
595 187	578 269	216 927				87	87		31 553	31 092	
						4	4				
			12 983	12 259	6 102						
						4	4				
521 075	514 695	174 238							35 558	35 540	
						3	3				
									2 006	1 993	
28 694	28 694								2 557	2 539	
			10 801	10 623	328						
			6 092	5 047	729						

序号	产品名称	华东地区								
		上海水泵制造有限公司			上海华联泵业有限公司			上海连成(集团)有限公司		
		产量	销量	出口量	产量	销量	出口量	产量	销量	出口量
	合　计	4 012	15 920		1 586	1 515		199 414	197 850	3 274
1	单级单吸清水离心泵	86	308		140	120		77 958	77 851	1 676
2	单级双吸清水离心泵	1 723	4 919		30	26		4 652	4 624	121
	其中:800mm(32in)以上									
3	多级离心泵	879	2 057					6 582	6 590	113
4	轴流泵							1 521	1 503	18
5	混流泵	20	1 386					727	698	
6	斜流泵									
7	旋涡泵									
8	往复泵									
	其中:隔膜泵									
9	齿轮泵									
10	螺杆泵									
11	锅炉给水泵				210	198		815	807	
12	热水泵	196	881		58	50		10 818	10 795	372
13	冷凝泵	33	296		170	159				
14	除磷泵									
15	耐腐蚀泵	98	561		90	90				
16	潜水电泵									
17	液下泵							4 216	4 005	
18	深井泵							1 625	1 585	86
19	船用泵	12	387		600	592		451	423	
20	污水泵	152	1 498					46 827	46 139	325
21	泥浆泵									
	其中:挖泥泵									
22	渣浆泵									
23	脱硫泵									
24	喷灌泵									
25	微型泵									
26	离心油泵	485	1 815		288	280		6 028	5 881	105
27	水环真空泵									
28	机械真空泵									
29	屏蔽泵									
30	计量泵									
31	管道泵							7 002	6 921	189
32	其他泵	328	1 812					30 192	30 028	269

（续）

华东地区											
上海上泵(集团)有限公司			上海熊猫机械(集团)有限公司			上海凯士比泵有限公司			上海电力修造总厂有限公司		
产量	销量	出口量	产量	销量	出口量	产量	销量	出口量	产量	销量	出口量
7 338	6 100		185 722	185 597		5 782	5 809		210	210	48
921	826		35 387	35 371		2 800	2 850				
562	512		4 949	4 946		850	845				
			4 949	4 946							
856	798		35 004	34 976							
472	405					30	32				
						20	18				
						126	76		210	210	48
			25 480	25 471							
496	436					150	150				
						1 200	1 119				
418	392					50	18				
2 356	1 632		84 902	84 833		450	575				
625	596										
632	503										
						106	126				

序号	产品名称	华东地区								
		上海莲盛泵业制造有限公司			浙江山河实业有限公司			嘉利特荏原泵业有限公司		
		产量	销量	出口量	产量	销量	出口量	产量	销量	出口量
	合　计	34 326	34 275		707 158	732 098	732 098	1 170	1 149	3
1	单级单吸清水离心泵	2 132	2 118		39 867	39 654	39 654			
2	单级双吸清水离心泵	364	362							
	其中:800mm(32in)以上									
3	多级离心泵	2 816	2 818					1 170	1 149	3
4	轴流泵	226	214							
5	混流泵									
6	斜流泵									
7	旋涡泵	650	632		586 560	589 864	589 864			
8	往复泵									
	其中:隔膜泵									
9	齿轮泵									
10	螺杆泵	323	325							
11	锅炉给水泵	1 185	1 210							
12	热水泵	2 518	2 532							
13	冷凝泵									
14	除磷泵									
15	耐腐蚀泵	1 235	1 316							
16	潜水电泵	260	258							
17	液下泵	306	306							
18	深井泵	408	408		4 630	5 322	5 322			
19	船用泵	108	108							
20	污水泵	11 060	10 986							
21	泥浆泵	387	393							
	其中:挖泥泵									
22	渣浆泵									
23	脱硫泵									
24	喷灌泵				18 445	18 256	18 256			
25	微型泵									
26	离心油泵									
27	水环真空泵									
28	机械真空泵									
29	屏蔽泵									
30	计量泵									
31	管道泵	10 348	10 289							
32	其他泵				57 656	79 002	79 002			

（续）

华东地区											
上海阿波罗机械股份有限公司			上海工业泵制造有限公司			上海深井泵厂有限公司			杭州大路实业有限公司		
产量	销量	出口量	产量	销量	出口量	产量	销量	出口量	产量	销量	出口量
221	221		237	225		488	554	97	2 063	1 995	18
76	76		17	17					1 122	1 143	18
54	54		16	16							
18	18								5	5	
32	32										
			80	76							
3	3										
6	6		56	52					681	606	
9	9					89	100				
4	4		9	9							
						399	454	97			
			26	22							
			3	3							
			5	5							
									3	2	
7	7										
			2	2							
12	12		23	23					252	239	

序号	产品名称	华东地区								
		杭州斯莱特泵业有限公司			浙江水泵总厂有限公司			浙江真空设备厂有限公司		
		产量	销量	出口量	产量	销量	出口量	产量	销量	出口量
	合　计	40 878	40 809		2 811	2 872		3 800	3 301	
1	单级单吸清水离心泵									
2	单级双吸清水离心泵									
	其中:800mm(32in)以上									
3	多级离心泵				1 200	1 283				
4	轴流泵									
5	混流泵									
6	斜流泵									
7	旋涡泵									
8	往复泵							15	15	
	其中:隔膜泵									
9	齿轮泵									
10	螺杆泵	851	867							
11	锅炉给水泵									
12	热水泵				55	80				
13	冷凝泵				440	407				
14	除磷泵									
15	耐腐蚀泵									
16	潜水电泵	38 602	38 528							
17	液下泵									
18	深井泵									
19	船用泵									
20	污水泵									
21	泥浆泵				39	43				
	其中:挖泥泵									
22	渣浆泵									
23	脱硫泵									
24	喷灌泵									
25	微型泵									
26	离心油泵				735	729				
27	水环真空泵							86	86	
28	机械真空泵				58	73				
29	屏蔽泵									
30	计量泵									
31	管道泵	630	632							
32	其他泵	795	782		284	257		3 699	3 200	

（续）

华东地区											
台州黄岩八一通用机械有限公司			浙江新界泵业股份有限公司			杭州碱泵有限公司			浙江省江山市伟懋制泵有限公司		
产量	销量	出口量	产量	销量	出口量	产量	销量	出口量	产量	销量	出口量
2 272	2 272		1 566 678	1 567 327	329 072	6 416	6 017	66	14 123	14 420	
96	96		5 932	5 538	2 669				6 216	6 310	
346	346								62	62	
55	55		16 633	15 689	1 236				670	657	
						137	131				
			30 454	29 836	18 451						
			52 482	53 246	5 338						
									310	290	
				12		6 279	5 886	66	130	110	
			697 785	655 336	12 060						
			8 760	23 362	7 285						
1 754	1 754										
			112 070	108 454	22 154				54	40	
									110	125	
			620 703	620 930	231 850				400	398	
									15	17	
			2 364	1 457	50						
21	21		18 120	20 963					5 550	5 490	
			1 419	32 504	27 979				606	921	

序号	产品名称	华东地区								
		杭州振兴工业泵制造有限公司			上海申工泵业制造有限公司			浙江太平洋泵业制造有限公司		
		产量	销量	出口量	产量	销量	出口量	产量	销量	出口量
	合　计		771		585	583		13 236	13 238	177
1	单级单吸清水离心泵				170	170		1 058	1 058	105
2	单级双吸清水离心泵							1 365	1 365	
	其中:800mm(32in)以上									
3	多级离心泵							2 368	2 353	5
4	轴流泵									
5	混流泵									
6	斜流泵									
7	旋涡泵							26	26	
8	往复泵							253	253	6
	其中:隔膜泵							253	253	6
9	齿轮泵							83	83	2
10	螺杆泵							106	106	5
11	锅炉给水泵							53	53	
12	热水泵							63	63	
13	冷凝泵							76	76	
14	除磷泵									
15	耐腐蚀泵				235	233		39	39	
16	潜水电泵							1 628	1 630	8
17	液下泵				50	50		428	434	1
18	深井泵							625	625	
19	船用泵									
20	污水泵				20	20		2 015	2 019	45
21	泥浆泵							35	35	
	其中:挖泥泵									
22	渣浆泵		32					3	3	
23	脱硫泵									
24	喷灌泵							38	38	
25	微型泵									
26	离心油泵									
27	水环真空泵		45							
28	机械真空泵									
29	屏蔽泵							16	16	
30	计量泵									
31	管道泵				110	110		2 860	2 865	
32	其他泵		694					98	98	

（续）

华东地区											
台州新宏基泵业有限公司			上海电气压缩机泵业有限公司			上海山川泵业制造有限公司			山东博泵科技股份有限公司		
产量	销量	出口量	产量	销量	出口量	产量	销量	出口量	产量	销量	出口量
41 906	41 864		55	55		11 211	11 150		33 397	33 431	2 680
						1 024	1 024		4 757	4 722	1 000
									11 883	11 846	1 680
2 245	2 245					802	802		4 587	4 546	
			55	55							
			9	9							
10 280	10 190										
									2 587	2 569	
						1 140	1 140				
									639	636	
6 115	6 100										
									84	84	
9 212	9 229										
3 120	3 080					6 820	6 759		1 431	1 531	
									73	73	
2 120	2 100					1 425	1 425		4 062	4 029	
8 814	8 920								3 294	3 395	

序号	产品名称	华东地区								
		山东长志泵业有限公司			山东双轮集团股份有限公司			山东同泰集团股份有限公司		
		产量	销量	出口量	产量	销量	出口量	产量	销量	出口量
	合　计	13 479	13 400		51 145	51 479	665	5 931	5 633	785
1	单级单吸清水离心泵				4 462	4 475	30	1 010	970	460
2	单级双吸清水离心泵				20 921	20 997	168	1 377	1 305	190
	其中:800mm(32in)以上									
3	多级离心泵	576	557		9 680	9 725	231			
4	轴流泵									
5	混流泵									
6	斜流泵									
7	旋涡泵									
8	往复泵									
	其中:隔膜泵									
9	齿轮泵									
10	螺杆泵									
11	锅炉给水泵	754	742		63	63		2 037	1 957	65
12	热水泵							623	585	20
13	冷凝泵				46	46				
14	除磷泵									
15	耐腐蚀泵	5 360	5 345		1 126	1 129		199	179	10
16	潜水电泵									
17	液下泵	1 572	1 559		1 412	1 423		82	80	
18	深井泵									
19	船用泵									
20	污水泵				9 225	9 375	78	221	207	
21	泥浆泵							46	41	
	其中:挖泥泵									
22	渣浆泵				161	161				
23	脱硫泵									
24	喷灌泵									
25	微型泵									
26	离心油泵	5 217	5 197					140	138	
27	水环真空泵				104	104				
28	机械真空泵									
29	屏蔽泵									
30	计量泵									
31	管道泵				3 945	3 981	158	196	171	40
32	其他泵									

（续）

华东地区											
山东华成集团有限公司			南京蓝深制泵集团股份有限公司			江苏亚太泵阀有限公司			江苏海狮泵业制造有限公司		
产量	销量	出口量	产量	销量	出口量	产量	销量	出口量	产量	销量	出口量
3 121	2 925		19 309	18 348	118	10 049	9 736		11 818	11 550	
39	39								362	358	
			576	480	105	2 312	2 291		3 216	3 174	
			48	40	5	1 106	1 097		85	85	
									246	231	
2	2										
									2 130	2 019	
						5 172	4 916				
									4 135	4 058	
			33	33					346	341	
6	6		13 613	13 148	8						
947	841										
233	238										
									258	251	
1 883	1 788										
									213	212	
11	11		205	205					398	392	
			4 834	4 442		1 459	1 432		429	429	

序号	产品名称	华东地区								
		无锡市锡泵制造有限公司			安徽三联泵业股份有限公司			安徽莱恩电泵有限公司		
		产量	销量	出口量	产量	销量	出口量	产量	销量	出口量
	合　计	1 487	1 501	57	46 660	46 099	4 732	10 452	10 452	3 634
1	单级单吸清水离心泵	37	37		10 021	9 900	4 554	5 662	5 662	2 165
2	单级双吸清水离心泵				8 941	8 833	12	584	584	315
	其中:800mm(32in)以上									
3	多级离心泵				4 695	4 640		26	26	16
4	轴流泵	782	782	27						
5	混流泵	584	559	30						
6	斜流泵									
7	旋涡泵									
8	往复泵									
	其中:隔膜泵									
9	齿轮泵							667	667	
10	螺杆泵									
11	锅炉给水泵									
12	热水泵				2 580	2 537		185	185	
13	冷凝泵									
14	除磷泵									
15	耐腐蚀泵				276	273	39	2 101	2 101	106
16	潜水电泵	11	11							
17	液下泵				4 728	4 671	31	98	98	50
18	深井泵							700	700	582
19	船用泵									
20	污水泵	34	34		4 128	4 079				
21	泥浆泵				2 201	2 175				
	其中:挖泥泵				71	71				
22	渣浆泵	5	5		5 615	5 559	96			
23	脱硫泵				89	88				
24	喷灌泵									
25	微型泵									
26	离心油泵									
27	水环真空泵				3 284	3 244				
28	机械真空泵									
29	屏蔽泵									
30	计量泵									
31	管道泵							429	429	400
32	其他泵	34	73		102	100				

（续）

华东地区											
烟台恒邦泵业有限公司			山东同汇机械有限公司			山东章丘鼓风机股份有限公司			淄博真空泵厂有限公司		
产量	销量	出口量	产量	销量	出口量	产量	销量	出口量	产量	销量	出口量
3 102	2 960		5 748	5 421		1 980	1 977		2 845	2 334	
			2 298	1 969							
			1 580	1 607		78	77				
262	262		570	590							
27	27										
16	16										
36	36										
									547	397	
50	50										
28	28										
1 713	1 636										
651	592					300	300				
71	70		60	58		1 602	1 600				
5	5										
43	38										
			680	655					998	819	
			560	542					1 290	1 108	
198	198										
2	2								10	10	

序号	产品名称	华东地区								
		泰州泰东泵业有限公司			扬州长江水泵有限公司			合肥华升泵阀有限责任公司		
		产量	销量	出口量	产量	销量	出口量	产量	销量	出口量
	合　计	3 394	3 392		6 015	5 812		381	307	
1	单级单吸清水离心泵							90	70	
2	单级双吸清水离心泵	2 267	2 274					82	65	
	其中:800mm(32in)以上									
3	多级离心泵	496	507		3 000	1 562		55	45	
4	轴流泵									
5	混流泵									
6	斜流泵									
7	旋涡泵									
8	往复泵									
	其中:隔膜泵									
9	齿轮泵							25	20	
10	螺杆泵									
11	锅炉给水泵	79	74					32	20	
12	热水泵	209	199							
13	冷凝泵									
14	除磷泵									
15	耐腐蚀泵	56	56							
16	潜水电泵									
17	液下泵	124	130					15	15	
18	深井泵									
19	船用泵									
20	污水泵	163	152							
21	泥浆泵									
	其中:挖泥泵									
22	渣浆泵									
23	脱硫泵									
24	喷灌泵									
25	微型泵									
26	离心油泵									
27	水环真空泵				3 015	4 250				
28	机械真空泵									
29	屏蔽泵									
30	计量泵							82	72	
31	管道泵									
32	其他泵									

（续）

华东地区											
赣州水泵制造有限公司			靖江市亚太泵业有限公司			山东潍坊生建机械厂			芜湖水泵制造有限公司		
产量	销量	出口量	产量	销量	出口量	产量	销量	出口量	产量	销量	出口量
1 640	1 473		5 677	5 907		195	195		2 132	2 044	
803	743								821	768	
162	116										
544	500								536	520	
21	17										
			72	75							
			712	720							
						100	100				
			3 030	3 200					673	658	
57	53										
									102	98	
53	44		1 863	1 912		95	95				

序号	产品名称	华东地区								
		江苏振华泵业制造有限公司			宜兴市宙斯泵业有限公司			常州东申泵业有限公司		
		产量	销量	出口量	产量	销量	出口量	产量	销量	出口量
	合　计	9 475	9 390		12 000	11 500		832	757	70
1	单级单吸清水离心泵	675	675					345	289	33
2	单级双吸清水离心泵							196	184	37
	其中:800mm(32in)以上									
3	多级离心泵	35	35					76	73	
4	轴流泵							114	112	
5	混流泵							101	99	
6	斜流泵									
7	旋涡泵	1 939	1 923							
8	往复泵	5	5							
	其中:隔膜泵									
9	齿轮泵									
10	螺杆泵									
11	锅炉给水泵	60	60							
12	热水泵									
13	冷凝泵	72	72							
14	除磷泵									
15	耐腐蚀泵				12 000	11 500				
16	潜水电泵	112	112							
17	液下泵									
18	深井泵									
19	船用泵	3 875	3 844							
20	污水泵									
21	泥浆泵									
	其中:挖泥泵									
22	渣浆泵									
23	脱硫泵									
24	喷灌泵									
25	微型泵									
26	离心油泵	61	61							
27	水环真空泵									
28	机械真空泵									
29	屏蔽泵									
30	计量泵									
31	管道泵									
32	其他泵	2 641	2 603							

（续）

华东地区						中南地区					
龙岩市九龙水泵制造有限公司			江西新瑞洪泵业有限公司			湖南湘电长沙水泵有限公司			广东省佛山水泵厂有限公司		
产量	销量	出口量	产量	销量	出口量	产量	销量	出口量	产量	销量	出口量
14 512	14 512		44 100	41 900		2 278	2 203	119	52 703	50 042	12 855
5 315	5 315		12 000	10 800		150	153		20 450	19 376	11 864
9 197	9 197					1 045	983	19	5 848	5 814	126
						372	372		300	248	
						102	126		2 034	1 901	299
									67	68	
			5 000	4 900		5	5		200	253	153
						149	135	51			
									159	159	
						106	98				
			100	100		23	22		308	307	
						187	173	41			
						57	57		1 206	1 091	29
						80	77				
			6 000	5 600					2 489	2 303	64
						7	7				
						7	7				
									4 568	3 539	119
			21 000	20 500					12 553	12 626	201
						367	367	8	2 821	2 605	

序号	产品名称	中南地区								
		长沙天鹅工业泵股份有限公司			湖北三峡泵业有限公司			广州广一泵业有限公司		
		产量	销量	出口量	产量	销量	出口量	产量	销量	出口量
	合　计	3 749	3 895	18	1 359	1 341		41 772	40 528	970
1	单级单吸清水离心泵				365	358		4 171	3 293	970
2	单级双吸清水离心泵	339	323					1 175	1 119	
	其中:800mm(32in)以上									
3	多级离心泵	236	219		964	953		3 327	3 258	
4	轴流泵	21	18							
5	混流泵									
6	斜流泵	57	57							
7	旋涡泵							7 861	7 955	
8	往复泵									
	其中:隔膜泵									
9	齿轮泵									
10	螺杆泵									
11	锅炉给水泵							8	8	
12	热水泵							229	163	
13	冷凝泵	65	70							
14	除磷泵									
15	耐腐蚀泵							821	876	
16	潜水电泵									
17	液下泵							77	75	
18	深井泵							49	43	
19	船用泵							5	11	
20	污水泵							11 740	11 791	
21	泥浆泵				30	30			1	
	其中:挖泥泵									
22	渣浆泵									
23	脱硫泵									
24	喷灌泵									
25	微型泵									
26	离心油泵									
27	水环真空泵							224	252	
28	机械真空泵									
29	屏蔽泵									
30	计量泵									
31	管道泵	993	928					11 710	11 379	
32	其他泵	2 038	2 280	18				375	304	

（续）

中南地区											
武汉特种工业泵厂有限公司			襄樊五二五泵业有限公司			广州白云泵业集团有限公司			湖北省神龙泵业有限公司		
产量	销量	出口量	产量	销量	出口量	产量	销量	出口量	产量	销量	出口量
1 486	1 460		4 271	3 827	722	102 884	102 222		3 466	3 344	
						41 988	41 928		545	520	
						10 367	10 164		250	212	
									100	100	
622	614					21 947	21 865				
531	524					1 084	1 067				
						740	695				
						740	738				
						690	654				
			4 271	3 827	722	630	627		110	67	
						21 140	20 980		110	67	
						158	157				
									700	720	
						2 850	2 820		420	427	
						550	527				
333	322								910	910	
									421	421	

序号	产品名称	中南地区								
		郑州电力机械厂			湖北省天门泵业有限公司			长沙佳能通用泵业有限公司		
		产量	销量	出口量	产量	销量	出口量	产量	销量	出口量
	合　计	173	172		9 689	8 701		8 956	8 956	
1	单级单吸清水离心泵							635	635	
2	单级双吸清水离心泵							378	378	
	其中:800mm(32in)以上									
3	多级离心泵							3 849	3 849	
4	轴流泵									
5	混流泵									
6	斜流泵									
7	旋涡泵				25	25				
8	往复泵									
	其中:隔膜泵									
9	齿轮泵									
10	螺杆泵									
11	锅炉给水泵	173	172					541	541	
12	热水泵				46	46		697	697	
13	冷凝泵									
14	除磷泵									
15	耐腐蚀泵							1 473	1 473	
16	潜水电泵									
17	液下泵				1 804	1 725				
18	深井泵									
19	船用泵				112	112				
20	污水泵				1 624	1 488		326	326	
21	泥浆泵				2 806	2 349				
	其中:挖泥泵									
22	渣浆泵				2 724	2 439				
23	脱硫泵				548	517				
24	喷灌泵									
25	微型泵									
26	离心油泵									
27	水环真空泵									
28	机械真空泵									
29	屏蔽泵									
30	计量泵									
31	管道泵									
32	其他泵							1 057	1 057	

（续）

中南地区											
新乡泵厂有限责任公司			广州水泵厂			河南郑泵科技有限公司			武汉水泵厂有限公司		
产量	销量	出口量	产量	销量	出口量	产量	销量	出口量	产量	销量	出口量
1 354	1 436		4 191	4 110	643	503	461		267	264	
265	265		219	197	3	55	50		36	35	
			2	1					48	48	
									3	3	
802	802		1 011	1 011	447	220	200				
									10	10	
			167	167							
			17	17							
38	38		94	93	65						
100	100		3	3							
			39	39							
			10	10		26	26				
			821	821	3						
									6	6	
			1	1					11	11	
26	56		27	27							
			35	35							
						110	105				
			12	12							
109	109								156	154	
			465	457	9	60	50				
14	66		1 268	1 219	116	32	30				

序号	产品名称	中南地区								
		广东凌霄泵业股份有限公司			湘潭泵业集团有限公司花石水泵厂			湖北金源特种泵制造有限公司		
		产量	销量	出口量	产量	销量	出口量	产量	销量	出口量
	合　计	1 246 056	1 250 880	421 420	8 101	8 101		775	775	
1	单级单吸清水离心泵	380 030	382 760	196 410	3 815	3 815				
2	单级双吸清水离心泵	305 492	305 348	108 320	1 976	1 976				
	其中:800mm(32in)以上	188 288	188 276	58 500	148	148				
3	多级离心泵	193 310	191 460	80 040	2 070	2 070				
4	轴流泵									
5	混流泵									
6	斜流泵									
7	旋涡泵									
8	往复泵									
	其中:隔膜泵									
9	齿轮泵									
10	螺杆泵									
11	锅炉给水泵				240	240				
12	热水泵									
13	冷凝泵							86	86	
14	除磷泵									
15	耐腐蚀泵							689	689	
16	潜水电泵	73 691	74 342	8 050						
17	液下泵									
18	深井泵									
19	船用泵									
20	污水泵									
21	泥浆泵									
	其中:挖泥泵									
22	渣浆泵									
23	脱硫泵									
24	喷灌泵									
25	微型泵									
26	离心油泵									
27	水环真空泵									
28	机械真空泵									
29	屏蔽泵	406	406							
30	计量泵									
31	管道泵	287 400	287 020	27 700						
32	其他泵	5 727	9 544	900						

（续）

中南地区											
漯河腾龙泵业有限公司			湖北扬子江泵业有限责任公司			开平市开泵泵业制造有限公司			湖南远通泵业有限公司		
产量	销量	出口量	产量	销量	出口量	产量	销量	出口量	产量	销量	出口量
2 020	4 330		688	684		2 939	2 886	2 005	627	567	
160	210					2 155	2 102	2 005			
240	300					386	386		110	98	
			334	330		23	23				
			27	27		12	12				
600	800					120	120				
						13	13				
						25	25				
						28	28				
1 000	3 000										
			20	20					86	75	
20	20										
			307	307					323	302	
									108	92	
						50	50				
						22	22				
						105	105				

序号	产品名称	西南地区								
		重庆水泵厂有限责任公司			成都西南水泵厂			自贡凉高山水泵厂		
		产量	销量	出口量	产量	销量	出口量	产量	销量	出口量
	合　计	1 522	1 555	79	1 973	1 970		979	1 009	
1	单级单吸清水离心泵							395	408	
2	单级双吸清水离心泵				368	368		409	421	
	其中:800mm(32in)以上				368	368				
3	多级离心泵				348	348		60	62	
4	轴流泵									
5	混流泵									
6	斜流泵									
7	旋涡泵									
8	往复泵	195	188	6	53	53				
	其中:隔膜泵									
9	齿轮泵	16	16							
10	螺杆泵									
11	锅炉给水泵				36	34		80	83	
12	热水泵				53	54		32	32	
13	冷凝泵				66	67				
14	除磷泵	71	71	3						
15	耐腐蚀泵									
16	潜水电泵									
17	液下泵				281	280				
18	深井泵	26	15	2	504	502				
19	船用泵									
20	污水泵							3	3	
21	泥浆泵									
	其中:挖泥泵									
22	渣浆泵				58	57				
23	脱硫泵									
24	喷灌泵									
25	微型泵									
26	离心油泵				38	37				
27	水环真空泵									
28	机械真空泵									
29	屏蔽泵									
30	计量泵	698	690	33						
31	管道泵				144	145				
32	其他泵	516	575	35	24	25				

（续）

西南地区											
重庆明珠机电有限公司			重庆第四水泵厂			昆明水泵厂			四川自贡工业泵有限责任公司		
产量	销量	出口量	产量	销量	出口量	产量	销量	出口量	产量	销量	出口量
1 000	942		1 362	1 392		4 243	4 775	14	1 315	1 455	
			248	243		2 121	2 313	8	60	65	
			6	33		688	746		81	82	
									17	17	
			764	728		1 203	1 278	6	64	60	
									59	64	
									73	75	
1 000	942								25	35	
			37	40		13	17		12	18	
			91	111		71	93		2	2	
			2	2							
			4	4		78	98		132	138	
									39	39	
			17	7		27	25		64	60	
						3	3		67	57	
			7	9					43	42	
									316	318	
						23	19		162	270	
									7	3	
			4	5					2	2	
						12	11		1	1	
			88	117					58	58	
			94	93		4	172		48	66	

序号	产品名称	西南地区					
		贵州都匀泵业机械制造有限责任公司			昆明嘉和科技股份有限公司		
		产量	销量	出口量	产量	销量	出口量
	合　计	451	512		1 542	1 549	
1	单级单吸清水离心泵	255	269				
2	单级双吸清水离心泵	2	24				
	其中:800mm(32in)以上						
3	多级离心泵	187	209				
4	轴流泵				38	38	
5	混流泵				10	10	
6	斜流泵						
7	旋涡泵						
8	往复泵						
	其中:隔膜泵						
9	齿轮泵						
10	螺杆泵						
11	锅炉给水泵	7	10				
12	热水泵				4	4	
13	冷凝泵				10	10	
14	除磷泵						
15	耐腐蚀泵				462	464	
16	潜水电泵						
17	液下泵				863	867	
18	深井泵						
19	船用泵						
20	污水泵				6	6	
21	泥浆泵				12	12	
	其中:挖泥泵						
22	渣浆泵				125	125	
23	脱硫泵						
24	喷灌泵						
25	微型泵						
26	离心油泵						
27	水环真空泵						
28	机械真空泵						
29	屏蔽泵						
30	计量泵						
31	管道泵						
32	其他泵				12	13	

（续）

西南地区								
四川省南部嘉陵泵业制造有限公司			四川新达泵业有限公司			四川三台剑门泵业有限公司		
产量	销量	出口量	产量	销量	出口量	产量	销量	出口量
7 800	7 608		2 329	2 111	45	5 480		
2 670	2 530		1 482	1 312		4 009		
280	268		263	241		798		
300	290		69	65		48		
370	360							
3 800	3 780							
			124	120		625		
			29	20				
			255	248				
			62	60				
200	200							
180	180		45	45	45			

2010 年中国通用机械工业协会

序号	企业名称	风机		离心压缩机		轴流压缩机		能量回收透平机	
		产量（台）	销量（台）	产量（台）	销量（台）	产量（台）	销量（台）	产量（台）	销量（台）
1	沈阳鼓风机集团股份有限公司	1 021	1 165	132	161	2	1		
2	沈阳风机厂有限公司	437	424						
3	沈阳正双环通用设备制造有限公司	1 581	1 581						
4	沈阳通风机有限公司	637	637						
5	航空工业沈阳发动机研究所风机厂	32	23						
6	鞍山风机集团有限责任公司	1 371	1 400						
7	营口市风机耐酸泵厂	400	325						
8	吉林市亚星电站辅机有限公司	214	214						
9	四平鼓风机股份有限公司	2 428	1 989						
10	长春花园机械有限公司	1 329	1 307						
11	哈尔滨哈暖环境工程设备有限公司	91	91						
12	肇东市风机制造总厂	1 315	1 298						
13	陕西鼓风机(集团)有限公司	1 656	1 824	59	57	142	127	94	101
14	西安重装韩城煤矿机械有限公司	65	63						
15	西安凯瑟鼓风机有限公司	833	775						
16	西安交大流体压缩国家工程中心咸阳风机厂	419	458						
17	北京风机二厂	2 225	2 225						
18	北京华怡净化科技研究所有限公司								
19	北京新安特风机有限公司	6 313	6 048						
20	天津市鼓风机总厂	1 054	862						
21	天津市鼓风机总厂五分厂	10 170	10 026						
22	天津市通风机厂	1 008	935						
23	天津市荣光特种风机有限公司								
24	天津中隧通风机有限公司	2 001	2 001						
25	石家庄市风机厂有限责任公司	8 515	8 407						
26	河北同心风机配件有限公司								
27	宣化通风设备有限公司								
28	邯郸市东方风机制造有限公司	2 780	2 772						
29	原平鼓风机有限责任公司	1 308	1 340						
30	山西省运城安瑞节能风机有限公司	1 635	1 487						
31	呼和浩特新超风机有限公司	96	96						
32	内蒙古天福风机有限公司								
33	包头市爱科风机技术有限责任公司	1 920	1 876						
34	银川银风风机有限责任公司	1 036	942						

风机分会会员单位产品产销情况

离心鼓风机		罗茨鼓风机		离心通风机		轴流通风机		其他风机		风机配件	
产量（台）	销量（台）	产量（台）	销量（台）	产量（台）	销量（台）	产量（台）	销量（台）	产量（台）	销量（台）	产值（万元）	产量（件/套）
141	210			421	350	325	443			524 310	2 420
				435	422	2	2			480	345
				1 100	1 100	405	405	76	76	140	320
				637	637					851	2 806
				32	23						
				1 193	1 221	178	179			1 347	
				350	278	35	32	15	15	20	50
20	20			67	67	30	30	97	97		
35	32			2 375	1 939	18	18			4 763	1 486
				1 329	1 307					34	310
								91	91		
				1 131	1 130	184	168			115	348
244	272	1	1	1 096	1 246	20	20			45 088	
				65	63						
				833	775						
				24	24	21	21	374	413		
				690	716	895	845	640	664		
										62	
36	36			2 417	2 355	3 860	3 657			232	300
		836	656	173	168	45	38			173	51
				6 997	6 924	2 461	2 414	712	688	644	733
				385	409	438	381	185	145	88	88
										2 800	
				1 020	1 020	981	981				
				8 139	8 046	376	361			447	2 803
										8 015	
										365	
				2 122	2 122	658	650			500	
		120	115	888	885	300	340			238	2 000
						1 635	1 487				
				43	43	53	53				
										863	
				1 661	1 608	241	253	18	15	371	315
		62	56	816	784	158	102			687	11 327

序号	企业名称	风机		离心压缩机		轴流压缩机		能量回收透平机	
		产量（台）	销量（台）	产量（台）	销量（台）	产量（台）	销量（台）	产量（台）	销量（台）
35	甘肃省白银风机厂	1 943	1 741						
36	新疆风机有限责任公司	2 467	1 968						
37	上海鼓风机厂有限公司	998	965	4	3				
38	上海长征鼓风机有限公司	167	175						
39	上海通用风机股份有限公司	11 597	11 346						
40	上海德惠特种风机有限公司	7 809	6 860						
41	上海应达风机有限公司	1 500	1 500						
42	上海诺地乐通用设备制造有限公司	40 000	40 000						
43	南京鼓风机厂有限公司	724	698						
44	南通大通宝富风机有限公司	1 306	1 306						
45	江苏金通灵风机股份有限公司	1 657	1 656						
46	南通市恒荣机泵厂有限公司	3 420	3 420						
47	江苏苏风通风机有限公司	3 725	3 643						
48	无锡耀新通用机械有限公司	4 215	4 215						
49	江苏一鼓风机有限公司	914	900						
50	宜兴市侨联风机有限公司	2 100	1 655						
51	百事德机械(江苏)有限公司	8 500	4 060						
52	常熟市鼓风机有限公司	5 618	5 539						
53	张家港市英德利空调风机有限公司	23 750	23 846						
54	徐州风机有限公司	829	793						
55	江苏泰隆风机制造有限公司								
56	盐城市赛格机械有限公司	10 146	9 966						
57	宁波风机有限公司	2 152	2 124						
58	杭州科星鼓风机有限公司	790	770						
59	余姚风机总厂	12 227							
60	浙江上风实业股份有限公司	9 920	8 800						
61	浙江明新风机有限公司	70 600	70 400						
62	上虞通风机有限公司	17 000	14 000						
63	浙江双阳风机有限公司	25 500	25 475						
64	浙江风神风机制造有限公司	27 567	27 402						
65	浙江亿利达风机有限公司	5 983 211	5 683 413						
66	浙江大丰风机电器有限公司								
67	浙江兴益风机电器有限公司	205 950	200 940						
68	浙江义乌星耀风机有限公司	5 089	5 089						
69	济南风机厂有限责任公司	525	525						
70	山东铭润电站装备有限公司	83	118						
71	青岛风机厂有限公司	6 921	6 921						
72	青岛纺机绿环工程有限公司	814	774						
73	山东省章丘鼓风机股份有限公司	8 420	8 231						
74	山东章晃机械工业有限公司								

（续）

离心鼓风机		罗茨鼓风机		离心通风机		轴流通风机		其他风机		风机配件	
产量（台）	销量（台）	产量（台）	销量（台）	产量（台）	销量（台）	产量（台）	销量（台）	产量（台）	销量（台）	产值（万元）	产量（件/套）
				1 642	1 505	169	134	132	102	436	391
				1 563	1 064	812	812	92	92	234	
4	1	61	60	526	525	403	376			8 306	1 102
		167	175							180	1 205
				10 808	10 564	789	782				
				6 437	5 660	1 049	916	323	284	785	2 751
								1 500	1 500		
				28 000	28 000	12 000	12 000				
				565	540	9	8	150	150	50	600
				1 306	1 306						
105	99			1 552	1 557					6 259	1 597
		3 420	3 420								
				3 581	3 502	144	141			320	411
				4 215	4 215						
151	148			641	633			122	119	724	
				600	515	1 390	1 040	110	100		
		8 500	4 060							2 500	7 500
				1 770	1 735	1 563	1 532	2 285	2 272	323	363
				23 750	23 846					4 280	
233	228			258	242	222	217	116	106	300	200
				7 115	7 046	2 011	2 000	1 020	920	300	210
				2 152	2 124					410	818
				690	670			100	100		
				12 072				155		251	37 185
				1 051	967	7 749	6 855	1 120	978	2 300	280
								70 600	70 400		
				3 860	3 005	4 705	3 620	8 435	7 375		
				1 500	1 495	24 000	23 980			460	10 300
486	486			11 105	10 940	14 963	14 963	1 013	1 013	111	2 560
				5 979 868	5 680 142	3 070	2 998	273	273	10 855	301 121
				107 970	104 430	97 980	96 510				
1 415	1 415			3 674	3 674						
				525	525					475	425
				83	118					394	256
				4 113	4 113	2 808	2 808			131	2 444
						814	774			1 128	
101	97	8 258	8 074					61	60	1 227	
										300	

序号	企业名称	风机		离心压缩机		轴流压缩机		能量回收透平机	
		产量（台）	销量（台）	产量（台）	销量（台）	产量（台）	销量（台）	产量（台）	销量（台）
75	山东海福德机械有限公司	1 278	1 346						
76	山东双一集团有限公司	1 050	1 050						
77	山东中昊民防设备有限公司	3 600	3 495						
78	山东新风股份有限公司	51 344	51 344						
79	淄博风机厂有限公司	1 670	1 670						
80	临沂市风机厂	3 279	3 102						
81	山东美陵美力达风机有限公司	36 780	36 000						
82	文登市威力风机有限公司	2 274	2 970						
83	威海克莱特菲尔风机有限公司	85 000	85 000						
84	山东格瑞德集团有限公司	214 900	213 300						
85	安徽安风风机有限公司	3 689	3 565						
86	武汉鼓风机有限公司	255	254						
87	武汉和平风机有限责任公司	918	918						
88	湖北省风机厂有限公司	5 586	5 217						
89	湖北新流鼓风机有限公司	998	940						
90	湖北双剑鼓风机制造有限公司	1 512	1 544						
91	中意机电(湖北)鼓风机有限公司	2 068	2 068						
92	长沙鼓风机有限责任公司	4 859	4 690						
93	长沙罗茨鼓风机配件厂								
94	长沙久旋风机制造有限公司	1 617	1 617						
95	湘潭平安电气有限公司	11 835	10 286						
96	重庆通用工业(集团)有限责任公司	1 204	1 204						
97	重庆鼓风机厂	3 957	3 893						
98	重庆两江鼓风机有限责任公司	175	175						
99	成都电力机械厂	484	476						
100	四川望江风机制造有限公司	4 856	4 856						
101	四川省鼓风机制造有限责任公司	1 246	1 305						
102	新乡西玛鼓风机有限公司	5 070	4 210						
103	新乡市风机总厂有限公司	3 100	2 960						
104	南阳防爆集团股份有限公司	81	73						
105	南方风机股份有限公司								
106	佛山市三水迪尔迅风冷设备厂								
107	佛山市南海九洲普惠风机有限公司	196 572	197 953						
108	北海鼓风机实业公司	1 589	1 525						
109	大理通用机械厂	72	72						

（续）

离心鼓风机		罗茨鼓风机		离心通风机		轴流通风机		其他风机		风机配件	
产量（台）	销量（台）	产量（台）	销量（台）	产量（台）	销量（台）	产量（台）	销量（台）	产量（台）	销量（台）	产值（万元）	产量（件/套）
		1 278	1 346								
				450	450	600	600			120	
				2 160	2 131	1 440	1 364			117	386
				48 000	48 000	3 344	3 344			843	
				525	525	1 080	1 080	65	65		
17	16	228	178	2 083	1 989	920	897	31	22	722	360
				36 780	36 000						
				2 274	2 970						
				5 000	5 000	50 000	50 000	30 000	30 000	129	3 000
				199 900	196 300	13 000	14 000	2 000	3 000	167	2 765
2 012	1 951			687	778	889	735	101	101	1 128	793
32	32			210	209	13	13			2 653	
				918	918					873	
2 418	2 243			3 098	2 915			70	59	5 122	5 709
				386	402	295	277	317	261	65	232
924	936			510	574			78	34	1 320	1 562
873	873			1 195	1 195					3 642	
		4 001	3 845	766	761	92	84			1 061	
										836	660
				916	916	701	701			20	214
						11 835	10 286				
5	5	4	4	1 195	1 195					4 347	571
				3 654	3 590	162	162	141	141	306	1 038
				173	173	2	2			237	112
				103	100	381	376			9 657	5 666
		63	63	4 584	4 584	209	209				
65	87	757	687	424	531					765	
				3 620	3 406	630	310	820	494	320	520
				2 310	2 210	790	750				
						81	73			40	87
										30 860	
										4 374	
		1 268	1 231	46 542	45 554	145 875	148 402	2 887	2 766	2 512	6 024
		31	30	1 193	1 140	285	280	80	75	216	143
				69	69	3	3			21	139

2010年中国通用机械工业协会风机分会会员单位经济指标

序号	企业名称	工业总产值（万元）	工业增加值（万元）	从业人员平均人数（人）	年末资产总额（万元）	主营业务收入（万元）	主营业务成本（万元）
1	沈阳鼓风机集团股份有限公司	1 000 139	220 292	6 399	995 995	771 528	641 713
2	沈阳风机厂有限公司	7 545	1 556	260	15 840	5 551	4 498
3	沈阳正双环通用设备制造有限公司	1 330	376	120	4 020	1 330	778
4	沈阳通风机有限公司	1 369	261	130	2 362	1 268	1 090
5	航空工业沈阳发动机研究所风机厂	3 404	580	90	5 420	3 404	3 087
6	鞍山风机集团有限责任公司	15 865	3 773	166	25 641	14 793	11 673
7	营口市风机耐酸泵厂	300	139	85	319	435	356
8	吉林市亚星电站辅机有限公司	862	373	127	823	862	398
9	四平鼓风机股份有限公司	39 210	13 032	688	39 815	40 049	28 680
10	长春花园机械有限公司	1 878	366	60	1 944	1 818	1 627
11	哈尔滨哈暖环境工程设备有限公司	3 124	1 152	158	2 936	2 884	1 777
12	肇东市风机制造总厂	1 510	527	94	1 890	1 381	953
13	陕西鼓风机(集团)有限公司	555 638	156 376	4 738	1 318 802	443 452	303 242
14	西安重装韩城煤矿机械有限公司	300	66	20	812	297	265
15	西安凯瑟鼓风机有限公司	2 071	693	97	2 653	1 711	1 218
16	西安交大流体压缩国家工程中心咸阳风机厂	1 409	157	64	1 646	1 595	1 488
17	北京风机二厂	1 004	266	92	4 300	1 037	884
18	北京华怡净化科技研究所有限公司	62	41	16	326	117	69
19	北京新安特风机有限公司	10 215	4 283	235	11 606	9 402	7 781
20	天津市鼓风机总厂	4 014	1 071	429	11 792	3 260	2 780
21	天津市鼓风机总厂五分厂	7 855	1 939	195	2 020	7 096	6 624
22	天津市通风机厂	2 540	633	125	4 123	1 889	1 197
23	天津市荣光特种风机有限公司	2 800	1 052	72	3 278	2 218	2 007
24	天津中隧通风机有限公司	5 626	1 290	170	4 958	5 626	4 760
25	石家庄市风机厂有限责任公司	4 443	1 989	198	2 484	4 018	3 232
26	河北同心风机配件有限公司	8 015	1 579	289	5 195	7 820	6 510
27	宣化通风设备有限公司	365	120	30	319	353	241
28	邯郸市东方风机制造有限公司	5 000	1 163	301	6 000	4 200	3 200
29	山西原平鼓风机有限责任公司	1 850	770	258	1 017	1 318	559
30	山西省运城安瑞节能风机有限公司	21 512	8 777	320	18 578	15 919	11 143
31	呼和浩特新超风机有限公司	246	61	50	1 342	193	115
32	内蒙古天福风机有限公司	863	196	30	1 047	746	606
33	包头市爱科风机技术有限责任公司	2 610	850	201	1 153	2 202	2 070

（续）

序号	企业名称	工业总产值（万元）	工业增加值（万元）	从业人员平均人数（人）	年末资产总额（万元）	主营业务收入（万元）	主营业务成本（万元）
34	银川银风风机有限责任公司	2 940	1 201	173	4 506	2 740	2 024
35	甘肃省白银风机厂	4 018	1 286	223	6 319	3 833	2 918
36	新疆风机有限责任公司	2 468	319	99	2 296	1 848	1 381
37	上海鼓风机厂有限公司	80 044	14 616	735	102 656	73 606	55 551
38	上海长征鼓风机有限公司	1 259	435	80	2 793	1 201	890
39	上海通用风机股份有限公司	20 068	3 905	392	18 358	19 058	13 922
40	上海德惠特种风机有限公司	7 713	3 466	210	5 947	6 827	4 633
41	上海应达风机有限公司	5 628	1 359	310	4 666	5 000	4 195
42	上海诺地乐通用设备制造有限公司	13 215	5 845	436	8 905	11 611	5 351
43	南京鼓风机厂有限公司	1 891	380	133	968	1 817	1 568
44	南通大通宝富风机有限公司	16 270	3 223	488	22 170	13 566	10 850
45	江苏金通灵风机股份有限公司	61 224	17 926	1 011	119 725	57 193	43 507
46	南通市恒荣机泵厂有限公司	8 520	2 980	145	4 378	8 520	6 180
47	江苏苏风通风机有限公司	3 500	650	100	1 860	3 100	2 350
48	无锡耀新通用机械有限公司	2 364	591	120	1 682	2 364	1 945
49	江苏一鼓风机有限公司	8 756	2 142	140	8 215	7 326	5 453
50	宜兴市侨联风机有限公司	3 150	759	92	2 756	2 847	2 238
51	百事德机械（江苏）有限公司	20 014	9 053	180	25 416	18 531	12 385
52	常熟市鼓风机有限公司	8 806	2 290	280	8 065	9 086	7 036
53	张家港市英德利空调风机有限公司	7 463	1 493	188	2 788	7 476	6 642
54	徐州风机有限公司	1 500	288	130	1 600	1 100	870
55	江苏泰隆风机制造有限公司	12 517	2 503	267	4 457	8 794	7 948
56	盐城市赛格机械有限公司	9 000	2 180	186	8 810	9 500	7 354
57	宁波风机有限公司	10 135	2 096	213	28 403	10 017	7 396
58	杭州科星鼓风机有限公司	2 929	826	65	1 933	2 817	1 855
59	余姚风机总厂	5 331	1 012	155	3 785	5 331	4 270
60	浙江上风实业股份有限公司	125 560	32 650	605	118 986	108 875	92 724
61	浙江明新风机有限公司	13 893	4 420	265	16 818	13 854	8 828
62	上虞通风机有限公司	6 700	2 500	175	5 384	5 744	4 634
63	浙江双阳风机有限公司	11 744	2 601	272	11 473	11 207	8 773
64	浙江风神风机制造有限公司	5 290	1 997	183	5 898	5 161	4 032
65	浙江亿利达风机有限公司	56 397	14 463	658	43 981	54 871	42 136
66	浙江大丰风机电器有限公司	1 018	216	60	1 354	972	748
67	浙江兴益风机电器有限公司	19 326	3 953	418	12 525	19 025	16 039
68	浙江义乌星耀风机有限公司	26 033	5 349	416	26 200	24 234	19 954
69	济南风机厂有限责任公司	7 321	2 560	454	10 532	7 602	5 605
70	山东铭润电站装备有限公司	7 397	2 437	258	8 944	8 962	7 759
71	青岛风机厂有限公司	5 217	2 153	219	4 584	4 207	3 076

（续）

序号	企业名称	工业总产值（万元）	工业增加值（万元）	从业人员平均人数（人）	年末资产总额（万元）	主营业务收入（万元）	主营业务成本（万元）
72	青岛纺机绿环工程有限公司	1 471	625	49	1 121	1 713	1 559
73	山东省章丘鼓风机股份有限公司	54 948	16 280	1 060	51 340	54 244	37 975
74	山东章晃机械工业有限公司	6 500	3 000	100	8 633	6 050	3 567
75	山东海福德机械有限公司	2 850	600	160	2 740	2 776	1 686
76	山东双一集团有限公司	18 923	6 418	1 000	18 741	18 225	12 986
77	山东中昊民防设备有限公司	6 000	960	526	5 855	11 020	7 404
78	山东新风股份有限公司	6 769	1 886	428	13 183	6 228	4 483
79	淄博风机厂有限公司	4 595	1 012	113	3 322	4 073	2 787
80	临沂市风机厂	6 992	1 300	189	8 443	5 532	5 037
81	山东美陵美力达风机有限公司	9 648	2 762	197	5 906	9 461	8 692
82	文登市威力风机有限公司	9 874	2 469	230	6 949	9 366	7 972
83	威海克莱特菲尔风机有限公司	15 529	6 150	447	16 623	15 040	9 071
84	山东格瑞德集团有限公司	81 561	22 875	1 000	71 454	81 061	69 684
85	安徽安风风机有限公司	17 928	6 406	386	16 318	14 006	9 942
86	武汉鼓风机有限公司	18 091	4 531	444	95 180	12 158	7 513
87	武汉和平风机有限责任公司	873	90	45	2 756	412	284
88	湖北省风机厂有限公司	52 271	20 334	628	13 752	51 359	35 476
89	湖北新流鼓风机有限公司	1 230	609	58	626	1 048	763
90	湖北双剑鼓风机制造有限公司	32 973	8 956	529	20 116	28 151	21 192
91	中意机电（湖北）鼓风机有限公司	22 944	6 883	265	13 540	21 225	18 050
92	长沙鼓风机有限责任公司	29 736	8 338	976	28 141	29 492	21 348
93	长沙罗茨鼓风机配件厂	836	308	59	855	1 440	979
94	长沙久旋风机制造有限公司	323	89	37	186	260	196
95	湘潭平安电气有限公司	52 897	17 197	515	25 367	52 152	35 516
96	重庆通用工业（集团）有限责任公司	119 689	31 369	3 825	235 035	122 741	90 607
97	重庆鼓风机厂	6 519	2 802	246	4 552	4 881	3 954
98	重庆两江鼓风机有限责任公司	953	313	50	1 081	861	835
99	成都电力机械厂	37 684	11 622	416	77 135	75 040	65 044
100	四川望江风机制造有限公司	2 438	488	90	1 683	2 438	2 094
101	四川省鼓风机制造有限责任公司	15 316	4 594	429	13 948	16 527	10 953
102	新乡西玛鼓风机有限公司	6 017	1 504	220	4 084	3 596	2 491
103	新乡市风机总厂有限公司	1 830	632	180	2 177	2 618	1 958
104	南阳防爆集团股份有限公司	187 276	60 741	3 672	177 074	190 185	127 805
105	南方风机股份有限公司	30 860	10 040	489	97 290	33 839	22 773
106	佛山市三水迪尔迅风冷设备厂	4 374	770	258	4 374	5 812	4 848
107	佛山市南海九洲普惠风机有限公司	24 890	5 182	842	10 334	21 492	17 175
108	北海鼓风机实业公司	1 800	785	98	4 953	1 458	1 131
109	大理通用机械厂	609	139	92	2 340	423	351

2010 年中国通用机械工业协会风机分会会员单位经济效益指标

序号	企业名称	经济效益综合指数（%）	总资产贡献率（%）	资本保值增值率（%）	资产负债率（%）	流动资产周转率（次）	成本费用利润率（%）	全员劳动生产率（元/人）	产品销售率（%）
1	沈阳鼓风机集团股份有限公司	286.41	8.91	115.75	82.62	1.15	4.82	344 260	80.72
2	沈阳风机厂有限公司	85.23	1.33	104.00	97.00	0.38	4.00	59 846	95.00
3	沈阳正双环通用设备制造有限公司	44.42	0.80		83.96	0.42	0.38	31 333	100.00
4	沈阳通风机有限公司	61.34	2.16	100.15	72.31	0.68	1.12	20 077	92.62
5	航空工业沈阳发动机研究所风机厂	86.79	3.93	100.03	83.40	0.80	0.30	64 444	96.30
6	鞍山风机集团有限责任公司	220.13	7.69	86.84	73.25	0.89	7.16	227 289	93.02
7	营口市风机耐酸泵厂	108.73	18.81	100.00	86.83		8.70	16 353	100.00
8	吉林市亚星电站辅机有限公司	170.92	27.10	75.80	62.00	2.09	12.40	29 370	100.00
9	四平鼓风机股份有限公司	209.30	13.50	93.00	67.80	1.20	5.80	189 419	99.50
10	长春花园机械有限公司	248.84	10.00	144.00	61.00	13.68	4.00	61 000	90.00
11	哈尔滨哈暖环境工程设备有限公司	133.77	8.79	84.00	62.19	1.17	6.92	72 911	95.61
12	肇东市风机制造总厂	139.79	13.00	102.00	50.00	1.00	8.70	56 064	97.60
13	陕西鼓风机（集团）有限公司	330.93	7.79	157.49	58.30	0.45	17.72	330 046	88.90
14	西安重装韩城煤矿机械有限公司	73.48	2.96	100.24	48.52	0.80	0.34	33 000	99.00
15	西安凯瑟鼓风机有限公司	104.44	4.47	106.51	74.71	0.73	3.34	71 443	82.62
16	西安交大流体压缩国家工程中心咸阳风机厂	65.69	2.16	97.85	80.57	1.21	0.19	24 531	112.60
17	北京风机二厂	63.21	1.05	99.30	36.92	0.33	0.34	28 913	103.00
18	北京华怡净化科技研究所有限公司	-44.64	-7.49	70.09	76.99	0.57	-21.62	25 625	100.00
19	北京新安特风机有限公司	219.50	10.80	106.80	18.20	1.50	9.37	182 255	92.00
20	天津市鼓风机总厂	-92.04	-11.10	46.60	89.40	0.30	-29.60	24 965	95.40
21	天津市鼓风机总厂五分厂	185.98	18.98	101.66	57.03	4.84	0.96	99 436	98.22
22	天津市通风机厂	69.76	0.26	100.00	68.10	0.52	0.16	50 640	73.40
23	天津市荣光特种风机有限公司	184.26	8.78	100.00	62.87	1.05	8.45	146 111	92.86
24	天津中隧通风机有限公司	122.48	2.42	100.00	39.80	2.94	1.08	75 882	100.00
25	石家庄市风机厂有限责任公司	154.14	5.00	103.00	34.00	3.20	4.00	100 455	85.00
26	河北同心风机配件有限公司	179.02	21.07	147.60	32.03	2.90	8.66	54 637	100.00
27	宣化通风设备有限公司	72.11	8.43	102.00	85.27		0.29	40 000	96.00
28	邯郸市东方风机制造有限公司	172.84	13.70	100.00	11.70	1.67	18.50	38 638	90.00
29	山西原平鼓风机有限责任公司	136.36	19.20	111.40	30.97	1.91	6.33	29 845	94.49
30	山西省运城安瑞节能风机有限公司	301.44	14.50	117.33	46.54	1.10	15.79	274 281	74.00
31	呼和浩特新超风机有限公司	90.39	2.76	108.50	95.20	0.22	13.02	12 200	78.50
32	内蒙古天福风机有限公司	87.75	1.34	105.80	57.98	0.64	1.26	65 333	62.57

（续）

序号	企业名称	经济效益综合指数（%）	总资产贡献率（%）	资本保值增值率（%）	资产负债率（%）	流动资产周转率（次）	成本费用利润率（%）	全员劳动生产率（元/人）	产品销售率（%）
33	包头市爱科风机技术有限责任公司	130.82	13.70	90.10	17.60	3.65	1.38	42 289	105.90
34	银川银风风机有限责任公司	155.64	11.96	118.98	47.27	1.18	10.79	69 422	81.09
35	甘肃省白银风机厂	93.79	4.22	110.85	64.92	1.19	0.26	57 668	95.40
36	新疆风机有限责任公司	103.92	8.30	108.20	56.90	0.90	5.90	32 222	83.50
37	上海鼓风机厂有限公司	187.24	6.20	111.60	81.00	0.98	3.29	198 857	92.04
38	上海长征鼓风机有限公司	83.05	3.76	99.21	73.00	0.96	-0.47	54 375	103.65
39	上海通用风机股份有限公司	195.16	16.54	144.61	43.81	1.80	11.12	99 617	94.97
40	上海德惠特种风机有限公司	277.85	24.46	141.88	49.12	2.20	17.88	165 048	88.63
41	上海应达风机有限公司	133.08	12.75	113.88	43.55	1.24	8.28	43 839	88.88
42	上海诺地乐通用设备制造有限公司	208.25	16.14	145.38	65.72	1.75	10.07	134 060	87.88
43	南京鼓风机厂有限公司	76.10	3.41		93.18	3.58	0.33	28 571	101.85
44	南通大通宝富风机有限公司	79.66	3.46	82.27	74.70	0.75	-1.70	66 045	100.57
45	江苏金通灵风机股份有限公司	268.17	11.00	450.00	33.00	1.00	12.00	177 310	96.00
46	南通市恒荣机泵厂有限公司	293.54	32.04	125.31	11.79	3.55	8.43	205 517	100.00
47	江苏苏风通风机有限公司	190.30	27.98	111.27	58.00	2.20	10.00	65 000	91.00
48	无锡耀新通用机械有限公司	158.65	18.79	109.90	45.50	1.76	9.57	49 250	100.00
49	江苏一鼓风机有限公司	190.70	11.72	146.85	56.50	1.10	5.40	153 000	97.90
50	宜兴市侨联风机有限公司	123.41	6.50	100.00	63.70	1.87	1.68	82 500	90.40
51	百事德机械（江苏）有限公司	458.82	17.92	120.18	35.87	0.87	18.91	502 944	92.59
52	常熟市鼓风机有限公司	152.34	15.01	108.25	51.67	1.64	5.00	81 786	97.70
53	张家港市英德利空调风机有限公司	187.96	19.15	120.54	33.90	3.53	7.31	79 415	100.00
54	徐州风机有限公司	81.93	3.56	104.20	68.80	2.01	1.86	22 154	86.70
55	江苏泰隆风机制造有限公司	133.42	6.75	107.33	2.78	2.38	0.70	93 745	85.32
56	盐城市赛格机械有限公司	156.96	5.55	100.00	28.91	1.98	4.34	117 204	105.60
57	宁波风机有限公司	120.32	7.53	45.45	98.47	0.49	5.78	98 404	99.22
58	杭州科星鼓风机有限公司	169.48	15.10	103.70	58.30	2.00	1.50	127 077	96.30
59	余姚风机总厂	183.10	21.01	109.90	21.30	2.40	10.70	65 290	100.00
60	浙江上风实业股份有限公司	409.88	11.03	105.92	23.95		5.97	539 669	100.00
61	浙江明新风机有限公司	223.98	14.50	122.20	55.90	1.38	10.70	166 792	99.70
62	上虞通风机有限公司	251.76	24.48	172.80	33.70	1.97	13.62	142 857	100.00
63	浙江双阳风机有限公司	185.90	20.47	119.05	28.97	2.17	7.28	95 625	95.43
64	浙江风神风机制造有限公司	225.90	21.00	136.58	46.25	1.20	17.29	109 126	97.56
65	浙江亿利达风机有限公司	303.19	29.00	134.00	51.00	2.40	13.00	219 802	97.20
66	浙江大丰风机电器有限公司	99.63	6.50	105.93	52.40	1.09	4.20	36 000	95.50
67	浙江兴益风机电器有限公司	170.08	16.34	105.40	62.73	2.29	5.56	94 569	99.04
68	浙江义乌星耀风机有限公司	198.71	13.55	110.00	27.00	1.87	9.75	128 582	100.00
69	济南风机厂有限责任公司	114.67	7.22	101.00	73.80	1.28	5.10	56 388	101.90
70	山东铭润电站装备有限公司	151.63	11.47	98.46	54.90	1.10	6.16	94 457	101.30

（续）

序号	企业名称	经济效益综合指数（%）	总资产贡献率（%）	资本保值增值率（%）	资产负债率（%）	流动资产周转率（次）	成本费用利润率（%）	全员劳动生产率（元/人）	产品销售率（%）
71	青岛风机厂有限公司	140.60	12.70	100.50	78.90	1.70	2.01	98 311	97.40
72	青岛纺机绿环工程有限公司	159.44	6.24	100.90	17.80	2.68	0.65	127 551	119.00
73	山东省章丘鼓风机股份有限公司	268.69	23.46	113.98	52.49	2.15	18.62	153 585	96.62
74	山东章晃机械工业有限公司	461.10	28.10	104.40	6.10	0.95	47.40	300 000	93.00
75	山东海福德机械有限公司	123.13	13.30	133.20	46.30	1.38	5.00	37 500	98.20
76	山东双一集团有限公司	193.26	21.14	105.30	48.50	1.69	15.66	64 180	96.30
77	山东中昊民防设备有限公司	170.69	18.10	146.00	46.80	1.00	18.98	18 251	94.80
78	山东新风股份有限公司	146.57	10.54	124.78	67.95	1.13	13.33	44 065	92.01
79	淄博风机厂有限公司	189.07	17.00	130.00	44.70	1.62	11.70	89 558	100.00
80	临沂市风机厂	76.56	0.03	114.02	84.90	1.03	-2.27	68 783	99.60
81	山东美陵美力达风机有限公司	177.42	7.14	112.57	56.30	2.59	3.51	140 203	98.10
82	文登市威力风机有限公司	162.21	14.88	136.80	68.80	1.91	2.79	107 348	91.30
83	威海克莱特菲尔风机有限公司	291.60	29.73	188.60	30.04	1.98	22.53	137 584	110.90
84	山东格瑞德集团有限公司	275.88	13.54	111.26	39.62	4.30	7.73	228 750	99.44
85	安徽安风风机有限公司	249.42	16.70	115.89	36.42	1.85	15.78	165 959	91.30
86	武汉鼓风机有限公司	90.09	2.29	77.20	85.80	0.23	-1.66	102 050	99.00
87	武汉和平风机有限责任公司	71.01	3.30	91.00	61.00	1.90	1.00	20 000	47.00
88	湖北省风机厂有限公司	428.77	46.66	124.48	43.88	7.35	8.26	323 790	96.17
89	湖北新流鼓风机有限公司	149.06	13.70	100.20	30.40	1.95	0.50	105 000	98.40
90	湖北双剑鼓风机制造有限公司	266.50	28.96	135.58	57.56	2.44	11.17	169 301	99.39
91	中意机电（湖北）鼓风机有限公司	282.96	20.60	124.01	51.91	2.51	5.62	259 736	92.51
92	长沙鼓风机有限责任公司	145.57	10.87	98.97	50.02	2.06	3.94	85 430	96.61
93	长沙罗茨鼓风机配件厂	125.52	13.70	100.60	43.30	2.80		52 203	112.00
94	长沙久旋风机制造有限公司	20.99	2.40	-100.00	103.20	1.81	-4.10	24 054	95.00
95	湘潭平安电气有限公司	360.04	23.70	257.00	41.80	3.00	6.38	333 922	99.10
96	重庆通用工业（集团）有限责任公司	131.45	6.31	111.29	58.36	0.79	6.02	82 010	93.07
97	重庆鼓风机厂	141.52	8.54	114.37	79.20	1.22	2.90	113 902	89.00
98	重庆两江鼓风机有限责任公司	92.75	3.09	106.53	62.26	1.10	0.47	62 600	80.34
99	成都电力机械厂	240.12	6.05	109.00	65.00	1.00	3.00	279 375	98.00
100	四川望江风机制造有限公司	79.04	4.64	104.84	78.13		0.91	54 222	100.00
101	四川省鼓风机制造有限责任公司	171.84	15.76	113.00	61.80	1.21	7.04	107 086	91.90
102	新乡西玛鼓风机有限公司	120.13	3.96	166.60	60.87	1.29	3.40	68 364	87.00
103	新乡市风机总厂有限公司	180.83	22.60	125.80	36.01	2.23	14.10	35 111	98.40
104	南阳防爆集团股份有限公司	286.62	25.40	115.40	47.40	1.68	21.60	165 417	99.10
105	南方风机股份有限公司	290.81	9.76	100.00	23.69	0.44	27.46	205 317	109.65
106	佛山市三水迪尔迅风冷设备厂	212.34	17.44	388.46	37.65	6.35	7.46	29 845	51.99
107	佛山市南海九洲普惠风机有限公司	168.04	20.12	109.00	57.90	3.50	5.40	61 544	86.30
108	北海鼓风机实业公司	125.68	4.41	98.00	62.90	0.51	7.03	80 102	97.00
109	大理通用机械厂	326.59	-4.30	100.00	69.00	36.00	-17.70	15 109	106.10

2010年中国通用机械工业协会阀门分会会员单位经济指标

序号	企业名称	工业总产值（万元）	工业增加值（万元）	从业人员平均人数（人）	年末资产总额（万元）	主营业务收入（万元）	主营业务成本（万元）
1	安徽红星阀门有限公司	9 160	7 834	250	15 181	8 592	6 570
2	安徽金源流体控制技术有限公司	6 977	1 245	145	8 626	6 627	5 354
3	安徽省白湖阀门有限责任公司	11 849	4 822	880	11 741	11 749	8 840
4	安徽省屯溪高压阀门有限公司	13 618	4 014	300	11 511	13 644	11 300
5	鞍山亨通阀门有限公司	9 211	2 579	321	29 020	7 689	4 422
6	保一集团有限公司	20 129	5 093	510	18 810	20 027	16 525
7	北阀科技集团股份有限公司	39 025	31 432	437	42 565	33 495	28 570
8	北京市阀门总厂(集团)有限公司	81 120	19 113	520	39 860	83 902	69 638
9	伯特利阀门集团有限公司	55 192	22 723	653	27 031	39 999	32 454
10	长春高中压阀门有限责任公司	2 800	844	98	2 987	2 783	2 763
11	常州贝斯特控制设备有限公司	4 492	1 600	371	3 444	4 479	3 822
12	常州兰陵阀门控制有限公司	6 935	1 958	120	3 968	6 935	5 123
13	成都乘风阀门控股集团有限公司	39 600	11 475	596	65 175	41 121	28 672
14	成都航利阀门成套设备有限公司	9 343		165		7 356	6 071
15	承德高中压阀门管件集团有限公司	48 557	17 333	670	28 745	46 245	37 921
16	大连大高阀门有限公司	42 469	15 255	715	81 480	56 298	35 261
17	大众阀门集团有限公司	65 730	21 390	889	82 740	64 692	53 189
18	福建菲达阀门有限公司	12 284	3 239	153	3 689	12 284	9 702
19	甘肃省监狱企业集团兰州阀门有限责任公司	4 456	1 237	950	5 685	4 547	3 743
20	赣州赣阀阀门有限公司	764	185	48	2 358	1 039	903
21	广东明珠流体机械有限公司	10 673	4 211	296	9 513	10 218	7 416
22	桂林市世通阀门制造有限责任公司	844	-53	86	2 283	757	551
23	哈电集团哈尔滨电站阀门有限公司	22 018	9 247	391	43 291	26 501	19 639
24	杭州华惠阀门有限公司	14 572	2 292	244	11 557	14 585	11 411
25	河北宏业永泰流体机械股份有限公司	6 013	2 066	379	4 844	5 830	4 738
26	河南航天压力原件有限公司	11 507	3 173	311	12 998	11 709	8 711
27	河南黑马实业有限公司	17 328	3 929	361	8 999	15 307	10 559
28	河南开封高压阀门有限公司	136 285	85 077	3 751	147 108	134 829	77 662
29	河南省高山阀门有限公司	50 600	16 680	1 012	15 474	48 878	37 392
30	湖北高中压阀门有限责任公司	15 000		450	12 750	12 840	9 065
31	华夏阀门有限公司	18 976		368	26 004	17 727	12 471
32	黄山良业阀门有限公司	3 200	1 796	92	2 260	3 100	2 468

（续）

序号	企业名称	工业总产值（万元）	工业增加值（万元）	从业人员平均人数（人）	年末资产总额（万元）	主营业务收入（万元）	主营业务成本（万元）
33	江苏江恒阀业有限公司	6 846	1 981	141	4 018	6 792	4 395
34	江苏理想阀门有限公司	3 807	2 646	211	2 586	2 885	1 587
35	江苏涟水阀门厂有限公司	6 827	2 619	236	2 868	6 640	3 509
36	江苏神通阀门股份有限公司	36 571		600	93 064	30 239	18 496
37	江苏竹箦阀业有限公司	33 714	3 752	1918	17 841	27 957	20 134
38	江西凯斯通环保设备有限公司	12 450	3 263	230	15 077	11 800	9 039
39	凯喜姆阀门有限公司	20 717	5 899	212	23 845	20 479	15 976
40	兰州高压阀门有限公司	33 640	8 308	769	38 476	37 258	33 296
41	乐山长仪阀门制造有限公司	5 346	2 743	140	8 408	4 599	2 025
42	雷蒙德（北京）阀门制造有限公司	3 818		220	4 761	2 635	1 661
43	良精集团有限公司	50 902	13 132	941	35 826	50 691	39 995
44	隆尧诚信阀门有限公司	17 564	7 094	480	6 915	15 029	12 249
45	罗浮阀门集团有限公司	14 902	11 498	593	19 037	13 505	10 934
46	明珠阀门集团有限公司			360	15 728	17 389	14 085
47	南方阀门制造有限公司	12 018	5 054	113	15 087	11 561	9 096
48	南京华宁阀门有限公司	6 820	2 712	182	6 592	5 977	5 403
49	南通高中压阀门有限公司	5 872		218	5 519	5 805	4 920
50	南通捷瑞阀门有限公司	3 000			3 135	2 989	2 581
51	南通市电站阀门有限公司	5 262	3 621	166	5 327	4 563	2 899
52	能发伟业铁岭阀门股份有限公司	6 722	1 201	411	40 743	20 476	17 082
53	宁波精艺阀门管件有限公司	22 118	7 705	269	7 728	21 706	19 135
54	宁波一机阀门制造有限公司	16 673	10 047	265	10 526	16 128	10 661
55	蓬莱金创精铸阀业有限公司	7 183	4 129	380	8 343	6 776	5 673
56	青岛电站阀门有限公司	14 625	3 231	684	17 551	15 008	12 866
57	青岛高压阀门有限公司	12 171	3 881	316	10 743	12 025	9 628
58	山东天成阀门制造有限公司	14 442	1 248	273	18 227	12 035	8 571
59	山东益都阀门集团股份有限公司	71 032	18 027	626	38 073	70 143	61 050
60	上海电站阀门厂	1 990	-13 670	37	2 442	1 951	1 646
61	上海阀门厂有限公司	29 269	3 943	211	26 413	30 024	27 293
62	上海阀门二厂有限公司	6 803		319	6 343	8 394	7 271
63	上海阀门五厂有限公司	3 497	-3 071	165	9 302	6 816	5 961
64	上海冠龙阀门机械有限公司	38 033	28 265	715	31 039	35 496	25 718
65	上海开维喜阀门集团有限公司	58 198	18 903	576	126 612	57 812	47 144
66	上海凯科阀门制造有限公司	56 325	10 824	408	50 129	53 995	42 995
67	上海康泉阀门有限公司	5 256	1 528	190	4 552	5 256	3 254
68	上海科发泵阀制造有限公司	731	424	38	1 539	731	702
69	上海良工阀门厂有限公司	34 893	9 315	388	26 983	34 052	31 473
70	上海耐腐阀门集团有限公司	12 852	4 210	282	8 389	12 852	10 734

（续）

序号	企业名称	工业总产值（万元）	工业增加值（万元）	从业人员平均人数（人）	年末资产总额（万元）	主营业务收入（万元）	主营业务成本（万元）
71	上海浦东汉威阀门有限公司	23 000	10 937	180	20 007	21 000	15 818
72	上海双高阀门(集团)有限公司	37 119	25 929	852	24 694	36 229	29 121
73	上海正丰阀门制造有限公司	8 500	4 382	310	9 130	5 800	4 700
74	上海自动化仪表股份有限公司自动化仪表七厂	9 922	2 517	247	14 004	9 772	5 573
75	上正阀门集团有限公司	32 478	8 444	787	24 749	31 838	25 819
76	沈阳盛世高中压阀门有限公司	9 356	5 494	500	21 483	10 212	7 148
77	慎江阀门有限公司	33 626	11 973	425	44 235	31 201	23 769
78	石家庄阀门一厂股份有限公司	19 116	8 085	523	39 433	19 384	15 790
79	石家庄三环阀门股份有限公司	22 931		1 170	37 184	139 968	8 509
80	石家庄市长宏冶金设备阀门厂	2 671		138	2 981	2 287	1 914
81	四川广汉阀门厂	2 570	679	118	2 030	2 103	1 682
82	四川精控阀门制造有限公司	7 216	3 443	187	7 448	6 916	5 325
83	苏州奥村阀门有限公司	3 505	602	64	2 744	3 502	2 895
84	苏州德兰能源科技有限公司			49	2 583	2 001	1 201
85	苏州高中压阀门厂有限公司	18 372	1 134	181	13 490	18 845	17 564
86	苏州纽威阀门股份有限公司	96 616	27 470		160 073	95 093	83 060
87	苏州市燃气设备阀门制造有限公司	6 422	1 646	119	5 280	6 074	4 685
88	天津百利二通机械有限公司	8 104	3 404	218	8 009	8 731	7 276
89	天津大站集团有限公司	1 800	−3 981	591	26 551	15 370	14 824
90	天津津伯仪表技术有限公司	7 006		140	9 193	6 973	3 734
91	天津市北方阀门控制设备有限公司	3 227		96	3 017	3 487	2 808
92	天胜阀门集团有限公司	28 468	26 458	570	33 649	28 038	21 028
93	天正阀门有限公司	4 735	827	183	7 134	4 518	3 751
94	潍坊裕川内燃机机配件有限公司	38 267		627	14 593	37 059	29 799
95	温州市华海密封件有限公司	2 900		6	78	2 000	1 485
96	温州先锋阀门有限公司	1 089	480	45	389	1 081	983
97	无锡富盛阀业有限公司	5 859		70	3 498	5 768	4 360
98	无锡锡山阀门厂有限公司	8 420	3 021	319	5 050	7 835	6 894
99	吴江市东吴机械有限责任公司	6 385	2 473	166	12 124	6 334	4 441
100	吴江市永胜密封制品有限公司	980		76	1 289	890	726
101	五洲阀门有限公司	42 234	10 657	456	28 404	39 101	25 893
102	武汉锅炉集团阀门有限责任公司	8 230	4 665	230	11 914	7 200	5 020
103	西安泵阀总厂有限公司	20 915	4 246	543	34 631	21 061	14 174
104	西安三高阀门有限公司	6 087	4 295	68	9 506	6 102	5 753
105	西玛克菲达(厦门)阀门有限公司	4 650		89	5 251	4 588	3 670
106	盐城奥克阀门有限公司	3 402		171	3 019	3 454	2 836
107	盐城通商阀门有限公司	3 074	331	135	5 893	3 152	2 604
108	扬中市阀门厂有限公司	15 925	4 060	358	8 555	15 826	12 596

（续）

序号	企业名称	工业总产值（万元）	工业增加值（万元）	从业人员平均人数（人）	年末资产总额（万元）	主营业务收入（万元）	主营业务成本（万元）
109	扬州电力设备修造厂	24 220			3 325	22 487	
110	扬州双良阀门有限公司	8 550	2 150	272	7 510	8 670	6 245
111	阳泉阀门股份有限公司	9 253	1 480	441	12 922	16 551	13 876
112	永康市良工阀门有限公司	3 048	573	124	2 805	2 895	2 489
113	永隆阀门有限公司	10 316	1 242	277	8 019	9 557	8 680
114	远大阀门集团有限公司	65 448	33 506	3 190	43 165	63 626	48 246
115	浙东高中压阀门有限公司	27 124	10 745	394	17 868	26 540	20 453
116	浙江宝德龙阀门有限公司	1 990		65	4 113	1 140	93
117	浙江超达阀门股份有限公司	33 511	9 587	495	31 976	29 181	23 019
118	浙江盾安阀门有限公司	58 621		1 300	27 370	57 914	45 138
119	浙江高中压阀门有限公司	7 005	2 444	180	8 515	6 757	4 796
120	浙江精业管件有限公司	2 152	366	67	2 132	2 072	1 798
121	浙江凯东阀门制造有限公司	1 282		41	2 074	1 267	1 035
122	浙江凯斯通阀门有限公司	7 125	–30 073	240	11 285	5 920	4 950
123	浙江石化阀门有限公司	51 917	15 080	277	39 004	45 127	35 885
124	浙江永园阀门有限公司	3 076		139	5 553	3 479	2 781
125	镇江市铸造阀门厂有限公司	21 280	6 191	399	11 591	20 072	17 322
126	郑州市郑蝶阀门有限公司	40 350		420	27 850	39 522	22 520
127	中核苏阀科技实业股份有限公司	62 152	15 649	895	143 649	61 053	45 691
128	株洲南方阀门股份有限公司	37 881	25 993	982	41 423	36 320	19 740
129	自贡高压阀门股份有限公司	17 551	3 821	549	44 327	25 400	19 150
130	自贡工业阀门制造有限公司	1 686	697	123	1 499	1 522	1 313
131	自贡新地佩尔阀有限公司	5 626	1 930	95	4 398	5 636	4 140

2010 年中国通用机械工业协会阀门分会会员单位经济效益指标

序号	企业名称	经济效益综合指数（%）	总资产贡献率（%）	资本保值增值率（%）	资产负债率（%）	流动资产周转率（次）	成本费用利润率（%）	全员劳动生产率（元/人）	产品销售率（%）
1	安徽红星阀门有限公司	239.12	1.63		59.95	1.22	2.50	313 348	93.80
2	安徽金源流体控制技术有限公司	185.32	13.16		54.24	2.88	14.75	85 834	93.52
3	安徽省白湖阀门有限责任公司	120.52	6.03	124.37	71.93	1.24	6.66	54 795	100.84

（续）

序号	企业名称	经济效益综合指数（%）	总资产贡献率（%）	资本保值增值率（%）	资产负债率（%）	流动资产周转率（次）	成本费用利润率（%）	全员劳动生产率（元/人）	产品销售率（%）
4	安徽省屯溪高压阀门有限公司	181.32	7.41	105.15	40.30	2.19	6.67	133 800	100.19
5	鞍山亨通阀门有限公司	148.52	4.65	104.66	5.63	0.59	12.54	80 333	88.71
6	保一集团有限公司	165.55	7.86	103.44	38.80	2.78	6.28	99 863	99.49
7	北阀科技集团股份有限公司	546.16		115.00	7.89	4.24	7.23	719 261	101.91
8	北京市阀门总厂（集团）有限公司	374.04	23.86	100.07	81.77	2.69	12.86	367 551	94.69
9	伯特利阀门集团有限公司	325.03	12.09	90.28	38.69	2.27	8.95	347 979	83.60
10	长春高中压阀门有限责任公司	123.98	5.19	83.88	64.28	1.57	3.04	86 122	97.50
11	常州贝斯特控制设备有限公司	110.57		220.81	44.86	1.48	3.95	43 127	99.71
12	常州兰陵阀门控制有限公司	261.41	20.97	130.97	39.99	3.13	13.10	163 167	100.00
13	成都乘风阀门控股集团有限公司	274.56	11.60	215.41	59.71	0.85	19.32	192 533	104.68
14	成都航利阀门成套设备有限公司	26.51					1.02		78.72
15	承德高中压阀门管件集团有限公司	309.40	16.76	180.05	18.77	3.79	9.28	258 701	95.00
16	大连大高阀门有限公司	258.36	9.12	155.24	56.66	1.19	13.81	213 357	113.54
17	大众阀门集团有限公司	273.87	10.33	134.97	41.07	1.40	13.68	240 607	98.42
18	福建菲达阀门有限公司	312.61	26.88	141.84	3.42	5.68	8.90	211 699	100.00
19	甘肃省监狱企业集团兰州阀门有限责任公司	70.17	2.06	100.80	68.28	1.28	2.37	13 024	102.78
20	赣州赣阀阀门有限公司	58.63	0.07	100.08	75.13	0.59	-0.86	38 492	87.38
21	广东明珠流体机械有限公司	144.02	2.15	59.19	54.62	1.57	1.34	142 250	98.60
22	桂林市世通阀门制造有限责任公司		-1.53	17.86	99.78	0.38	-3.63		89.34
23	哈电集团哈尔滨电站阀门有限公司	252.26	6.76	110.72	52.92	0.74	12.08	236 496	122.74
24	杭州华惠阀门有限公司	164.54	10.45	100.00	57.22	1.61	8.81	93 934	100.41
25	河北宏业永泰流体机械股份有限公司	93.77	2.29	50.04	27.04	2.47	0.06	54 512	96.96
26	河南航天压力原件有限公司	181.03	10.57	112.46	52.16	1.76	11.51	102 026	85.90
27	河南黑马实业有限公司	171.83	8.19	125.29	29.68	2.95	5.51	108 837	88.34
28	河南开封高压阀门有限公司	447.76	37.17	153.93	26.59	2.62	44.79	226 812	98.93
29	河南省高山阀门有限公司	330.24	38.36	263.65	30.91	5.87	10.72	164 822	96.60
30	湖北高中压阀门有限责任公司	173.83	20.63	133.47	34.27	1.71	20.41		85.60
31	华夏阀门有限公司	122.54	8.85	97.47	61.59	0.77	16.24		93.42
32	黄山良业阀门有限公司	216.81	7.85	115.67	25.40	2.53	4.86	195 217	96.25
33	江苏江恒阀业有限公司	219.74	16.95	80.60	63.81	2.25	12.10	140 496	99.21
34	江苏理想阀门有限公司	291.93	20.36	149.64	10.43	3.42	27.00	125 384	75.80
35	江苏涟水阀门厂有限公司	374.68	52.31	118.28	45.19	5.87	29.35	110 975	97.26
36	江苏神通阀门股份有限公司	232.63	17.49	384.37	18.79	0.55	31.42		93.90
37	江苏竹箦阀业有限公司	134.24	15.11	110.46	71.97	1.98	10.61	19 562	84.26
38	江西凯斯通环保设备有限公司	216.61	10.90	109.37	42.00	1.06	16.00	141 870	94.78
39	凯喜姆阀门有限公司	316.70	15.06	106.37	46.10	1.64	17.00	278 264	98.85
40	兰州高压阀门有限公司	149.11	5.08	101.68	60.87	1.74	4.87	108 036	98.40

（续）

序号	企业名称	经济效益综合指数（%）	总资产贡献率（%）	资本保值增值率（%）	资产负债率（%）	流动资产周转率（次）	成本费用利润率（%）	全员劳动生产率（元/人）	产品销售率（%）
41	乐山长仪阀门制造有限公司	442.26	17.77	96.54	29.41	0.73	65.36	195 923	86.01
42	雷蒙德（北京）阀门制造有限公司	91.44	7.15		54.93	0.89	12.70		69.01
43	良精集团有限公司	201.05	12.89	103.34	39.76	2.42	7.75	139 554	99.58
44	隆尧诚信阀门有限公司	265.43	26.85	129.36	23.53	4.03	12.52	147 792	69.74
45	罗浮阀门集团有限公司	238.84	9.48		37.45	2.47	14.58	193 895	90.63
46	明珠阀门集团有限公司	45.22			46.43		8.80		
47	南方阀门制造有限公司	378.47	7.99	126.49	44.47	0.93	10.98	447 257	96.20
48	南京华宁阀门有限公司	151.40	1.20	113.59	35.35	1.48	1.09	149 011	95.95
49	南通高中压阀门有限公司	55.66	1.74	99.01	56.71	1.27	0.28		100.14
50	南通捷瑞阀门有限公司	41.47	-1.55	97.55	23.44	1.37	-2.04		99.63
51	南通市电站阀门有限公司	281.70	9.95	250.57	29.73	0.86	16.82	218 139	100.00
52	能发伟业铁岭阀门股份有限公司	124.40	16.41	158.54	39.25	2.43	14.34	29 792	99.64
53	宁波精艺阀门管件有限公司	351.12	28.00	105.36	433.32	5.98	10.28	286 424	98.13
54	宁波一机阀门制造有限公司	372.11	15.64	129.99	52.89	1.69	14.30	379 132	96.73
55	蓬莱金创精铸阀业有限公司	153.18	4.99	107.26	47.01	1.14	7.23	108 668	97.45
56	青岛电站阀门有限公司	85.22	1.83	117.46	78.54	1.27	1.36	47 237	98.99
57	青岛高压阀门有限公司	196.88	9.30	104.90	19.53	3.37	8.58	122 816	99.30
58	山东天成阀门制造有限公司	138.05	6.98	117.84	32.97	0.74	13.22	45 714	91.67
59	山东益都阀门集团股份有限公司	337.45	15.01	146.75	26.54	6.02	8.09	287 971	98.75
60	上海电站阀门厂		5.97	103.18	46.89	2.50	5.65		98.04
61	上海阀门厂有限公司	188.60	4.53	110.68	70.73	1.73	3.23	186 872	104.34
62	上海阀门二厂有限公司	38.87	2.56	105.95	78.07		1.16		66.69
63	上海阀门五厂有限公司		2.43	102.30	42.21	1.00	2.70		115.01
64	上海冠龙阀门机械有限公司	307.95	2.67	106.54	57.36	1.33	3.03	395 315	93.35
65	上海开维喜阀门集团有限公司	265.12	2.12	127.23	81.29	0.46	5.74	328 182	100.00
66	上海凯科阀门制造有限公司	324.32	27.12	110.53	51.03	1.66	15.05	265 294	95.86
67	上海康泉阀门有限公司	229.25	13.93	106.04	4.96	4.56	18.56	80 421	97.98
68	上海科发泵阀制造有限公司	116.35	1.09		27.97	1.48	1.76	111 497	100.00
69	上海良工阀门厂有限公司	221.31	4.19	134.14	56.04	1.59	2.43	240 077	98.11
70	上海耐腐阀门集团有限公司	191.91	4.96	95.41	31.60	4.30	3.04	149 291	100.00
71	上海浦东汉威阀门有限公司	565.19	21.59	151.67	40.55	1.20	26.55	607 611	91.30
72	上海双高阀门（集团）有限公司	328.70	17.19	93.53	9.52	3.52	10.52	304 331	97.60
73	上海正丰阀门制造有限公司	154.04	2.45	138.81	23.22	1.02	3.53	141 355	72.94
74	上海自动化仪表股份有限公司自动化仪表七厂	231.10	11.94	119.64	42.62	0.87	25.71	101 904	99.43
75	上正阀门集团有限公司	163.77	8.62	111.50	62.26	2.15	5.79	107 294	98.57
76	沈阳盛世高中压阀门有限公司	150.25	1.89	161.25	55.75	0.97	6.03	109 880	105.74
77	慎江阀门有限公司	289.61	10.14	129.76	67.39	1.16	12.94	281 722	92.79

（续）

序号	企业名称	经济效益综合指数（%）	总资产贡献率（%）	资本保值增值率（%）	资产负债率（%）	流动资产周转率（次）	成本费用利润率（%）	全员劳动生产率（元/人）	产品销售率（%）
78	石家庄阀门一厂股份有限公司	193.17	10.62	99.00	6.38	0.76	8.91	154 589	98.37
79	石家庄三环阀门股份有限公司	137.46	3.07	101.79	62.48	7.49	6.21		70.62
80	石家庄市长宏冶金设备阀门厂	183.41	17.54	107.68	78.83	11.55	0.91		92.18
81	四川广汉阀门厂	156.80	12.35	126.57	30.30	2.47	8.86	57 542	89.49
82	四川精控阀门制造有限公司	220.98		191.86	34.35	1.42	11.87	184 118	95.97
83	苏州奥村阀门有限公司	170.06	6.10	283.99	26.93	1.76	5.53	94 063	99.91
84	苏州德兰能源科技有限公司	30.92			2.79		5.01		
85	苏州高中压阀门厂有限公司	102.20	1.87	126.47	62.49	1.72	0.69	62 663	96.08
86	苏州纽威阀门股份有限公司	94.20		110.96	43.99	0.85	12.10		98.42
87	苏州市燃气设备阀门制造有限公司	177.52	7.45	114.59	78.43	2.95	4.29	138 319	93.60
88	天津百利二通机械有限公司	164.79	3.34	106.07	59.78	1.16	3.06	156 124	109.11
89	天津大站集团有限公司		1.02		67.85	1.10	1.44		853.89
90	天津津伯仪表技术有限公司	240.85	19.33	124.94	30.40	0.83	40.81		101.98
91	天津市北方阀门控制设备有限公司	94.31		140.42	24.69		11.68		144.10
92	天胜阀门集团有限公司	445.22	15.12	101.79	39.89	1.08	22.80	464 175	98.49
93	天正阀门有限公司	149.40	8.31	168.61	20.42	1.10	12.77	45 191	95.42
94	潍坊裕川内燃机机配件有限公司	263.16	48.82	169.27	24.22	5.19	19.35		96.84
95	温州市华海密封件有限公司	120.07				6.15	9.43		86.90
96	温州先锋阀门有限公司	155.06	13.55		100.00	3.91	3.47	106 647	99.27
97	无锡富盛阀业有限公司	163.65	19.98	98.58	34.48	2.85	15.82		98.43
98	无锡锡山阀门厂有限公司	130.56		109.84	46.08	2.03	3.47	94 702	98.97
99	吴江市东吴机械有限责任公司	163.22	2.95	101.99	19.59	0.70	5.70	148 976	99.20
100	吴江市永胜密封制品有限公司	85.99	4.34	114.22	37.70	1.36	6.61		90.82
101	五洲阀门有限公司	373.57	31.13	105.00	39.85	3.28	27.24	233 706	92.49
102	武汉锅炉集团阀门有限责任公司	175.37	2.41	57.30	88.97	0.96	3.88	202 826	94.90
103	西安泵阀总厂有限公司	135.25	4.05	136.66	65.45	0.88	7.89	78 195	98.00
104	西安三高阀门有限公司	530.24	16.16	103.48	85.88	8.04	1.60	631 618	102.09
105	西玛克菲达（厦门）阀门有限公司	60.09	2.77	108.94	89.79	1.22	3.16		98.82
106	盐城奥克阀门有限公司	60.68	4.51	110.44	100.00	1.69	1.94		99.74
107	盐城通商阀门有限公司	43.53	0.78	93.47	70.76	0.68	−3.88	24 528	102.52
108	扬中市阀门厂有限公司	214.81	30.17	110.23	54.54	2.90	5.55	113 408	99.38
109	扬州电力设备修造厂	25.27							97.97
110	扬州双良阀门有限公司	147.16	7.03	101.95	37.02	2.11	6.89	79 044	101.40
111	阳泉阀门股份有限公司	93.42	5.71	138.96	91.45	1.76	3.10	33 567	90.31
112	永康市良工阀门有限公司	105.55	7.72		55.47	2.40	3.86	46 210	94.98
113	永隆阀门有限公司	99.38	2.82	100.72	34.46	2.24	1.67	44 838	96.50
114	远大阀门集团有限公司	200.74	16.74	118.29	33.51	1.89	12.19	105 034	98.54

（续）

序号	企业名称	经济效益综合指数（%）	总资产贡献率（%）	资本保值增值率（%）	资产负债率（%）	流动资产周转率（次）	成本费用利润率（%）	全员劳动生产率（元/人）	产品销售率（%）
115	浙东高中压阀门有限公司	315.74	17.41	125.95	31.64	2.36	13.95	272 716	97.24
116	浙江宝德龙阀门有限公司	158.91			43.90		36.49		68.09
117	浙江超达阀门股份有限公司	218.41	7.66	118.09	46.90	1.37	8.86	193 677	88.74
118	浙江盾安阀门有限公司	161.43	20.53	120.08	43.08	5.24	11.12		10.12
119	浙江高中压阀门有限公司	183.95	7.28	107.96	60.50	1.07	10.07	135 778	98.07
120	浙江精业管件有限公司	76.43		100.31	74.27		2.42	54 688	96.28
121	浙江凯东阀门制造有限公司	74.09	5.26	112.38	47.93	0.98	3.77		98.83
122	浙江凯斯通阀门有限公司		4.15	115.15	40.85	1.18	7.47		83.09
123	浙江石化阀门有限公司	455.17	13.72	112.35	57.08	1.55	12.07	544 404	86.92
124	浙江永园阀门有限公司	64.92		107.45	73.24	0.84	5.03		113.10
125	镇江市铸造阀门厂有限公司	242.66	19.79	150.11	41.49	3.45	8.44	155 163	101.30
126	郑州市郑蝶阀门有限公司	211.54			17.08	2.41	43.01		99.45
127	中核苏阀科技实业股份有限公司	213.35	4.15	158.21	32.19	0.62	12.45	174 849	98.70
128	株洲南方阀门股份有限公司	315.88	13.06	123.81	35.72	1.40	20.60	264 695	80.97
129	自贡高压阀门股份有限公司	107.20	1.68	115.24	72.19	0.68	3.13	69 599	144.84
130	自贡工业阀门制造有限公司	73.49	0.54	95.72	57.52	1.25	–2.17	56 707	67.80
131	自贡新地佩尔阀有限公司	278.52	16.41	158.54	39.25	2.43	14.34	203 189	99.64

2010年中国通用机械工业协会压缩机分会会员单位经济指标

序号	企业名称	工业总产值（万元）	工业增加值（万元）	从业人员平均人数（人）	年末资产总额（万元）	主营业务收入（万元）	主营业务成本（万元）
1	沈阳透平机械股份有限公司往复机事业部	49 113	1 828	266	45 942	37 823	33 935
2	阜新金昊空压机有限公司	22 510	7 834	266	21 928	22 755	17 415
3	沈阳申元气体压缩机有限公司	10 212	1 629	258	9 459	10 212	8 609
4	沈阳空气压缩机制造厂有限公司	8 094	477	329	23 783	1 101	1 031
5	鞍山无油空压机有限公司	1 541	436	163	2 670	1 135	828
6	大连金山压缩机制造有限公司	901	238	80	2 779	805	630
7	长春天航特种材料有限责任公司	873	317	55	851	835	562
8	北京京城环保产业发展有限责任公司	52 952	10 095	472	58 870	59 706	44 387
9	北京金凯威通用机械有限公司	8 962	3 026	53	6 782	7 660	6 209
10	北京金环压缩机有限责任公司	187	75	68	747	216	286

（续）

序号	企业名称	工业总产值（万元）	工业增加值（万元）	从业人员平均人数（人）	年末资产总额（万元）	主营业务收入（万元）	主营业务成本（万元）
11	天津市舒塔克压缩机有限公司	1 650	556	74	1 013	1 630	1 458
12	天津市空气压缩机有限公司	9 200	4 074	97	5 300	8 260	6 195
13	河北省吴桥空压机有限责任公司	1 893	425	167	3 180	2 709	2 043
14	山西正华压缩机制造有限公司	846	290	666	7 784	626	689
15	山西平陆利丰机械制造有限公司	979	313	85	903	689	467
16	山西省平陆县阀片厂	874	297	81	2 058	543	446
17	上海电气压缩机泵业有限公司	45 151	14 133	649	50 490	45 350	39 499
18	上海飞和实业集团有限公司	82 000	23 808	520	45 482	70 025	52 292
19	上海宝勒特压缩机有限公司	35 007	10 257	205	17 584	29 921	24 116
20	上海佳力士机械有限公司	19 329	5 605	263	20 031	17 567	13 903
21	上海优耐特斯压缩机有限公司	16 694	5 744	88	14 263	16 570	12 041
22	上海浪潮机器有限公司	17 922	7 824	358	21 873	16 785	10 959
23	上海斯可络压缩机有限公司	16 235	2 279	175	12 276	16 034	11 836
24	江西气体压缩机有限公司	12 065	2 692	703	17 645	11 529	9 183
25	开山集团	325 794	67 061	4 258	247 207	344 528	292 494
26	浙江鸿友压缩机制造有限公司	16 874	3 506	438	12 738	16 843	15 557
27	浙江鑫磊机电股份有限公司	26 343	6 150	513	50 458	23 343	21 718
28	杭州杭氧压缩机有限公司	6 422	1 702	163	13 864	8 217	7 025
29	宁波欣达螺杆压缩机有限公司	10 006	2 696	176	9 955	10 073	8 508
30	宁波德曼压缩机有限公司	7 241	1 962	90	2 876	6 288	5 031
31	上海盛怡压缩机有限公司	6 890	2 130	63	3 200	4 500	3 620
32	温州固耐化机制造有限公司	42 358	8 082	385	15 401	38 542	30 809
33	德斯兰压缩机（上海）有限公司	15 860	4 556	120	5 196	13 365	11 586
34	浙江红五环集团股份有限公司	83 499	30 905	800	29 399	79 523	73 825
35	上海东方威尔压缩机有限公司	1 415	425	68	1 298	1 751	1 424
36	上海东方压缩机制造有限公司	7 627	1 021	80	9 095	6 092	4 759
37	杭州杭空压缩机有限公司	1 236	214	71	1 104	1 301	1 166
38	杭州嘉美净化设备有限公司	1 461	583	30	2 831	989	682
39	余姚捷华压缩机有限公司	2 082	1 265	118	3 371	2 276	1 616
40	台州环天机械有限公司	10 440	6 566	326	15 150	9 915	8 372
41	余姚市大隆空压机配件有限公司	1 180	527	90	1 238	1 035	784
42	慈溪铭尔空压机配件有限公司	6 619	1 528	170	7 254	6 332	4 982
43	温州市建庆实业公司	2 642	792	75	1 394	1 982	1 679
44	江西第二气体压缩机制造厂	5 621	1 732	134	3 010	5 046	4 284
45	九江恒升曲轴有限公司	1 869	630	96	4 693	1 504	991
46	杭州浙南压缩机有限公司	961	174	26	2 121	1 148	791
47	江西惟思特科技发展有限公司	894	357	195	13 660	620	450
48	无锡压缩机股份有限公司	52 868	12 029	800	77 241	65 063	53 476
49	南京压缩机股份有限公司	18 300	7 998	650	40 757	17 995	13 220
50	南京华冠压缩机有限公司	6 767	1 578	142	21 003	6 827	4 675

（续）

序号	企业名称	工业总产值（万元）	工业增加值（万元）	从业人员平均人数（人）	年末资产总额（万元）	主营业务收入（万元）	主营业务成本（万元）
51	江苏超力机械有限公司	33 867	9 812	362	32 012	33 867	30 322
52	山东省潍坊生建集团	63 946	15 413	1 405	73 450	64 273	54 541
53	济南压缩机厂有限公司	6 274	1 093	402	7 339	6 380	5 144
54	安瑞科(蚌埠)压缩机有限公司	19 752	4 419	648	24 695	17 005	12 436
55	中国人民解放军第四八一二工厂	12 376	5 940	680	16 712	11 000	7 534
56	中国石油集团济柴动力总厂	42 026	8 771	681	49 829	41 269	37 874
57	无锡力源压缩机有限公司	1 693	456	118	3 541	1 882	1 543
58	无锡五洋赛德压缩机有限公司	3 972	1 904	96	4 173	3 838	2 652
59	济南格蓝压缩机有限公司	6 078	2 117	400	3 600	5 319	4 470
60	烟台蓝星压缩机有限公司	1 200	576	67	4 683	1 365	1 115
61	江苏劲风压缩机制造有限公司	2 300	841	106	1 705	1 950	1 430
62	江阴开益特种压缩机有限公司	6 077	1 215	210	3 062	6 129	5 030
63	马鞍山正棱压缩机有限责任公司	428	97	67	2 249	382	224
64	苏州爱德空分设备有限公司	573	589	24	663	573	507
65	江苏恒久机械有限公司	725	773	73	10 675	591	299
66	无锡杰尔压缩机有限公司	1 500	405	30	2 467	1 354	816
67	扬州成功机械有限公司	1 838	621	185	2 046	1 940	1 275
68	扬州市云环压缩机部件有限公司	849	288	69	472	824	677
69	镇江春环密封件集团有限公司	4 741	1 097	183	5 598	5 069	4 308
70	无锡市顺昌塑料厂	860	392	77	651	845	593
71	扬州宝华气阀有限公司	1 280	372	88	800	1 280	1 038
72	姜堰市华宇轴瓦有限公司	1 335	349	59	1 205	1 190	797
73	重庆气体压缩机厂有限责任公司	14 533	4 050	731	27 051	14 236	10 452
74	四川大川压缩机有限责任公司	42 928	12 020	769	23 070	33 277	26 891
75	四川金星压缩机制造有限公司	44 360	13 962	433	45 739	42 177	30 971
76	自贡东方通用压缩机有限公司	7 400	2 360	294	7 530	7 250	5 120
77	自贡机一装备制造有限公司	11 135	3 626	245	13 015	9 926	7 844
78	自贡通达机器制造有限公司	61 208	14 115	430	52 115	61 208	58 537
79	自贡山川气体压缩机有限公司	3 210	1 023	249	4 547	3 347	2 792
80	四川南方气体压缩机公司	1 524	489	43	530	800	427
81	柳州压缩机总厂	6 298	2 018	596	44 305	8 561	6 810
82	柳州柳二空机械股份有限公司	3 048	731	324	40 415	3 431	2 744
83	广东正力精密机械有限公司	20 292	3 015	400	18 254	20 292	14 489
84	柳州市金象机械制造有限公司	16	2	15	290	18	17
85	武汉气体压缩机有限责任公司	634	111	100	1 033	634	570
86	宁波星箭航天机械厂	14 510	5 056	330	17 153	14 633	9 094
87	乐清市威雷特电气有限公司	1 046	313	53	4 263	1 021	873
88	无锡市众博换热器有限公司	6 116	817	139	2 493	6 092	5 572
89	无锡锡山安达防暴电器设备有限公司	7 685	1 537	130	5 658	7 671	6 659
90	江苏锡安达防爆股份有限公司	37 400	8 919	430	43 993	36 917	29 533

2010 年中国通用机械工业协会压缩机分会会员单位经济效益指标

序号	企业名称	经济效益综合指数（%）	总资产贡献率（%）	资本保值增值率（%）	资产负债率（%）	流动资产周转率（次）	成本费用利润率（%）	全员劳动生产率（元/人）	产品销售率（%）
1	沈阳透平机械股份有限公司往复机事业部	58.54	0.42	-119.92	101.26	0.80	-1.67	68 722	107.21
2	阜新金昊空压机有限公司	308.34	19.53	221.23	33.70	1.47	6.32	294 504	100.00
3	沈阳申元气体压缩机有限公司	141.25	9.43	36.10	74.08	3.50	6.53	63 135	100.00
4	沈阳空气压缩机制造厂有限公司	14.50	0.12	13.22	97.46	0.07	-2.92	14 498	98.33
5	鞍山无油空压机有限公司	88.73	7.32		140.67	1.05	9.70	26 748	87.87
6	大连金山压缩机制造有限公司	50.18	2.57	97.13	80.53	0.88	-3.25	29 750	89.35
7	长春天航特种材料有限责任公司	184.80	25.89	172.00	74.74	1.06	12.44	57 636	100.00
8	北京京城环保产业发展有限责任公司	269.92	18.84	115.94	45.05	1.44	13.46	213 877	93.10
9	北京金凯威通用机械有限公司	449.24	8.34	261.23	59.17	1.72	3.25	570 943	85.47
10	北京金环压缩机有限责任公司	-77.64	-10.02	58.51	69.61	1.34	-29.52	11 029	115.51
11	天津市舒塔克压缩机有限公司	159.81	14.94	103.37	33.46	2.91	4.85	75 135	100.00
12	天津市空气压缩机有限公司	392.50	22.59	75.12	47.87	2.07	10.92	419 959	89.78
13	河北省吴桥空压机有限责任公司	117.17	5.22	169.88	78.36	3.65	0.93	25 449	172.00
14	山西正华压缩机制造有限公司	-41.75	-2.29	-24.93	92.50	0.20	-14.01	4 354	63.12
15	山西平陆利丰机械制造有限公司	164.78	14.11	78.28	55.70	1.57	18.20	36 824	70.38
16	山西省平陆县阀片厂	61.91	1.41	54.46	86.05	2.07	-1.28	36 667	73.57
17	上海电气压缩机泵业有限公司	200.43	8.09	108.91	74.62	1.22	1.31	217 763	105.22
18	上海飞和实业集团有限公司	453.63	27.83	122.69	16.40	3.39	13.45	457 846	85.40
19	上海宝勒特压缩机有限公司	423.85	15.67	126.31	63.94	3.31	4.73	500 341	97.12
20	上海佳力士机械有限公司	235.30	11.56	119.44	40.20	1.69	7.32	213 118	90.88
21	上海优耐特斯压缩机有限公司	582.55	28.09	172.17	43.05	1.53	18.80	652 727	99.26
22	上海浪潮机器有限公司	261.82	12.01	238.83	43.54	1.05	10.61	218 547	93.66
23	上海斯可络压缩机有限公司	187.63	11.58	102.76	46.30	2.15	7.08	130 229	98.76
24	江西气体压缩机有限公司	146.91	7.21	437.43	67.95	0.93	5.02	38 293	104.34
25	开山集团	241.64	17.99	142.17	52.02	2.66	11.06	157 494	100.33
26	浙江鸿友压缩机制造有限公司	115.82	4.05	100.46	68.80	1.81	1.48	80 046	99.82
27	浙江鑫磊机电股份有限公司	168.59	6.92	110.31	63.89	2.70	4.60	119 883	99.48
28	杭州杭氧压缩机有限公司	111.50	3.78	95.61	73.79	0.83	-1.35	104 417	128.62
29	宁波欣达螺杆压缩机有限公司	194.73	13.39	96.44	45.09	1.52	6.19	153 182	100.67
30	宁波德曼压缩机有限公司	421.04	33.33	257.65	29.14	3.23	8.16	217 956	868.39
31	上海盛怡压缩机有限公司	435.82	35.00	46.38	88.41	4.29	27.02	338 095	85.49
32	温州固耐化机制造有限公司	330.03	45.98	129.04	82.25	3.85	11.44	209 922	96.87
33	德斯兰压缩机（上海）有限公司	408.55	24.46	125.49	27.91	6.55	7.39	379 667	84.56
34	浙江红五环集团股份有限公司	345.84	6.02	103.97	60.09	6.17	0.22	386 313	95.24
35	上海东方威尔压缩机有限公司	110.51	5.28	135.42	89.98	1.77	1.98	62 500	123.75

（续）

序号	企业名称	经济效益综合指数（%）	总资产贡献率（%）	资本保值增值率（%）	资产负债率（%）	流动资产周转率（次）	成本费用利润率（%）	全员劳动生产率（元/人）	产品销售率（%）
36	上海东方压缩机制造有限公司	188.01	9.44	111.03	65.92	0.78	12.62	127 625	93.44
37	杭州杭空压缩机有限公司	82.00	4.86	102.24	79.35	1.89	0.51	30 141	105.26
38	杭州嘉美净化设备有限公司	168.01	1.54	99.94	43.24	0.75	-0.06	194 333	72.21
39	余姚捷华压缩机有限公司	178.69	12.75	101.52	52.51	1.29	9.95	107 203	103.99
40	台州环天机械有限公司	195.30	9.91	95.68	83.90	1.35	0.98	201 411	94.97
41	余姚市大隆空压机配件有限公司	126.89	11.57	108.31	70.52	1.04	5.20	58 556	99.07
42	慈溪铭尔空压机配件有限公司	149.47	11.32	111.93	56.00	1.31	5.57	89 887	95.67
43	温州市建庆实业公司	238.90	5.49	105.25	58.32	11.87	2.87	105 600	75.02
44	江西第二气体压缩机制造厂	192.58	15.79	106.91	25.95	3.03	3.97	129 254	100.00
45	九江恒升曲轴有限公司	161.70	9.66	99.27	27.79	0.63	15.87	65 625	92.51
46	杭州浙南压缩机有限公司	231.50	14.74	100.00	38.20	0.44	31.13	67 104	119.36
47	江西惟思特科技发展有限公司	511.59	7.12	100.00	58.35	0.26	119.58	18 308	59.28
48	无锡压缩机股份有限公司	176.85	7.56	109.59	65.59	1.21	4.77	150 363	123.07
49	南京压缩机股份有限公司	131.37	3.43	101.10	79.85	1.12	1.64	123 046	100.54
50	南京华冠压缩机有限公司	147.75	3.76	138.99	51.49	0.51	6.39	111 127	101.15
51	江苏超力机械有限公司	255.89	9.43	98.11	46.90	1.75	4.80	271 050	100.00
52	山东省潍坊生建集团	146.34	8.80	135.67	73.19	1.11	3.30	109 701	102.36
53	济南压缩机厂有限公司	89.52	6.11	99.46	44.47	1.36	2.43	27 189	101.69
54	安瑞科（蚌埠）压缩机有限公司	148.01	10.71	117.67	50.32	0.88	10.05	68 194	91.04
55	中国人民解放军第四八一二工厂	115.26	2.11	105.54	44.95	1.27	1.76	87 353	96.74
56	中国石油集团济柴动力总厂	147.50	6.21	103.38	37.95	1.28	2.36	128 796	78.03
57	无锡力源压缩机有限公司	93.78	3.90	102.66	51.96	1.11	3.08	38 644	109.33
58	无锡五洋赛德压缩机有限公司	239.77	15.67	109.31	31.28	1.03	10.60	198 354	100.00
59	济南格蓝压缩机有限公司	142.88	13.26	91.22	46.89	4.01	2.78	52 925	87.51
60	烟台蓝星压缩机有限公司	105.14	2.82	99.83	87.12	0.30	3.59	85 970	103.75
61	江苏劲风压缩机制造有限公司	170.00	18.47	110.09	41.11	1.30	8.99	79 340	102.83
62	江阴开益特种压缩机有限公司	150.04	18.10	110.37	64.21	3.37	2.36	57 857	100.00
63	马鞍山正棱压缩机有限责任公司	62.08	2.07	90.82	63.94	0.78	1.93	14 478	85.28
64	苏州爱德空分设备有限公司	217.32	2.94	179.39	49.15	1.30	0.19	245 542	100.00
65	江苏恒久机械有限公司	139.99	1.61	100.00	62.45	0.18	9.66	105 890	73.37
66	无锡杰尔压缩机有限公司	263.95	16.54	350.54	33.64	0.71	19.40	135 000	90.27
67	扬州成功机械有限公司	119.50	13.20	156.63	72.29	1.17	5.36	33 568	99.56
68	扬州市云环压缩机部件有限公司	126.39	17.38	102.26	71.19	2.55	2.12	41 739	97.06
69	镇江春环密封件集团有限公司	108.91	6.35	104.91	60.31	1.29	2.28	59 945	99.81
70	无锡市顺昌塑料厂	155.29	19.79	104.09	49.16	1.52	8.93	50 909	95.00
71	扬州宝华气阀有限公司	119.55	11.83	88.96	68.19	2.89	2.22	42 313	100.00
72	姜堰市华宇轴瓦有限公司	149.69	19.80	105.50	62.00	1.73	5.80	59 142	92.01
73	重庆气体压缩机厂有限责任公司	89.17	3.09	98.93	38.59	0.76	0.99	55 404	99.24
74	四川大川压缩机有限责任公司	172.64	10.30	89.98	91.79	2.29	2.20	156 307	98.32
75	四川金星压缩机制造有限公司	295.62	9.91	129.63	54.59	1.06	7.96	322 455	87.69
76	自贡东方通用压缩机有限公司	143.90	13.81	112.09	67.99	1.48	4.51	80 272	97.97

（续）

序号	企业名称	经济效益综合指数（%）	总资产贡献率（%）	资本保值增值率（%）	资产负债率（%）	流动资产周转率（次）	成本费用利润率（%）	全员劳动生产率（元/人）	产品销售率（%）
77	自贡机一装备制造有限公司	219.92	13.57	112.87	39.63	1.06	13.65	148 000	117.40
78	自贡通达机器制造有限公司	280.48	6.28	200.76	76.76	2.15	0.33	328 256	100.32
79	自贡山川气体压缩机有限公司	101.40	5.00	98.63	46.16	1.41	3.70	41 084	104.58
80	四川南方气体压缩机公司	123.46	4.14	34.85	34.91	1.86	0.40	113 721	75.98
81	柳州压缩机总厂	34.51	-1.70	99.92	73.62	0.27	-4.88	33 859	86.74
82	柳州柳二空机械股份有限公司	-1.81	-2.67	80.65	76.94	0.13	-11.32	22 562	98.20
83	广东正力精密机械有限公司	150.68	15.22	100.00	77.83	1.71	6.92	75 375	100.00
84	柳州市金象机械制造有限公司	-2.54	-0.40	5.81	101.72	0.11	-5.00	1 333	106.25
85	武汉气体压缩机有限责任公司	49.68	-0.38	140.52	152.37	1.54	-1.02	11 100	100.00
86	宁波星箭航天机械厂	227.13	22.24	107.28	63.76	1.69	9.87	153 212	100.85
87	乐清市威雷特电气有限公司	97.34	2.30	102.18	61.58	0.31	4.19	59 057	97.61
88	无锡市众博换热器有限公司	153.56	15.89	117.02	64.70	3.65	3.32	58 777	100.00
89	无锡锡山安达防暴电器设备有限公司	166.29	13.71	121.34	84.32	1.92	4.14	118 231	99.84
90	江苏锡安达防爆股份有限公司	284.57	19.71	358.03	36.09	1.59	8.80	207 419	98.71

2010 年中国通用机械工业协会真空设备分会会员单位经济指标

序号	企业名称	工业总产值（万元）	工业增加值（万元）	从业人员平均人数（人）	年末资产总额（万元）	主营业务收入（万元）	主营业务成本（万元）
1	北京北仪创新真空技术有限责任公司	10 311	887	668	44 983	10 490	8 501
2	北京中科科仪技术发展有限责任公司	18 298	10 346	427	30 579	19 415	13 054
3	川北真空科技（北京）有限公司	3 000	200	156	1 750	4 000	3 000
4	中国承德真空设备制造有限公司	7 035		320	16 521	3 435	1 519
5	辽宁真龙真空设备制造有限公司	8 656	1 144	215	9 864	8 510	6 895
6	沈阳恒星实业有限公司	30 001	396	188	7 816	2 252	1 315
7	沈阳蓝菱真空设备制造公司	3 400	1 050	65	870	2 900	2 465
8	中国科学院沈阳科学仪器研制中心有限公司	16 956	4 279	312	29 956	10 028	7 378
9	上海汉钟精机股份有限公司	68 181	5 121	410	87 540	68 892	45 654
10	扬州长江水泵有限公司	8 412	978	148	5 872	8 303	6 227
11	泰兴新型工业泵厂	2 060	793	80	1 021	1 429	988
12	宁波爱发科真空技术有限公司	11 754	4 527	148	13 338	12 255	7 378
13	浙江真空设备集团有限公司	10 256	3 159	513	17 079	10 066	7 119
14	台州环球真空设备厂	1 681	287	82	1 904	1 607	1 275
15	淄博华中真空设备有限公司	3 000		96	1 300	3 000	2 350

（续）

序号	企业名称	工业总产值（万元）	工业增加值（万元）	从业人员平均人数（人）	年末资产总额（万元）	主营业务收入（万元）	主营业务成本（万元）
16	淄博真空设备厂有限公司	9 911	2 466	384	12 454	11 530	8 443
17	山东伯仲真空设备有限公司	6 281	2 220	135	4 958	5 848	4 833
18	博山精工泵业有限公司	5894	2 105	131	8 107	5 410	4 258
19	长沙鼓风机厂有限责任公司	29 736	8 338	976	28 141	29 492	21 348
20	湖南维格磁流体股份有限公司	3 585	1 742	65	1 798	3 119	2 522
21	衡阳市真空机电设备有限公司	6 344	1 585	210	4 658	4 880	3 467
22	广东中环真空设备有限公司	6 015	1 085	239	6 782	5 861	4 311
23	广东省佛山水泵厂有限公司	80 953	28 948	951	60 895	78 893	60 401
24	成都南光机器有限公司	9 421	2 147	341	25 194	7 975	6 120
25	兰州真空设备有限责任公司	12 199	4 270	608	18 961	14 097	10 724

2010 年中国通用机械工业协会真空设备分会会员单位经济效益指标

序号	企业名称	经济效益综合指数（%）	总资产贡献率（%）	资本保值增值率（%）	资产负债率（%）	流动资产周转率（次）	成本费用利润率（%）	全员劳动生产率（元/人）	产品销售率（%）
1	北京中科科仪技术发展有限责任公司	304.62	13.93	106.79	48.75	1.22	21.22	242 295	98.85
2	川北真空科技（北京）有限公司	821.93	280.60	130.00	8.57	2.00	57.78	12 821	166.67
3	辽宁真龙真空设备制造有限公司	146.95	13.50	109.81	60.36	1.41	12.99	53 209	
4	沈阳恒星实业有限公司	65.94	3.35	105.94	89.05	0.34	3.36	21 064	99.42
5	中国科学院沈阳科学仪器研制中心有限公司	176.42	5.13	107.79	55.36	0.54	11.66	137 147	59.14
6	上海汉钟精机股份有限公司	291.71	23.91	117.95	23.39	1.41	30.74	124 902	101.04
7	扬州长江水泵有限公司	151.10	16.91	133.55	42.39	1.77	4.98	66 097	98.70
8	泰兴新型工业泵厂	209.36	24.40	191.60	27.91	2.40	8.19	99 125	85.19
9	宁波爱发科真空技术有限公司	637.78	206.96	117.82	29.69	0.92	4.17	305 878	96.22
10	浙江真空设备集团有限公司	117.06	7.45	100.18	49.23	1.57	3.23	61 579	94.31
11	淄博华中真空设备有限公司	255.08	32.13	96.15	61.54	10.71	13.63		100.00
12	淄博真空设备厂有限公司	166.95	16.58	128.98	41.98	1.28	11.39	64 219	90.32
13	山东伯仲真空设备有限公司	201.40	13.40	111.38	62.73	2.32	3.75	164 449	100.51
14	博山精工泵业有限公司	219.89	12.72	112.69	55.75	1.51	11.82	160 687	90.09
15	长沙鼓风机厂有限责任公司	145.57	10.87	98.97	50.02	2.06	3.94	85 430	96.61
16	湖南维格磁流体股份有限公司	336.87	32.51	123.38	18.69	2.22	13.50	268 000	91.38
17	衡阳市真空机电设备有限公司	186.65	13.23	112.64	30.70	5.28	7.33	75 476	69.40

（续）

序号	企业名称	经济效益综合指数（%）	总资产贡献率（%）	资本保值增值率（%）	资产负债率（%）	流动资产周转率（次）	成本费用利润率（%）	全员劳动生产率（元/人）	产品销售率（%）
18	广东中环真空设备有限公司	111.80	10.69	78.21	70.57	1.27	5.12	45 397	97.44
19	广东省佛山水泵厂有限公司	307.01	16.03	89.80	40.66	1.95	9.58	304 395	97.46
20	成都南光机器有限公司	102.87	2.96	103.96	57.99	0.63	3.98	62 962	89.23
21	兰州真空设备有限责任公司	132.21	9.08	109.92	63.26	1.21	5.69	70 230	100.32

2010 年中国通用机械工业协会干燥设备分会会员单位经济指标

序号	企业名称	工业总产值（万元）	工业增加值（万元）	从业人员平均人数（人）	年末资产总额（万元）	主营业务收入（万元）	主营业务成本（万元）
1	石家庄工大化工设备有限公司	28 740	5 012	572	56 166	27 232	21 217
2	哈尔滨东宇农业工程机械有限公司	5 760	1 495	125	4 280	5 539	4 696
3	常州市统一干燥设备厂	381	94	15			
4	常州一步干燥设备有限公司	10 406	2 430	200	4 080	10 186	7 139
5	东台市食品机械厂有限公司	12 135	3 222	150	13 117	11 573	9 661
6	成都倍力干燥设备有限公司	1 400	335	60	325	1 360	1 120
7	成都望江干燥器厂	3 500	1 686	150	2 461	2 650	2 230
8	青海三四一九干燥设备有限公司	4 820	958	105	2 568	4 820	3 654

2010 年中国通用机械工业协会干燥设备分会会员单位经济效益指标

序号	企业名称	经济效益综合指数（%）	总资产贡献率（%）	资本保值增值率（%）	资产负债率（%）	流动资产周转率（次）	成本费用利润率（%）	全员劳动生产率（元/人）	产品销售率（%）
1	石家庄工大化工设备有限公司	166.04	8.61	108.35	60.95	0.80	12.66	87 628	110.86
2	哈尔滨东宇农业工程机械有限公司	144.01	4.61	112.36	65.37	1.41	2.81	119 600	96.16
3	常州市统一干燥设备厂				65.37			62 667	113.12
4	常州一步干燥设备有限公司	246.29	35.46	89.93	46.57	3.51	9.12	121 500	98.44

（续）

序号	企业名称	经济效益综合指数（%）	总资产贡献率（%）	资本保值增值率（%）	资产负债率（%）	流动资产周转率（次）	成本费用利润率（%）	全员劳动生产率（元/人）	产品销售率（%）
5	东台市食品机械厂有限公司	255.87	14.40	107.93	45.53	2.73	8.62	214 800	95.37
6	成都倍力干燥设备有限公司	249.51	27.91	116.67	56.92	11.33	2.91	55 833	97.14
7	成都望江干燥器厂	164.14	10.63	108.54	49.14	1.66	5.23	112 423	100.00
8	青海三四一九干燥设备有限公司	273.03	43.48	165.97	50.82	3.25	15.03		100.00

2010年中国通用机械工业协会减变速机分会会员单位经济指标

序号	企业名称	工业总产值（万元）	工业增加值（万元）	从业人员平均人数（人）	年末资产总额（万元）	主营业务收入（万元）	主营业务成本（万元）
1	温州三联集团有限公司	20 657	5 741	428	20 884	20 565	18 213
2	宁波市浙东变速器有限公司	434	87	20	478	434	339
3	宁波市莱斯特传动设备制造有限公司	2 055	713	84	1 869	2 044	1 470
4	宁波市镇海减变速机制造有限公司	844	166	33	467	891	708
5	瑞安市华星减速机实业有限公司	1 110	250	37	640	1 110	963
6	台州市通宇变速机械有限公司	9 200	2 100	229	6 139	9 000	7 680
7	山东柳杭减速机有限公司	8 198	1 203	243	6 814	7 789	6 698
8	淄博市博山奥博机械有限公司	1 620	486	78	2 016	1 466	1 328
9	德州奥力机械有限公司	4 792	832	210	5 182	4 113	3 832
10	荆州市巨鲸传动机械有限公司	22 579	6 075	687	31 163	20 371	13 570
11	西安环力传动机械股份有限公司	230	23	70	2 385	239	211
12	兰州减速机厂	969	291	129	5 167	939	637
13	江苏迪邦三星轴承有限公司	10 180	1 962	648	20 319	10 841	9 138
14	宁波人和机械轴承有限公司	14 488	6 362	492	10 884	10 843	9 458
15	永嘉大力精密机械有限公司	920	183	49	738	916	755
16	广东江门电机股份有限公司	7 976	1 376	463	8 976	8 261	6 978
17	天津减速机股份有限公司	11 026	2 373	826	16 502	11 070	9 021
18	河北北方减速机有限公司	1 935	193	76	2 474	2 075	1 790
19	石家庄科一重工有限公司	9 984	2 981	427	11 782	10 639	8 348
20	吴桥县志远减速机械有限责任公司	2 600	520	130	2 365	2 323	2 204
21	山西省平遥减速器厂	10 852	1 462	637	10 621	10 929	8 660
22	上海永宏减速机械制造有限公司	841	160	36	599	800	685
23	苏州市优耐特机械制造有限公司	2 690	992	115	2 679	2 343	1 908

（续）

序号	企业名称	工业总产值（万元）	工业增加值（万元）	从业人员平均人数（人）	年末资产总额（万元）	主营业务收入（万元）	主营业务成本（万元）
24	泰隆减速机股份有限公司	176 733	43 369	3 162	102 883	166 185	118 629
25	泰州市琼花传动机械总厂	32 958	3 513	826	17 255	32 666	29 086
26	泰星减速机股份有限公司	89 339	25 607	2 052	72 247	88 636	67 822
27	无锡金辉减速机制造有限公司	2 144	516	115	1 262	2 591	2 327
28	国茂减速机集团有限公司	185 688	26 589	2 284	98 642	185 688	164 224
29	浙江通力重型齿轮股份有限公司	34 113	10 234	418	38 065	33 688	26 951
30	浙江双联机械有限公司	4 347	1 092	105	2 646	3 505	2 904
31	浙江科瑞达传动有限公司	284	80	18	964	284	231
32	浙江午马减速机械有限公司	14 674	6 436	264	9 784	13 485	10 185
33	浙江东方传动机械有限公司	5 700	4 023	143	5 502	5 700	4 743
34	浙江江南减速机有限公司	2 880	922	85	9 107	2 593	1 972
35	浙江东霸传动有限公司	2 095	524	83	2 887	2 055	1 674
36	浙江飞龙传动有限公司	3 334	3 437	85	6 940	2 729	2 232
37	哈尔滨智达测控技术有限公司	197	91	35	388	197	136
38	杭州嘉诚机械有限公司	6 107	1 781	210	3 406	6 047	5 055
39	浙江奇力电机有限公司	4 500	900	108	8 400	3 800	3 350

2010年中国通用机械工业协会减变速机分会会员单位经济效益指标

序号	企业名称	经济效益综合指数（%）	总资产贡献率（%）	资本保值增值率（%）	资产负债率（%）	流动资产周转率（次）	成本费用利润率（%）	全员劳动生产率（元/人）	产品销售率（%）
1	温州三联集团有限公司	163.70	9.60	101.12	70.61	1.53	3.60	134 136	99.55
2	宁波市浙东变速器有限公司	129.93	9.11	106.40	26.99	0.95	9.92	43 500	100.00
3	宁波市莱斯特传动设备制造有限公司	216.13	24.20	75.17	64.21	1.65	18.27	84 881	99.46
4	宁波市镇海减变速机制造有限公司	143.12	18.56	112.60	52.75	1.93	4.68	50 182	105.57
5	瑞安市华星减速机实业有限公司	175.31	21.04	169.34	43.88	2.70	5.36	67 649	99.96
6	台州市通宇变速机械有限公司	180.79	16.75	93.61	65.39	2.43	8.96	91 703	97.83
7	山东柳杭减速机有限公司	129.74	11.57	66.34	55.43	2.01	6.51	49 506	95.00
8	淄博市博山奥博机械有限公司	108.76	4.28	103.70	33.28	1.75	1.99	62 308	91.54
9	德州奥力机械有限公司	313.81	5.88	126.75	2.16	22.11	4.82	39 619	99.92

（续）

序号	企业名称	经济效益综合指数（%）	总资产贡献率（%）	资本保值增值率（%）	资产负债率（%）	流动资产周转率（次）	成本费用利润率（%）	全员劳动生产率（元/人）	产品销售率（%）
10	荆州市巨鲸传动机械有限公司	200.05	15.72	116.59	63.37	1.31	16.78	88 428	105.56
11	西安环力传动机械股份有限公司	-173.91	-7.04	56.39	89.64	0.29	-50.40	3 286	103.04
12	兰州减速机厂	88.90	2.18	26.77	90.36	0.46	12.06	22 558	108.16
13	江苏迪邦三星轴承有限公司	77.58	5.43	100.37	62.45	0.85	0.43	30 278	106.49
14	宁波人和机械轴承有限公司	180.13	11.22	116.26	69.02	1.92	6.55	129 309	91.02
15	永嘉大力精密机械有限公司	113.65	12.62	104.63	69.38	1.91	3.17	37 347	99.57
16	广东江门电机股份有限公司	70.84	3.67	78.77	69.83	1.16	0.30	29 719	102.16
17	天津减速机股份有限公司	1.60	-4.97	69.76	78.84	0.87	-11.86	28 731	103.38
18	河北北方减速机有限公司	72.95	3.24	99.45	85.41	2.25	0.09	25 395	83.60
19	石家庄科一重工有限公司	133.33	10.95	107.20	64.99	1.50	4.46	69 813	104.32
20	吴桥县志远减速机械有限责任公司	132.99	0.45	107.54	40.89	7.06	-0.06	40 000	89.50
21	山西省平遥减速器厂	65.74	5.42	96.71	78.95	1.15	-0.61	22 951	99.30
22	上海永宏减速机械制造有限公司	99.39	7.34	111.38	77.13	1.50	2.38	44 444	97.74
23	苏州市优耐特机械制造有限公司	113.22	8.09	100.91	79.36	1.14	0.34	86 261	100.71
24	泰隆减速机股份有限公司	216.77	19.98	119.95	44.84	3.10	6.51	137 157	97.09
25	泰州市琼花传动机械总厂	140.18	14.30	120.91	37.71	3.00	4.38	42 530	99.11
26	泰星减速机股份有限公司	235.21	23.21	109.66	16.08	2.79	12.88	124 790	99.21
27	无锡金辉减速机制造有限公司	120.59	11.97	118.35	68.96	2.27	1.90	44 862	120.85
28	国茂减速机集团有限公司	211.62	15.85	200.52	67.32	4.65	4.10	116 414	100.00
29	浙江通力重型齿轮股份有限公司	277.40	14.15	163.82	46.90	1.85	9.83	244 833	98.75
30	浙江双联机械有限公司	157.97	10.02	106.53	58.69	2.51	3.16	104 000	98.30
31	浙江科瑞达传动有限公司	97.57	4.22	101.07	29.23	0.58	4.78	44 389	100.00
32	浙江午马减速机械有限公司	306.25	25.47	148.02	76.28	2.48	12.46	243 788	92.63
33	浙江东方传动机械有限公司	319.39	23.06	166.33	55.29	1.85	10.55	281 329	100.00
34	浙江江南减速机有限公司	106.17	1.68	100.70	88.91	0.57	0.72	108 471	90.03
35	浙江东霸传动有限公司	110.74	8.43	113.54	77.35	1.30	2.30	63 133	98.09
36	浙江飞龙传动有限公司		6.99	324.85	5.82		6.77	404 400	81.84
37	哈尔滨智达测控技术有限公司	91.68	0.39	300.00	60.57	0.80	0.51	26 000	100.00
38	杭州嘉诚机械有限公司	210.57	24.97	202.82	35.40	3.14	7.67	84 786	100.00
39	浙江奇力电机有限公司	105.71	4.02	106.33	60.00	0.62	1.05	83 333	84.44

2010年中国通用机械工业协会减变速机

序号	企业名称	摆线减速机			齿轮减速机		
		产量（台）	销量（台）	出口量（台）	产量（台）	销量（台）	出口量（台）
1	温州三联集团有限公司	48 165	48 119	48	44 806	44 763	104
2	宁波市浙东变速器有限公司						
3	宁波市莱斯特传动设备制造有限公司	5 695	5 695		1 433	1 433	
4	宁波市镇海减变速机制造有限公司				1 831	1 771	
5	瑞安市华星减速机实业有限公司	1 341	1 340		230	230	
6	台州市通宇变速机械有限公司	10 000	10 000	7 000	30 000	30 000	21 000
7	山东柳杭减速机有限公司	463	463		5 096	5 086	
8	淄博市博山奥博机械有限公司	5 480					
9	德州奥力机械有限公司	8 000			1 000		
10	荆州市巨鲸传动机械有限公司				3 427	3 266	
11	西安环力传动机械股份有限公司	12	12		398	395	
12	兰州减速机厂	1 040	1 278				
13	江苏迪邦三星轴承有限公司						
14	宁波人和机械轴承有限公司						
15	永嘉大力精密机械有限公司						
16	广东江门电机股份有限公司	19 627	17 803				
17	天津减速机股份有限公司	16 713	17 159		500	500	
18	河北北方减速机有限公司	1 220					
19	石家庄科一重工有限公司				10 500	11 529	
20	吴桥县志远减速机械有限责任公司	12 000	12 000		6 000	6 000	
21	山西省平遥减速器厂	636	611		6 402	5 985	
22	上海永宏减速机械制造有限公司	6 639	6 879				
23	苏州市优耐特机械制造有限公司	981					
24	泰隆减速机股份有限公司	20 638	20 577		76 045	75 821	
25	泰州市琼花传动机械总厂	6 142	5 980		1 897	1 820	
26	泰星减速机股份有限公司	52 786	52 786		85 958	85 958	
27	无锡金辉减速机制造有限公司	3 337	3 403		432	432	
28	国茂减速机集团有限公司	327 673	327 673		37 967	37 967	
29	浙江通力重型齿轮股份有限公司				32 359	32 294	349
30	浙江双联机械有限公司	5 713	5 713		9 348	9 300	
31	浙江科瑞达传动有限公司	2 158	2 153				
32	浙江午马减速机械有限公司				1 433	1 407	
33	浙江东方传动机械有限公司	6 544	6 544		13 765	13 765	
34	浙江江南减速机有限公司	11 879	10 155				
35	浙江东霸传动有限公司	3 910	3 879		2 750	2 727	
36	浙江飞龙传动有限公司	12 653	7 891		10 354	6 457	
37	哈尔滨智达测控技术有限公司						
38	浙江奇力电机有限公司						

分会会员单位主要产品产、销、出口情况

其中:硬齿面齿轮减速机			蜗轮减速机			无级变速器		
产量（台）	销量（台）	出口量（台）	产量（台）	销量（台）	出口量（台）	产量（台）	销量（台）	出口量（台）
44 806	44 763	104				1 221	1 218	
						2 630	2 450	
			1 088	1 088		152	152	
			1 000	998		2 454	2 434	
230	230							
			40 000	40 000	28 000	30 000	30 000	21 000
1 680	1 380							
200			4 000			980		
1 492	1 469							
			270	368				
			100	100		20	20	
9 505	10 467							
1 000	1 000		7 000	7 000				
1 571	1 615		58	76				
37 876	37 764		7 390	7 368				
85 958	85 958							
20 667	20 667		73 216	73 213				
32 359	32 294	349	13 324	13 295	168	1 904	1 613	20
			6 280	6 270		6 677	6 661	
			28 765	27 764	9 874	346	327	
4 129	4 129		4 596	4 596		369	369	
			2 112	2 102		2 105	2 091	
10 001	5 398							

序号	企业名称	电动滚筒			其他减速机		
		产量（台）	销量（台）	出口量（台）	产量（台）	销量（台）	出口量（台）
1	温州三联集团有限公司						
2	宁波市浙东变速器有限公司						
3	宁波市莱斯特传动设备制造有限公司						
4	宁波市镇海减变速机制造有限公司						
5	瑞安市华星减速机实业有限公司						
6	台州市通宇变速机械有限公司				5 000	5 000	3 500
7	山东柳杭减速机有限公司						
8	淄博市博山奥博机械有限公司						
9	德州奥力机械有限公司	680			3 420		
10	荆州市巨鲸传动机械有限公司						
11	西安环力传动机械股份有限公司						
12	兰州减速机厂						
13	江苏迪邦三星轴承有限公司						
14	宁波人和机械轴承有限公司						
15	永嘉大力精密机械有限公司						
16	广东江门电机股份有限公司						
17	天津减速机股份有限公司	1 241	1 178				
18	河北北方减速机有限公司						
19	石家庄科一重工有限公司						
20	吴桥县志远减速机械有限责任公司	100	50		200	150	
21	山西省平遥减速器厂	340	345				
22	上海永宏减速机械制造有限公司						
23	苏州市优耐特机械制造有限公司						
24	泰隆减速机股份有限公司	7 535	7 513		31 870	31 777	
25	泰州市琼花传动机械总厂	2 675	2 658				
26	泰星减速机股份有限公司	9 518	9 518				
27	无锡金辉减速机制造有限公司						
28	国茂减速机集团有限公司						
29	浙江通力重型齿轮股份有限公司						
30	浙江双联机械有限公司						
31	浙江科瑞达传动有限公司						
32	浙江午马减速机械有限公司						
33	浙江东方传动机械有限公司				147	147	
34	浙江江南减速机有限公司						
35	浙江东霸传动有限公司						
36	浙江飞龙传动有限公司						
37	哈尔滨智达测控技术有限公司						
38	浙江奇力电机有限公司						

（续）

减速机			减速机配件			其他产品		
产值（万元）	销售值（万元）	出口值（万元）	产量（万元）	销量（万元）	出口量（万元）	产量（万元）	销量（万元）	出口量（万元）
20 657	20 565	152						
434	434							
2 055	2 044							
844	891							
1 110	1 110		100	100				
9 200	9 000	5 800						
8 198	7 789					1 018	860	
1 620	1 483					527	468	
4 792	4 788		11			781		
22 579	23 834							
230	239		54	57				
412	507		197	164		359	340	
			10 181	10 841				
			15 488	13 843				
			920	916				
3 002	1 969							
11 026	11 399							
383						1 552		
9 984	10 415							
2 600	2 327		6 000	550		10	10	
8 264	8 341		2 588	2 588				
772	800		4	10				
2 690	2 709					2 421	2 439	
176 733	171 529							
7 641	7 498					25 319	25 157	
89 339	88 636							
2 144	2 591		135	135				
185 688	185 688							
34 113	33 688	245						
4 347	4 273		7	7				
266	265		19	19				
14 285	13 104	4 985	389	381	105			
5 700	5 700							
2 888	2 593							
2 095	2 055							
3 334	2 729							
						197	197	
			4 500	3 800				

公布行业名牌产品及获奖项目，推荐行业新产品、节能产品

Announcing the industrial famous-brand products, recommending industrial new products and energy-saving products

产品与项目

2010 年通用机械行业名牌产品

序号	单位名称	商标	产品名称	获奖等级
1	中国保一集团有限公司		阀门	浙江省名牌产品
2	伯特利阀门集团有限公司	BTL 图文组合商标	工业阀门	浙江省名牌产品
3	大连海密梯克泵业有限公司	海密梯克	无泄露离心泵	辽宁省名牌产品
4	大耐泵业有限公司	三六	石油化工流程泵	大连市名牌产品
5	大众阀门集团有限公司		给排水阀门	浙江省名牌产品
6	丰球集团有限公司	丰球	水泵	浙江省名牌产品
7	甘肃省白银风机厂有限责任公司	金扇	风机	甘肃省著名商标
		金扇	离心风机	甘肃省名牌产品
8	高能阀门集团有限公司	HPV	阀门	浙江省名牌产品
9	广东省佛山水泵厂有限公司	肯富来、KENFLO	离心泵	广东省名牌产品
10	广州市白云泵业集团有限公司	图形	离心泵	广东省名牌产品
11	国茂减速机集团有限公司	国茂	减速机	江苏省名牌产品
12	海城三鱼泵业有限公司	三鱼	农用泵	辽宁省名牌产品
13	海汇集团有限公司	海汇	HNTI—Ⅲ脱硫除尘器(1～220t)	山东省名牌产品
14	南方泵业股份有限公司		不锈钢多级离心泵	浙江省名牌产品
15	杭州钱江制冷集团有限公司	WANSHENG	冰箱压缩机	浙江省名牌产品
16	杭州兴源过滤科技股份有限公司	兴源	压滤机	浙江省名牌产品
17	杭州制氧机集团有限公司	杭氧	大型空分成套设备	浙江省名牌产品
18	河北恒盛泵业股份有限公司	恒源	齿轮泵	河北省名牌产品
19	河南上蝶阀门股份有限公司	上蝶	DN40—DN4800，0.25～6.4MPa 蝶阀	河南省名牌产品
20	河南省东泰齿轮有限公司	王楼	CD1、MD、ZQ、ZSC、QJ 圆柱齿轮减速机	河南省名牌产品
21	河南省高山阀门有限公司		BS19H/BS49H—16/25/40(DN15—150)疏水阀	河南省名牌产品
22	核工业烟台同兴实业有限公司	核星	DU、TC 过滤机	山东省名牌产品
23	湖北省风机厂有限公司	三峰	离心鼓风机	湖北省名牌产品
24	华东阀门有限公司	浙工	高温高压闸阀	浙江省名牌产品
25	环球阀门集团有限公司		电站闸阀	浙江省名牌产品
26	济宁安泰矿山设备制造有限公司	安立泰	矿用隔爆型潜水排沙电泵	山东省名牌产品

（续）

序号	单位名称	商标	产品名称	获奖等级
27	江南阀门有限公司	江一	DTD调节阀耐高温金属密封蝶阀	浙江省名牌产品
28	江苏金通灵风机股份有限公司	金通灵	离心鼓风机、离心通风机	江苏省名牌产品
29	江苏太兴隆减速机有限公司	太兴隆	圆柱齿轮减速机	江苏省名牌产品
30	杰牌控股集团有限公司		减速机	浙江省名牌产品
31	金坛市农用水泵厂	国农	自吸泵	江苏省名牌产品
32	景津压滤机集团有限公司	景津	压滤机	山东省名牌产品
33	上海开维喜阀门集团有限公司	CKVC	工业阀门	浙江省名牌产品
34	涟水县阀门厂	五岛	保温截止阀	江苏省名牌产品
35	辽阳给排水设备阀门有限公司	蓉鑫	双偏心蝶阀	辽宁省名牌产品
36	美的集团有限公司	正力精工	单螺杆空气压缩机	广东省名牌产品
37	南京高精齿轮集团有限公司	NGC	减速机	江苏省名牌产品
38	南京蓝深制泵集团股份有限公司	蓝深	污水污物潜水电泵	江苏省名牌产品
39	南通市恒荣机泵厂有限公司	恒荣	三叶型罗茨鼓风机	江苏省名牌产品
40	宁波埃美柯铜阀门有限公司	埃美柯、AMICO	阀门	浙江省名牌产品
41	宁波华成阀门有限公司	精益	铜制阀门	浙江省名牌产品
42	宁波金佳佳阀门有限公司	冬金	液化石油气瓶阀	浙江省名牌产品
43	宁夏银川银风风机有限责任公司	财通	4—72系列离心通风机	宁夏回族自治区名牌产品
		财通	KRY系列离心通风机	宁夏回族自治区名牌产品
		财通	篦冷机风机	宁夏回族自治区名牌产品
44	山东博泵科技股份有限公司	博山	离心泵全系列	山东省名牌产品
45	山东长志泵业有限公司	兴齐	化工离心泵全系列，石油化工离心泵全系列	山东省名牌产品
46	山东德源泵业有限公司	源山	QJ125—400MM型潜水电泵	山东省名牌产品
47	山东地探机械有限公司	地探	BW250型泥浆泵	山东省名牌产品
48	山东莱芜煤矿机械有限公司	兴华	加压过滤机	山东省名牌产品
49	山东名流实业集团有限公司	潜流	QD、QDX、QY、QS小型潜水电泵	山东省名牌产品
50	山东省章丘鼓风机股份有限公司	章鼓	罗茨鼓风机	中国驰名商标、山东省著名商标
51	山东双轮股份有限公司	双轮	离心泵系列产品，QW、QW（Ⅰ）、QW（Ⅱ）系列潜水排污泵	山东省名牌产品
52	山东颜山泵业有限公司	颜山	QJ系列潜水电泵，QW系列、ZJQ系列排污泵	山东省名牌产品
53	山西省运城安瑞节能风机有限公司	安瑞	矿用通风机	山西省著名商标
54	陕西法士特齿轮有限责任公司	法士特	汽车变速器	陕西省名牌产品
55	陕西扶龙机电制造有限公司	扶龙	井用潜水泵	陕西省名牌产品
56	陕西关中压缩机制造有限公司	秦风	往复活塞空气压缩机	陕西省名牌产品
57	上海阿波罗机械股份有限公司	艾波尔	核电站用泵	上海市名牌产品

（续）

序号	单位名称	商标	产品名称	获奖等级
58	上海鼓风机厂有限公司	上鼓	电站轴流式、离心式鼓风机	上海市著名商标、上海市名牌产品
59	上海通用风机股份有限公司	上树	通风机	上海市著名商标、上海市名牌产品
60	上虞专用风机有限公司	专风	风机	浙江省名牌产品
61	上正阀门集团有限公司	SUNGO	阀门	浙江省名牌产品
62	申达控股集团股份有限公司		阀门	浙江省名牌产品
63	沈阳鼓风机通风设备有限责任公司	沈鼓	通风机	辽宁省名牌产品
64	沈阳华润三洋压缩机有限公司	盛洋	旋转式压缩机	辽宁省名牌产品
65	沈阳冶重减速机制造有限公司	乾鼎	减速机	辽宁省名牌产品
66	胜利油田胜利泵业有限责任公司	SLP	QYDB119、QYDB149 型潜油电泵机组	山东省名牌产品
67	石家庄强大泵业集团有限责任公司	KINGDA	脱硫泵	河北省名牌产品
68	四平鼓风机股份有限公司	四风	水泥窑尾高温风机	中国驰名商标、吉林省著名商标、吉林省名牌产品
69	台州中山泵业有限公司	SHANHO	微型水泵	浙江省名牌产品
70	铁岭阀门（集团）特种阀门有限责任公司	TTF	蝶阀	辽宁省名牌产品
71	铁岭方众阀门有限公司	方众阀门	大口径低压阀门	辽宁省名牌产品
72	铁岭莱斯特阀门有限公司	TLLSTF	蝶阀	辽宁省名牌产品
73	汶瑞机械（山东）有限公司	汶瑞	25—118 预挂过滤机	山东省名牌产品
74	无锡圣马科技有限公司	圣马及图	按压式真空定量泵	江苏省名牌产品
75	武安市宏泰机械泵业有限公司	北辰	离心式热油泵	河北省名牌产品
76	武汉鼓风机有限公司	武鼓	动（静）叶可调轴流风机	武汉市名牌产品
		武鼓	动叶可调轴流风机	湖北省名牌产品
		武鼓	离心机	湖北省名牌产品、武汉市名牌产品
		武鼓	引风机	湖北省名牌产品、武汉市名牌产品
		武鼓	转炉一次除尘风机	湖北省名牌产品、武汉市名牌产品
77	西安庆安制冷设备股份有限公司	庆安	空调压缩机	陕西省名牌产品
78	西安陕鼓动力股份有限公司	陕鼓	E 型系列离心压缩机	陕西省名牌产品
		陕鼓	硝酸四合一机组	陕西省名牌产品
		陕鼓	轴流压缩机	陕西省名牌产品
79	鑫磊压缩机有限公司	XINLEI	空气压缩机	浙江省名牌产品
80	烟台阳光泵业有限公司	烟泵	CZ 系列、ZE 系列、ZA 系列、AY 系列、CCN 系列离心泵	山东省名牌产品

（续）

序号	单位名称	商标	产品名称	获奖等级
81	扬中市阀门厂有限公司	金牛	阀门	江苏省名牌产品
82	宇明阀门有限公司	明	Q41F—16C 25C 40C 球阀	河南省名牌产品
83	浙江博民机电股份有限公司		铜球阀	浙江省名牌产品
84	浙江大福泵业有限公司	大福（图形）	水泵	浙江省名牌产品
85	浙江大元泵业有限公司	大元（图形）	水泵	浙江省名牌产品
86	浙江盾安阀门有限公司	盾安	阀门	浙江省名牌产品
87	浙江恒森实业集团有限公司	恒森	QD—B 电动阀门	浙江省名牌产品
88	浙江环宇阀门有限公司		水暖用内螺纹连接阀门	浙江省名牌产品
89	浙江皇冠实业有限公司	SUNGO	阀门	浙江省名牌产品
90	浙江开山压缩机股份有限公司	开山	空气压缩机	浙江省名牌产品
91	浙江利欧股份有限公司	利欧	水泵	浙江省名牌产品
92	浙江绿田机电制造有限公司	绿霸	三缸高压柱塞泵	浙江省名牌产品
93	浙江明新风机有限公司	明新	风机	浙江省著名商号
94	浙江三峰集团有限公司	三峰瑞朵	电热水器安全阀	浙江省名牌产品
95	浙江通力重型齿轮股份有限公司	通力	减速机	浙江省名牌产品
96	浙江威腾阀门有限公司	CKVC	球阀	浙江省名牌产品
97	浙江新界泵业股份有限公司	新界	水泵	浙江省名牌产品
98	浙江新涛电子机械股份有限公司	新涛	家用燃气具阀门总成	浙江省名牌产品
99	浙江兴益风机电器有限公司	兴益	风机	浙江省名牌产品
100	浙江亿利达风机有限公司	YiLida	空调风机	浙江省名牌产品
101	郑州高压阀门厂		DN15—250 闸阀	河南省名牌产品
102	郑州市郑蝶阀门有限公司	ZD 郑蝶	D41Hs—100Q 双向金属密封蝶阀	河南省名牌产品
103	中泉集团有限公司	中泉	多级离心泵	浙江省名牌产品
104	中意机电（湖北）鼓风机制造有限公司	中意	离心鼓风机	湖北省著名商标
105	淄博华成泵业有限公司	华成	ZJA 型渣浆泵	山东省名牌产品

2010 年通用机械行业获奖项目

序号	单位名称	项目名称	获奖名称
1	北京华怡净化科技研究所有限公司	FRD 风热电一体机	北京市西城区科技进步奖三等奖
2	甘肃省白银风机厂有限责任公司	DW270—11G 离心鼓风机	甘肃省优秀新产品新技术、甘肃省科学技术奖三等奖

（续）

序号	单位名称	项目名称	获奖名称
3	广东正力精密机械有限公司	0G(F)D3—42.8/8节能高效单螺杆空气压缩机	中国机械工业科学技术奖三等奖
4	杭州杭氧低温液化设备有限公司	900m^3/h反灌式流程高纯氮空分设备	中国机械工业科学技术奖二等奖
5	杭州杭氧股份有限公司	中石化茂名分公司64万t/a乙烯冷箱	中国机械工业科学技术奖一等奖
6	杭州兴源过滤科技股份有限公司	XAQH全自动悬梁式隔膜压滤机	中国机械工业科学技术奖三等奖
7	湖北洪城通用机械股份有限公司	特大口径智能型水轮机进水球阀	中国机械工业科学技术奖三等奖
8	湖北省风机厂有限公司	C(N)高压氮气循环风机	湖北省重大科技成果奖
		D(M)焦炉煤气鼓风机	湖北省重大科技成果奖
9	湖北双剑鼓风机制造有限公司	S型烟气脱硫高速风机	国家重点新产品
10	华东阀门有限公司	高温高压主动密封闸阀	中国机械工业科学技术奖三等奖
11	江苏大学、泰州泰丰泵业有限公司、镇江江大泵业科技有限公司	无过载排污泵设计方法及内部流动研究	中国机械工业科学技术奖二等奖
12	开封空分集团有限公司	KDON—53000/81000型空分设备	中国机械工业科学技术奖二等奖
13	山东长志泵业有限公司	辐射进料泵	中国机械工业科学技术奖三等奖
14	山东海福德机械有限公司	低噪声三叶罗茨鼓风机	山东省章丘市科技进步奖三等奖
15	山东科技大学、新汶矿业集团有限责任公司协庄煤矿、青岛海丰达机电设备有限公司	矿用主通风机安全与智能化运行研究与应用	中国机械工业科学技术奖三等奖
16	山东省章丘鼓风机股份有限公司	新型高效ZG型三叶罗茨鼓风机	国家重点新产品、山东省第一批工业设计优秀新产品
17	陕西鼓风机(集团)有限公司	两座高炉共用煤气余压透平发电装置	中国机械工业科学技术奖二等奖
18	上海阿波罗机械股份有限公司	CVP24—20核电站混凝土蜗壳海水循环泵	国家重点新产品
		RRI2855—64核电站设备冷却水泵	上海市重点新产品
19	上海电气压缩机泵业有限公司	2 700kW大功率大气量螺杆式压缩机	中国机械工业科学技术奖二等奖
20	上海鼓风机厂有限公司	600MW机组全国产单台动叶可调轴流式脱硫增压风机	上海市闸北区第十届科技创新奖
		超临界、超超临界机组用单台动叶可调轴流式脱硫增压风机	上海市电气(集团)总公司科技进步奖二等奖
21	上海通用风机股份有限公司	THF型离心通风机	上海市重点新产品
22	沈阳工业大学	潜油螺杆泵采油系统数字化设计技术研究	中国机械工业科学技术奖三等奖
23	沈阳鼓风机集团股份有限公司	2MCL1007+2MCL458+2MCL458+BCL455原料气离心压缩机组	辽宁省优秀新产品奖二等奖
		64万t/a乙烯装置用裂解气压缩机组	辽宁省优秀新产品奖一等奖
		BCL707+BCL707+BCL707连续重整装置用氢气增压离心压缩机组	辽宁省优秀新产品奖一等奖
		百万吨乙烯装置丙烯压缩机首级模型级开发	中国机械工业科学技术奖三等奖
		百万吨乙烯装置用裂解气压缩机	辽宁省优秀新产品奖三等奖(优秀工业设计)

（续）

序号	单位名称	项目名称	获奖名称
		大型丙烯制冷离心压缩机组	沈阳市科技进步奖三等奖
		大型齿轮增速整体组装式等温型压缩机组	辽宁省优秀新产品奖三等奖
		大型煤化工装置用离心压缩机技术及产品	中国机械工业科学技术奖一等奖
		大型乙烯装置用裂解气压缩机关键技术及装备	国家科学技术进步奖二等奖
		单轴悬臂多级离心压缩机	辽宁省优秀新产品奖二等奖
		合成气压缩机用高能头模型级开发及应用	沈阳市科技进步奖三等奖
		千万吨级炼油用筒型压缩机全新结构开发及装备	沈阳市科技进步奖一等奖
		新型 TAR 系列地铁风机	沈阳市科技进步奖三等奖
		整体组装式等温型系列压缩机组及系列型谱研制	沈阳市科技进步奖三等奖
24	沈阳鼓风机集团股份有限公司、沈阳透平机械股份有限公司	CARR 工程反应堆主循环泵 YNKD400/300H 研制	中国机械工业科学技术奖二等奖
25	威海克莱特菲尔风机有限公司	和谐号动车及大功率机车专用风机	国家火炬项目（中华人民共和国科学技术部）
26	无锡压缩机股份有限公司	大型多列迷宫密封压缩机的研制及产业化	中国机械工业科学技术奖二等奖
27	西安陕鼓动力股份有限公司	两座高炉共用煤气余压透平发电装置	中国机械工业科学技术奖二等奖
		高速风洞翼型装置压缩机	中国机械工业科学技术奖二等奖
28	扬州电力设备修造厂、江苏核电有限公司	SDZH 核级阀门电动装置	中国机械工业科学技术奖三等奖
29	浙江超达阀门股份有限公司	灰水黑水灰浆及煤浆用特种金属硬密封球阀	中国机械工业科学技术奖二等奖
30	浙江大学、浙江科尔泵业股份有限公司、合肥通用机械研究院	大型高压多级离心泵技术研究与工业应用	中国机械工业科学技术奖二等奖
31	浙江石化阀门有限公司	高压超高温三通换向阀	中国机械工业科学技术奖三等奖
32	中国船舶重工集团公司第七一一研究所	苯乙烯尾气螺杆压缩机组	中国机械工业科学技术奖三等奖
33	中国科学院沈阳科学仪器研制中心有限公司	涡旋干式真空泵	中国机械工业科学技术奖二等奖
34	中核苏阀科技实业股份有限公司、上海核工程研究设计院	比例喷雾阀	中国机械工业科学技术奖二等奖
		核一级电动截止阀	中国机械工业科学技术奖三等奖
		核二级浮动球气动球阀	中国机械工业科学技术奖三等奖
		核二级气动直通式隔膜阀	中国机械工业科学技术奖三等奖
35	重庆通用工业（集团）有限责任公司	6—39—B 曲叶片风机	重庆市第一批重点新产品
		BCD 系列曝气风机	重庆市第一批重点新产品、重庆市科学技术成果三等奖
		LDCS—P 系列离心式制冷机	重庆市优秀新产品二等奖
36	淄博水环真空泵厂有限公司	2BEC120 超大抽气量高效水环真空泵	中国机械工业科学技术奖二等奖
37	淄博真空设备厂有限公司	SVP 型真空压力复合型气体压缩输送系统	中国机械工业科学技术奖三等奖

2010年通用机械行业节能新产品

序号	单位名称	产品名称	产品主要特点	主要应用领域
1	北京华怡净化科技研究所有限公司	HY—1.46S高效小型智能化风机	与进口产品相比，节电60%，噪声下降3dB；人体感应调节风压、风量、速度	医院净化室用
2	甘肃省白银风机厂有限责任公司	SCF—18.5C除尘风机	采用无前后盘叶轮，风机对水雾化后进行除尘，效率85%	有色金属冶炼、排烟除尘系统
		ZYL№9C砖窑专用离心引风机	采用V带传动，根据不同要求调节风机工作点，叶轮为后向弯曲型叶片，效率为86%	砖窑除尘系统
3	广东省佛山水泵厂有限公司	CBF300—2 ~ CBF810—2水环真空泵	与液环泵产品比较，所消耗的功率降低10% ~20%；按平均每台泵功耗降低15kW估算，则1年（按300天计算）节省电量约5 400万kW·h，能耗低、节能显著	石油化工、烟草行业、造纸工业、制气过程、煤炭及矿业等
		KPS10—300 ~ 130—200单级双吸离心泵	高效节能，低压力脉动，低噪声，运行可靠，维修方便	石化、火电、钢铁、造纸行业循环水输送，自来水输水，集中供热输水，机场、宾馆、楼房等中央空调供水，煤化工、灌区、矿山、新能源、调水工程等领域
4	广州市白云泵业集团有限公司	清水离心泵	高效节能	工业、建筑、市政、生活给排水
5	湖北省风机厂有限公司	C（M）80—1.6/0.901膨胀气离心鼓风机	离心鼓风机采用6级叶轮逐级加压；叶轮组采用高强度不锈钢焊接工艺；机壳前、后密封采用上下中分式高低齿梳状密封，配氮气加压孔，密封效果良好	煤制天然气水分离装置
		C（N）高压氮气循环风机	输送介质压力高（0.4 ~ 0.6MPa）；机壳采用铸钢；叶轮采用高强度不锈钢；机壳前后密封采用迷宫、氮气加压、石墨组合密封方式	60万t甲醇、12万t二甲醚项目变换工段高压氮气循环工艺流程，煤化工行业氮气输送，年产60万t合成氨项目
		D（M）系列焦炉煤气鼓风机	机壳采用叶片扩压器，提高整机效率；叶轮采用后向弧形叶片及整体锻造工艺；转子组主轴采用柔性轴和慢转盘车装置；防腐和密封效果好，运行平稳可靠	年产60万~120万t焦炉装置

（续）

序号	单位名称	产品名称	产品主要特点	主要应用领域
		S型烟气脱硫高速风机	采用单级双吸入支撑设计，同时采用双支撑和下水平进出气，机壳和进气室整体对称结构，风机的使用效率比普通二元设计的风机提高8%～10%，与国内外同等技术水平同类产品相比，具有结构简单、安装操作维护方便、造价低等特点	主要用于火电厂燃煤锅炉和有色冶金行业冶炼烟气脱硫工程，也可用于15万～60万t/a的制酸工艺
		Y5—2×51№31.5F双吸双支撑离心引风机	流量大、调节范围广（60万～140万m^3/h）；机壳钢板焊接，合理剖分，便于维修；叶轮为后向单板型+堆焊耐磨层，耐磨性能优良，叶轮中盘锯齿状切割，有效减小转子组转动惯量，有利于企业节电节能	钢厂大型高炉除尘脱硫项目、电厂除尘脱硫项目
		Y6—2×51№35.5F双吸双支撑离心引风机	流量大、调节范围广（80万～220万m^3/h）；机壳钢板焊接，合理剖分，便于维修；叶轮为后向单板型+进口耐磨板+堆焊高强度耐磨层，耐磨性能优良，叶轮中盘锯齿状切割，主轴采用空心轴，降低了转子组转动惯量，有利于企业节电节能	钢厂大型高炉除尘脱硫项目、电厂除尘脱硫项目、电厂余热回收循环项目
		旋转密封式多级污水处理鼓风机	叶轮采用整体铸铝铸造，叶轮进口圈处铸有36个进口圈齿，采用带有筋板和翅片的轴承座，在轴承座中使用环状板形弹片等新技术、新工艺，与国外同类产品相比，具有噪声小、效率高、结构简单、安装维护方便、使用寿命长、起动运转平稳等特点	主要用于化工、造纸、制药等行业污水处理和城市生活用水净化工程，也可用于煤矿、冶炼行业输送空气等
6	湖南天一奥星泵业有限公司	KDY140—90×4输油泵	高效节能，高出GB/T 13007—1991效率标准8.5%。	用于油田、炼油厂长距离输送原油、成品油
		KDY150—60×4输油泵	高效节能，高出GB/T 13007—1991效率标准7.4%	用于油田、炼油厂长距离输送原油、成品油
		KDY250—114×6输油泵	高效节能，高出GB/T 13007—1991效率标准11.18%	用于油田、炼油厂长距离输送原油、成品油
7	昆明嘉和科技股份有限公司	高温浓硫酸液下泵	节能、高效、无泄漏、可靠性高、寿命长	用于硫酸生产中干燥和吸收循环系统及成品浓硫酸的输送（输送温度≤110℃、硫酸浓度为93%～98%的浓硫酸或浓度≥105%的发烟酸）
		耐腐蚀耐磨蚀泵	采用进口水力模型，国内尚无相应的国家或企业标准，泵效率平均提高3%，配套电动机功率下降2%～5%	适用于磷复肥、烟气脱硫、有色冶金、石油化工等行业
8	山东长志泵业有限公司	TD80—120×10加氢装置用离心泵	取代进口，填补国内空白	石油产品精炼、除磷、除焦、油田注水、高压锅炉给水等行业

（续）

序号	单位名称	产品名称	产品主要特点	主要应用领域
		200KPY—300/150不分流型双壳体油浆泵	选用新型抗磨蚀材料，比同类泵延长使用寿命大约10倍	石化行业炼油厂、煤液化及气化、合成颜料、电厂等行业输送高温、高压、腐蚀、磨蚀性介质
9	山东省章丘鼓风机股份有限公司	MB型叶轮与轴一体式罗茨鼓风机	在引进美国国际先进技术的基础上，再进行创新的高新技术产品。采用先进抗粘磨技术、风机叶轮与轴一体化铸造结构及特殊设计的高效润滑托油盘结构，具有转速高、效率高、成本低、噪声低、占用空间小，操作方便等特点，最高转速可达5 000r/min。	污水处理等行业
		单级高速离心鼓风机	结构设计及制造过程较为复杂，对节能性、安全性要求高，技术含量高，附加值高。叶轮采用国际最先进的三元流气动理论设计，半开式叶轮无前盘，多变效率高达82%，能耗小、重量轻、噪声低；叶轮与高速轴用拉杆连接，靠端面销传递转矩，通过锁紧螺母将叶轮固定，风机轴无键设计，保证高速运行可靠；采用轴向进口导叶及扩压器联运系统，流量调节范围为额定流量的60%～110%，运行效率高	主要应用于污水处理行业，还可用于电力、钢铁、石化以及铸造、核电等行业
		TZJST—300大型渣浆泵	过流件采用变壁厚设计、自循环冷却装置的组合式轴封，无需冷却水系统，泵头部分采用可调式支撑架；具有高效、耐磨、环保、轴封效果好、无泄漏、寿命长、运行平稳及维修方便等特点，性能达到国内先进水平	主要应用于重介质选煤行业，还可应用于矿山、电厂、水利工程、管道输送、水泥输送等行业
10	陕西鼓风机（集团）有限公司	重庆蓬威石化60万t/a PTA项目压缩机组	由汽轮机、离心压缩机、轴流压缩机和尾气透平机组成的同轴四机组；所有设备均为国产化设备；轴流式尾气透平机，可适合180℃的低温工艺，也可适合400℃的高温工艺	PTA领域
11	上海阿波罗机械股份有限公司	6—18核电站混凝土蜗壳海水循环泵	通过国家级鉴定，其水力模型效率超过国外先进水平	用于核电站循环水输送
12	上海鼓风机厂有限公司	2008B型火电站锅炉配套离心通风机	具有高效节能特性，结构合理牢固，具有报警、连锁装置，拆装检修、维护方便	应用于300MW及以上发电机组节能改造项目以及火电、冶金、石化行业
		RTF静叶可调脱硫增压轴流风机	适应电力机组大型化、高效环保发展的趋势，最高效率大于87%，且高效区宽，远程调节精度高，具有多系统报警、连锁装置	应用于300MW及以上发电机组引风机和脱硫装置增压系统风机中
13	威海克莱特菲尔风机有限公司	R3G500无刷直流外转子一体化风机	效率达到87%，比普通电动机提高10个百分点，比高效电动机提高3个百分点，噪声大大降低	高档中央空调

（续）

序号	单位名称	产品名称	产品主要特点	主要应用领域
14	武汉鼓风机有限公司	AL 系列离心通风机	进口流量 50 000 ~ 2 000 000m^3/h，全压 1 ~ 9kPa，进口温度 0 ~ 250℃，效率 80% ~ 85%（高效区宽广，是传统产品的两倍以上）；不需油站，配套少	电站锅炉、冶金、化工、化肥、矿山、建材、气体输送等行业
		MD 系列静叶可调轴流通风机	进口流量 5 000 ~ 50 000m^3/min，静压升0 ~ 10kPa（常温气体）、0 ~ 6kPa（200℃高温烟气），效率 82% 以上（比老产品提高 12%）	电站锅炉、大型隧道、大型高炉及试验风洞等
		ML 系列动叶可调轴流通风机	进口流量 10 000 ~ 100 000m^3/min，静压升 0 ~ 20kPa（常温气体）、0 ~ 10kPa（200 高温烟气），效率 85% 以上（比老产品提高 15%）	电站锅炉、大型隧道、大型高炉及试验风洞等
		D1590—11 离心鼓风机	进口流量 1 590m^3/min，静压升 32kPa，介质为盐雾空气，进口温度 30℃，效率 85%（比老产品提高 5% ~ 10%），电厂脱硫处理的工艺成本大为降低	沿海电厂脱硫风机
		SSH200—1.7 离心鼓风机	进口流量 200m^3/min，静压升 70kPa，介质为空气，进口温度 20，效率 84% ~ 88%（比多级鼓风机和罗茨风机提高 25% ~ 30%）	冶金、火电、城市污水处理及工业废水处理等环保产业
15	浙江明新风机有限公司	负荷可调的高效节能特种风机	叶片为中空机翼型，采用铝合金高压挤压成型，表面经氧化处理在高温环境下不易变形；轮毂为球形双轮毂结构，采用模压成型，与叶片内缘在任何角度都能吻合，满足不同场合要求；风筒采用单边喇叭口、单边法兰设计，采用模压成型能避免锁口现象，减少风机进出口的阻力；电动机防护等级为 IP56，防爆等级为 DⅡBT4，绝缘等级 F 级，电动机出轴处增加一道防护密封圈，电动机后轴加长利于电动机的散热条件；具有噪声小、风量大、风压高、电动机功率小、风机效率高、节能、防腐、防爆等特点，在同等噪声下可增加风量 5% ~ 10%，或同等风量下降低噪声 2 ~ 4dB，并且从系统上实现节能 10% ~ 15%	石化、天然气、钢铁等易燃易爆行业的介质蒸发、冷却，配套在蒸发式冷凝器上
16	中意机电（湖北）鼓风机制造有限公司	BⅡ1400—1.7 空气离心鼓风机	双进气、双支撑，采用三元流技术设计，鼓风机总效率比二元流鼓风机提高 10%	主要应用于煤化工行业，可长期运行（三年不停产检修）
17	重庆通用工业（集团）有限责任公司	CGI 56P2V 风电叶片	额定功率 850kW，环氧乙烯基酯树脂作为基体树脂，采用真空灌注成型工艺叶片壳体一次成型，轻质高强，刚度好；复合材料内阻尼大，抗震性能好，疲劳强度高；叶片耐候性好，完全满足 850kW 风电机组使用要求；维护方便	配套 850kW 风电机组

（续）

序号	单位名称	产品名称	产品主要特点	主要应用领域
		CGI 56P2 风电叶片	额定功率850kW，环氧树脂作为基体树脂，采用真空灌注成型工艺，叶片壳体一次成型，轻质高强，刚度好；复合材料内阻尼大，抗震性能好，疲劳强度高；叶片耐候性好，完全满足850kW风电机组使用要求；维护方便	配套850kW风电机组
		CGI 93P3 风电叶片	额定功率2.0MW，环氧树脂作为基体树脂，采用真空灌注成型工艺，轻质高强，刚度好；复合材料内阻尼大，抗震性能好，疲劳强度高；叶片耐候性好，完全满足2.0MW风电机组使用要求；维护方便	配套2.0MW风电机组
		BCD190—1.65/1.00、BCD160—1.65/1.03离心式鼓风机组	三元流气动性能设计，匹配最佳的整个流道设计，整机效率86%；全面改进常规结构布置，安装方便、易于制造、易于质量控制；新型调节系统实现了大范围、高效率的调节；压缩后介质无油设计解决了压缩介质的含油问题；剖分蜗壳设计，安装方便，保证了制造精度和联结的可靠性；新型轴承采用全新结构，稳定性提高，保证了机组运行的更高稳定性及可靠性；首次采用转子组的超长悬臂设计，为转子设计开创了又一种新的设计选择并验证了其可行性；首次采用多种软件强度分析，对机组实现了成本、重量、材料、强度等各个因数的合理设计和选择	应用于环保、钢铁、矿山等多个领域，在环保污水处理曝气环节中用量最大，是当前国内替代进口的首选产品
		EⅡ100—43/1.0多轴高压离心式压缩机	整体组装，安装维护方便；更接近等温压缩的过程；优良的气动性能；工况调节范围更宽；高性能气封油封，保证工艺气无油压缩；转速高达5.5万r/min的高转速叶轮轴设计；叶轮采用高强度不锈钢材质	PET、空分、冶金、钢铁、建材、石油化工、电力、污水处理、医药等行业
		KLDAJS—C氨离心式制冷机组	机壳为铸钢材质，能保证足够的刚度、强度，并且具有良好的气动传导性；叶轮采用高效率的叶型设计，型线采用美国CONCEPTS NREC公司先进叶轮设计程序计算，叶轮效率高，稳定工况范围宽；径向轴承为5瓦块可倾瓦轴承，承载能力大，调中适应性好，抗油膜振荡能力强，每个轴承均设有测温、测振元件，随时监测机组在运行过程中的温升、振动和位移状况，充分保证机组平稳可靠地运行；压缩机进口密封、平衡盘密封、级间密封和叶轮轮盖密封采用梳齿密封；压缩机缸体两端的轴端密封采用串联式带中间密封的干气密封，密封优质、稳定、可靠，既保证氨气不向外泄漏，也可以防止润滑油进入氨压缩机气路系统	石油、化工行业

（续）

序号	单位名称	产品名称	产品主要特点	主要应用领域
		LDCS150（—35）—P低温离心式制冷机	制冷机组各项技术先进，机组采用享有专利的电动机两端驱动结构，压缩机由双级机头和单级机头组成，布置于驱动电动机两端；压缩机为三级压缩，三级叶轮均采用闭式三元叶轮；压缩机集成于机组蒸发器和冷凝器上方，结构紧凑；机组采用微机全自动控制系统，调节灵敏，保护措施完美。电动机两端驱动的离心式制冷机设计技术获得《实用新型专利证书》，专利号ZL2005 20010123X。机组在LDC系列制冷机基础上，吸取了引进日立机组的各项优点，并经过美国最先进的NREC气动设计软件优化设计而形成的三级压缩低温制冷机。机组蒸发器出口冷冻水温度-35℃是当前以环保工质R22作制冷剂的离心式制冷机所能达到的最低温度，处于国内先进水平	应用于石油、化工、生物制药和食品等行业生产工艺过程低温制冷的需要，特别在氯碱化工的低温冷供冷工艺中用量最大，是当前国内替代进口的首选产品
		5—38干熄焦风机	使用国际先进的CFD软件优化设计，采用平前盖结构叶轮，双向可调间隙进口密封结构，产品结构紧凑、新颖，运行安全可靠，密封效果好，制造工艺性好，有利于提高高强度材料制造的风机安全可靠性；叶轮易磨损部位采用自动堆焊耐磨合金，硬度≥62HRC，提高了风机使用寿命	水泥、钢铁、化工、有色金属及其他采用烧结工艺的相关领域
		机械蒸汽再压缩（MVR）风机	采用先进软件（CFturbo叶轮机械数值化设计软件）进行设计，流场分析软件（FINETM/Turbo）进行风机性能验算及分析，Solidworks Cosmosmotion三维有限元方法对叶轮进行强度、位移、应变、模态的分析，确保研发的机组效率更高、运行平稳、可靠；替代进口，推动三峡库区生态建设；MVR技术具有建设方式灵活（可以小型化）、处理方式统一、适应场合广泛、处理能力强、占地面积小、系统维护和总运行成本较低、经济性较好等优点	国外MVR污水处理技术已经广泛地应用于食品加工、化工生产等重度污染领域或需要浓缩物料的工艺流程
		BCD系列曝气风机	采用美国先进的NREC软件优化气动设计；配用独立驱动联合能量调节系统（正在申请国家专利），机组效率高且运行区宽；高速旋转过盈配合铝合金密封，保证了稳定性和密封效果；含油介质抽气隔离结构确保了压缩机介质彻底无油；产品压比达到1.9，效率达到85.5%，主要性能指标达到或超过国外先进机组，完全可替代进口产品	主要用于日均8万t以上的大型污水处理厂

（续）

序号	单位名称	产品名称	产品主要特点	主要应用领域
		6—39—B 曲叶片风机	采用国际先进的 CFD 软件，对整机进行气动优化设计；叶轮采用等减速设计，叶片为双曲线型，减少气流在叶轮内部的流动损失；对风机静止件（进风口）与转动件（叶轮）进行匹配优化设计，改变进风口型线、进风口进气角度，风量调节范围广，提高了风机整机效率；与引进的 BB50（英国豪登）风机比较，效率可以提高 4.5%；主要性能及可靠性达国际先进水平，可以全面替代进口产品	化工、纺织、钢铁、冶金、矿山、水泥、建材、化肥、污水处理等行业
18	淄博真空设备厂有限公司	JSKA353—590 闭式循环真空机组	自动化程度高，操作安全、简便，噪声小，结构紧凑，占地面积小，工作液消耗量少，减少废水排出；采用防汽蚀结构、抽速高，功耗低	电力、石油、化工、食品、制药等基础工业
		LY—30 氯气压缩机	采用了薄壁零件变形处理和过流部件表面防腐处理等工艺，采用惰性气体密封结构，提高了产品的运行效率和可靠性；技术性能指标达到了国际同类产品的先进水平；在整个工作范围内与同类压缩机相比功率消耗低 3%～15%	化工、制药、煤矿等行业的氯气输送
		LYD—720 单级双作用锥体压缩机	通过叶轮优化设计，解决了压缩气体时液环产生涡流而导致气量减少的问题；叶轮与轴连接采用悬臂结构，单端密封，漏点少，密封可靠；锥体分配器采用径向吸排气结构，且两组吸、排气口有机结合在分配器上；轴承为润滑油润滑，改善轴承润滑冷却效果，提高了产品的运行效率；技术性能指标达到了国际同类产品的先进水平；在整个工作范围内与同类压缩机相比功率消耗低 5%～13%	石油化工、制药、煤矿等行业的易燃、易爆气体的压缩和输送
		SKA405 水环真空泵及压缩机	效率高、节能效果显著；与传统的水蒸气喷射泵和水喷射泵相比，低真空的抽吸能力大，功率消耗低 20%～30%，并且配置简化，无环境污染，节约用水 80%，每台 SKA405 年节电 30 万～69 万 kW·h	电力、石油、化工、食品、制药等基础工业
		SKC3002 锥体液环真空泵及压缩机	独特的喷嘴节能技术，降低能耗，节能效果明显；比 SK 平面泵节能 18%；每台年节电 19 万 kW·h；在抽吸饱和气体时，锥体泵比平面泵节能 28%，年节电 28 万 kW·h	煤炭、电力（烟气脱硫）、化工、造纸等行业粗抽真空系统
		2SAT3004 双级锥体液环真空泵	抽速大，效率高，消耗功率小，节能效果明显	电力、石油、化工、食品、制药等行业的高真空系统

（续）

序号	单位名称	产品名称	产品主要特点	主要应用领域
		2LYG—600双击双作用锥体压缩机	通过叶轮优化设计，解决了压缩气体时液环产生涡流而导致气量减少的问题；叶轮与轴连接采用悬臂结构，单端密封，漏点少，密封可靠；锥体分配器采用径向吸排气结构，且两组吸、排气口有机结合在分配器上；轴承为润滑油润滑，改善轴承润滑冷却效果，提高了产品的运行效率；技术性能指标达到了国际同类产品的先进水平；在整个工作范围内与同类压缩机相比功率消耗低6%～14%	石油化工、制药、煤矿等行业的易燃、易爆气体的压送及氯气的常温液化

大事记

记载2010年通用机械行业重大事件

Recording the major events of general machinery industry in 2010

综述
行业概况
产品进出口
企业概况
统计资料
产品与项目
大事记
附录

中国通用机械工业年鉴2011

大事记

2010年中国通用机械工业大事记

2010 年中国通用机械工业大事记

1 月

1 日 经过近 10 年的努力,涵盖 19 亿人口、1 400 万 km^2 土地的中国—东盟自由贸易区正式建成,中国与东盟相互开放市场,取消 93% 的商品贸易关税。中国—东盟自由贸易区是当前世界上人口最多的自由贸易区,也是发展中国家间最大的自由贸易区;是中国对外商谈的第一个自由贸易区,也是东盟作为整体对外商谈的第一个自由贸易区。中国—东盟商务理事会在中国—东盟自由贸易区建设中发挥了积极的促进作用,是中国与东盟五大对话合作机制之一,是中国与东盟代表商界的合作对话机制。经中国—东盟商务理事会邀请及中国通用机械工业协会推荐,中国通用机械工业协会副会长兼秘书长张雨豹、沈阳鼓风机集团有限公司董事长苏永强、陕西鼓风机(集团)有限公司董事长印建安、大连大高阀门有限公司董事长于传奇、山东双轮集团股份有限公司副总裁王波、上海凯泉泵业集团有限公司副总裁黄海出任了中国—东盟商务理事会中方理事单位和理事。

8 日 北京华怡净化科技研究所有限公司与浙江大学流体研究所在多次沟通交流的基础上签订了合作协议书,决定紧密协作,发挥优势,为流体机械的节能减排工作做出贡献。

16 日 我国最大的百万吨乙烯单套装置——天津石化百万吨乙烯装置一次开车成功,生产出合格产品。天津百万吨乙烯装置中,沈阳鼓风机集团有限公司提供的裂解气压缩机投入正常运转。这是第一套国产化百万吨乙烯机组,沈阳鼓风机集团有限公司不仅成为我国第一家自主研制百万吨乙烯机组的企业,而且进入到世界少数几家独立研制百万吨乙烯机组厂商的行列。

18 日 中国通用机械工业协会在桂林召开了“会长办公会暨秘书处年终总结会”。会长、副会长、秘书处全体工作人员及分会秘书处代表等 58 人参加了会议,会议由隋永滨会长主持。泵业分会、风机分会、压缩机分会、阀门分会、气体分离设备分会、真空设备分会、分离机械分会、减变速机分会、干燥设备分会及气体净化设备分会等 10 个分会以及秘书处、综合部、人力资源部、展览部、国际合作部、信息规划部和科技标准部分别汇报了 2009 年工作总结及 2010 年工作计划;秘书长张雨豹向大会报告了 2010 年重点工作计划;副秘书长宋银立作了“2010 年中国国际流体机械展览会”工作汇报;信息规划部李多英、刘妍,科技标准部郭华桥分别作了行业统计与信息工作、会刊与网站的工作及“中国通用机械行业科技进步贡献奖”表彰与申评工作等专题汇报;国家能源局能源节约和科技装备司黄鹂副司长出席会议并作了有关中国能源形势分析及预测的重要讲话。与会会长、副会长和有关代表及秘书处工作人员围绕协会工作和行业发展进行了热烈的讨论。最后,会长隋永滨作了总结讲话,介绍了国际、国内机械工业 2009 年度的经济运行形势、面临的问题、对 2010 年的预测以及在国家重大项目中通用机械行业应该把握的机会和应该重点攻关的难点等,并对协会 2010 年度工作计划作了重要指示。

19 日 由中国通用机械工业协会主持的通用机械行业“十二五”发展规划研讨会在桂林召

开。参加“会长办公会暨秘书处年终总结会”的各位代表及特邀的20多位行业专家共同出席了研讨会。协会副秘书长钱家祥汇报了“十二五”发展规划的起草工作以及完成的初稿情况，会长隋永滨就做好“十二五”发展规划及通用机械行业发展趋势作了重要讲话。与会代表针对如何做好“十二五”发展规划以及提交的初稿进行了热烈有效的讨论并向秘书处提交了修改意见。

20日 沈阳鼓风机集团有限公司与GE公司举行合资签字仪式。在沈阳市市长陈海波，GE公司副总裁、中国区总裁、首席执行官罗邦民见证下，沈阳鼓风机集团有限公司总经理孔跃龙和GE油气集团业务发展总经理费尔南多·贝托尼，共同签署合资协议，揭开了两大集团携手开拓国内外压缩机类产品市场的序幕。沈阳市副市长王英、铁西区区长李松林等市、区领导和沈阳鼓风机集团有限公司董事长苏永强出席了签字仪式，沈阳鼓风机集团有限公司常务副总经理马诚主持了签字仪式。此次签约，GE公司将投资参股沈阳鼓风机集团有限公司的核心企业——沈阳透平机械股份有限公司，持股比例为5%，并向沈阳鼓风机集团有限公司转让天然气输送管线机械驱动燃气轮机和离心压缩机相关技术。同时，双方还对进一步合作达成共识，未来将加强技术引进与合作，提高GE公司参股比例。

21日 陕西鼓风机(集团)有限公司举行首台汽轮机研制成功庆祝仪式，西安市副市长黄省身与陕西鼓风机(集团)有限公司董事长印建安为首台汽轮机研制成功庆祝仪式剪彩。截至2010年末，陕西鼓风机(集团)有限公司汽轮机已经实现订货25台(套)。

26日 开山集团研发的首款冷媒螺杆压缩机在开山上海临港工业园冷媒实验室试车成功。冷媒螺杆压缩机秉承了世界领先的结构设计理念，采用开山集团北美研发中心的专利技术和核心工艺，COP(能效比)全球领先，经济效率高，油分效率高，噪声低，振动小，独特的油滤结构设计使得维护保养更加方便，且结构紧凑、外形尺寸小，方便空调机组设计。

27日 在四平市经济工作会议上，四平鼓风机股份有限公司被授予纳税突出贡献企业(位列全市第六位)和技术进步先进企业，董事长施云蛟被授予纳税功臣。

月内 江西惟思特科技发展公司自主研发的无油涡旋空压机经国家压缩机检测中心检测各项指标全部合格，与此前唯一拥有此项技术的日本原装压缩机相比，三项关键指标中有两项超过进口压缩机。这标志着我国已打破日本公司生产技术的垄断，成为全面掌握无油涡旋空气压缩机生产技术的国家，江西惟思特科技发展公司也成为世界上第二家全面掌握该项技术的生产企业。

2月

1日 陕西鼓风机(集团)有限公司成功中标绵阳气动中心气动试验1号主、辅压缩机组项目。该项目的签订为陕西鼓风机(集团)有限公司提升超大型压缩机技术研发能力创造了良好开端。在风洞压缩机市场方面，陕西鼓风机(集团)有限公司从2006年开始与用户交流，到2010年签订合同，公司在确保“可行性、可靠性、经济性、先进性”的原则下，多次与用户研讨论证，优化方案，得到了用户高度评价。

2日 四平市总工会召开三届九次全委(扩大)会议，四平鼓风机股份有限公司工会被授予模范职工之家，工会主席高光辉被授予优秀工会干部荣誉称号。

3日 吉林日报刊登了《吉林省人民政府关于表彰2009年度全省民营经济腾飞竞赛活动先进县、十佳中小企业社会服务机构和百强民营企业的决定》，四平鼓风机股份有限公司被授予吉林省百强民营企业。

8日 中国通用机械工业协会组织召开了“大型火电站阀门国产化座谈会”。中国通用机械工业协会隋永滨会长、国家能源局能源节约和科技装备司黄鹂副司长出席座谈会，并就组织推进大型火电站阀门国产化的重要意义、如何开展组织推进工作、国产化目标、工作计划和措施等分别作了重要讲话。哈尔滨锅炉阀门制造有限公司、中核苏阀科技实业股份有限公司、大连大高阀门有限公司、华夏阀门有限公司(原自贡东锅阀门)、武汉锅炉集团阀门有限责任公司、河南开封高压阀门有限公司、北京阀门总厂集团有限公司等企业应邀参加了座谈会，并就本企业火电站阀门开发、生产、经营、技术改造情况以及火电站阀门国产化存在的问题、对策建议等进行了发言和讨论。会议由中国通用机械工业协会副会长兼秘书长张雨豹主持，副秘书长宋银立、钱家祥同时参加了会议。

21日 四平市委书记王克成在市委常委、秘书长杨枫，市委常委、常务副市长王振才，市政府副秘书长、市工业与信息化局局长马占清及工业与信息化局7位副局长等领导陪同下到四平鼓风机股份有限公司调研，了解企业的生产经营情况。公司董事长、党委书记施云蛟，总经理焦书平，副总经理毕世平接待了市领导，并陪同市领导参观了生产现场。在听取施云蛟关于企业生产经营情况和下步工作打算之后，王克成代表市委对公司取得的辉煌成就给予充分肯定，表示祝贺，并对企业下步工作提出了希望。

23日 江西惟思特科技发展公司在丰城工业园举行无油涡旋压缩机生产基地开工奠基仪式。该项目总投资12亿元，建成后企业将年产无油涡旋空气压缩机30万台，核心企业产值将达到50亿元，配套企业产值将达到14亿元。此前，已经有5家配套企业成功落户丰城工业园，其中的3家配套企业已经正式投产。这意味着一条较为完备、技术领先的无油涡旋空压机产业链和产业化基地在丰城已初步形成。

24日 在济南市科技进步表彰暨创新型城市建设大会上，山东省章丘鼓风机股份有限公司“新型高效ZG型三叶罗茨鼓风机”荣获济南市技术发明奖二等奖(列第一位)；“章鼓”商标荣获“山东省著名商标”称号。

27日 我国首座、也是亚洲首座大型海上风电场——东海大桥海上风电场全部344台风机安装取得圆满成功，这标志着我国海上风力发电产业稳健迈出了第一步。东海大桥风电场是我国自行设计、建造的首座大型海上风力发电场，由34台国内单机功率最大的离岸型风电机组组成，总装机容量10.2万kW，设计年发电利用小时数2 624h，年上网电量2.67亿kW·h，项目总投资23.65亿元。项目建成后，与燃煤电厂相比，每年可以节约8.6万t标准煤，减排二氧化碳23.74万t，节能减排效益显著。

月内 开山集团Kaitain系列11款螺杆空气压缩机通过了国家节能认证，具体机型为JN18.5—8、JN22—8、JN30—8、JN37—8、JN45—8、JN55—8、JN75—8、JN90—8、JN110—8、JN132—8和JN200—8。新产品LGCY—16/17型单级压缩高压柴油移动螺杆空气压缩机通过了工业性试验，各项技术指标全面达到设计要求，综合性能处于世界领先水平，与开山集团原有的LGCY—18/17型两级压缩柴油移动螺杆空气压缩机相得益彰，为用户多提供了一种选择。

3月

5日 济南市政协、市经济和信息化委员会等组成的联合调研组在政协副主席杨庆林、章丘市政协主席岳庆林的陪同下到山东省章丘鼓风机股份有限公司参观调研，主要调研机械装备产业集群发展情况。

7~8日 中国通用机械工业协会风机分会受机械工业节能与资源利用中心的委托，在沈阳组织召开了2010年第一批节能机电产品评审会议，机械工业节能与资源利用中心李振清、蔡志琴和中国通用机械工业协会副秘书长钱家祥等领导以及行业企业专家参加了会议。沈阳鼓风机集团有限公司副总工程师陈凤义、陕西鼓风机（集团）有限公司副总工程师张三元、重庆通用工业（集团）有限责任公司总工程师张剑鸣、上海鼓风机厂有限公司设计室主任杨知寰等人组成了专家评审小组。陕西鼓风机（集团）有限公司C型离心鼓风机，重庆通用工业（集团）有限责任公司6—20机械蒸汽再压缩风机、5—38干熄焦循环风机、BCD300—1.9/1.00曝气离心鼓风机、6—39等减速曲叶型离心通风机，沈阳鼓风机通风设备有限责任公司TAR1400/500—11地铁轴流风机等6种产品，申报资料齐全，符合GB 19761—2009《通风机能效限定值及能效等级》和《离心鼓风机能效限定值及节能评价值》标准的要求，由风机分会整理后上报机械工业节能与资源利用中心。为了加大风机行业节能产品的推进力度，进一步促进风机行业节能产品的良性发展，会议还就申报节能产品的性能试验报告事宜形成了一致意见。鉴于风机行业的专业性，为了保证产品试验的准确性和评审的公正性，申报的节能风机产品应由机械工业风机产品质量监督检测中心出具节能产品的性能试验报告。对于较大型且不宜运输的产品，机械工业风机产品质量监督检测中心应指派专人到申报企业进行检测；有些企业委托当地检测部门（省、部级）检测时，应及时通知机械工业风机产品质量监督检测中心同时进行。

13日　国家能源局能源节约和科技装备司黄鹂副司长、中国机械工业联合会特别顾问隋永滨带队的天然气长输管道关键设备国产化重大专项调研组一行9人赴沈阳鼓风机集团有限公司就承担天然气长输管道关键设备国产化重大专项首台（套）燃驱和电驱压缩机组成套任务进展情况进行调研，并提出长输管道机组要达到世界级水平的希望。

16日　中国机械工业联合会专家委员会召开了“2010年3月份机械工业经济运行形势专题研讨会”。会议主题为人民币升值对我国机械工业的影响。与会专家各抒己见，分别讨论了人民币升值对机械各行业的积极影响和消极影响，并提出了相应的意见和建议。

17日　山东省经济和信息化委员会领导一行到山东省章丘鼓风机股份有限公司参观，对工业经济运行和工业结构调整情况进行专题调研。

19日　四川日机密封件股份有限公司与中科华核电技术研究院联合研发的压水堆核电站核二、三级泵用机械密封样机通过鉴定。样机的研制成功满足了技术规格书的要求，填补了国内空白，并达到了国外先进水平，标志我国已成功掌握该技术。通过鉴定的样机为二代加压水堆核电站核二、三级泵用机械密封样机，是国内首台同类产品的机械密封样机。机械密封是核级泵上与水力模型、轴承并列的三大关键技术之一，长期以来，由于国内不能自主制造，在建电站的核级泵机械密封全部依赖国外进口。具有自主知识产权的核电机械密封技术，对于加快我国核电建设，改善能源结构，节能减排等方面的工作将起到积极的促进作用。

20日　中国通用机械工业协会阀门分会在杭州召开了第六届会员大会第一次会议暨第六届理事会第一次会议。国家能源局能源节约和科技装备司黄鹂副司长、中国通用机械工业协会隋永滨会长、中国通用机械工业协会张雨豹副会长兼秘书长出席了会议。会议经选举产生了第六届理事会。

23日　欧盟委员会发布公告称，由于成员国内企业未对原产于中国的空气压缩机提起反倾销日落复审申请，因此决定自2010年3月21日起正式取消该反倾销措施。涉案产品在欧盟合并关税编码为ex84144010、84148022、ex84148028、ex84148051等。2006年12月，欧盟对原产于中国的空气压缩机进行反倾销立案调查；2008年3月，欧盟对此案作出肯定性终裁。

25日　章丘市人大主任李玉新带领人大常委会成员一行来到山东省章丘鼓风机股份有

限公司调研科技创新工作，了解企业技术进步工作开展情况，对公司重视科技创新、不断吸引高端人才加盟一系列创新政策的实施给予了充分肯定。

28日 国家发展和改革委员会副主任、国家能源局局长张国宝一行，由辽宁省委常委、常务副省长许卫国，省委常委、沈阳市委书记曾维，市长陈海波和市领导顾春明、王英陪同考察沈阳鼓风机集团有限公司，集团领导苏永强、孔跃龙、王学军、孙玉山等陪同参观了生产现场。张国宝详细了解了企业的最新发展情况，并对沈阳鼓风机集团有限公司有序推进AP1000核主泵项目及西气东输机组国产化给予了充分肯定。张国宝说，沈阳鼓风机集团有限公司走在改革、振兴的前列，多年来承担了多项国家重点建设项目和重大装备任务。我国的西气东输工程当前刚刚起步，压缩机等设备大量依赖进口，沈阳鼓风机集团有限公司在技术上取得的突破，对于打破国外企业垄断，发展我国的能源工业和其他产业都具有重大意义。西气东输管道公司等用户与沈阳鼓风机集团有限公司合作，将有力推进相关设备的国产化。张国宝还希望沈阳鼓风机集团有限公司继续开展科技创新，并对沈阳鼓风机集团有限公司“建设大型输气管线压缩机试验台和LNG压缩机试验台”项目表示大力支持。

4月

7日 吴江市东吴机械有限责任公司与中科华核电技术研究院有限公司签订了百万千瓦级核电主蒸汽安全阀样机开发技术服务合同，这标志着百万千瓦级核电主蒸汽安全阀国产化样机研制正式开始。

7～14日 陕西鼓风机（集团）有限公司总经理李宏安代表公司赴韩国参加现代制铁公司5 250m³ 高炉点火的庆功典礼。世界各地3 000余人齐聚韩国现代制铁唐津高炉现场。在庆功会上，陕西鼓风机（集团）有限公司获得了韩国现代制铁公司授予的优秀供应商奖章。

8日 沈阳鼓风机集团有限公司“百万千瓦级核电站用上充泵样机”通过了国家有关部门的鉴定。上充泵是核电站非常关键的核二级泵，其重要性仅次于核主泵，其技术难度高于所有核级泵。百万千瓦级核电站用上充泵样机通过鉴定标志着沈阳鼓风机集团有限公司与中广核工程有限公司2007年7月21日签署的“CPR1000核二级泵国产化研发合作协议书”中的核二级5种泵国产化样机研制全面完成。受国家能源局委托，中国机械工业联合会主持会议，国家能源局能源节约和科技装备司黄鹂副司长、中国机械工业联合会特别顾问隋永滨、重大装备办主任叶大蓉及中国核电工业集团公司等相关专业技术专家应邀出席会议，中广核工程有限公司有关领导、技术专家和沈阳鼓风机集团有限公司苏永强董事长、王学军总工程师、集团核电公司于洪昌总经理及相关协作单位的主要领导参加会议。与会专家和代表通过参观上充泵试验现场、听取研发情况汇报和审核全部技术文件、资料，认定沈阳鼓风机集团有限公司自主研发的核二级上充泵研制获得成功，性能指标达到了国际先进水平，一致同意通过鉴定。沈阳鼓风机集团有限公司下一步还将与中广核工程有限公司联合攻关，实现核二级汽动辅助给水泵、常规岛主给水泵的国产化，以期尽早实现CPR1000核电站用泵100%国产化。

12～21日 应日本阀门协会邀请，中国通用机械工业协会阀门分会宋银立秘书长任团长的中国阀门协会制造业考察团赴日本考察，先后考察了日本山武株式会社、富士金株式会社、东亚株式会社、巴阀门株式会社和奥村机械制作株式会社5家阀门企业，并与日本阀门协会进行了技术交流。

13日 由中国机械工业联合会和中国机械工业企业管理协会联合召开的“机械工业现代化企业示范工程表彰大会”在北京隆重举行，大耐泵业有限公司等10家企业荣获2009年机械工业"管理进步示范企业"称号。

19 日 无锡压缩机股份有限公司的 GBS120/0509 无油气体增压机通过专家技术鉴定，可投入小批量生产。无油气体增压机是无锡压缩机股份有限公司在吸取国外先进技术基础上自行研制的又一个高技术含量的新产品，具有体积小、压力高、可变性大、制造维护成本低的优点，可广泛适用于高压充氧充氮等气体增压装备之中，有着良好的市场前景。

★ 沈阳鼓风机集团有限公司为中国石化镇海炼化分公司 100 万 t/a 乙烯装置提供的丙烯压缩机（H856）投料开车成功，各项指标达到设计要求，最大振动值不超过 10.2μm，并进入工艺流程，生产出合格的乙烯产品。

20～23 日 中国通用机械工业协会风机分会在武夷山市召开了统计资料汇总审核会议，有 15 家单位 18 名企业综合统计及有关领导参加会议。会议主要对 2009 年度企业统计报表、各项经济技术指标汇总、企业经济效益综合指数和主要经济指标排序、中国通用机械工业协会网上报表等进行了审核。

25 日 沈阳鼓风机集团有限公司"徐强班组"被省政府授予"辽宁省优秀班组"称号，"百万吨级乙烯装置用裂解气压缩机组项目"荣获"辽宁省职工十大创新成果奖"。

27 日 沈阳鼓风机集团有限公司徐强，陕西鼓风机（集团）有限公司董事长、党委书记印建安当选全国劳动模范，并参加了全国劳动模范表彰大会。

28 日 中国机械工业联合会在北京新闻大厦召开"中国机械工业百强企业、汽车工业三十强企业信息发布会"。通用机械行业沈阳鼓风机集团有限公司、陕西鼓风机（集团）有限公司、杭州制氧机集团有限公司、开山集团 4 家企业入围中国机械工业百强企业。

★ 西安陕鼓动力股份有限公司在上海证券交易所成功挂牌上市，成为 2010 年以来第二家登陆主板的陕西上市公司。陕西省副省长吴登昌、国家能源局能源节约和科技装备司副司长黄鹂、西安市副市长黄省身与西安陕鼓动力股份有限公司董事长印建安共同敲响了西安陕鼓动力股份有限公司上市的锣声，实现了陕西鼓风机（集团）有限公司几代人的梦想。

5 月

15 日 山东省委常委、济南市委书记焉荣竹，济南市委秘书长孙晓刚在章丘市委书记毕筱奇、市长江林的陪同下到山东省章丘鼓风机股份有限公司调研，深入车间一线参观视察，了解企业的经营情况，并对该公司各项工作给予了充分肯定。

27 日 推进超临界及超超临界火电站阀门国产化座谈会在北京举行。中国通用机械工业协会秘书长张雨豹、副秘书长兼阀门分会秘书长宋银立、阀门分会专家委副主任李学忱和中核苏阀科技实业股份有限公司、北京阀门总厂集团有限公司 、河南开封高压阀门有限公司、吴江市东吴机械有限责任公司、华夏阀门有限公司、上海自动化仪表厂、大连大高阀门有限公司、哈电集团哈尔滨电站阀门有限公司和上海阀门厂有限公司等单位领导和专家出席会议。会议主要讨论撰写《推进超临界及超超临界火电站阀门国产化报告》的相关事宜，研究推进超临界及超超临界火电站阀门国产化措施。

30～31 日 2010 年中国通用机械工业协会压缩机分会理事扩大会在四川成都隆重召开，全行业的企业家、专家学者及业内人士 100 余人齐聚一堂，共商行业发展大计。会议期间，各位理事认真听取了压缩机分会秘书处关于换届的前期准备工作和新入会会员单位的情况介绍，为换届大会的顺利召开做好了充分的准备。国家能源局能源节约和科技装备司黄鹂副司长做了"中国能源形势分析预测"的报告，指明了能源诸多产业的发展方向，对压缩机行业企业生存和发展具有极其深远的指导意义。中国机械工业联合会总工程师、中国通用机械工业协会会长隋永滨对本次大会的召开给予了充分肯定，并做了重要讲话。他指出，压缩机行业创新能力仍显不足，基础技术研究缺乏，如何提高行业的创新能力，建设创新体系，让产、学、研的结合上升到一个新的阶段，加快产业结构调整，是摆在我们面前的紧迫任务，大家要以新的观念、新的心态与协会一起研究行业发展方式，培养出具有国际竞争力的品牌和中、小型压缩机尖端企业。中国通用机械工业协会副秘书长兼压缩机分会秘书长钱家祥通报了机械产品节能、产业结构调整、机械产品品牌建设及中石油物资采购等相关信息。台州环天机械有限公司、上海柏能电机技术有限公司、阿特拉斯·科普柯(上海)贸易有限公司以及贝克欧(上海)国际贸易有限公司介绍了本企业新产品研发和管理的先进经验。会后，与会代表赴四川大川压缩机有限责任公司、四川空分设备(集团)有限责任公司及四川金星压缩机有限公司观摩学习。

6 月

5 日　沈阳申元气体压缩机有限公司为山西晋煤集团生产制造的 8M80 氮氢气压缩机正式下线。该压缩机组是在成功研制 7M50 系列合成氨用氮氢气压缩机组基础上，携手科研单位攻克大直径活塞杆高压密封等多个难题后取得的又一次技术突破，轴功率消耗、每立方米功耗均优于进口压缩机标准，标志着我国成为全面掌握大型氮氢压缩机生产技术的国家之一。

★　江西气体压缩机有限公司承担的 2009 年江西省重点新产品计划项目“无润滑二氧化碳压缩机”(计划编号：200920715900)和科技成果“无润滑二氧化碳压缩机关键技术的研制与应用”项目在南昌市通过专家鉴定，项目产品符合国家产业政策发展方向，符合低碳经济要求，具有显著的经济和社会效益，市场前景广阔。

★　重庆气体压缩机厂有限公司的 BZ34—1 油矿新增天然气压缩机投入运行，标志着 BZ34—1CEPA 平台向着天然气零排放的宏伟目标进一步迈进。

8 日　西安陕鼓动力股份有限公司试车站控制中心发出了起动 21 000kW 电动机的信号，试车过程中，电动机输出功率最大达到了 23 350 kW。经过 4h 的运行，整个系统试车圆满成功，陕西鼓风机(集团)有限公司试车电动机功率首次达到21 000 kW，标志着西安陕鼓动力股份有限公司在透平装备的测试能力方面有了突破性进展，试车能力又跨上了一个大台阶。

12～13 日　由上海阿波罗机械股份有限公司牵头，与杭州汽轮机股份有限公司、中国核电工程有限公司共同研制的核电站汽动辅助给水泵通过了国家级样机鉴定。

23 日　江苏神通阀门股份有限公司股票正式在深交所上市交易，公司举行了隆重的上市仪式。

30 日　中石化大型乙烯装置加氢阀门国产化论证会在北京召开，会议邀请了几位阀门行业权威专家和设计院专家出席。与会代表讨论后一致认为 1 500 磅级加氢阀门完全可以实现国产化，2 500 磅级加氢阀门也可以部分实现国产化。这次会议的召开将进一步促进大型乙烯装置加氢阀门的国产化工作。

7 月

1 日　我国自主研发的技术先进、当前容量最大的风力发电机组——3. 6MW 大型海上风机在上海电气临港重装备基地成功下线。这台由上海电气风电设备有限公司独立研发、试制成功的大型海上风机，风轮直径 116m，上海电气风电设备有限公司拥有该风机的全部知识产权和专利。海上风电机组的研发成功，标志着我国掌握了大容量风电机组设计核心技术，填补了国内海上风机独立研制的空白。

9 日　工业和信息化部部长李毅中一行由辽宁省省委常委、沈阳市委书记曾维，沈阳市委常委、铁西区委书记李继安等领导陪同，来到沈阳鼓风机集团有限公司进行调研。李毅中等领导由集团公司董事长苏永强、总经理孔跃龙陪同，参观了转子车间、定子车间和总装车间现场，认真听取了苏永强关于企业生产经营、承担国家重点工程项目及打造世界级产品情况的汇报，充分肯定了沈阳鼓风机集团有限公司通过实施搬迁改造实现跨越式发展的做法。他特别关心沈阳鼓风机集团有限公司在自主创新、科技研发、市场开拓等方面取得的进展，希望沈阳鼓风机集团有限公司紧紧围绕主业，明确自身定位，瞄准世界先进技术，不断提高产品数字化水平，积极开拓国际市场，进一步加强企业信息化管理。李毅中还叮嘱沈阳鼓风机集团有限公司在追求经济效益的同时，积极履行社会责任，不断发展，做强做大。

13日 在陕西省工业企业社会责任指南发布会上，陕西鼓风机(集团)有限公司等25家企业联合向全省工业企业发出履行社会责任的倡议书，标志着陕西省工业企业履行社会责任开始步入规范化的轨道。近年来，陕西鼓风机(集团)有限公司在追求自身发展的同时，积极承担起对股东、员工、客户，对生态环境以及社会负责的重任，树立了“践行责任、创造未来”的企业形象，对经济社会的可持续发展起到了坚强的支撑作用。

15日 陕西鼓风机(集团)有限公司签订了仪征化纤股份有限公司投资建设的1,4—丁二醇项目(简称BDO项目)空压机-轴流压缩机组合同。该项目总投资15.81亿元，预计2011年底建成投产。据悉，仪征化纤股份有限公司10万t/a BDO项目是当前全球最大的BDO生产装置。

15~19日 在国家能源局、中国石油天然气集团公司和中国机械工业联合会组织和安排下，上海耐莱斯阀门有限公司、五洲阀门有限责任公司、成都成高阀门有限公司与中石油西气东输管道分公司等用户单位密切配合，按照设计、制造和工厂试验等新产品研制过程，共同研发的首批30台(套)国产天然气长输管道高压大口径全焊接球阀已全部完成，国家能源局分别在上海、温州和成都主持召开了国产天然气长输管道高压大口径全焊接球阀出厂鉴定暨验收会。参加会议的有国家能源局能源节约和科技装备司黄鹂副司长，中国机械工业联合会隋永滨特别顾问以及中石油科技管理部、中石油规划计划部、中石油天然气与管理分公司、中石油管道建设项目经理部、中石油西气东输管道分公司、中石油管道局、中石油管道分公司、合肥通用机械院阀门研究所、中国通用机械工业协会阀门分会等单位领导、专家和代表共20多人。与会专家和代表听取了上述3家企业的新产品研制报告等有关文件的汇报，审查了鉴定资料，考察了工厂车间、生产加工设备、检测试验台架等，对抽检产品进行了部分项目试验。经过充分的讨论，国产天然气长输管道高压大口径全焊球阀顺利地通过了专家委员的出厂鉴定暨验收。这标志着国产天然气长输管道高压大口径全焊球阀的研制已取得阶段性成果，下一步研制单位将积极配合中石油西气东输管道分公司等用户单位，尽快安排工业性运行试验，全面考核新产品的使用性能。

23日 国家能源局在北京人民大会堂组织举行了2009年度国家能源科技进步奖颁奖、第二批国家能源研发(实验)中心命名和国家700℃超超临界燃煤发电技术创新联盟启动仪式。中国机械工业联合会会长王瑞祥，中国机械工业联合会特别顾问、中国通用机械工业协会会长隋永滨出席了会议。2009年国家能源科技进步奖共计22项，其中一等奖4项、二等奖8项、三等奖10项，包括大型液化天然气船国产化、油气开发水平井技术与规模化应用、百万千瓦级核电站泵阀国产化、等离子体无燃油点火及稳燃技术等重大科技进步成果。第二批命名的国家能源研发(实验)中心包括核电、风电、煤炭清洁转化与利用、能源勘探与开发以及能源装备等领域。依托能源行业、材料行业和科研机构正式组建和启动了国家700℃超超临界燃煤发电技术创新联盟，当前完成了技术路线和顶层设计等工作。仪式上，国家发展和改革委员会副主任、国家能源局局长张宝国向沈阳鼓风机集团有限公司颁发了“国家能源大型透平压缩机组研发（实验）中心”牌匾。

26日 陕西鼓风机（集团）有限公司成功中标俄罗斯NLMK公司6号、7号4 657m^3高炉配套TRT项目，标志着历时4年持续跟踪的项目终于尘埃落定。这是陕西鼓风机（集团）有限公司进入俄罗斯市场的首个项目，将为陕西鼓风机（集团）有限公司产品持续进入东欧及中亚地区奠定良好基础。

30日 受国家能源局的委托，针对吴江市东吴机械有限责任公司研制的百万千瓦级核电站主蒸汽安全阀及为其配套的热态试验装置，中国机械工业联合会组织召开了该产品设计方案及试验装置技术方案的评审会，中国通用机械工业协会隋永滨会长主持了会议，国家能源局能源节约和科技装备司黄鹂副司长到会并作重要讲话。中国通用机械工业协会阀门分会宋银立秘书长等行业领导以及中广核工程有限公司、中广核工程设计有限公司、中科华核电技术研究院、中国核电工程有限公司、上海核工程研究设计院、中国中原对外工程有限公司、上海核电器材公司以及国家环保部核安全评审中心的相关代表出席了审查会。会上，吴江市东吴机械有限责任公司就百万千瓦级核电站主蒸汽安全阀设计方案及热态试验装置技术方案向与会领导和专家进行了汇报，到会专家充分发表了意见，吴江市东吴机械有限责任公司的设计方案得到了到会专家的基本认可。该公司与中科华核电技术研究院联合编制的鉴定试验大纲和排量验证程序总体可行，在如何发挥试验装置的最大能力方面可进一步提高。该公司投资建设的安全阀热态试验装置符合ASME PTC—25标准的要求，能满足百万千瓦级核电站主蒸汽安全阀的鉴定试验要求。会议成立了专家组，具体落实大纲和完善试验程序，以期尽早完成百万千瓦级核电站主蒸汽安全阀的国产化。百万千瓦级核电站稳压安全阀、主蒸汽安全阀、主蒸汽隔离阀是当前我国核电站阀门国产化的难点和重点，在国家能源局的领导下，在行业协会的协调以及各工程建设单位的积极支持下，有望在2011年真正实现国产化。

8月

2日 中国工程院王玉明院士、清华大学高志副教授、中和能源科技有限公司孟东旺副总经理一行到陕西鼓风机（集团）有限公司考察交流。陕西鼓风机（集团）有限公司董事长印建安等高层领导接待了各位专家。西安陕鼓动力股份有限公司总工程师叶长青和研发部相关人员与各位专家就核反应堆用氦气风机合作进行了充分交流，并初步达成了核反应堆用氦气风机合作意向。

2~3日 国家能源局在哈尔滨市组织召开了AP1000核电技术装备自主化第二次工作会议。会议专门研究AP1000核电装备国产化工作中出现的问题，并部署下一步工作，以确保AP1000工程建设和装备自主化工作的顺利实施。国家发展和改革委员会副主任、国家能源局局长张国宝，国家能源局副局长钱智民出席会议并作重要讲话，国内各核电企业与AP1000装备制造企业主要负责人参加了会议。

11日 吉林省工商行政管理局副局长李彦在四平市工商行政管理局局长王林、副局长徐升等领导的陪同下，到四平鼓风机股份有限公司调研。公司董事长施云蛟，副总经理毕世平，董事会秘书、综合管理办公室副主任李振勇接待了省、市领导，陪同参观了企业生产现场，观看了企业宣传片，介绍了企业生产经营情况，省、市工商局领导对公司“四风”商标申请认定中国驰名商标工作给予了充分肯定。

17～19日 上海阿波罗机械股份有限公司自主研发的核电站用凝结水泵、重要厂用水泵、设备冷却水泵、乏燃料水池冷却泵、循环水过滤系统反冲洗泵、硼酸输送泵和化学添加剂混合泵7种核电站用泵通过了国家级样机鉴定。

21日 西安泵阀总厂有限公司开发的"XGB150—100—400锆材醋酸母液循环泵和8inX343F—150LbZr锆及锆合金旋塞阀"通过了由中国石油和化学工业联合会组织的成果鉴定。中国通用机械工业协会副会长兼秘书长张雨豹、中国通用机械工业协会副秘书长兼阀门分会秘书长宋银立、中国通用机械工业协会泵业分会秘书长李玉坤参加了鉴定会。张雨豹在鉴定会上作了讲话，并任鉴定委员会主任委员主持了鉴定。鉴定委员会一致认为该产品属国内首创，达到国际先进水平，有许多项技术创新，可批量生产，建议尽快进行系列化开发。

23～25日 中国机械工业科学技术奖通用机械专业组24位专家在大连召开了2010年度中国机械工业科学技术奖通用机械专业评审会。中国机械工业联合会特别顾问、中国通用机械工业协会会长隋永滨担任通用机械专业组组长并主持会议。评审项目86项，共评审出获奖项目44项，其中，推荐一等奖项目4项，评审二等奖项目18项，评定三等奖项目22项。

26日 推进超超临界火电站阀门国产化座谈会在北京铁道大厦举行。中国通用机械工业协会会长隋永滨、国家能源局能源节约和科技装备司黄鹂副司长、中国通用机械工业协会副秘书长阀门分会秘书长宋银立、中国通用机械工业协会阀门分会专家委副主任李学忱以及大连大高阀门有限公司、中核苏阀科技实业股份有限公司、河南开封高压阀门有限公司、吴江市东吴机械有限责任公司、华夏阀门有限公司、上海自动化仪表厂、哈电集团哈尔滨电站阀门有限公司、上海阀门厂有限公司、成都乘风阀门集团公司、北京阀门总厂集团有限公司 、沈阳盛世高中压阀门有限公司等单位的领导和专家参加了会议。会议的主要目的是确定超超临界火电站阀门国产化研发目标及进度，对《推进超超临界火电站阀门国产化报告》进行补充和完善，征集企业意见和建议。黄鹂司长主持会议并就国家政策导向做了介绍，宋银立秘书长宣读《推进超超临界火电站阀门国产化报告》，隋永滨会长在会上做了动员讲话，并针对某些节点做出重要强调。与会专家首先对报告中描述的部分内容进行了讨论，针对研发内容、产品分类、参评指标、试验项目、业绩统计及推进国产化的困难等方面发表了各自的意见。

28日 武汉鼓风机有限公司被评为"湖北省经济建设2010年度领军企业"。

月内 威海克莱特菲尔风机有限公司参加德国柏林机车展，自主开发的机车风机受到参观者的好评。

9月

5日 国务院节能减排督察组组长、国家发展和改革委员会副主任解振华由辽宁省委常委、沈阳市委书记曾维和常务副市长顾春明、副市长邢凯等领导陪同到沈阳鼓风机集团股份有限公司监督检查节能减排工作。解振华等领导由孔跃龙、邓长辉、马诚等集团领导陪同，实地查看了企业节能减排设施建设及运行情况，听取了孔跃龙总经理企业节能减排情况的工作汇报。解振华对沈阳鼓风机集团有限公司全面贯彻落实国家节能减排政策法规，设置完备、措施有力和取得了显著成果给予充分肯定，对沈阳鼓风机集团有限公司把节能减排工作推向一个新高度，坚定不移地实施"创造高效低耗、环境优美、世界一流的通用装备制造企业"的基本战略表示满意。

6日 浙江亿利达风机有限公司完成股份制改造，注册成立浙江亿利达风机股份有限公司。

8日 中国机械工业联合会顾问、专家委员会主任朱森弟，中国机械工业联合会专家委员会处长惠明，山东省机械工业协会会长刘卫东和山东省机械工业协会处长张建国一行在章丘市经信局副局长李金军的带领下到山东省章丘鼓风机股份有限公司参观了厂区和生产车间。

8日 陕西省委组织部、省总工会、省人力资源和社会保障厅组织陕西鼓风机（集团）有限公司与陕西汽车集团有限责任公司，代表陕西省参加全国第十九届发明展览会职工创新发明成果评比。陕西鼓风机（集团）有限公司的低耗、高效的污水深度处理及回用技术，一种高炉鼓风能量回收的方法，高炉干式TRT节能项目，硝酸装置“四合一”机组作为参赛项目参与发明展览会评比。

10日 经济日报社总编室主任郑波带领采访组到山东省章丘鼓风机股份有限公司进行参观调研，市委书记毕筱奇、副市长王继民陪同。采访组参观了公司厂区车间，对公司近几年来的自主创新成果、科技创新能力给予了高度评价。

★ 上海电气压缩机泵业有限公司ϕ816mm大型螺杆压缩机验收鉴定会在上海举行。中国通用机械工业协会副秘书长、压缩机分会秘书长钱家祥主持了鉴定会。ϕ816mm大型螺杆压缩机是当前国际上转子直径最大的螺杆压缩机，是上海电气压缩机泵业有限公司以青海昆仑碱业有限公司100万t/a纯碱装置为依托，以进口德国曼公司螺杆式压缩机的技术参数和技术特性为目标，结合公司产品自身特点进一步创新研制成功的，国内在此领域尚属空白。该机可以用于百万吨级乙烯深加工和有特大气量需求、且当前只能依靠进口国外机组的重点工程和大型石化、煤化工领域，并可用于“十二五”规划（草案）140万t/a乙烯项目，有利于国内石化、煤化工企业的升级改造和扩建项目。

12日 上海阿波罗机械股份有限公司与上海核工程研究设计院签订了“AP1000化容补水泵和厂用水泵研制合作协议”，上海市经济和信息化委员会、核电办公室领导出席了会议。

13日 国家能源局在北京组织召开了百万千瓦超（超）临界火电机组阀门国产化工作启动会议。中国机械工业联合会、中国通用机械工业协会，华能集团、大唐集团、国电集团、华电集团、中电投集团、华润集团和江苏华电句容电厂等电厂，中国电力工程顾问集团公司、东北电力设计院、华北电力设计院、华东电力设计院、西北电力设计院，哈电集团、东方电气集团、上海电气集团以及哈电集团哈尔滨电站阀门有限公司、河南开封高压阀门有限公司、华夏阀门有限公司、中核苏阀科技实业股份有限公司、大连大高阀门有限公司、沈阳盛世高中压阀门有限公司等骨干阀门制造企业参加了会议。会议讨论了国产化实施方案，听取了与会代表的发言，电力行业和阀门制造业达成了充分共识，进一步明确了国产化的步骤、目标和保障措施，火电机组阀门国产化工作正式启动。

15日 中国石化重大装备国产化办公室在南京主持召开了“沈鼓2D125大型往复式新氢压缩机国产化研制项目成果鉴定会”。中国石化物资装备部副主任王玉台出席鉴定会，并作总结讲话，中国石化与西安交通大学的8位专家组成鉴定委员会全面审查鉴定2D125产品；中国石化设备需求的相关分公司、中国石化金陵分公司（设备使用方），洛阳石化工程公司、沈阳鼓风机集团有限公司（设备研制方）参加鉴定会。鉴定委员会经过答辩与讨论最终认为：该机组各项指标达到设计要求，满足生产工艺需求，性能良好，运转平稳、可靠。该机组的研制成功，填补了国内空白，达到了国际先进水平，具有显著的经济效益和社会效益，可以推广应用，一致同意通过鉴定。同时，专家们也中肯地提出了宝贵的改进建议。会议期间，与会代表现场观看了2D125产品的运行情况，祝贺沈阳鼓风机集团有限公司又一次取得重大装备国产化新成果，希望沈阳鼓风机集团有限公司再创新业绩。

17日 由济南市委组织部、国有资产监督管理委员会、科技局、经济和信息化局组成的济南市“泉城学者”领导小组办公室到山东省章丘鼓风机股份有限公司调研。公司技术中心针对首批“泉城学者”建设工程项目完成情况作了介绍,方润刚总经理对开展“泉城学者”建设工程提出了几点建议。调研组一行在听取了公司有关情况汇报后,对公司在新产品开发方面取得的成果表示充分的肯定,对方润刚总经理提出的建议表示认同,并积极推荐公司申报第三批“泉城学者”建设工程项目。

21日 沈阳鼓风机集团有限公司风电DF2000首台样机成功完成240h试运行,顺利通过风电场业主单位及业内专家的严格考核验收,标志着沈阳鼓风机集团有限公司产品又增添了一大系列——风电机组。

25日 沈阳鼓风机集团有限公司隆重举行新厂区落成庆典暨第一届职工体育运动大会,展示跨越式发展丰硕成果,打造世界级企业阵容。此举得到上级领导、社会各界的热情关注。

8~9月 上海鼓风机厂有限公司首次独立完成了出口印度提隆达电厂660MW发电机组配套的大型电站轴流式送风机、引风机和一次风机的空气动力全性能试验,并通过了印度业主和监理的验收。此次试验的成功,标志着上海鼓风机厂有限公司的大型风机性能测试水平达到国际先进水平。

10月

8日 沈阳鼓风机集团有限公司“沈鼓”商标、山东省章丘鼓风机股份有限公司“章鼓及图”商标被认定为中国驰名商标。

13~15日 中国通用机械工业协会主办的“2010第五届中国国际流体机械展览会(IFMC)”在北京展览馆隆重召开。该届展会是国际金融危机冲击之后的首届流体机械展,得到了国内外业界的热切关注。展会以“精英汇集、精品荟萃”为主题,数百家参展商集中盘点与展示国内外泵、风机、压缩机、阀门等流体机械最新的产品和技术,吸引了各相关行业的大批观众前来参观。展览会期间中国通用机械工业协会各分会同时举办了多场国际性行业高峰论坛,促进国内外、供需间及产学研各方的合作。

18日 由中国机械工业联合会主办,机械工业技术发展基金会、机械工业节能与资源利用中心承办的“2010中国机械工业节能减排与资源利用大会”在北京国谊宾馆成功召开。该次大会是中国机械工业联合会召开的首次机械行业的节能减排大会,以“推荐先进、淘汰落后、节能减排、科学发展”为主题,政府、行业的领导和专家以及企业代表等300余人就机械行业的节能减排工作进行了多层次的研讨和交流。大会向上海爱森思压缩机有限公司、湖南天一奥星泵业有限公司等36家企业颁发了机械工业节能机电设备(产品)证书。

21日 中国机械工业联合会在北京对由杭州杭氧股份有限公司自主研发的6万m^3/h等级内压缩空分装置进行技术成果鉴定。通过对杭州杭氧股份有限公司自主研发的大唐国际发电有限公司58 000m^3/h内压缩空分设备的各项性能进行现场测试和逐一讨论验收,鉴定委员会认为,杭州杭氧股份有限公司在国内率先研制成功的6万m^3/h等级内压缩空分装置,技术性能满足用户使用要求,达到了国际同类装置先进水平,并决定向全国石化、化工、钢铁、电力等行业推广这一产品。这表明我国已跻身国际大型空分装置技术开发的前列。杭州杭氧股份有限公司研制成功6万m^3/h等级内压缩空分设备,填补了我国在这一领域的空白。6万m^3/h等级内压缩空分设备的国产化,为推动我国空分设备行业上质量、上水平、上等级,提高我国重大技术装备的整体水平起到了积极的作用。

24日 沈鼓集团往复机事业部最新研制的4M125(50)产品,厂内试车一次成功,宣告国产化最大型“升级版”大推力往复机诞生。试车检验数据表明，主轴瓦温度、活塞杆温度、活塞杆跳动、机身震动和气缸震动指标等完全符合检验标准。

27 日　科技部组织专家在合肥对依托合肥通用机械研究院建设的压缩机技术国家重点实验室建设计划进行了可行性论证。科技部基础研究司、安徽省科技厅有关负责同志以及依托单位的领导和实验室工作人员参加了会议。专家组听取了实验室主任的建设计划报告，现场考察了实验室，认为该实验室以压缩机技术为研究方向，以压缩机设计基础、寿命与可靠性技术、节能减排技术、新产品开发为重点研究内容，研究方向明确，定位准确，实验室建设计划合理可行，一致同意通过该实验室的建设计划，同时建议实验室充分利用依托单位现有各种资源，加强人才队伍建设，紧密结合我国压缩机工业发展现状开展研究工作。压缩机技术涉及石化、制冷、动力、国防等多个工业领域，压缩机技术国家重点实验室的建设将在我国相关领域的节能减排方面发挥重要的作用。

28 日　沈阳鼓风机集团有限公司举行沈阳鼓风机集团股份有限公司创立大会暨 2010 年第一次临时股东大会。选举产生了新一届董事会、监事会及高层管理者。这是沈阳鼓风机集团有限公司发展史上又一个里程碑，标志着沈阳鼓风机集团有限公司整体改制迈上了一个新台阶。

29 日　沈阳鼓风机集团股份有限公司为中石化长岭分公司提供的国内首台 4M125（50）大型新氢压缩机通过出厂验收。4M125 产品填补了国内空白，达到国际先进水平，节省了大量外汇，具有显著的经济效益和社会效益。

29 日～11 月 1 日　中国通用机械工业协会风机分会在西安召开了第七届会员大会，158 名代表出席了会议。中国通用机械工业协会隋永滨会长、国家能源局能源节约和科技装备司黄鹂副司长、中国通用机械工业协会张雨豹秘书长亲临大会，就当前装备制造业暨通用机械工业面临形势和发展趋势分别做了专题报告和重要讲话。大会由副理事长、上海鼓风机厂有限公司总经理蔡精毅主持，副理事长、重庆通用工业（集团）有限责任公司总经理刘永刚致开幕词；理事长沈阳鼓风机集团股份有限公司董事长苏永强作了题为“面对新形势、迎接新挑战、努力实现中国风机工业的可持续发展”的工作报告，总结了中国通用机械工业协会风机分会两年来的工作，对协会下一步工作提出具体要求；副理事长、四平鼓风机股份有限公司董事长施云蛟宣读了财务审计报告；机械工业风机制造联营公司总经理邹方霖宣布了“第五届中国国际流体展风机分会产品参展评比获奖名单”。龚伟秘书长汇报了《章程》等规章管理制度的修订和七届理事会候选理事的推荐情况。按照《章程》的规定，进行了第七届理事会的换届选举；召开了第七届理事会第一次全体会议，审议通过了 10 家单位为第 16 批新会员，讨论通过了 7 家企业退会、除名等事宜。会上发布了沈阳鼓风机研究所与清华大学联合开发的通风机新产品，邀请有关专家做了通风机市场与技术发展趋势报告、通风机节能技术现状及发展前景报告，以及新型风机系列开发应用、高效能风机现代设计方法应用、风机转子平衡与故障分析的讲座。在分组讨论中，全体代表对大会工作报告给予了充分肯定，并一致通过了“章程”、“组织工作条例”、“会员入会条件审批程序”、“经费管理办法”的修订。同时对风机分会如何适应新时期发展的需要，不断加强完善协会的工作提出了相关的建议。经过与会全体代表的共同努力，圆满完成了大会的各项议程。理事长苏永强做了大会总结，希望风机分会在大家的共同努力下，真正办成行业厂之家，企业家之家；开创会员单位之间互帮互进、竞合共赢的良好局面。会后全体代表参观了陕西鼓风机（集团）有限公司。

11 月

3 日 上海电力修造总厂有限公司在厂区举行了“AP1000核电站常规岛给水泵组成套供货暨国产化前置泵完工典礼”。该给水泵组成套供货和前置泵国产化研制采用消化吸收引进技术和自主开发相结合,依托山东海阳核电站一期工程 2 × 1250MW e级压水堆核电机组。

3～6 日 第五届全国压缩机标准化技术委员会成立大会暨五届一次会议在浙江省玉环县召开。中国机械工业联合会标准工作部谭湘宁处长、浙江省玉环县人民政府章勇副县长及压缩机标准化技术委员会的委员、秘书处成员,各标准起草单位,压缩机行业的相关企业的代表出席了会议。谭湘宁处长宣读了国家标准化管理委员会“关于批准成立第五届全国压缩机标准化技术委员会”的批文,向到会的 36 名委员颁发了聘书,并就标准化在我国目前的战略地位做了阐述,对标准化技术委员会的工作提出了责任感、程序化、创新性的要求,祝愿第五届压缩机标委会能取得更多的突破和更大的成就。第四届、第五届压缩机标准化技术委员会副主任委员宋云受压缩机标准化技术委员会的委托宣读了压缩机标准化技术委员会五年来的工作总结,就压缩机标准化技术委员会的组织建设、压缩机标准制修订情况、压缩机标准体系建设、标准复审工作、净化分标委会的筹建与成立、对口的 ISO 标准工作、标准的咨询服务工作等方面做了全面的回顾和总结。压缩机标准化技术委员会秘书长陈放就压缩机标准化技术委员会的章程、秘书处工作细则的修改情况向与会委员做了介绍,强调今后压缩机标准化技术委员会的工作将按程序化、制度化的方式规范地开展,同时就压缩机标准化技术委员会近年计划制修订的标准项目向与会代表做了介绍。会议还审查了往复活塞压缩机零部件等 13 项机械行业标准,并在充分协调统一的基础上一致同意通过上述 13 项标准。会议期间,组织代表参观了台州环天机械有限公司。

12 日 上海阿波罗机械股份有限公司与中广核工程有限公司举办了核二级安全壳喷淋泵、低压安注泵联合研发签字仪式。

12～14 日 2010 年通用机械行业统计信息工作大会在长沙市召开,来自行业会员企业 95 位代表参加了会议,会议由中国通用机械工业协会副理事长兼秘书长张雨豹主持。会议还特别邀请了中国机械工业联合会统计信息部赵新敏主任做了“当前机械工业经济运行的情况分析及中国机械工业‘十一五’规划目标完成情况”的报告,介绍了 2011 年国家统计局制度变化情况及具体要求。中国通用机械工业协会副秘书长钱家祥做了“关于对统计工作的认识和‘十二五’形势认识的报告”。中国通用机械工业协会信息与企业管理部主任李多英就 2010 年行业统计信息工作做了总结,并对 2011 年行业统计信息工作做了布置。中国通用机械工业协会信息与企业管理部刘妍宣读了中通协〔2010〕27 号“关于表彰 2010 年度通用机械行业统计工作先进工作者的通报”,大会对 2010 年统计工作先进工作者进行了表彰。最后,中国通用机械工业协会副理事长兼秘书长张雨豹做了总结讲话并对行业统计信息工作提出了要求。

13 日 沈阳鼓风机集团股份有限公司获“新中国 60 年企业精神 60 佳”称号。

13～14 日 陕西鼓风机(集团)有限公司董事长印建安一行参加了联想投资有限公司在北京组织的 CEO CLUB 第十次活动,并作为嘉宾与联想控股有限公司董事长柳传志、联想投资有限公司董事长朱立南、北京大学国家发展研究院院长周其仁共同探讨了中国成长期企业的发展之道。

16～17 日 全国机械工业科技大会在北京召开。中共中央政治局委员、国务院副总理张德江,全国政协副主席、科学技术部部长万钢分别发来贺信,对会议的召开表示祝贺。全国政协委员、中国机械工业联合会会长王瑞祥在会上作了题为“坚持科学发展　为建设装备制造业强国而奋斗”的讲话，总结了机械行业科技创新取得的优异成绩，提出了“十二五”机械工业科技工作的目标、任务和工作措施。会上，颁发了2010年度中国机械工业科学技术奖特等奖和一等奖，并向机械工业工程(技术)研究中心和重点(工程)实验室以及机械行业产业集群区域授牌。会议期间，还召开了全国机械工业科技大会“绿色制造技术”论坛、机械工业“十二五”重大技术装备专项交流会、机械工业品牌推荐与区域经济发展专题研讨会。国家科技部、工业和信息化部、国务院国有资产监督管理委员会、国家质量监督检验检疫总局、国家标准化管理委员会等相关部门领导，中国机械工业联合会各专业协会、学会，各省市区、计划单列市机械、汽车行业办公室及协会主要负责人，机械行业工程中心、实验室、质量监督检验检疫机构、标准化管理委员会负责人，科技奖获奖单位、重大装备有关企业、产业集群区域的代表等300余人出席了会议。

18日　湖北省风机厂有限公司隆重举行“风机发展论坛暨湖北省风机厂有限公司战略研讨会”。公司广邀风机行业知名专家和教授，为公司未来五年发展问诊把脉，提供宝贵的信息资源。

20日　中国通用机械研究院有限公司揭牌暨合肥通用机械研究院与安徽省国有资产运营有限公司战略重组签约仪式在合肥稻香楼宾馆举行。合肥通用机械研究院经过50多年来的发展，已成为集科研开发、工程承包、产品制造、技术服务和职业教育为一体的高新技术企业，拥有1个国家工程技术研究中心、1个国家重点实验室、3个国家检测中心、1个国际标准化技术组织，是10个国家标准化技术委员会、20多个一、二级行业协会和学会秘书处挂靠单位，已取得2 500多项科技成果应用于国民经济发展。

22～26日　国家能源局在北京主持召开了超(超)临界火电机组关键阀门国产化第一次工作会议。国家能源局、中国机械工业联合会、中国通用机械工业协会阀门分会、阀门用户单位、火电设备主机厂、火电站建设项目设计单位及阀门制造企业70多人出席了会议。会议讨论了已有业绩阀门的订货意向和攻关阀门产品的联合研发事宜。中国通用机械工业协会阀门分会秘书长宋银立和阀门分会专家委副主任李学忱分别介绍了行业现状和超(超)临界火电机组关键阀门国产化攻关方案及火电高端阀门已有业绩。会议还明确安排了推进超(超)临界火电机组关键阀门国产化的步骤和时间计划，国家能源局委托中国机械工业联合会和阀门协会负责组织制造企业和设计院及用户单位开展联合攻关，并协调已有业绩阀门产品的招标工作。

26日　中国石油化工股份有限公司与沈阳鼓风机集团股份有限公司签订5年战略合作协议，双方战略合作进入新的发展阶段。

★　中国石油化工股份有限公司与西安陕鼓动力股份有限公司在北京举行了“中国石化战略供应商会议暨战略合作协议签字仪式”。此次西安陕鼓动力股份有限公司与中国石油化工股份有限公司签订“战略供应商合作协议”，标志着陕西鼓风机(集团)有限公司和中国石油化工股份有限公司的合作进入到一个全新的阶段。双方在资源与市场合作、技术合作、信息合作、商务及物流方面达成了长期合作关系。

29日　在中国科学技术协会、国家发展和改革委员会、科学技术部、国务院国有资产监督管理委员会共同组织的全国“讲理想、比贡献”活动评比中，沈阳鼓风机集团股份有限公司教授级高级工程师张立、江苏金通灵股份有限公司常务副总裁徐焕俊荣获2009～2010年度全国“讲理想、比贡献”活动科技标兵荣誉称号。

★ 经中国机械工业质量管理协会评审，西安陕鼓动力股份有限公司、泰星减速机股份有限公司等7家企业荣获2010年全国机械工业质量奖。

12月

2日 沈阳鼓风机集团股份有限公司为江苏海伦化学有限公司研制的首台国产化大型PTA机组机械运转及气动性能试验获得成功，创造了多项“沈鼓之最”。

14日 在中国科学技术协会组织开展的“全国优秀科技工作者”评比活动中，沈阳鼓风机集团股份有限公司教授级高工李耀祖荣获“全国优秀科技工作者”荣誉称号。

14～15日 中国通用机械工业协会风机分会第16批新会员会议在沈阳召开。包头市田力环发机电有限公司、上海诺地乐通用设备制造有限公司、阿特拉斯·科普柯(上海)贸易有限公司、浙江金盾风机风冷设备有限公司、浙江绿源风机有限公司、上虞市贝斯特风机有限公司、山东格瑞德集团有限公司、山东淄博科鸿风机有限公司、四川省川西风机有限公司、南方风机股份有限公司10家新会员单位的领导及中国通用机械工业协会风机分会秘书处共18名代表参加了会议。风机分会秘书长龚伟在会上讲话，强调了协会工作要充分发挥桥梁、纽带作用，为企业搭建密切联系的平台，认真做好“双向服务”工作。风机分会秘书处介绍了风机行业发展概况及风机分会的主要工作，并向新会员颁发了会员证书。会议期间全体代表进行了座谈，并参观了沈阳鼓风机集团股份有限公司。

14～17日 分离机械标准审查会议在山东德州召开。审查的标准有《离心机转鼓强度设计规范》,《离心机、分离机转鼓平衡技术规范》,《带式过滤机无纺布滤带》,《分离机械用离心铸造不锈钢筒体》,《可控排渣式碟式分离机》,《螺旋卸料离心机用差速器性能测试方法》,《水平带式真空过滤机》,《厢式压滤机和板框压滤机型式与基本参数、技术条件、滤板、隔膜滤板》,《液体过滤用袋式过滤器》和《圆盘加压过滤机》。参加审查会的标准起草单位有景津压滤机集团有限公司、合肥通用机械研究院、天津大学、四川大学、安庆中船柴油机有限公司、浙江轻机实业有限公司、南京中船绿洲机器有限公司、海申机电总厂、大连华隆滤布有限公司、四川维珍石化装备有限公司、苏州优耐特机械有限公司、核工业烟台同兴实业有限公司、湖州核华机械有限公司、石家庄工大化工设备有限公司、石家庄新生机械厂、杭州兴源过滤机技术股份有限公司、杭州防腐设备有限公司、衡水海江压滤机集团有限公司、杭州贝特过滤机有限公司、浙江建华集团过滤机有限公司、莱芜煤矿机械有限公司和飞潮(无锡)过滤技术有限公司。中国通用机械工业协会副会长、秘书长张雨豹出席了会议，并就行业标准化工作、行业“十二五”发展规划要点和协会行业工作作了讲话。会议期间考察了景津压滤机集团有限公司。

14～25日 中国通用机械工业协会阀门分会组织有关阀门制造企业分别在北京、南京、重庆和郑州等地参加了1 000 MW超(超)临界火电机组关键阀门国产化第二阶段工作协调会议，针对江苏华能南通电厂、江苏国电南通电厂、江苏华电句容电厂、河南大唐三门峡电厂、重庆中电投合川双槐电厂和河南华润焦作龙源电厂示范工程项目进行了研讨和对接，讨论并确定第一类阀门采购清单，讨论协商了第二类阀门联合研发项目和联合研发协议草案；主机厂、设计院和业主单位整理并提供了第一类阀门清单和第二类相关阀门技术规格书。哈尔滨电气集团公司、上海电气集团股份有限公司和东方电气集团有限公司，华东电力设计院、西南电力设计院、华北电力设计院、河南电力设计院和江苏电力设计院，大连大高阀门有限公司、哈电集团哈尔滨电站阀门有限公司、河南开封高压阀门有限公司、中核苏阀科技实业股份有限公司、成都乘风阀门集团公司、上海阀门厂有限公司和华夏阀门有限公司的领导和技术负责人参加了会议。国家能源局科技装备司有关领导和中国通用机械工业协会阀门分会秘书长宋银立、阀门分会专家委副主任李学忱高级工程师等参加了会议。

17日 陕西鼓风机(集团)有限公司首台丙烯压缩机及制冷装置在重庆万盛煤化有限责任公司首次试车成功,该装置各项工艺指标均达到设计要求。丙烯制冷装置的成功运行创造了陕西鼓风机(集团)有限公司的三个第一次:第一次进入工业制冷压缩机领域,第一次由透平企业独立承担制冷工艺系统设计,第一次对制冷系统全套设备进行设计、供货。在重庆万盛煤化有限责任公司30万t煤制甲醇项目中,陕西鼓风机(集团)有限公司提供了最关键的三大动力设备:空分装置、丙烯制冷、循环气压缩机组。当前,空分装置已成功投运。

23日 沈阳鼓风机集团股份有限公司举行首台国产化年产120万t PTA装置工艺空气压缩机组试车见证会,标志着PTA装置用压缩机和膨胀机由国外厂商垄断的坚冰已经打破,实现了"沈鼓制造"的国产化。应邀出席见证会的中国机械工业联合会总工程师隋永滨、中国机械工业联合会重大技术装备办副主任叶大蓉、江苏苏海伦石化有限公司总经理卞惠良、绍兴远东石化有限公司总经理陈金良、中国昆仑工程公司院长罗文德、中国石化扬子石油化工有限公司总经理吴勇、上海石油化工股份有限公司总经理秦俊杰、中国石化仪征化纤股份有限公司总经理胡茂容,以及国内外同行、科研院所等20余家单位代表,对首台PTA机组给予了高度评价。

★ 石家庄工大化工设备有限公司承担的科技部科技型中小企业技术创新基金重点项目"节能环保型超大流量盘式连续干燥装置"通过验收,验收会议由国家科技部创新基金管理中心监理处处长夏卫东主持。

31日 湖北双剑鼓风机制造有限公司武汉研发中心从汉口宝丰路宝丰时代大厦迁至武昌武汉大学科技园,完成了研发中心向文化、科技、研发与行政中心转移。

公布工业和信息化部节能机电设备（产品）推荐目录，发布气体净化设备行业调研报告，介绍2010第五届中国国际流体机械展览会情况及参展企业展品获奖情况

Announcing the recommended catalog of energy-saving mechanical and electrical equipment (products) of the Ministry of Industry and Information Technology

工业和信息化部节能机电设备(产品)推荐目录(第二批)(摘选)

设备名称	型号	主要技术参数	适用范围	执行标准
压缩机				
一般用喷油螺杆空气压缩机	行业标准型号LGF—23.2/8	冷却方式风冷,额定排气压力0.8MPa,公称容积流量23.2m³/min,驱动电动机功率132kW,实测容积流量22.1m³/min,实测机组输入比功率6.49kW/(m³/min)	为钢铁、石化、电力、建筑及纺织等行业的用气设备提供动力源	GB 19153—2009《容积式空气压缩机能效限定值及能效等级》
	行业标准型号LG—23.2/8	冷却方式水冷,额定排气压力0.8MPa,公称容积流量23.2m³/min,驱动电动机功率132kW,实测容积流量23.9m³/min,实测机组输入比功率6.04kW/(m³/min)	为钢铁、石化、电力、建筑及纺织等行业的用气设备提供动力源	GB 19153—2009《容积式空气压缩机能效限定值及能效等级》
	行业标准型号LGF—27.6/8	冷却方式风冷,额定排气压力0.8MPa,公称容积流量27.6m³/min,驱动电动机功率160kW,实测容积流量29.1m³/min,实测机组输入比功率6.28kW/(m³/min)	为钢铁、石化、电力、建筑及纺织等行业的用气设备提供动力源	GB 19153—2009《容积式空气压缩机能效限定值及能效等级》
	行业标准型号LG—27.6/8	冷却方式水冷,额定排气压力0.8MPa,公称容积流量27.6m³/min,驱动电动机功率160kW,实测容积流量29.5m³/min,实测机组输入比功率6.32kW/(m³/min)	为钢铁、石化、电力、建筑及纺织等行业的用气设备提供动力源	GB 19153—2009《容积式空气压缩机能效限定值及能效等级》
	行业标准型号LG—30.4/8	冷却方式水冷,额定排气压力0.8MPa,公称容积流量30.4m³/min,驱动电动机功率185kW,实测容积流量32.2m³/min,实测机组输入比功率6.22kW/(m³/min)	为钢铁、石化、电力、建筑及纺织等行业的用气设备提供动力源	GB 19153—2009《容积式空气压缩机能效限定值及能效等级》
	行业标准型号LGF—30.4/8	冷却方式风冷,额定排气压力0.8MPa,公称容积流量30.4m³/min,驱动电动机功率185kW,实测容积流量31.3m³/min,实测机组输入比功率6.42kW/(m³/min)	为钢铁、石化、电力、建筑及纺织等行业的用气设备提供动力源	GB 19153—2009《容积式空气压缩机能效限定值及能效等级》
	行业标准型号LGF—10.4/7	冷却方式风冷,额定排气压力0.7MPa,公称容积流量10.4m³/min,驱动电动机功率55kW,实测容积流量10.2m³/min,实测机组输入比功率6.52kW/(m³/min)	为钢铁、石化、电力、建筑及纺织等行业的用气设备提供动力源	GB 19153—2009《容积式空气压缩机能效限定值及能效等级》
	行业标准型号LGF—9.6/8	冷却方式风冷,额定排气压力0.8MPa,公称容积流量9.6m³/min,驱动电动机功率55kW,实测容积流量10.2m³/min,实测机组输入比功率6.66kW/(m³/min)	为钢铁、石化、电力、建筑及纺织等行业的用气设备提供动力源	GB 19153—2009《容积式空气压缩机能效限定值及能效等级》

（续）

设备名称	型号	主要技术参数	适用范围	执行标准
	行业标准型号 LG—10.4/7	冷却方式水冷，额定排气压力 0.7MPa，公称容积流量 10.4m^3/min，驱动电动机功率 55kW，实测容积流量 10.4m^3/min，实测机组输入比功率 6.37kW/(m^3/min)	为钢铁、石化、电力、建筑及纺织等行业的用气设备提供动力源	GB 19153—2009《容积式空气压缩机能效限定值及能效等级》
	行业标准型号 LG—9.6/8	冷却方式水冷，额定排气压力 0.8MPa，公称容积流量 9.6m^3/min，驱动电动机功率 55kW，实测容积流量 10.1m^3/min，实测机组输入比功率 6.63kW/(m^3/min)	为钢铁、石化、电力、建筑及纺织等行业的用气设备提供动力源	GB 19153—2009《容积式空气压缩机能效限定值及能效等级》
	行业标准型号 LGF—14.1/7	冷却方式风冷，额定排气压力 0.7MPa，公称容积流量 14.1m^3/min，驱动电动机功率 75kW，实测容积流量 13.5m^3/min，实测机组输入比功率 6.88kW/(m^3/min)	为钢铁、石化、电力、建筑及纺织等行业的用气设备提供动力源	GB 19153—2009《容积式空气压缩机能效限定值及能效等级》
	行业标准型号 LGF—12.8/8	冷却方式风冷，额定排气压力 0.8MPa，公称容积流量 12.8m^3/min，驱动电动机功率 75kW，实测容积流量 12.5m^3/min，实测机组输入比功率 7.30kW/(m^3/min)	为钢铁、石化、电力、建筑及纺织等行业的用气设备提供动力源	GB 19153—2009《容积式空气压缩机能效限定值及能效等级》
	行业标准型号 LG—14.1/7	冷却方式水冷，额定排气压力 0.7MPa，公称容积流量 14.1m^3/min，驱动电动机功率 75kW，实测容积流量 14.6m^3/min，实测机组输入比功率 6.42kW/(m^3/min)	为钢铁、石化、电力、建筑及纺织等行业的用气设备提供动力源	GB 19153—2009《容积式空气压缩机能效限定值及能效等级》
	行业标准型号 LG—12.8/8	冷却方式水冷，额定排气压力 0.8MPa，公称容积流量 12.8m^3/min，驱动电动机功率 75kW，实测容积流量 13.1m^3/min，实测机组输入比功率 6.87kW/(m^3/min)	为钢铁、石化、电力、建筑及纺织等行业的用气设备提供动力源	GB 19153—2009《容积式空气压缩机能效限定值及能效等级》
	行业标准型号 LGF—40.5/8	冷却方式风冷，额定排气压力 0.8MPa，公称容积流量 40.5m^3/min，驱动电动机功率 250kW，实测容积流量 45.9m^3/min，实测机组输入比功率 6.59kW/(m^3/min)	为钢铁、石化、电力、建筑及纺织等行业的用气设备提供动力源	GB 19153—2009《容积式空气压缩机能效限定值及能效等级》
	行业标准型号 LG—40.5/8	冷却方式水冷，额定排气压力 0.8MPa，公称容积流量 40.5m^3/min，驱动电动机功率 250kW，实测容积流量 47.0m^3/min，实测机组输入比功率 6.33kW/(m^3/min)	为钢铁、石化、电力、建筑及纺织等行业的用气设备提供动力源	GB 19153—2009《容积式空气压缩机能效限定值及能效等级》
	行业标准型号 LGF—3.7/7	冷却方式风冷，额定排气压力 0.7MPa，公称容积流量 3.7m^3/min，驱动电动机功率 22kW，实测容积流量 4.13m^3/min，实测机组输入比功率 6.78kW/(m^3/min)	为钢铁、石化、电力、建筑及纺织等行业的用气设备提供动力源	GB 19153—2009《容积式空气压缩机能效限定值及能效等级》
	行业标准型号 LGF—3.5/8	冷却方式风冷，额定排气压力 0.8MPa，公称容积流量 3.5m^3/min，驱动电动机功率 22kW，实测容积流量 3.75m^3/min，实测机组输入比功率 7.82kW/(m^3/min)	为钢铁、石化、电力、建筑及纺织等行业的用气设备提供动力源	GB 19153—2009《容积式空气压缩机能效限定值及能效等级》

（续）

设备名称	型号	主要技术参数	适用范围	执行标准
	行业标准型号 LGF—6.5/7	冷却方式风冷，额定排气压力 0.7MPa，公称容积流量 6.5m³/min，驱动电动机功率 37kW，实测容积流量 6.40m³/min，实测机组输入比功率 7.14kW/(m³/min)	为钢铁、石化、电力、建筑及纺织等行业的用气设备提供动力源	GB 19153—2009《容积式空气压缩机能效限定值及能效等级》
	行业标准型号 LGF—6.2/8	冷却方式风冷，额定排气压力 0.8MPa，公称容积流量 6.2m³/min，驱动电动机功率 37kW，实测容积流量 6.24m³/min，实测机组输入比功率 7.46kW/(m³/min)	为钢铁、石化、电力、建筑及纺织等行业的用气设备提供动力源	GB 19153—2009《容积式空气压缩机能效限定值及能效等级》
	行业标准型号 LGF Ⅱ 20—10/8—D	冷却方式风冷，额定排气压力 0.8MPa，公称容积流量 10m³/min，排气压力 0.8MPa，轴功率 64kW，实测容积流量 10.4m³/min，实测机组输入比功率 7.22kW/(m³/min)	适用于含油无严格要求的动力设备；为工地和矿山的掘进和锚喷支护等作业提供气源	GB 19153—2009《容积式空气压缩机能效限定值及能效等级》
	行业标准型号 LG—3/8G	容积流量 3m³/min，排气压力 0.8MPa，实测机组输入比功率 8.0kW/(m³/min)	广泛应用于石油化工、冶金、矿山、电力、机械制造及国防军工等领域	GB 19153—2009《容积式空气压缩机能效限定值及能效等级》
	行业标准型号 LG—3.6/8	容积流量 3.6m³/min，排气压力 0.8MPa，实测机组输入比功率 7.53kW/(m³/min)	广泛应用于石油化工、冶金、矿山、电力、机车、纺织、医药、机械制造及国防军工等领域	GB 19153—2009《容积式空气压缩机能效限定值及能效等级》
	行业标准型号 LG—4.8/8	容积流量 4.8m³/min，排气压力 0.8MPa，实测机组输入比功率 7.71kW/(m³/min)	广泛应用于石油化工、冶金、矿山、电力、机车、纺织、医药、机械制造及国防军工等领域	GB 19153—2009《容积式空气压缩机能效限定值及能效等级》
	行业标准型号 LG—6/8	容积流量 6m³/min，排气压力 0.8MPa，实测机组输入比功率 7.56kW/(m³/min)	广泛应用于石油化工、冶金、矿山、电力、机车、纺织、医药、机械制造及国防军工等领域	GB 19153—2009《容积式空气压缩机能效限定值及能效等级》
	行业标准型号 LG—7.2/8G	容积流量 7m³/min，排气压力 0.8MPa，实测机组输入比功率 7.89kW/(m³/min)	广泛应用于石油化工、冶金、矿山、电力、机车、纺织、医药、机械制造及国防军工等领域	GB 19153—2009《容积式空气压缩机能效限定值及能效等级》
	行业标准型号 LG—13/8	容积流量 13m³/min，排气压力 0.8MPa，实测机组输入比功率 7.09kW/(m³/min)	广泛应用于石油化工、冶金、矿山、电力、机车、纺织、医药、机械制造及国防军工等领域	GB 19153—2009《容积式空气压缩机能效限定值及能效等级》

（续）

设备名称	型号	主要技术参数	适用范围	执行标准
	行业标准型号 LG—16/8G	容积流量 $16m^3/min$，排气压力 0.8MPa，实测机组输入比功率 7.2kW/(m^3/min)	广泛应用于石油化工、冶金、矿山、电力、机车、纺织、医药、机械制造及国防军工等领域	GB 19153—2009《容积式空气压缩机能效限定值及能效等级》
	行业标准型号 LG—35/8	容积流量 $35m^3/min$，排气压力 0.8MPa，实测机组输入比功率 6.38kW/(m^3/min)	广泛应用于石油化工、冶金、矿山、电力、机车、纺织、医药、机械制造及国防军工等领域	GB 19153—2009《容积式空气压缩机能效限定值及能效等级》
	行业标准型号 LGF—13/8	冷却方式风冷，容积流量 $13m^3/min$，排气压力 0.8MPa，额定功率 75kW，实测容积流量 $12.4m^3/min$，实测机组输入比功率 7.09kW/(m^3/min)	为钢铁、石化、电力、建筑及纺织等行业的用气设备提供动力源	GB 19153—2009《容积式空气压缩机能效限定值及能效等级》
	行业标准型号 LGF—3.5/8	冷却方式风冷，容积流量 $3.5m^3/min$，排气压力 0.8MPa，额定功率 22kW，实测容积流量 $3.42m^3/min$，实测机组输入比功率 8.06kW/(m^3/min)	为钢铁、石化、电力、建筑及纺织等行业的用气设备提供动力源	GB 19153—2009《容积式空气压缩机能效限定值及能效等级》
	行业标准型号 LGF—6.3/8)	冷却方式风冷，容积流量 $6.3m^3/min$，排气压力 0.8MPa，额定功率 37kW，实测容积流量 $6.2m^3/min$，实测机组输入比功率 7.33kW/(m^3/min)	为钢铁、石化、电力、建筑及纺织等行业的用气设备提供动力源	GB 19153—2009《容积式空气压缩机能效限定值及能效等级》
	行业标准型号 LGFD—30/7	冷却方式风冷，容积流量 $31.1m^3/min$，排气压力 0.7MPa，额定功率 160kW，实测容积流量 $31.3m^3/min$，实测机组输入比功率 6.64kW/(m^3/min)	工业领域需要压缩空气源的地方	GB 19153—2009《容积式空气压缩机能效限定值及能效等级》
	行业标准型号 LGFD—40/7	冷却方式风冷，容积流量 $41.5m^3/min$，排气压力 0.7MPa，额定功率 200kW，实测容积流量 $40.9m^3/min$，实测机组输入比功率 5.98kW/(m^3/min)	工业领域需要压缩空气源的地方	GB 19153—2009《容积式空气压缩机能效限定值及能效等级》
	行业标准型号 LGF—3.5/8	冷却方式风冷，额定排气压力 0.8MPa，公称容积流量 $3.5m^3/min$，驱动电动机功率 22kW，实测容积流量 $3.66m^3/min$，实测机组输入比功率 8.03kW/(m^3/min)	为钢铁、石化、电力、建筑及纺织等行业的用气设备提供动力源	GB 19153—2009《容积式空气压缩机能效限定值及能效等级》
	行业标准型号 LGF—6.2/8	冷却方式风冷，额定排气压力 0.8MPa，公称容积流量 $6.2m^3/min$，驱动电动机功率 37kW，实测容积流量 $6.06m^3/min$，实测机组输入比功率 7.57kW/(m^3/min)	为钢铁、石化、电力、建筑及纺织等行业的用气设备提供动力源	GB 19153—2009《容积式空气压缩机能效限定值及能效等级》
	行业标准型号 LGF—9.6/8	冷却方式风冷，额定排气压力 0.8MPa，公称容积流量 $9.6m^3/min$，驱动电动机功率 55kW，实测容积流量 $9.64m^3/min$，实测机组输入比功率 7.23kW/(m^3/min)	为钢铁、石化、电力、建筑及纺织等行业的用气设备提供动力源	GB 19153—2009《容积式空气压缩机能效限定值及能效等级》

（续）

设备名称	型号	主要技术参数	适用范围	执行标准
	行业标准型号 LG—9. 6/8	冷却方式水冷，额定排气压力 0. 8MPa，公称容积流量 9. 6m³/min，驱动电动机功率 55kW，实测容积流量 9. 98m³/min，实测机组输入比功率 6. 66kW/(m³/min)	为钢铁、石化、电力、建筑及纺织等行业的用气设备提供动力源	GB 19153—2009《容积式空气压缩机能效限定值及能效等级》
	行业标准型号 LGF—12. 8/8	冷却方式风冷，额定排气压力 0. 8MPa，公称容积流量 12. 8m³/min，驱动电动机功率 75kW，实测容积流量 13. 1m³/min，实测机组输入比功率 7. 12kW/(m³/min)	为钢铁、石化、电力、建筑及纺织等行业的用气设备提供动力源	GB 19153—2009《容积式空气压缩机能效限定值及能效等级》
	行业标准型号 LGF—11. 6/10	冷却方式风冷，额定排气压力 1. 0MPa，公称容积流量 11. 6m³/min，驱动电动机功率 75kW，实测容积流量 11. 1m³/min，实测机组输入比功率 8. 24kW/(m³/min)	为钢铁、石化、电力、建筑及纺织等行业的用气设备提供动力源	GB 19153—2009《容积式空气压缩机能效限定值及能效等级》
	行业标准型号 LG—12. 8/8	冷却方式水冷，额定排气压力 0. 8MPa，公称容积流量 12. 8m³/min，驱动电动机功率 75kW，实测容积流量 13. 9m³/min，实测机组输入比功率 6. 49kW/(m³/min)	为钢铁、石化、电力、建筑及纺织等行业的用气设备提供动力源	GB 19153—2009 容积式空气压缩机能效限定值及能效等级
一般用固定的往复活塞空气压缩机	行业标准型号 D—100/8	冷却方式风冷，容积流量≥95m³/min，排气压力 0. 8MPa，轴功率≤550kW，实测容积流量 101. 8m³/min，实测机组输入比功率 5. 94kW/(m³/min)	广泛适用于机械制造、矿山开采、建筑、交通运输、化工、冶金及国防工业等部门	GB 19153—2009 容积式空气压缩机能效限定值及能效等级
	行业标准型号 L—10/8	冷却方式风冷，容积流量≥9. 5m³/min，排气压力 0. 8MPa，轴功率≤60kW，实测容积流量 10. 9m³/min，实测机组输入比功率 6. 09kW/(m³/min)	主要用于供给风动工具和风动机械所需的压缩空气，广泛用于矿山开采、土木建筑及机械制造等行业	GB 19153—2009《容积式空气压缩机能效限定值及能效等级》
	行业标准型号 L—20/8	冷却方式风冷，容积流量≥19m³/min，排气压力 0. 8MPa，轴功率 120kW，实测容积流量 22. 1m³/min，实测机组输入比功率 5. 82kW/(m³/min)	主要用于供给风动工具和风动机械所需的压缩空气，广泛用于矿山开采、土木建筑及机械制造等行业	GB 19153—2009《容积式空气压缩机能效限定值及能效等级》
	行业标准型号 L—40/8	冷却方式风冷，容积流量≥38m³/min，排气压力 0. 8MPa，轴功率 220kW，实测容积流量 40. 9m³/min，实测机组输入比功率 5. 89kW/(m³/min)	主要用于供给风动工具和风动机械所需的压缩空气，广泛用于矿山开采、土木建筑及机械制造等行业	GB 19153—2009《容积式空气压缩机能效限定值及能效等级》

（续）

设备名称	型号	主要技术参数	适用范围	执行标准
一般用变频螺杆空气压缩机	行业标准型号 LGFD—3/7*	冷却方式风冷，容积流量 3.1m^3/min，排气压力 0.7MPa，额定功率 22kW，实测容积流量 3.09m^3/min，实测机组输入比功率 7.45kW/（m^3/min）	主要用于冶金、化工、轻工、建筑、交通运输及机械制造等工业部门	GB 19153—2009《容积式空气压缩机能效限定值及能效等级》
	行业标准型号 LGFD—6/7*	冷却方式风冷，容积流量 5.77m^3/min，排气压力 0.7MPa，额定功率 37kW，实测容积流量 5.77m^3/min，实测机组输入比功率 7.22kW/（m^3/min）	主要用于冶金、化工、轻工、建筑、交通运输及机械制造等工业部门	GB 19153—2009《容积式空气压缩机能效限定值及能效等级》
	行业标准型号 LGFD—9/7*	冷却方式风冷，容积流量 8.04m^3/min，排气压力 0.7MPa，额定功率 55kW，实测容积流量 8.04m^3/min，实测机组输入比功率 6.77kW/（m^3/min）	主要用于冶金、化工、轻工、建筑、交通运输及机械制造等工业部门	GB 19153—2009《容积式空气压缩机能效限定值及能效等级》
	行业标准型号 OG22F	冷却方式风冷，容积流量 3.7m^3/min，排气压力 0.7MPa，轴功率≤22kW，实测容积流量 3.79m^3/min，实测机组输入比功率 7.35kW/（m^3/min）	广泛应用于机械、冶金、电力、医药、包装、化工、食品、采矿、纺织及交通等众多工业领域	GB 19153—2009《容积式空气压缩机能效限定值及能效等级》
	行业标准型号 OG37F	冷却方式风冷，容积流量 6.1m^3/min，排气压力 0.7MPa，轴功率≤37kW，实测容积流量 6.27m^3/min，实测机组输入比功率 7.30kW/（m^3/min）	广泛应用于机械、冶金、电力、医药、包装、化工、食品、采矿、纺织及交通等众多工业领域	GB 19153—2009《容积式空气压缩机能效限定值及能效等级》
	行业标准型号 OG75F	冷却方式风冷，容积流量 13m^3/min，排气压力 0.7MPa，轴功率≤75kW，实测容积流量 13.4m^3/min，实测机组输入比功率 6.82kW/（m^3/min）	广泛应用于机械、冶金、电力、医药、包装、化工、食品、采矿、纺织及交通等众多工业领域	GB 19153—2009《容积式空气压缩机能效限定值及能效等级》
	行业标准型号 OG110F	冷却方式风冷，容积流量 20m^3/min，排气压力 0.7MPa，轴功率≤110kW，实测容积流量 20.3m^3/min，实测机组输入比功率 6.62kW/（m^3/min）	广泛应用于机械、冶金、电力、医药、包装、化工、食品、采矿、纺织及交通等众多工业领域	GB 19153—2009《容积式空气压缩机能效限定值及能效等级》
	行业标准型号 OG132F	冷却方式风冷，容积流量 24m^3/min，排气压力 0.7MPa，轴功率≤132kW，实测容积流量 25m^3/min，实测机组输入比功率 6.68kW/（m^3/min）	广泛应用于机械、冶金、电力、医药、包装、化工、食品、采矿、纺织及交通等众多工业领域	GB 19153—2009《容积式空气压缩机能效限定值及能效等级》
泵				
单级双吸离心泵	KPS45—200	流量 600m^3/h，扬程 38m，转速 1 480r/min，泵效率 85.1%	主要用于石化、火电、钢铁及造纸行业循环水，自来水输水，集中供热输水，机场、宾馆及楼房等中央空调供水	GB 19762—2007《清水离心泵能效限定值及节能评价值》

（续）

设备名称	型号	主要技术参数	适用范围	执行标准
水环真空泵	CBF系列 CBF380	入口绝对压力210hPa，抽气量6 756m^3/h，测试轴功率149.6kW，输入比功率45 m^3/(kW·h)	适用于石油化工、烟草行业、造纸工业、制气过程、煤炭及矿业等行业	GB 19762—2007《清水离心泵能效限定值及节能评价值》
	CBF系列 CBF430	入口绝对压力210hPa，抽气量12 556.8m^3/h，测试轴功率220kW，输入比功率57 m^3/(kW·h)	适用于石油化工、烟草行业、造纸工业、制气过程、煤炭及矿业等行业	GB 19762—2007《清水离心泵能效限定值及节能评价值》
	CBF系列 CBF810	入口绝对压力210hPa，抽气量33 402m^3/h，测试轴功率589.7kW，输入比功率56.64 m^3/(kW·h)	适用于石油化工、烟草行业、造纸工业、制气过程、煤炭及矿业等行业	GB 19762—2007《清水离心泵能效限定值及节能评价值》
输油泵	KDY140—90×8	流量140m^3/h，扬程720m，转速2 980r/min，泵效率75.09%，配套功率450kW	主要适应于油田原油集中输送和长输管线原油输送，也可用于炼油厂等行业的原油、成品油输送	GB 19762—2007《清水离心泵能效限定值及节能评价值》
	KDY150—60×4	流量150m^3/h，扬程240m，转速2 980r/min，泵效率78.4%，汽蚀余量6.0m，配套功率160kW	广泛应用于原油、成品油长距离输送、油田原油集中输送，也可用于输送清水及物理、化学性质类似于水的液体	GB 19762—2007《清水离心泵能效限定值及节能评价值》
	KDY250—114×6	流量250m^3/h，扬程684m，转速2 980r/min，泵效率81.18%，配套功率710kW	适用于油田原油长输管线、集油站及化工、炼油厂等原油、成品油输送	GB 19762—2007《清水离心泵能效限定值及节能评价值》
高温浓硫酸液下泵	JHB系列	流量17～1800m^3/h，扬程20～55m，转速980～1 450r/min，泵效率43%～84%	适用于磷化工、有色冶炼行业硫酸生产干燥和吸收循环系统及成品浓硫酸的输送，供输送温度≤110℃，浓度为93%～98%的浓硫酸或≥105%的发烟酸之用	《化工和石油化工离心泵能效限定值及节能评价值》（试行标准）
耐磨耐腐蚀泵	JFZ系列 JFZ50—300	流量40m^3/h，扬程30m，效率42%	适用于磷复合肥、烟气脱硫、有色冶金及石油化工等行业	《离心式渣浆泵泵能效限定值及节能评价值》

（续）

设备名称	型号	主要技术参数	适用范围	执行标准
	JFZ系列 JFZ125—405	流量$350m^3/h$,扬程61m,效率75%	适用于磷复合肥、烟气脱硫、有色冶金及石油化工等行业	《离心式渣浆泵泵能效限定值及节能评价值》
部分流型双壳体油浆泵	200KPY—300/150型	流量$300m^3/h$,扬程150m,转速2 950r/min,泵效率78.11%	用于石化行业的炼油厂、煤液化及气化、合成燃料、电厂等输送高温、高压、腐蚀、腐蚀性介质	化工和石油化工离心泵能效限定值及节能评价值（试行标准）
加氢装置用离心泵	TD80—120×10型	流量$80m^3/h$,扬程1 200m,转速2 980r/min,泵效率64.06%	用于石油化工领域的石油产品精炼、除磷、除焦,油田注水,高压锅炉给水等	化工和石油化工离心泵能效限定值及节能评价值（试行标准）
双级锥体液环真空泵	2SAT3004	极限真空3.3kPa,抽气量4 $880m^3/h$,电动机功率185kW,输入比功率26.4 $m^3/(kW·h)$	用于电力、石油、化工、食品及制药等行业高真空系统	水环真空泵及压缩机能效限定值及节能评价值（试行标准）
锥体液环真空泵及压缩机	SKC3002	极限真空8～20kPa,抽气量3 800～5 430 m^3/h,电动机功率132kW,输入比功率$26.4m^3/(kW·h)$	用于煤炭、电力（烟气脱硫）、化工及造纸等行业粗抽真空系统	水环真空泵及压缩机能效限定值及节能评价值（试行标准）
水环真空泵及压缩机	SKA405	最大工作压力0.12MPa,抽气量7 020 m^3/h,电动机功率250kW,输入比功率$25.1m^3/(kW·h)$,	用于电力、石油、化工、食品及制药等基础工业	水环真空泵及压缩机能效限定值及节能评价值（试行标准）
闭式循环真空机组	JSKA353—590	极限真空3.3kPa,抽气量5 $200m^3/h$,电动机功率160kW,输入比功率32.5 $m^3/(kW·h)$,	用于电力、石油、化工、食品及制药等基础工业	水环真空泵及压缩机能效限定值及节能评价值（试行标准）
氯气压缩机	LY—30	最大工作压力0.3MPa,排气量1 800 m^3/h,电动机功率250kW,输入比功率$8.2m^3/(kW·h)$	用于化工、制药、煤矿等行业的氯气输送	水环真空泵及压缩机能效限定值及节能评价值（试行标准）
单级双作用锥体压缩机	LYD—720	最大工作压力0.3MPa,排气量$720m^3/h$,电动机功率90kW,输入比功率8 $m^3/(kW·h)$	用于石油化工、制药、煤矿等行业的易燃、易爆气体的压缩和输送	水环真空泵及压缩机能效限定值及节能评价值（试行标准）
双级双作用锥体压缩机	2LYG—600	最大工作压力1.2MPa,排气量$600m^3/h$,电动机功率220kW,输入比功率2.7 $m^3/(kW·h)$	用于石油化工、制药、煤矿等行业的易燃、易爆气体的压送及氯气的常温液化	水环真空泵及压缩机能效限定值及节能评价值（试行标准）

（续）

设备名称	型号	主要技术参数	适用范围	执行标准
CVP型核电站混凝土蜗壳海水循环泵	CVP27.6—18	流量 27.62m^3/s，扬程 18.2m，泵效率≥90%，电动机功率 6000kW	用于核电站循环水泵	GB 19762—2007《清水离心泵能效限定值及节能评价值》
风机				
离心通风机	7—45 系列 No.5D ~ No.10D	流量 10 888.2 ~ 22 773m^3/h，全压 2.965 ~ 1.998kPa，效率 70.99% ~86.84%	用于冶金、石化、建材及热电等行业的送风排风及除尘系统等	GB 19761—2009《通风机能效限定值及能效等级》
细纱机吸棉风机	JYXM—1 No.2 < 机号 < No.5	流量 830 ~ 2100m^3/h，全压 1.93 ~ 1.24kPa，全压效率 81.6%	用于纺织行业	GB 19761—2009《通风机能效限定值及能效等级》
地铁风机	TAR1400/500—11	在设计工况点叶片安装角为28°时，流量 120 000m^3/h，全压 0.95kPa 时，效率≥80%	用于地铁、隧道通风	GB 19761—2009《通风机能效限定值及能效等级》
离心鼓风机	C型	流量 43 740 ~ 28 560m^3/h，压比 1.85 ~ 2.66，功率 1399.7 ~ 1228.8kw，转速 2 980 r/min，多变效率 61.67% ~78.89%	用于钢铁、污水处理、有色冶炼及制药等行业	《离心鼓风机能效限定值及节能评价值标准》(在审批中)
干熄焦循环风机	5—38No10D	流量16 000m^3/h，全压 3.4kPa，转速1 450 r/min，轴功率 17.5kW，效率 83%	用于煤化工、钢铁、冶金、水泥及大气污染治理等行业	GB 19761—2009《通风机能效限定值及能效等级》
等减速曲叶型离心通风机	6—39—BNo10D	流量 20 267m^3/h，全压 3.955kPa，轴功率 26.5kW，风机转速 1 450r/min，全压效率 85.4%	用于化工、纺织、钢铁、冶金、矿山、水泥、建材、化肥及污水处理等行业	GB 19761—2009《通风机能效限定值及能效等级》
机械蒸汽再压缩离心通风机	6—20No10D	介质蒸汽（含 SO_2、HCl 等腐蚀气体介质），设计流量 5 200m^3/h，设计全压 4.3kPa，运行密度 1.2kg/m^3，工作温度 20℃，工作转速 1 450 r/min，轴功率 7.43kW，效率 83.6%	用于电厂、钢铁、冶金、造纸、印染、医药、化工及原子放射性污染的水源净化、海水净化、工业及生活污水处理	GB 19761—2009《通风机能效限定值及能效等级》
曝气离心鼓风机	BCD300—1.90/1.00	流量 18 000m^3/h，进口压力 98kPa(A)，排气压力 186kPa(A)，轴功率 455kW，进口导叶开度 0 ~100%，效率 85.5%	用于石油、化工、电子、纺织、钢铁、冶金、制药、造纸及污水处理等行业	《离心鼓风机能效限定值及节能评价值标准》(在审批中)

气体净化设备行业调研报告

2011年6~8月，中国通用机械工业协会气体净化设备分会在净化行业企业相对集中的长三角地区的南京、无锡、上海及杭州，珠三角地区的广州、东莞及深圳，西部地区的西安等地进行了一次行业调研，共参观走访了14家企业，与35家企业进行了座谈交流。

一、调研地区及单位

(1)2011年6月21日，在南京地区参观了南京赛格净化设备有限公司、南京艾尔森(吉纳波)公司。组织南京赛格净化设备有限公司、南京艾尔森(吉纳波)公司、南京顺风—派尼尔空气和气体净化设备有限公司、南京远寰科技有限公司4家会员单位进行了座谈。

(2)2011年6月22日，在无锡地区组织无锡市盛达气源净化设备有限公司、无锡市华灵过滤设备有限公司、无锡优元工业机械有限公司、无锡迈格艾尔净化设备有限公司4家会员单位进行了座谈。

(3) 2011年6月底，在西安地区，走访了西安超滤净化工程有限公司、西安厚德科技发展有限公司两家会员单位。

(4)2011年7月6日，在上海地区，组织上海阿普达实业有限公司、上海翰烨气源净化科技有限公司、派克汉尼汾液压系统(上海)有限公司、上海英格索兰压缩机有限公司、贝克欧(上海)国际贸易有限公司、上海日益自动化元件有限公司、上海岭泉实业发展有限公司7家会员单位进行了座谈。

(5)2011年7月7~8日，在杭州地区，参观了杭州日盛净化设备有限公司、杭州超滤净化设备有限公司 、杭州山立净化设备有限公司、杭州科林爱尔气源设备有限公司、杭州中立阀门有限公司、浙江汇龙过滤材料有限公司6家企业，组织杭州日盛净化设备有限公司、杭州超滤净化设备有限公司 、杭州山立净化设备有限公司、杭州科林爱尔气源设备有限公司、杭州国立机械设备有限公司、杭州世介净化科技有限公司、杭州中立阀门有限公司、浙江汇龙过滤材料有限公司8家企业进行了交流。

(6)2011年8月3~6日，在珠三角地区，参观了广州市汉粤净化科技有限公司、广东太安伊侨气体设备有限公司、东莞市宏金龙机械有限公司、深圳市宏日嘉净化设备科技有限公司4家企业，组织广东省肇庆化工机械厂、广州市汉粤净化科技有限公司、广东太安伊侨气体设备有限公司、东莞市宏金龙机械有限公司、深圳市宏日嘉净化设备科技有限公司、广州市康珑电子有限公司、东莞市石大净化设备有限公司、东莞市伊普思实业有限公司、东莞市石大超滤节能净化科技有限公司、广东泰菱制冷设备实业有限公司10家企业进行了座谈交流。

二、各地代表性企业概况

(1)南京赛格净化设备有限公司：以组装为主，近年组合式吸干机、撬装式干燥器发展良好。

(2) 南京顺风—派尼尔空气和气体净化设备有限公司：以船机、二氧化碳及含有机物气体回收装置等为特色产品。

(3) 南京艾尔森(吉纳波)公司：各种在线和实验室用露点仪发展迅猛，并取得国家露点仪标定资格。

(4) 无锡市盛达气源净化设备有限公司：国内冷干机最早生产企业之一，最大冷干机600 m^3/min，最大吸干机1 400m^3/min，且为行业为数不多具有压力容器制造证的单位之一。

(5) 无锡市华灵过滤设备有限公司：专业生产各类过滤器，产品多元化，适合多种用途，建有先进的过滤器性能试验系统。

(6) 无锡优元工业机械有限公司：台资企业，近年开发了零耗气干燥器、节材型免维修冷干机等特色产品，企业希望走高端产品路线。

(7) 无锡迈格艾尔净化设备有限公司：企业虽小，但专攻高压(35MPa)、低压(0.1～0.2MPa)等非标型干燥器及特殊气体干燥器。

(8) 西安超滤净化工程有限公司：在大型天然气及工艺气干燥器、军用干燥器、精密高压过滤器等方面有强势发展，无锡分公司为冷干机生产基地。

(9) 西安厚德科技发展有限公司：专业干燥器电控设计制造公司，为行业配套各类电控系统。作为主要负责起草单位之一，起草过两项干燥器电控柜行业标准。

(10) 上海阿普达实业有限公司：旗下多个公司，生产油滤芯、干燥器、压缩机油及除尘设备等多品种产品，规模及产值逐年扩大，效益良好。

(11) 上海翰烨气源净化科技有限公司：以冷干机、吸干机为主，国内直销和外贸经营并举。近年生产的零耗气吸干机、组合式吸干机、铝合金换热器等具有特色。

(12) 上海英格索兰压缩机有限公司：以微热、余热吸干机及 $10m^3/min$ 以下的冷干机为主打产品，为本公司压缩机配套并有部分出口。管理严密，拟建 $120m^3/min$ 的测试系统。

(13) 贝克欧(上海)国际贸易有限公司：销售型企业，主营德国贝克欧公司净化产品，其中膜式干燥器、冷凝液排放阀、在线含油检测等产品极具特色，价格不菲。

(14) 杭州日盛净化设备有限公司：冷干机、吸干机、过滤器全面发展，内销外贸并举，年增长30%以上。最近与富士康科技集团签下200余套余热吸干机大单，彰显企业实力。

(15) 杭州山立净化设备有限公司：企业规模及产量在杭州地区首屈一指，在行业中也名列前茅。以标准型冷干机、大型吸干机、撬装机、组合式干燥器及模块化吸干机等多种产品应对市场需求。

(16) 杭州科林爱尔气源设备有限公司：冷干机、吸干机、过滤器品种齐全。部分冷干机用换热器采用 APV 板式换热器具有更好效率。

(17) 杭州世介净化科技有限公司：以冷干机为主导产品，吸干机、过滤器并举，自己生产配套冷凝器、蒸发器。

(18) 广东省肇庆化工机械厂：国内老牌净化设备企业，具有一、二类压力容器设计和制造证。以吸干机为主导产品。近年来在二氧化碳、氮气等特殊气体干燥器上有良好发展

(19) 广州市汉粤净化科技有限公司：近年发展稳定，产品价位略高于本地区同类产品。干燥器、过滤器、油分离器多品种均衡发展，近期在杭州扩大规模(生产大型机)。

(20) 东莞市宏金龙机械有限公司：全部自己生产配套性企业，有较好的数控机床及剪板机、翅片冲压机、穿管机等专用机床。冷干机产量较大，也生产吸干机和微型空压机。

(21) 深圳市宏日嘉净化设备科技有限公司：专业生产压缩空气过滤器。铝合金壳体压铸、滤芯制造、整体装配、试验检测全部自己控制。产品规格 $0.5 \sim 37.2m^3/min$ (0.7MPa) 覆盖五大系列。

除以上有代表性的企业外，一些配套企业，如上海日益自动化元件有限公司的电子排水阀、电磁阀，浙江汇龙过滤材料有限公司的氧化铝、冷凝器，杭州中立阀门有限公司的四通阀、组合阀、蝶阀，广州市康珑电子有限公司的干燥器控制系统等，也各具特色，与专业净化设备厂协作配合，取得良好效益。

三、企业规模和生产模式

1. 企业规模

从调研和交流情况看，气体净化设备行业的企业规模无论在职人数、厂区面积、年产销值都相对

偏小。有5家企业在职人数超过200人，两家企业厂区占地面积超过2万m^2，3家企业2010年年产值超过1亿元（无锡纽曼泰克气源净化设备有限公司、杭州山立净化设备有限公司、上海阿普达实业有限公司）。

2. 生产模式

行业各企业生产经营模式主要分为三类：一是外协配套组装型，各主要部件外协加工配套，包括干燥塔容器、冷干机换热器、过滤器壳体等均为外协配套，工厂完成配管和装配，只有少量机加工设备或无机加工设备；二是主要部件自己生产，并完成机组装配，具有专用的加工设备或生产线；三是销售代理型，不生产装配产品，销售经营国外知名品牌产品。其中，外协配套组装型为行业主导型式，另两种型式占比约25%。

四、企业产品发展情况

气体净化设备行业厂近年来有以下发展趋势：

（1）冷干机，尤以标准型（压力0.7MPa，处理量$3m^3/min$左右），仍是最大批量（其中15%左右外贸出口），并在某些地区（如杭州、广东等地区）形成集群生产，一些企业月产千台以上。但产品价位偏低，市场竞争激烈。

（2）为节能、节材及提高效能，冷干机用冷凝器、蒸发器类换热器设计呈多样化。传统的铜管加翅片、板翅式及APV的板式换热器，各种型式，互有千秋；铜材、铝合金、涂敷纳米材料，各种材料，各具特色；预冷、换热、蒸发串接或组成一体型的模块化，各种结构难分伯仲。

（3）余热干燥器或零耗气干燥器，作为吸附式干燥器的节能类产品，受到青睐，发展迅猛，各主要净化设备厂均在开发生产，市场看好。

（4）吸附式干燥器向大型化发展，$200m^3/min$以上的吸干机已成大众产品。

（5）组合式干燥器、撬装式干燥器，因其使用灵活、安装方便等特点，产品逐渐增多，各企业都有涉足。

（6）随着用户对用气品质的关注，在线露点检测逐渐成为干燥器的标配，同时也促进了露点仪、露点传感器等产品的迅猛发展。

（7）特殊气体干燥器，成为一些企业的拳头产品，同时产生良好的社会及经济效益。

（8）过滤器产品以常规压力（0.7MPa）为主，深圳、无锡、天津及新乡等地企业已形成规模化的专业生产。但高压过滤器，尤其是高压精密滤芯还是以国外产品为主，国内差距不小。

五、存在的问题

（1）由于气体净化设备生产企业均是由小逐渐做大，场地普遍较小。场地面积制约了一些企业更快速的发展，造成产品、原材料、部件等无处堆放，给生产现场的管理调度带来了困难。

（2）技术力量相对薄弱，研发人员稀少，难以形成较强的技术队伍，限制了企业向多元化、高技术含量产品的方向发展。

（3）测试检测系统或设备不够完善。拥有完善检测系统或专用实验室的企业相对较少，这对企业研发和质量控制是不利的。

（4）各企业发展不均衡，行业会员单位，尤其是理事单位，大都发展良好，管理也不错。但一些小企业，主要组装低端产品，发展艰难。

（5）少数企业还存在低价竞争现象，不利行业整体发展。

〔撰稿人：中国通用机械工业协会气体净化设备分会陈放〕

2010 第五届中国国际流体机械展览会简介

2010 年 10 月 13 ~ 15 日,中国通用机械工业协会主办的“2010 第五届中国国际流体机械展览会(IFME)”在北京展览馆隆重召开。该届展会是国际金融危机冲击之后的首届流体机械展,得到了国内外业界的热切关注。展会以“精英汇集、精品荟萃”为主题,数百家参展商集中盘点与展示国内外泵、风机、压缩机及阀门等流体机械最新的产品和技术,吸引了各相关行业的大批观众前来参观。展览会期间中国通用机械工业协会各分会同时举办了多场国际性行业高峰论坛,促进国内外、供需间及产学研各方的合作。

泵业分会参展情况

中国通用机械工业协会泵业分会在中国通用机械工业协会的领导下,在秘书处人员和参展会员单位的共同努力下,出色地完成了参展任务。

一、领导重视,组织工作得力,保证了展会的顺利进行

本届展会虽然比上届展会规模小,但参展单位的技术水平更高、效果更佳,组织工作更加有序、更加得力,在组织招展、参展单位报名、催缴展位费、布展和展会现场组织指挥及撤展等方面均比前 4 届有较大提高。参展工作引起理事会、秘书处及各主要企业和成员厂的各级领导的高度重视,成立了招展工作领导小组,设立了招展工作办公室,安排专人负责到成员单位走访,统一协调,各参展单位认真组织落实,设专人负责。

泵业分会会员中有 30 多家大中型骨干企业、重点企业参加了展会,并且将近两年开发的新产品带到了展会。参展的国有或国有控股企业有湖南湘电长沙水泵厂有限公司、天津泵业机械集团有限公司、西安泵阀总厂有限公司、上海电力修造总厂有限公司、石家庄工业泵厂有限公司等;合资或外资企业有上海凯士比泵有限公司、日立泵制造(无锡)有限公司、荏原总部、嘉利特荏原泵业有限公司、荏原博泵泵业有限公司、耐驰(兰州)泵业有限公司、安徽三联久保田泵业股份有限公司等;民营或民营控股企业有上海东方泵业(集团)有限公司、河北恒盛泵业股份有限公司、大耐泵业有限公司、淄博真空设备厂有限公司、浙江真空设备集团有限公司、山东长志泵业有限公司、上海凯泉泵业(集团)有限公司、南京蓝深制泵集团股份有限公司、山东华成集团有限公司、山东神力渣浆泵科技有限公司、石家庄强大泵业集团有限责任公司、上海阿波罗机械股份有限公司、广东省佛山水泵厂有限公司、辽宁恒星泵业有限公司、长沙天鹅工业泵股份有限公司、大连佳特联轴器有限公司、上海连成(集团)有限公司、南方泵业股份有限公司、上海乐和流体机械有限公司等;代表了我国泵行业先进的制造水平,充分体现了泵行业整体实力,展示了泵行业参展企业的风采。所有参展企业从接到参展通知开始,一直到申请、计划、布置、落实,从布展到撤展都井然有序,配合得非常好,所有企业和领导对此次展会的组织工作都表示非常满意。

二、招展宣传形式多样化,保证了招展任务的完成

中国通用机械工业协会领导非常重视此次展

会，在多种媒体上重点宣传此次展会，并多次下发文件对展会各项工作进行指导和安排布置。泵业分会积极配合中国通用机械工业协会开展工作，多次下发有关展会的文件和材料给各会员单位和有关厂家，并在有关会议、泵协网站及“泵”杂志上进行宣传报道，招展工作领导小组的领导和成员多次带队到有关企业宣传和招展，在重点地区和单位召开展会招商新闻发布会，同时还利用泵协网站及互联网、电话、传真等多种形式进行沟通，大力营造展会氛围，通过反复宣传和及时沟通，有力地保证了招展任务的完成。

三 、技术含量高，参展水平进一步提高

从泵业分会参展情况看，企业参展水平与前4届展会相比有大幅提高。很多参展企业都把本企业的“新产品、新工艺、新技术、新材料”和获奖产品、节能产品、优质产品和省市名牌产品及国家驰名商标产品拿到展会上与用户见面，集中展示了我国流体机械制造业为石油化工、电力、冶金、环保、城市基础设施建设、石油和天然气开发及运送、煤炭及矿产开发、水利、建材、轻工、纺织、医药、农业、食品、交通及国防等国民经济各领域提供重大技术装备、关键技术装备、成套技术装备及配套技术装备的能力和水平，使用户与参观者亲身感受到了我国流体机械制造业日新月异的发展和进步，同时还集中展示了国外流体机械及相关配套产品先进制造企业的最新技术和产品，加强了对外交流与合作。展会期间还同时举办了第二届中国国际泵业发展高峰论坛，邀请了国内外使用流体机械产品的主要用户、工程和贸易公司、设计院所等进行交流、贸易洽谈，为供需双方搭建了平台，并达到了预期效果。本届展会不论是参展的实物还是模型、图片都从最佳的角度和视野展示了参展企业的管理水平、生产规模和先进制造技术水平，使展会现场更加生动、形象和真实，吸引了大量观众。展会进行特装的企业明显增多，超过了历届展会，如上海电力修造总厂有限公司、上海凯士比泵有限公司、石家庄强大泵业集团有限责任公司、上海阿波罗机械股份有限公司、西安泵阀总厂有限公司、山东长志泵业有限公司、安徽三联泵业股份有限公司、安徽三联久保田泵业股份有限公司、荏原总部、上海凯泉泵业（集团）有限公司、上海连成（集团）有限公司、上海东方泵业（集团）有限公司、湖南湘电长沙水泵厂有限公司、南京蓝深制泵集团股份有限公司、日立泵制造（无锡）有限公司、耐驰（兰州）泵业有限公司、南方泵业股份有限公司、山东神力渣浆泵科技有限公司、河北恒盛泵业股份有限公司的展位尤为抢眼，参观、咨询者也络绎不绝，停留的时间也比较长，有时甚至达到了拥挤的程度，极大地烘托了展会的热烈气氛，展示了参展产品的技术水平。

四 、展会质量高，参观人数较多，参展企业反映较好

本届展览会展出面积达到20 200m^2以上，占用了北京展览馆所提供的全部场馆。参展单位达到了180多家，展出面积折合标准展位820个以上。虽然泵业分会参展面积比上届展会减少了近1/2，仅约2 000m^2，展位占地面积1 440m^2，折合标准展位160个，但是参展企业充分利用了这难得的机遇和展示平台，在企业宣传和产品展示方面下功夫。如上海凯士比泵有限公司、荏原总部每家申请了108m^2的展位面积，上海电力修造总厂有限公司、上海凯泉泵业（集团）有限公司、上海东方泵业（集团）有限公司、上海连成（集团）有限公司每家申请了9个展位（面积81m^2），石家庄强大泵业集团有限责任公司、西安泵阀总厂有限公司、安徽三联泵业股份有限公司、上海阿波罗机械股份有限公司每家申请了8个展位（面积72m^2），湖南湘电长沙水泵厂有限公司、山东长志泵业有限公司每家申请了6个展位（面积54m^2），有6家企业申请了4个展位（面积36m^2），还有9家企业申请了2个展位（面积18m^2），其余为1个标准展位（面积9m^2）。这些企业无论是参展面积还是参展水平都属一流。据不完全统计，展会期间有90%以上的参观人员都在泵展区停留和参观过，尤其是第一天展会开幕式后，参观人员是最集中的一天，几乎每个展位前都聚满了参观人员，各级领导和国内外参观人士对泵展区给予了极高的评价，纷纷赞扬泵行业近年来所取得的巨大成就和对我国国民经济的发展做出的贡献。参展企业对下届在上海的展会表示了极大的兴趣和极高的热情，表示下届一定要下更大的功夫和决心，抓住机遇积极参展，进一步提升和扩大企业的知名度和产品的受益度及影响力，充分展示泵行业生产企业的整体实力和整体形象，为我国泵行业的发展和进步做出贡献。

五、开展评优活动，为振兴我国装备制造业贡献力量

为进一步推动泵行业会员企业产品、技术、质量和标准水平的提高，提升泵产品在国内外的市场竞争力，扩大企业的知名度，为振兴我国装备制造业打下坚实的基础，在中国通用机械工业协会的统一安排和指导下，泵业分会对本届展会进行了认真的总结，对参展单位及其产品进行了评奖活动。根据评选结果，评出了2010第五届中国国际流体机械展览会参展产品金奖41项，银奖18项，参展单位优秀布展奖16项。2010第五届中国国际流体机械展览会泵业分会参展企业及参展产品获奖情况见表1。

表1　2010第五届中国国际流体机械展览会泵业分会参展企业及参展产品获奖情况

企业名称	商标	产品名称
金奖		
上海凯士比泵有限公司	KSB	MOVITEC VT6/4B立式多级泵
耐驰（兰州）泵业有限公司	NEMO®	BE5T抽桶清空泵
	NEMO®和TORNADO	MB—1、XLB—8/2、XB—4工业转子桶泵
嘉利特荏原泵业有限公司	EBARE	DCS/DCD型加氢进料泵、锅炉给水泵
		VPCS/VPCH型立式筒袋泵
天津泵业机械集团有限公司	CTP	HW系列多相泵
河北恒盛泵业股份有限公司	恒源	3RP型系列凸轮转子泵
上海凯泉泵业（集团）有限公司	凯泉	KQDP/SF系列交流伺服恒压泵
山东长志泵业有限公司	兴齐	DM型高压除焦泵、GSB—W型卧式高速泵
大耐泵业有限公司	三六	ASD—M卧式水平中开多级泵，YW系列立式双吸泵
上海电力修造总厂有限公司		HPT300—340—6s型循环流化床机组用汽泵
		FT6S39DM型锅炉给水泵组用电泵
		FK6A40型1000MW超超临界锅炉给水泵
		MNC600×450LS型AP1000核电厂常规岛前置泵
山东神力渣浆泵科技有限公司	神力	700GMT—A84脱硫泵
上海东方泵业（集团）有限公司	EAST	DFSS系列卧式双吸离心泵
		BW系列无负压变频调速供水设备
西安泵阀总厂有限公司	西岳	XGB250—150—400锆泵
	西高阀	X343F—300LB锆阀
南京蓝深制泵集团股份有限公司	蓝深	GQB系列潜水贯流泵
		SQJB系列双曲面搅拌机
上海阿波罗机械股份有限公司	艾波而	CVP24—20混凝土蜗壳海水循环泵
		HDF101—1125电动辅助给水泵
日立泵制造（无锡）有限公司	日立	2600HDC—13火电厂循环水泵

（续）

企 业 名 称	商标	产 品 名 称
南方泵业股份有限公司		CDL150 型不锈钢立式多级离心泵
安徽三联泵业股份有限公司	三联	ASP5030 石油化工流程泵
安徽久保田三联泵业有限公司	久保田三联	LSM—KRC 型潜水轴流泵
石家庄强大泵业集团有限责任公司	强大	KSH(L)型系列渣浆泵,61/67/68 系列矿用潜水泵
湖南湘电长沙水泵厂有限公司	C′·B	XJ 型中开式离心清水泵
		LKXA·B·C 型立式斜流泵
淄博真空设备厂有限公司	双山	2EK 节能型系列双级液环真空泵
	双山	2BET 钛材液环真空泵
上海连成(集团)有限公司	连成	ZWL(I)智慧型无负压稳流给水设备
上海乐合流体机械有限公司	乐合	发电站 660MW 机组锅炉给水泵用 LTJ—GJ 系列机械密封
		百万千瓦核电站常规岛主给水泵用 LTJ—HD 系列机械密封
		LTJ—NJ 系列电站脱硫设备用机械密封
大连佳特联轴器有限公司	箭升	DHC 系列核电联轴器,DMN—NT 系列间隙可调缩径联轴器
银奖		
湖南湘电长沙水泵厂有限公司	C′·B	A·B·C 型立式多级凝结水泵
		WNB 系列挖泥船泵
嘉利特荏原泵业有限公司		YR 型工业汽轮机
上海凯士比泵有限公司	KSB	HPK—L80—160 型热媒泵
		Etanorm 40—250 型直连泵
		Amarex YLG—130 型离心潜污泵
耐驰(兰州)泵业有限公司	M—Ovas®	M—Ovas25—2.2 切碎机
	NEMO®	C. pro.™计量加药系统
上海凯泉泵业(集团)有限公司	凯泉	KCZ100/250C 系列化工流程泵
		KQSN350 系列双吸泵
山东长志泵业有限公司	兴齐	GL 型立式高速泵
西安泵阀总厂有限公司	西岳	CXK250—200—450 钛泵
	西高阀	CST42Y—300LB 自动再循环控制阀
上海电力修造总厂有限公司		TM3—42C/150 型 600MW 超临界锅炉给水泵最小流量调节阀
南方泵业股份有限公司		TD250 管道循环泵
河北恒盛泵业股份有限公司	恒源	NYP 系列高粘度内齿泵
		2W·W 系列多相混流泵
山东神力渣浆泵科技有限公司	神力	GMZ80—130—80 渣浆泵
参展单位优秀布展奖		
上海凯士比泵有限公司		
湖南湘电长沙水泵厂有限公司		
嘉利特荏原泵业有限公司		
安徽三联泵业股份有限公司		

（续）

企 业 名 称	商标	产 品 名 称
西安泵阀总厂有限公司		
上海阿波罗机械股份有限公司		
上海电力修造总厂有限公司		
石家庄强大泵业集团有限责任公司		
上海凯泉泵业(集团)有限公司		
上海东方泵业(集团)有限公司		
上海连成(集团)有限公司		
山东长志泵业有限公司		
耐驰(兰州)泵业有限公司		
南京蓝深制泵集团股份有限公司		
山东神力渣浆泵科技有限公司		
南方泵业股份有限公司		

在中国通用机械工业协会的领导下，通用机械泵行业有能力和决心不断开拓进取，发挥行业优势，及时推出行业单位的“新产品、新工艺、新技术、新材料”和获奖产品、节能产品、优质产品和省市名牌产品及国家驰名商标产品，为我国泵行业的发展做出贡献。

［撰稿人：中国通用机械工业协会泵业分会关荣印］

压缩机馆参展盛况

2010第五届中国国际流体机械展览会上，9号馆和10号馆为压缩机展馆，展出面积657m²，共21家国内知名企业携自己的高新产品参展。整体来讲，压缩机馆的展品品质、展位设计及展出水平等各方面在整个展出中都名列前茅。

一、企业参展情况

江西惟思特科技发展有限公司参展的产品是箱体式全无油涡旋空气压缩机，排气量0.24～1.2 m³，共5种型号，主要技术性能指标达到了国际同类产品的先进水平，填补了国内空白。

上海柏能电机技术有限公司展出的是公司研发团队经过三年多时间的潜心研发，在无传感器矢量控制算法软件技术上的新成果，该技术搭建了永磁电机无传感器驱动核心技术的通用开发平台，并基于该平台成功研发出拥有自主知识产权的无传感器永磁电机驱动器PD1000。PD系列产品可以广泛用于风机、泵、压缩机及空压机等。

四川大川压缩机有限责任公司推出了适应低碳要求的6M—293/39焦炉气压缩机、MW—2.9/79—0.6/78—79合成气循环气联合压缩机以及二氧化碳压缩机低温技术压缩机、DW—10.7/8.4—33.95循环气压缩机，大大减少了工业有害气体排放，同时实现了工业废气的综合利用，充分利用工业废气制新能源。

上海电气压缩机泵业有限公司展出的是公司自主研发、具有自主知识产权和专利，高效(一机抵多机)、省功、低噪声、高自动化率、技术性能和单机能力达到国际先进水平，当前世界上最大转子直径816mm的工艺气螺杆式压缩机。

无锡压缩机股份有限公司推出了适用于油井打压、天然气管道吹扫、管道试压、掘井吹孔、压铸、大型安装建筑工程、大型阀门高压渗漏试验以及各种中高压试验、试压等场合的螺杆活塞串联机组。当前市场上多数大排量中、高压压缩机组型式主要有多级压缩大型活塞机或多机组并联使用等方式；大型压缩机设计、制造、运行成本极高，维护修理费用也高；多机组则摩擦副多，易损件多，磨损大，总的故障率高。而螺杆压缩机故障低、活塞增压压缩机结构简单，稳定性好，二者优优结合，结构简单，寿命长，维护成本低，国际及国内大型压缩机厂在大排量中、高压压缩机组上纷纷采用螺杆活塞串联机组。

上海飞和实业有限公司推出了拥有独立自主知识产权的单螺杆空气压缩机，其主机由一根螺杆两个星轮片啮合组成，技术创新后，星轮片采用醚醚酮碳纤维复合材料（PEEK），极大地提高了材料的硬度、刚度。由于星轮在螺杆两侧对称配置，作用于螺杆上的径向气体力及轴向气体力互相抵消，因此螺杆不承受任何径向或轴向气体力，使径向力、轴向力完全平衡，轴承寿命可达 10 万 h 以上。机壳采用整体结构，气体压力产生的径向、轴向力自动平衡。零部件少，可独立装配，体积小，结构紧凑，星轮侧有大窗口，维修方便。飞和空压机具有节能、低噪声、效率高、运行可靠，压缩空气品质优良等特点。

上海佳力士机械有限公司展出的是主导产品 OG 系列单螺杆空压机，具有效率高、噪声低、振动小、体积小、费用少、维修方便、外形美观、容易操作等优点。产品采用智能模块控制系统，具有友好的人机界面。OG 系列单螺杆空压机排气量 0.4 ~ 40m^3/min，有风冷、水冷、无油、车用、防爆等五大类、上百个规格品种，能完全满足各行业客户的需求，产品畅销国内外。

广州正力精密机械有限公司携拥有单螺杆式和涡旋式空压技术核心知识产权，先后获得中国、美国、英国、法国和日本等国家专利的单螺杆式和涡旋式两大系列产品参展，产品覆盖微油、无油、中压、低压、矿用、移动及新能源大巴用空压机等系列节能产品。公司作为美的集团旗下机械行业品牌，致力于打造空压机行业最节能品牌，在产品研发上始终坚持节能、可靠、静声、环保的设计理念，不断创新，更好地满足客户需求。2009 年，公司作为我国唯一一家空压机企业，被列入工业和信息化部《节能节水机电设备推荐目录》。

北京京城环保产业发展有限责任公司是国内压缩机行业唯一取得核电制造和许可证的压缩机供应商，此次公司展出的高压大气量膜式压缩机，密封性能良好，耐腐蚀性强，无泄漏，广泛应用于军工、石化、多晶硅等领域。

北京金凯威通用机械有限公司携自主开发研制的多级冷凝油气回收装置参展，产品技术含量高，主要应用于加油站、油库及石油、石化、化工行业等易挥发性气体的回收。

本届参展的企业还有为压缩机主机配套的台州环天机械有限公司、姜堰市华宇轴瓦有限责任公司、无锡锡山安达防爆电气设备有限公司及容实高润滑油有限公司。

台州环天机械有限公司是国内首家通过氧压机、空压机气阀 ISO 9001 质量体系认证、美国 API 质量认证和 ISO 9001 往复式压缩机部件生产认证的企业，参展产品是为往复活塞式压缩机配套的气阀、填料、支撑环等。公司生产的气阀采用国际先进原材料和先进的加工工艺，使用性能及效果可完全替代进口产品。

姜堰市华宇轴瓦有限责任公司展出的产品是获得实用新型专利证书的精密电镀减摩层铝基合金轴瓦，是国内提高压缩机轴瓦使用寿命的最新产品，2009 年通过中国机械工业联合会的科技成果鉴定。

二、获奖情况

2010 第五届中国国际流体机械展览会上，压缩机企业送展产品的技术含量和展位设计均符合展会组委会的要求。经中国通用机械工业协会压缩机分会的评选和中国通用机械工业协会的审定，压缩机馆共评出金奖 9 项、银奖 9 项、优质奖 3 项，并于 2011 年 6 月 27 日“中国通用机械工业协会压缩机分会第六届会员大会”上举行了颁奖仪式。2010 第五届中国国际流体机械展览会压缩机分会参展产品获奖情况见表2。

表2 2010第五届中国国际流体机械展览会压缩机分会参展产品获奖情况

企业名称	产品名称
金奖	
无锡压缩机股份有限公司	LHC螺杆活塞串联机组、大型迷宫式压缩机
广东正力精密机械有限公司	水润滑单螺杆式和涡旋式空压机
上海电气压缩机泵业有限公司	ϕ816mm工艺螺杆式压缩机
阿特拉斯·科普柯(上海)贸易有限公司	ZS螺杆鼓风机
上海佳力士机械有限公司	OG系列单螺杆空压机
上海飞和实业有限公司	单螺杆空气压缩机
上海信然压缩机有限公司	PET吹瓶机专用空压机
安瑞科(蚌埠)压缩机有限公司	M8—50/0.02—18氢气压缩机
台州环天机械有限公司	往复活塞式压缩机用气阀、填料、支撑环等
银奖	
北京金凯威通用机械有限公司	多级冷凝油气回收装置
北京京城环保产业发展有限责任公司	高压大气量膜式压缩机
四川大川压缩机有限责任公司	6M—293/39焦炉气压缩机
	MW—2.9/79—0.6/78—79合成气循环气联合压缩机
四川金星压缩机制造有限公司	CNG无站用储气系统子站压缩机
	CNG高效节能型(标准、变频)压缩机
柳州压缩机总厂	煤矿用压缩机
柳州柳二空机械股份有限公司	ZW系列无油润滑压缩机
无锡久安防爆电机有限公司	防爆电机
江苏恒久机械有限公司	隔膜压缩机
姜堰市华宇轴瓦有限责任公司	精密电镀减摩层铝基合金轴瓦
优质奖	
江西惟思特科技发展有限公司	全无油涡旋空气压缩机
上海柏能电机技术有限公司	PD1000无传感器永磁电机驱动器
容实高润滑油有限公司	压缩机用润滑油

〔撰稿人:中国通用机械工业协会压缩机分会刘海芬〕

风机分会产品参展评比获奖名单

中国通用机械工业协会风机分会秘书处组织沈阳鼓风机集团股份有限公司、陕西鼓风机(集团)有限公司、上海鼓风机厂有限公司、重庆通用工业(集团)有限责任公司、石家庄市风机厂有限责任公司、江苏金通灵风机股份有限公司及沈鼓设计院等8家企业的行业专家组成临时评委会,对本次展会的参展产品和参展模型进行了考评,共评选出金奖36项、银奖5项。2010第五届中国国际流体机械展览会风机分会产品参展评比获奖名单见表3。

表3　2010 第五届中国国际流体机械展览会风机分会产品参展评比获奖名单

企业名称	产品名称
金奖	
沈阳鼓风机集团股份有限公司	DMCL1204 + 2MCL1203 + 3BCL527 空分装置离心压缩机组
陕西鼓风机(集团)有限公司	EIZ 等温离心压缩机
	EBZ 筒型增压机
上海鼓风机厂有限公司	燃料球输送用氦气压缩机
	RTF 静叶可调轴流通风机
重庆通用工业(集团)有限责任公司	LDCS(—35)—P 离心式低温制冷机组
	EⅡ100—4.3/1.0 整体齿式离心压缩机
四平鼓风机股份有限公司	SJ15000 烧结离心鼓风机
宁波风机有限公司	BLYF102Ⅱ No8C 防腐耐高温离心通风机
	SMFJ01 离心通风机
长沙鼓风机厂有限责任公司	AR 型罗茨鼓风机
北京华怡净化科技研究所有限公司	HY—1.4S 小型智能化风机
北京新安特风机有限公司	XYF—10A 消防排烟风机
天津津鼓风机有限责任公司(原天鼓五分厂)	DSZ 隧道大型通风机
	MJR 系列密集成套罗茨鼓风机
石家庄风机厂有限责任公司	SHY75—51No25F 水泥磨循环风机
上海通用风机股份有限公司	W6—2×29No26.4F 高温离心通风机
江苏金通灵风机股份有限公司	ZDX1670/71—Ⅱ—4 动叶可调轴流风机
	SH150—8.0 整体式离心压缩机
南通市恒荣机泵厂有限公司	3L52 型罗茨鼓风机
常熟市鼓风机有限公司	SA 型摇摆式轴流通风机
山东省章丘鼓风机股份有限公司	B200—1.7 单级高速离心鼓风机
	ZG—65 罗茨鼓风机
山东海福德机械有限公司	HSG150 型三叶罗茨鼓风机
	MD250 型罗茨鼓风机
浙江义乌星耀风机有限公司	D160—2.14 循环流化床高压流化风机
	W12g14.1 转炉一次干法除尘系统煤气轴流风机
浙江同源鼓风机制造有限公司	B200 单级高速离心鼓风机
	GS 高速罗茨鼓风机
湖北省风机厂有限公司	S1450—11 硫酸离心鼓风机
新乡西玛鼓风机有限公司	DTF(R)型可逆转地铁隧道轴流风机
	XM—HB200—1.7/1.0 单级高速离心鼓风机
大连创思福液力偶合器成套设备有限公司	YOTCGR800B/1500 调速型液力偶合器
	YOCHJ1000/1500/750 调速型液力偶合器
无锡市厚德自动化仪表有限公司	HZD—B 型振动变送器
	HD 型检测控制柜
银奖	
四平鼓风机股份有限公司	D1500 煤气鼓风机

（续）

企业名称	产品名称
北京华冶净化科技研究所有限公司	HY—1.3 高速高压智能化风机
山东海福德机械有限公司	MJ100 密集型三叶罗茨鼓风机
湖北省风机厂有限公司	AⅡ型双吸双支撑除尘风机
大连创思福液力偶合器成套设备有限公司	YOCHZ580/2985/5783 调速型液力偶合器

〔供稿单位：中国通用机械工业协会风机分会〕

2010 年第五届阀门博览会展品评奖结果

中国通用机械工业协会阀门分会根据 2010 年第五届阀门博览会参展单位申报评奖展品，组织有关专家进行了评奖。2010 年第五届阀门博览会展品评奖结果见表 4。

表 4　2010 年第五届阀门博览会展品评奖结果

企业名称	产品型号	产品名称
金奖		
大连大高阀门有限公司	NIXSSA0300	核一级大口径锻钢旋启式止回阀
中核苏阀科技实业股份有限公司	CH1—4″BTN20WA22R—Q3U	核一级比例喷雾阀
	HP25002bv—H2	加氢阀
河南开封高压阀门有限公司	J561Y2500LbC6SPL	高温高压截止阀
	Z960Y3300LbsPL	高温高压闸阀
哈尔滨电站阀门有限公司	PAT—7432F	超超临界全量型安全阀
乘风阀门集团有限公司	48″FWTB11DR—900LbBW	大口径全焊接球阀
兰州高压阀门有限公司	YTZ41YGY40P1I	高温耐磨油浆泵阀
上海阀门厂有限公司	20CH1H61Y—320P	定压差升降式止回阀
沈阳盛世高中压阀门有限公司	N1SH61Y—1500#P	核一级升降式止回阀
江苏神通阀门股份有限公司	800×800H3JXMBF941X—0.05C、	风阀
苏州纽威阀门股份有限公司		核一级电动截止阀
上海开维喜阀门集团有限公司	Q6—18″—900	气动锁渣阀
中阀科技（长沙）阀门有限公司	1300QF400—WY	水电球阀
上海巴蝶阀门有限公司	700G	中线衬胶蝶阀
	TRITEC	三偏心蝶阀
精工阀门有限公司	SDJ343H	双向硬密封蝶阀
浙江宝龙阀门制造有限公司	D542Y—64	楔紧式全金属密封高压蝶阀
天津渤海阀门集团	D363H—25	金属硬密封三维偏心蝶阀
上海科科阀门集团有限公司	QS647Y—600Lb	锁渣阀
中冶京唐（唐山）精密锻造有限公司		三通阀体
湖北高中压阀门有限公司	EFD6LY—250	最小流量阀
银奖		
大连大高阀门有限公司	PZ51Y—6—1500	整体锻造自压密封闸阀
	Q951Y—600—48	大口径全焊接球阀
哈尔滨电站阀门有限公司	Z962Y—3650Lb	锻焊结构闸阀

（续）

企业名称	产品型号	产品名称
兰州高压阀门有限公司	HXP4Y5L2	三偏心斜盘式止回阀
成都乘风阀门集团公司	Z9B43F100ADN500	锻钢平板闸阀
上海阀门厂有限公司	H3H42X—150P0	真空破坏阀
	SFTZHAP—600K	核电气动调节阀
苏州纽威阀门股份有限公司	8BEL6R—6	上装超低温固定球阀
雷蒙德（北京）阀门制造有限公司	40x40WBH—5BWZ—L2B1V—C6—A0C	全焊接球阀
沈阳盛世高中压阀门有限公司	N2COZ964Y—600#	W 型电动平行座闸阀
	N2COJ961Y—1500#P	核二级电动截止阀
上海开维喜阀门集团有限公司	40″G600W—L9	管线球阀
	HJ—300×700—150	调节阀
北京市阀门总厂（集团）有限公司	Z560Y—2500Lb	加氢裂化装置专用闸阀
	J565Y—CL900	加氢裂化装置专用直流式截止阀
中阀科技郑州市郑蝶阀门有限公司	D343RS—16C	偏心双向金属密封蝶阀
	PQ347Y—16C	金属密封偏心半球阀
上海浦东汉威阀门有限公司	QDQ967V—600#/L	大口径 G 型全焊接管线球阀
伯特利阀门集团有限公司		全焊接球阀
		顶装式软密封球阀
精工阀门有限公司	QCF641F—10	气封式 C 型球阀
上海美科阀门有限公司	SPQ3270C	三偏心球阀
南通市电站阀门有限公司	Z960Y—320	全锻钢闸阀
安徽红星阀门有限公司	545X—16Q	法兰连接暗杆软密封闸阀
上海良工阀门厂有限公司	BW240Y—411SO	波纹管闸阀
上海科科阀门集团有限公司	QJ47Y—250	一体式轨道硬密封结构球阀
承德高中压阀门管件集团有限公司	2572J—SB—002	蒸汽吹扫安全阀
	TDL106UV—SS	危急保安阀
山东益都阀门集团股份有限公司	YFHCB—260	笼式双座高压差调节阀
良精集团有限公司	LJDPZ44Y—300Lb—8″	双向流多功能切断阀
华东阀门有限公司	PBZ44H	撑开式双闸板闸阀
	FQ347F	内支撑板式固定球阀
株洲南方阀门股份有限公司	3X10BQ647—169H25	偏心半球阀
	DM/H745X—16	多功能斜板阀
开维喜阀门（北京）有限公司	D371XP—16	软密封中线无销对夹式蝶阀
上海增欣机电设备制造有限公司	YFB—Y300	一键通全自动阀门试验台
温州市华海密封件有限公司	R 型	特殊材质环垫
浙江维都利阀门制造有限公司	KJ41W—16zr—DN25	锆材抗冲蚀截止阀
	X47F—600Lb	哈氏合金固定式旋塞阀
浙江宏明阀门有限公司	Q340Y—16C	偏心半球阀
替克斯阀门有限公司	A—1 执行机构 N—GHL	全焊接球阀及电液联动执行机构
天津博纳斯威阀门有限公司	D343X—10Q	法兰偏心蝶阀
上海巴蝶阀门有限公司	773Z	防结露蝶阀
湖北高中压阀门有限公司	EFPZ43Ms	耐磨渣浆阀

〔供稿单位：中国通用机械工业协会阀门分会〕